Junk · Grundlegung der Tanzwissenschaft

Victor Junk

Grundlegung der Tanzwissenschaft

Herausgegeben von
Elisabeth Wamlek-Junk

1990
Georg Olms Verlag
Hildesheim · Zürich · New York

Mit Druckkostenbeiträgen wurde das Erscheinen dieses Werkes gefördert von:
Amt der Steiermärkischen Landesregierung, Landeshauptmannstellvertreter Professor Kurt Jungwirth.
Bundesministerium für Wissenschaft und Forschung, Wien.
Kulturamt der Stadt Graz, Dipl.-Ing. Helmut Strobl.
Professor Manfred Blumauer, Graz.

© Georg Olms AG, Hildesheim 1990
Alle Rechte vorbehalten
Printed in Germany
Umschlagentwurf: Barbara Gutjahr, Hamburg
ISBN 3-487-09339-1

Vorwort

Das große Interesse meines Vaters am Tanz – ursprünglich durch uns, seine Kinder geweckt – zeigte ihm, dem Wissenschaftler, bald die Notwendigkeit einer Zusammenfassung der so verschiedenen und verstreuten Tanzliteratur in der Form eines Lexikons. So entstand sein „Handbuch des Tanzes" 1930, das man als das erste umfassende Lexikon des Tanzes bezeichnet hat.

Aus dem gleichen Verlangen nach Systematik und Ordnung beschäftigte er sich mit der Stellung des Tanzes als eigener wissenschaftlicher Disziplin. So entstand dieses Manuskript während der 40 Jahre seiner Arbeit an der Akademie der Wissenschaften in Wien, die es ihm möglich machte, alle die Neuerscheinungen auf den verschiedensten Wissensgebieten kennenzulernen und in persönlichen Kontakt mit bedeutenden Forschern zu kommen. Er selbst war nicht nur Sprachwissenschaftler, Germanist, sondern auch als Musiker und Musikschriftsteller tätig, mit Vorträgen auch im Rundfunk.

Das Manuskript dieses Buches nun konnte weder während des Krieges noch nachher zum Druck gelangen, doch versuchte mein Vater auch noch nach seiner Umsiedlung in die Steiermark bis zu seinem Tod, zu Nachträgen zu gelangen, doch war inzwischen wenig von der meist im Ausland erschienenen Literatur einzusehen.

Meine Bemühungen um die Drucklegung mußte ich zeitweise aufgeben, um selbst wieder eine eigene Lebensgrundlage zu schaffen.

Mein besonderer Dank gebührt Herrn Georg Olms, der nicht nur das „Handbuch des Tanzes" wieder aufgelegt hat, sondern nun auch den Druck der „Grundlagen" ermöglichte.

Der richtungweisende Wert des Buches scheint mir groß genug, um es auch jetzt noch zu veröffentlichen.

Elisabeth Wamlek-Junk

Inhalt

Einleitung: Gibt es eine Tanzwissenschaft? 1

1. Kapitel: Die Eingliederung des Tanzes in das System der Künste 21
   Philosophie und Ästhetik des Tanzes

2. Kapitel: Tanz und Musikwissenschaft 51
   Tanzforschung soll nicht nur ein Anhängsel der musikwissenschaftlichen Untersuchungen bleiben

3. Kapitel: Literatur und Tanzwissenschaft 61
   Die Literatur als Hauptquelle unserer Erkenntnisse vom Tanz. Die Entstehung des Dramas unter wesentlicher Mitanteilnahme des Tanzes. Die Tanzlieder, eine besondere literarische Gattung. Goethe, Herder u.s.f. über den Tanz.

4. Kapitel: Bildende Kunst und Tanz 79
   Gegenseitige Befruchtung. Tanz bildet einen Hauptinhalt bildnerischer Darstellungen. Rückschlüsse aus diesen auf den dargestellten Tanz.

5. Kapitel: Völkerkunde und Tanz (Ethnologie) 91
   Der Tanz, eines der wichtigsten Merkmale für Kultur und Eigenart aller Völker, insbesondere der Naturvölker.

6. Kapitel: Tanz und vergleichende Religionswissenschaft 113
   Sakraler und magischer Tanzzweck.

7. Kapitel: Sprachwissenschaft und Tanzforschung (Linguistik).. 131
   Zusammenhang zwischen Wörtern und Sachen. Etymologie der verschiedenen Tanznamen. Die Bezeichnungen für neue Tänze des 12. und 13. Jahrhunderts. Trojaburgen und Labyrinthtanz. (Als Ergebnis: Das Labyrinth war ursprünglich gar kein antikes Bauwerk, sondern Sinnbild des Tanzplatzes für eine kultische Zeremonie.)

8. Kapitel: Tanz und Mythologie 197
Anleihung der Tanzschöpfung bei den alten Mythologien. Tanz als Ausgangspunkt älterer Kosmologien, z.B. der altindischen. Sonnen- und Mondtänze.

9. Kapitel: Urgeschichte und Tanz 201
Die ältesten Tanzdarstellungen der Menschheit. Ältestes Beispiel des alpenländischen „Bandltanzes" auf urgeschichtlichen Felszeichnungen.

10. Kapitel: Sittengeschichte und Tanz 207
Der Tanz als Kriterium für die Sitte bei den Kulturvölkern. Tanz und Eros. Entwicklung des „Paartanzes".

11. Kapitel: Tanzforschung und Soziologie 215
Einfluß des Tanzes auf die Gesellschaft. Bei den Naturvölkern begleitet der Tanz alle Lebensmomente von der Geburt bis zum Tod.

12. Kapitel: Tanz und Medizin 221
Tanzkrankheiten. Ekstatische Tänze. Hygienische Bedeutung des Tanzes. Tanz im Dienst der Eugenik.

Zum Beschluß: Aufstellung der Probleme 225

Nachtrag: Das Problem der Tanzschrift 237

Literaturverzeichnis 241

Personenregister 255

Einleitung

Gibt es eine Tanzwissenschaft?

Die ungemeine Erweiterung des wissenschaftlichen Horizontes, die als ein charakteristisches Merkmal unseres Zeitgeistes angesehen werden muß, hat es mit sich gebracht, daß, abgesehen von der immer weiter fortschreitenden Spezialisierung innerhalb der einzelnen wissenschaftlichen Fachgebiete, eine ganze Reihe neuer Disziplinen auf den Plan getreten ist, denen zum großen Teil auch schon die akademische Basis gegeben werden konnte. Gerade unsere Zeit hat hierin Versäumtes nachgeholt und Neues geschaffen, indem sie eine ganze Zahl von lebensnahen und lebenswichtigen Tätigkeitsgebieten auch der exakten wissenschaftlichen Behandlung und Erforschung teilhaftig werden ließ.

Ein besonderer Zweig der menschlichen Kultur und langjähriger, zeitweise ungemein hochstehender Kunstübung ist jedoch von diesem allgemeinen Drang nach exakt wissenschaftlicher Ergründung auch jetzt noch nicht erfaßt worden: der Tanz. Es ist zwar das Wort „Tanzwissenschaft" schon wiederholt ausgesprochen worden – zumal in modernen Tanzbüchern – eine wirklich wissenschaftlich tiefgründige Behandlung des Gegenstandes aber hat noch keineswegs Fuß gefaßt.

Jeder exakten Kunstwissenschaft ging eine dilettantische, liebevolle, aber unzureichende Behandlung der Phänomene voraus. Kaum aber ist je über eine Kunst im Allgemeinen so oberflächlich geschrieben worden wie über den Tanz. Eine große Anzahl solcher Unterhaltungen gefällt sich in einem ästhetisierenden Herumreden, das um so haltloser sein muß, als es für die Probleme dieser Kunst noch gar keine feste Begriffsbestimmung und auch keine allgemein anerkannte, eindeutig verständliche Terminologie gibt.

Es ergeht der Tanzwissenschaft ähnlich, wie es anfangs der Musikwissenschaft ergangen ist: Auch diese war vormals auf die musikkundigen Vertreter anderer Wissenschaften wie der Akustik, Physiologie, Ästhetik und Philologie angewiesen und hat erst in verhältnismäßig jüngerer Zeit sich als ebenbürtige Disziplin neben den anderen Wissenschaften zur Gleichberechtigung durchgekämpft, so daß ihr dann auch die akademische Anerkennung durch Schaffung von Lehrstühlen an den Universtiäten nicht länger versagt bleiben konnte. Und noch früher war es die Kunstwissenschaft, die mühsam um die Anerkennung als wissenschaftliche Disziplin ringen mußte, vor ihr die moderne Philologie (gegenüber der längst begründeten klassischen), usf. Heute steht die Tanzwissenschaft auf diesem Punkt, wo sie ihre Selbstbehauptung durchsetzen muß. Sie hat es um so schwerer, als manche ihrer Teilgebiete überhaupt noch niemals erforscht wurden, so daß von einer Gesamtdisziplin natürlicherweise noch nicht gesprochen werden kann.

Um so dringender erscheint es, hier nachzuholen, was bisher versäumt worden ist. Und ebenso darf man auch fordern, daß der Staat, ganz analog dazu wie er die Denkmäler der bildenden Kunst, der Poesie und der Musik der wissenschaftlichen Ergründung zuführt, ein Gleiches auch für die Tanzkunst tut.

Es ist ja wirklich zu verwundern, daß der Tanz, diese vielleicht älteste künstlerische Äußerung des Menschengeschlechtes, die sich bei allen Völkern der Erde – fortgeschrittenen wie primitiven – fand und findet, bisher noch nicht, wie die andern Künste, diese Ergründung erfahren hat. Man sollte meinen, diesem uralten Kulturzweig hätte längst eine solche exakte Erforschung zuteil werden müssen. Mir ist keine Universität bekannt, die eine Lehrkanzel für Tanzwissenschaft errichtet hätte.[1]

Die Gründe für diesen Mangel sind mehrfacher Art. Einmal ist der Tanz als künstlerischer Urtrieb im Laufe der kulturellen Entwicklung der modernen gebildeten Menschheit gleichsam abhanden gekommen. Sie kannte ihn bloß mehr in zwei Rudimenten: Die künstlerische Seite lebte fort im klassischen Ballett der Theater, wo der Tanz rein berufsmäßig ausgeübt und zunftmäßig auf einen abgeschlossenen Zirkel beschränkt war; – andererseits waren die Tänze der städtischen Gesellschaft zu einem Gegenstand der Unterhaltung, des bloßen Amusements herabgesunken, und der Tanz des einfachen Landvolkes blieb zwar gottlob immer in eifriger Übung, fand aber um so weniger Beachtung der sonst am Tanz interessierten Kreise. Von welcher Seite hätte also eine ernste Erforschung des gesamten Gebietes des Tanzes kommen sollen?

Eine zweite Ursache des Ausbleibens einer eigentlichen Tanzwissenschaft ergab sich aus ihrer Berührung mit Problemen der Musikwissenschaft. Man gab sich damit zufrieden, daß einzelne Musikgelehrte an den

---

1) Wohl dienen dem pädagogischen und gesundheitsfördernden Teil dieses Kulturgebietes die Stätten für Erforschung und Pflege der Körperkultur, so die Hochschule für Leibesübungen in Berlin oder die Professur für „Physical Education" an der Universität in Wisconsin (USA).

Hochschulen auch über den Tanz Vorträge hielten. Mit welchem Recht, wollen wir später erörtern.

Indessen, eine Ausnahme ist hier doch zu nennen, die einen grandiosen Anlauf zur Begründung einer wirklichen Tanzwissenschaft bedeutet: das 1886 erschienene Buch von Franz Magnus BÖHME. Die Gediegenheit seiner Forschung, der umfassende Reichtum des von ihm in seiner bis heute unerreicht gebliebenen „Geschichte des Tanzes in Deutschland" behandelten Materials und die Großzügigkeit der Anlage bewirkten, daß das Buch im wesentlichen auch heute noch nicht veraltet ist, wenngleich in manchen Einzelheiten naturgemäß überholt. Und ist das Werk, wie der Titel sagt, auf den Tanz in Deutschland beschränkt, so könnte gerade hier die wissenschaftliche Arbeit anknüpfen und durch Überarbeitung zu einer neuen, auf alle inzwischen gemachten Einzelerfahrungen und Erkenntnisse Rücksicht nehmenden Auflage des Buches Wichtiges und Dringendes leisten. Gerade das in den letzten Jahrzehnten überall mächtige Aufleben der Volkstanzbewegung verlangt die Zurückführung auf die bei Böhme so meisterlich offenbarten Grundlagen.

Indessen ist damit auch schon angedeutet, worauf es Böhme hauptsächlich ankam: auf die Volkstänze in Deutschland. Den Bühnentanz, wie überhaupt den künstlerischen Tanz, hat er beiseite gelassen. Und schon daraus erkennt man, wie einseitig auch die beste Tanzforschung bisher vorging: Während die Entwicklung des Dramas, der Oper, in allen Einzelheiten längst ausführlich und gründlich untersucht ist, gibt es bis heute keine Geschichte des Balletts! Auch Curt SACHS[2], der seinem reichhaltigen Buche den Titel „Weltgeschichte des Tanzes" gab, hat den Kunsttanz, das Ballett und die Pantomime nahezu übergangen.

Später hat dann Joseph GREGOR[3] in seinem Werk „Kulturgeschichte des Balletts" eine geistvolle und stets anregende Darstellung des Entwicklungsverlaufes des „Schautanzes" innerhalb der Gesamtkultur der jeweiligen Epoche gegeben. Trotz seines souveränen Betrachtungsgrundsatzes bleibt der Wunsch nach einer systematischen Geschichte des Balletts und der Pantomime offen. So bleibt trotz des Verfassers meisterhafter Darstellung des französischen Balletts, des Balet de cour und der künstlerischen Folgeerscheinungen in Paris und Wien noch viel zu tun übrig: vor allem eine Darstellung der Pantomime und des Divertisse-

---

2) Curt SACHS, Eine Weltgeschichte des Tanzes (Berlin 1933).
3) Joseph GREGOR, Kulturgeschichte des Balletts (Wien 1944).

ments an den deutschen Höfen von Stuttgart, Dresden, München, aber auch Donaueschingen u.a.

Den Mangel einer wissenschaftlichen Behandlung der Tanzkunst hatte diese allen Grund, bitter zu beklagen. Albert CZERWINSKI,[4] der den ersten Versuch einer systematischen Geschichte der Tanzkunst unternahm, war sich des Nachteils bewußt, der der Tanzkunst aus dieser Geringschätzung seitens der Wissenschaft erwuchs. Man kann nicht ohne Rührung seine Klage lesen, die er erhob (in einem Artikel in Westermanns Monatsheften, Sept. 1875, S. 692f.): „Wir alle fußen mit unserem Wissen und Können auf den Erfahrungen früherer Geschlechter, und es wäre eine Vervollkommnung überhaupt nicht denkbar, wenn wir als bloße Empiriker die Künste und Wissenschaften behandelten... Jeder Kunst ist die Wissenschaft zu Hilfe gekommen, die den Jüngern derselben die Wege weist und ihnen das Studium erleichtert. Nur E i n e Kunst, und zwar die älteste und populärste, die Tanzkunst, kann sich keiner Begleitung der Wissenschaft rühmen. Scheu ist die Wissenschaft an diesem Feld vorbeigegangen, und nur kärglich ist die Ausbeute, die sie uns gewährt. Obgleich längst anerkannt ist, daß der Charakter jedes Volkes sich gerade in seinen Tänzen spiegelt, ja die Volkstänze die letzten Reste naiver Kunst, die Kunst vor der Kunst sind."

Auch BÖHME[5] wundert sich darüber, daß der „Deutsche noch keine Geschichte seines heimischen Tanzes hat". Er empfand es schon als einen Fortschritt, daß „wenigstens die Bedeutung des Tanzes als Hebel und Förderer und später als notwendiger Faktor in der Gesamtkultur eines Volkes ... als Anfang der noch mit ihm vereinten Dicht- und Tanzkunst, als Stütze und Träger aller das Schöne in der Bewegung darstellenden Künste" seit einem halben Jahrhundert von der Kultur und Kunstwissenschaft anerkannt wurde. BÖHME war der erste – und ist leider auch der einzige geblieben, der eine quellenmäßige historische Beschreibung der Volks- und Gesellschaftstänze in ihrer Gesamtheit unternahm. Erst sein Buch stellt somit den Anfang einer wirklich wissenschaftlichen Behandlung eines Teiles des Gegenstandes dar.

Die Beschränkung auf den deutschen Tanz war begreiflich und sehr weise. Zeigten doch schon die Vorläufer BÖHMES in ihren Versuchen einer historischen Gesamtdarstellung des Tanzes, nämlich der schon genannte CZERWINSKI und Rudolf VOSS[6], wie schwer die gewaltige Materie zu

4) Albert CZERWINSKI, Geschichte des Tanzes (Leipzig 1862).
5) Franz M. BÖHME, Geschichte des Tanzes in Deutschland (1886).
6) Rudolf VOSS, Der Tanz und seine Geschichte (Berlin 1869, dann Erfurt 1881).

übersehen und zu behandeln ist.

Die gleiche Gründlichkeit und Gewissenhaftigkeit, mit der BÖHME im „Altdeutschen Liederbuch" und später mit Ludwig ERK in den gewaltigen drei Bänden des „Deutschen Liederhorts" das Material für eine systematische Darstellung des deutschen Volksliedes zum erstenmal im großzügigen Überblick darbot, tritt uns auch in seiner „Geschichte des Tanzes in Deutschland" entgegen. Was er 1886 im Bewußtsein anhaftender Unzulänglichkeit als den „Versuch einer deutschen Tanzgeschichte" bescheiden und zögernd vorlegte, bleibt dennoch für alle Zeit die erste Großtat auf dem Weg zur wissenschaftlichen Erforschung des Tanzes. Und es ist seither nichts an seine Stelle getreten, – auch das Buch von Curt SACHS nicht ausgenommen – was ihn an Fülle des Gegenstandes, an Gediegenheit der Behandlung und an Weitblick übertroffen hätte.

Und trotzdem war es auch BÖHME nicht um die Schaffung einer neuen Disziplin zu tun, vielmehr betrachtete er, wie der Untertitel seines Buches zeigt, seine Arbeit bloß als einen „Beitrag zur deutschen Sitten-Literatur- und Musikgeschichte". Auch er hatte mehr das kulturgeschichtliche Moment im Auge, als die eigentliche und besondere Erforschung des Tänzerischen selbst. Nun ist aber seit dem Erscheinen des Werkes von BÖHME mehr als ein halbes Jahrhundert verflossen[7], und dieses hat ja in den ersten Jahrzehnten nach 1900 eine viel intensivere Pflege des Tanzes mit sich gebracht, die ihm zeitweilig sogar eine Vorrangstellung vor anderen Künsten zu geben schien und jedenfalls den Tanz weit mehr in den Interessenkreis gerückt hat als je zuvor. Zugleich ist durch die Volkstanzbewegung eine Fülle neuer Hilfsquellen für den Gegenstand hervorgetreten, so daß eine neue Darstellung von neuen Gesichtspunkten aus nun dringend notwendig erscheint.

Wir haben keinen Grund, die Einschränkung zu bedauern, die sich BÖHME auferlegte. Der sogenannte Internationalismus in der Kunst hat uns doch erst recht deutlich gemacht, wieviel an äußerem Anreiz und an formellen Vorbildern die eine Nation künstlerisch der anderen zu verdanken hat, wie sehr man also, um das Kulturgebiet der einen Nation zu verstehen, die anderen studieren und kennen muß, das heißt: wie eigentümlich eben doch die kulturellen Grundlagen jeder Kunstart sind und selbst bei fremder Beeinflussung bleiben. Gerade im Tanz, wo das Entlehnen und Anpassen mehr als in anderen Künsten zum Gang der Entwicklung gehörte, tritt dies deutlich hervor.

---

7) Anm. d. Herausgeberin: geschrieben 1946.

Die Hoffnung, daß der eigentlichen Wissenschaft vom Tanz einmal doch die lang ausgebliebene Anerkennung zuteil werden wird, ist auch im Ausland lebendig. So konnte Sylvain LEVI im Vorwort zu dem Buch von LELYVELD über den Theatertanz auf Java im Hinblick auf die geheimnisvollen, dem Europäer fast unverständlichen, symbolischen Bewegungen des javanischen Sakraltanzes prophezeien, daß „eines Tages die wissenschaftliche Forschung, die seit einem Jahrhundert so vielen vergessenen Fremdsprachen ihre Geheimnisse entlockt hat, es nicht verschmähen wird, sich auch den geheiligten Sprachen der menschlichen Geste anzunehmen, bevor diese auf immer in den Überflutungen der Zivilisation verschwunden sind, um neuen Symbolen Platz zu machen."[8]

Vor allem tut es auch not, dem Tanz selbst die gebührende Achtung wieder zu verschaffen. Dies geschieht jetzt glücklicherweise in bezug auf den Volkstanz. Hier ist mit den schwindenden Vorurteilen gegen den Tanz, wie sie namentlich gegenüber den Berufstänzern lange Zeit vorhanden waren, auch die Erkenntnis von der Wichtigkeit ihrer wissenschaftlichen Behandlung allgemeiner geworden, als dies bisher der Fall war. An sich war ja das Ansehen des Tanzes als Kunstübung schon in den Jahren nach dem ersten Weltkrieg plötzlich und ungemein hoch emporgeschnellt, aber doch wieder nur für eine ganz bestimmte Teilerscheinung: Der künstlerische Solotanz war zur Mode geworden, es regnete nur so von choreographischen Neuerern, aber aus dem uns heute schon vielfach naiv Anmutenden, brach sich doch eine überraschend stattliche Anzahl von wirklich Großen des modernen Tanzes Bahn.

Im Zusammenhang damit war auch der Aufschwung, den die Tanzmusik, die nach Johann Strauß vielfach zur reinen Begleitmusik gesunken war, vor allem auch die Komposition neuerer pantomimischer Werke, genommen hat, aufrichtig als Fortschritt oder, besser gesagt, als Wiedergewinnung einer zeitweise verlorenen Position, zu begrüßen.

Alle Ansätze zu einer wirklichen Wissenschaft vom Tanz lassen es erwarten, daß nun auch die exakte Erforschung aller Zweige dieser edlen, in so vielen Teilen wirkenden Kunst nicht lange auf sich warten lassen wird, d.h., daß wir endlich zu einer systematischen T a n z w i s s e n s c h a f t kommen werden. Dies aber erscheint mir als eine Forderung an die gesamte Geisteswelt, daß die Beschäftigung mit der

---

8) Th. B. van LELYVELD, De javansche danskunst, Amsterdam 1931, in franz. Ausgabe: La danse dans le théâtre Javanais mit Vorwort von S. Lévi, Paris 1931.

Tanzkunst sich endlich – um ein Wort Goethes zu gebrauchen – „der Würde einer Wissenschaft nähern sollte".[9] Und es ist mein Bestreben, in dem vorliegenden Buch durch Aufstellung einiger Grundsätze, bzw. durch prinzipielle Richtlinien hierzu beitragen zu können.[10] Nun hat die deutsche Tanzforschung zuletzt einen gewaltigen Schritt in dem großen Buch des Berliner Universitätsprofessors Dr. Curt SACHS getan, der es, dem großen Umfang seiner Interessensphäre entsprechend, die sich keineswegs auf den Tanz in Deutschland beschränkt, „Eine Weltgeschichte des Tanzes" betiteln durfte.[11] Schreitet auch dieser Verfasser an seine Probleme vom Standpunkt des Musikhistorikers, so hat er sie doch ohne eine einseitige Zurückführung auf die Zusammenhänge der Musikforschung behandelt. Mit Recht aber betont Sachs diese Basierung auf den Erkenntnissen der Musikforschung und die Berechtigung des von ihm eingenommenen Standpunktes, da die meisten tiefergehenden Fragen der Musikforschung ohne den Tanz unbeantwortet bleiben müßten.[12] Doch hat dieser Ausgangspunkt seinen Blick nicht verengt. Nach dem großzütigen Titel des Buches „*Welt*geschichte des Tanzes" war zu erwarten, daß das Buch eine nach jeder Richtung hin genügende, umfassende wissenschaftliche Darstellung des Tanzes in allen seinen Erscheinungen, bei allen Völkern der Erde gibt. Und in der Tat ist der Reichtum des hier Vereinigten erstaunlich, und es muß schon der Weitblick des Verfassers anerkannt werden, mit dem er die verzweigte und schwierige Materie zu ordnen und zu gruppieren verstand. Von hervorragendem Wert ist der Hauptteil des Buches, der „Systematische". Hier ist zum ersten Mal versucht worden, im großen Überblick die Gesamtheit des Phänomens zu behandeln, zu zergliedern und eingehend zu erörtern. Nach den Bewegungen der Tänzer werden „weitbewegte" (wie z.B. die Springtänze) und „engbewegte" (wie der Bauchtanz, der sitzende Tanz usf.) behandelt, Stoffe und Typen charakterisiert, wie Medizintänze, Fruchtbarkeits- und andere Zaubertänze, Hochzeits-, Waffen- und Leichentänze usf. Eine ausführliche Betrachtung widmet der Verfasser den Formen: Einzel- und Chorreigen, dem Kreistanz, Paartanz und endlich auch der mit dem Tanz untrennbar verbun-

---

9) Dichtung und Wahrheit IV, 18.
10) Ein Wort muß zur Benennung der „Tanzkunst" gesagt werden: Wir verstehen darunter das, was man früher allgemein mit „Mimik" bezeichnete: das Gesamtgebiet künstlerischen Ausdrucks durch Bewegung und Gebärde.
11) Curt SACHS, Eine Weltgeschichte des Tanzes, Berlin 1933.
12) Ebd. S. V.

denen Musik; dies alles geschieht im Hinblick auf die tänzerischen Probleme in der ganzen Welt. Ist schon diese fruchtbare Fülle des Gebotenen im höchsten Grade anerkennenswert, so wird sie es umsomehr, als Sachs überall auch die Zusammenhänge über Zeiten und Völker hinaus aufzudecken bemüht ist. Damit erzielen die Beziehungen zu Religion und Magie, zu den Ursprüngen des Dramas und selbst als Mittel zur bloßen Unterhaltung neue Blickpunkte und vielfach auch neue Ergebnisse. Schon dieser erste „systematische" Teil bietet somit einen Gesamtüberblick über das weite Feld. Dieser Überblick vertieft sich dann im zweiten, dem „geschichtlichen" Teil des Buches zu einer Gründlichkeit der historischen Darstellung, wie sie bisher auf dem Gebiet der Tanzforschung nicht gegeben war. Leicht zu lesen ist das Buch von Sachs allerdings nicht, schon deshalb nicht, weil die Systematik seiner Methode ihn zu einer zum Teil bloß theoretischen und trocken statistischen Einteilungsweise geführt hat, der – namentlich im ersten Teil – eine in gewisser Hinsicht gewaltsame Einteilungsweise anhaftet, bei der es nicht ohne Zwang des Schemas abging. So erscheint schon die erste große Gegenüberstellung von „körperbewußten" und von „Tänzen wider den Körper" etwas zu spitzfindig übertrieben, indem man von Bewegungen wider den Körper bei einer rein körperlichen Kunst wie dem Tanz doch nicht gut sprechen kann. Gemeint sind natürlich jene Tanzerscheinungen, bei denen körperliche Hemmnisse überwunden werden müssen, wie die in das Gebiet des Pathologischen gehörigen Krampf- und ekstatischen Tänze. So erscheint in dieser Systematik manches an Begriffen und Formen vielleicht zu stark „systematisiert" und rein abstrakt eingezwängt. Manchmal ergeben sich unwesentliche Zusammenstellungen aus geistreichen Kombinationen, die sich auf rein Äußerliches stützen, so: das Dreierpaar, ein Mann zwischen zwei Frauen. Die alte „Trioform" will Sachs durchaus auf außereuropäische Verhältnisse zurückführen, indem er feststellt: „Die seltsame Sitte dieser Zwei-Einsgruppe greift auch auf Europa über".[13] Das könnte so aufgefaßt werden, als ob Europa diese Tanzkonstellation aus Afrika oder Australien bezogen habe. Doch hängen solche und ähnliche Äußerungen des Verfassers auch mit dem Folgenden zusammen. Was uns an dem Buch von Sachs als ein entschiedener Mangel erscheint, ist, daß er den europäischen Tanz nicht in dem Maß herangezogen hat, wie es seiner Bedeutung entspricht, und ihn nicht in gleicher Rangstufung behandelt

---

13) SACHS, a.a.O. S. 65.

wie die Tänze der Exoten, oft lediglich als ergänzendes Beispiel für die von ihm bei den Exoten aufgestellten Kategorien. Bei den mehr formalen Einteilungsgrundsätzen, die Sachs zu Leitgedanken seines Buches gewählt hat, mußten sich zufällige, ja geradezu falsche Zusammenstellungen und Kombinationen einstellen.

So groß also der Wert der Sachs'schen Systematik der Erscheinungen ist, so besagen deren Ergebnisse doch nur, daß der Mensch auf der ganzen Erde die verschiedenen Teile seines Körpers, sei es zusammen, sei es jeden für sich, zum Tanz verwendet und so auf verschiedene Weise zu „tanzen" versucht. Das wesentliche Moment der ursprünglichen Verschiedenheiten wird aber dabei gar nicht berührt. Und doch kommt es zur Charakteristik des Wesens, der Eigenart dieser Tänze gerade darauf in erster Linie an. Denn wenn sich Übereinstimmungen in diesen äußerlichen, formalen, also überall möglichen Dingen nachweisen lassen, wenn die Menschen an zwei weit voneinander entfernten Punkten der Erde dasselbe tun, so ist damit an sich für die Charakteristik der Erscheinung und Schlußfolgerung daraus noch nichts gesagt: Diese aber entsteht aus den jeweiligen Bedingungen der Verschiedenheit der Völker und Länder. Es kommt eben auf die Ursachen, auf die seelischen Anlässe des Tuns an, die doch wahrscheinlich nicht überall die gleichen sind.

Daß sich Sachs hauptsächlich auf die exotischen Tänze stützt, macht den erstaunlichen Reichtum seiner Ausführungen aus, aber es kommen dabei eben alle europäischen Tanzphänomene zu kurz, sowohl der Volkstanz, der schon bei Erscheinen des Sach'schen Buches in einer umfangreichen sachlich einwandfreien Literatur dem Fachmann bekannt gemacht wurde, als auch der Bühnen- und Schautanz. Besonders dieser, der für die Geschichte des europäischen Tanzes, aber auch für die asiatischer Kulturvölker (denken wir nur an Java!) von größter Bedeutung war, wird nur oberflächlich und nebensächlich gestreift. Sachs präzisiert seinen persönlichen Standpunkt in dieser Frage dahin, daß „die Anfänge des Balletts im Rahmen einer Tanzgeschichte wenig Teilnahme erregen".[14]

Schwerer noch wiegen meine Bedenken gegen die Schlußfolgerungen von Sachs, die grundsätzlich den Erscheinungsformen bei den Naturvölkern ein Gewicht beimessen, das ihnen in dieser Verallgemeinerung wohl kaum zukommt. Was an Erscheinungen des europäischen

---

14) SACHS, a.a.O. S. 264.

Tanzes nicht zugleich auch durch parallele Zeugnisse der Naturvölker belegt ist, dem spricht er Wert und Wichtigkeit ab und will dies demnach auch nicht als alt und urtümlich gelten lassen. Wie sehr er von diesem Axiom beeinflußt ist, daß sich jegliche europäische Erscheinungsform bei den Naturvölkern wiederfinden müsse, um überhaupt Geltung zu erhalten, zeigt seine Bemerkung über die von Kurt MESCHKE (und anderen Tanzforschern) ausgesprochene Vermutung eines Zusammenhanges zwischen den bezeichnenden Figuren des europäischen Schwertreigens, ihrer Verschlingung und Entwirrung und dem germanischen Flechtornament. Sachs lehnt einen solchen Zusammenhang mit der Bemerkung ab, der Fall sei unzureichend begründet, da Meschke nichts von den Flecht- und Verschlingungsreigen außerhalb Europas wüßte. „Hier müßte", so argumentiert Sachs, „die gleiche Beziehung zwischen Flechtreigen und Flechtornamentik, wenn sie zu Recht besteht, nachweisbar sein."[15] Auf die Sache selbst komme ich noch in dem Kapitel „Bildende Kunst und Tanz" zurück.

Dem künftigen Tanzforscher drängt sich eine unendliche Fülle von Fragen und Problemen auf, die zunächst in abgegrenzten Einzeldarstellungen behandelt werden müssen.

So beklagt es Phillip M. HALM mit Recht, daß es noch keine Geschichte des Moriskentanzes gibt, „obwohl sie sich als wertvolles, für Literatur- und Kunstgeschichte wie für die Kulturgeschichte und Volkskunde gleich aufschlußreiches Kapitel hätte erweisen müssen."[15a] Aber gerade Halm hat in seiner Arbeit über Erasmus Grasser durch die Vergleichung anderer bildlicher Darstellungen dieses Tanzes und Heranziehung der literarischen Notizen über ihn versucht, seinem Wesen näher zu kommen, und er hat damit vor allem dem Verständnis der behandelten Kunstdenkmale bedeutsam vorgearbeitet. Das meiste ist aber für diese Frage doch erst noch zu leisten. Der englische Forscher Cecil James SHARP hat sich in seinem „Morris-Book (A History of Morris Dancing)", London 1907, auf die englischen Formen des Tanzes beschränkt.

Die Erforschung der Volkstänze in Österreich und Deutschland ging Hand in Hand mit der Pflege ihrer lebendigen Wiedergabe und Erhaltung, anknüpfend an eine starke Bewegung in Nordeuropa, vor allem in Dänemark.

15) SACHS, a.a.O. S. 116.
15a) Phillip M. HALM, Erasmus Grasser, Augsburg 1928.

Hier waren es die führenden Volkstanzvereinigungen: Der 1880 gegründete Verein „philochorus" an der Universität Uppsala, der die alten Volkstänze, wie den Daldans, Hallingen und die Volkstrachten zu neuem Leben erweckte; die von ihm neu belebten altschwedischen Reigentänze haben sich auf diese Weise wieder weit verbreitet und werden auch in Norddeutschland viel getanzt, wo sie ja vielfach Analogien in verwandten Tänzen haben. Dann die „Sällskapet svenska folkedanske vänner" in Stockholm und die „Foreningen til folkedansens fremme" in Kopenhagen mit ihrer Publikation der „Gamle Danske Folkedanse". In Norwegen hat dann insbesondere Hulda GARBORG die Volkstänze neu belebt. Für Schweden ist auch die von Per Conrad BOMAN und Nik AHLSTRÖM 1845 in schwedischer und deutscher Sprache herausgegebene Sammlung der „Valda svenska folksånger, folksdansar och folkledar" zu nennen. Die wissenschaftliche Erforschung des reichen Materials eröffneten dann Hjalmar THURÉN und Tobias NORLIND in mehreren wichtigen Einzelarbeiten. Eine Auswahl dieser schwedischen Volkstänze gab dann Emil ENGELHARDT (Wolfenbüttel 1922) heraus.

Für Dänemark kommen in Betracht Adolf HERRMANN'S „Beschreibung dänischer Volkstänze" (Kopenhagen 1911) und H. NIELSEN'S „Vore aeldest Folkedanse, Langdans ok Polskdans" (Kopenhagen 1917). Ergänzend treten hinzu die Sammlungen von Tanzliedern, wie sie z.B. Svend GRUNDTVIG in seinen „Gamle danske Folkviser" (in 3 Bänden, Kopenhagen 1856–62) oder die gewaltige, 400 Melodien enthaltende schwedische Sammlung „Lekstugan, gamla svenska folkdansar" (Stockholm 1820), endlich L. M. LINDEMANN's Sammlung „Fjeldmelodier" mit 540 nordischen Volks- und Tanzliedern, darbieten.[16]

Die erste deutsche Volkstanzgruppe entstand in Hamburg durch Anna HELMS und Julius BLACHE. Die Hamburger Gruppe trat 1924 mit Berliner Volkstanzkreisen in Verbindung, und schon 1927 kam ein größeres gemeinsames Volkstanztreffen in Merseburg zustande. Publikationsorgan wurde die von Elfriede RITTER-CARIO geleitete Zeitschrift „Der Volkstanz" (seit 1925 Teubner, Leipzig), die dann abgelöst wurde durch die vom Verband deutscher Tanzkreise herausgegebene Zeitschrift „Der Tanzkreis" (1931–1933). Reicher Sammlertätigkeit dienten die vom Bärenreiterverlag, Kassel, herausgegebenen Hefte „Deutsche Volkstänze".

16) Die nordeuropäischen Quellen hat sich auch die deutsche Musikwissenschaft zunutze gemacht, z.B. in der Arbeit von Wilhelm HEINITZ Musikalisch-dynamische Text-Auslese in faröischen und faröisch-dänischen Reigentänzen (Hamburg 1925).

In der mit der Wiederbelebung verbundenen wissenschaftlichen Erforschung der deutschen Volkstänze ging Österreich voran, und zwar durch die vorbildliche Wirksamkeit von Raimund ZODER. Die Ergebnisse seiner Forscherarbeit sind in vielen kleineren und größeren Abhandlungen niedergelegt, von Artikeln in der von ihm mitredigierten Zeitschrift „Das deutsche Volkslied" angefangen bis zu der zusammenfassend orientierenden Abhandlung „Der deutsche Volkstanz" (in dem von H.J. MOSER und ihm gemeinsam herausgegebenen Buch „Deutsches Volkstum in Volksschauspiel und Volkstanz")[17]. Seine Volkstanz-Sonderhefte in der Reihe „Das deutsche Volkslied" können für die Art des Aufsammelns und der Behandlung der Tänze als Muster hingestellt werden. Zoder hat sich auch zur Methodik der Volkstanzforschung geäußert und in seinem Volkstanzarchiv (das allein an Ländlermelodien über 11.000 Nummern aus 150 Jahren enthält) eine feste Grundlage für seine weitblickende Arbeit geschaffen.

Eine Schar jüngerer Forscher schloß sich an. Auch Karl HORAK legte sich ein Tanzarchiv an, das insbesondere für das reiche Tanzgut der Grenz- und Sprachinsel-Deutschen ihm Dienste leistet. Aus der Reihe der österreichischen Volkstanzforscher, der bekannte Namen wie Hans COMMENDA und Ernst HAMZA angehören, ragt Richard WOLFRAM hervor, der sich vor allem durch seine Arbeiten über den Schwerttanz und dessen Verwandte einen ersten Namen gemacht hat und auch eine zusammenfassende und übersichtliche Darstellung der „Deutschen Volkstänze" in Buchform veröffentlicht hat.[18] Seine wertvolle Tätigkeit als Volkstanzforscher fand ihre akademische Anerkennung in der a.o. Professur für germanische Volkskunde an der Wiener Universität. Eine seiner ersten Vorlesungen galt denn auch der „Geschichte des Volkstanzes in Europa". Die lebhafte Wiederbelebung des Volkstanzes in der Steiermark spiegelte sich schon in einem Aufsatz in „Der Volkstanz", I. Jhg., Heft 7, S. 53.

Zu den fruchtbarsten Volkstanzforschern zählt auch Hans VON DER AU; er hat in seinem Buch über „Das Volkstanzgut im Rheinfränkischen" (1939)[19] dieser Volksgruppe eine vergleichend-beschreibende Sonderstudie gewidmet, die allen wissenschaftlichen Anforderungen im weite-

---

17) Der dritte Band des von John MEIER herausg. Sammelwerkes „Deutsches Volkstum", Berlin 1938.
18) Richard WOLFRAM, Deutsche Volkstänze, Leipzig 1937.
19) Erschienen in: *Gießener Beiträge zur deutschen Philologie*, Heft 70, Gießen 1939.

sten Ausmaße gerecht wird und auch der Methodik der Tanzforschung in ideenreicher und energischer Weise vorausarbeitet.

Ein Atlas der in Deutschland und Österreich noch heute gebräuchlichen Tanzformen ist das Ziel und zugleich die Grundlage zu weiterer tanzwissenschaftlicher Arbeit. Ein Prospekt über die landschaftlichen Volkstänze, Tanz und Märchenspiele, den der durch seine Volkstanzausgaben so hervorragend verdiente Verlag Friedrich Hofmeister in Leipzig 1930 erscheinen ließ, orientierte über den damaligen Stand der in Deutschland geleisteten Arbeit. Schlesien, Sachsen, Württemberg, Baden und Nordbayern waren damals allerdings noch nicht vertreten; inzwischen sind u.a. Sammlungen für Thüringen, die Rheinlande, den Böhmerwald und Westfalen erfolgt.[20]

Als Beispiel für die Behandlung des zusammenhängenden Komplexes von Volkstanz und Volkslied in einer bestimmten landschaftlichen Abgegrenztheit darf die vorzügliche Arbeit von Max BÖHM über „Volkslied, Volkstanz und Kinderlied in Mainfranken" (Nürnberg 1929) hingestellt werden, die seit A. Ritter von SPAUN's großem Sammelwerk über die österreichischen Volksweisen eigentlich der erste Versuch einer solchen umfassenden Darstellung ist. Sie bringt nicht nur neu gesammelte Tänze, sondern fußt auf der vorhandenen Literatur. Diese älteren Sammelwerke von Tanzmelodien, wie sie in die Volksliedersammlungen übergegangen sind, werden immer mit herangezogen werden müssen. Ebenso wird man auf die älteren Nachrichten zurückzugreifen haben, wie sie besonders in den Lautentabulaturbüchern in großer Zahl vorkommen. Die betreffenden Stücke sind als Volkstänze, im Gegensatz zum modischen und „feineren" Gesellschaftstanz, meist schon durch die einfache Bezeichnung „Tanz" (in älterer Schreibart: Tantz, Danntz u.s.f.) kenntlich. Man vergleiche hierzu etwa die Dissertation von Jenny DIECKMANN über „Die in deutscher Lautentabulatur überlieferten Tänze des 16. Jahrhunderts" (Kassel 1931), auch Wilhelm MERIAN, „Der Tanz in den deutschen Tabulaturbüchern" (Leipzig 1927) und andere Veröffentlichungen von musikhistorischer Seite.

Die Festlegung einer einheitlichen Terminologie für die Einzelheiten des volkstümlichen Tanzes, eine Einigung über die Bezeichnung der Grundformen, Grundbewegungen und Schrittarten erfolgte nach dem normierenden Vorschlag, den Ludwig BURKHARDT in Berlin schon in den

---

20) Vgl. *Der Volkstanz*, V. Jhg., Heft 6, S. 47.

ersten Heften der Zeitschrift „Der Volkstanz" (1925) vorlegte. Die meiner Meinung nach besten und ausführlichsten Tanzschlüssel der letzten Jahre lieferten Karl HORAK („Volkstänze der Deutschen in Mittelpolen", Plauen 1936) und Arthur NOWY („Tänze unserer Gemeinschaft", Wolfenbüttel 1937).

Zur Frage der Systematik der Volkstänze vergleiche: Karl HORAK (in einem Vortrag im Wiener Museum für Volkskunde 1937), Arthur NOWY in „Der Volkstanz und seine wissenschaftliche Betreuung"[21], Raimund ZODER „Zur Systematik der deutschen Volkstänze"[22], Thilo CORNELISSEN[23] stellte die bisher erschienenen Volkstanzsammlungen und Ausgaben, nach Landschaften geordnet, zusammen.[24] Richard WOLFRAM brachte eine Übersicht der Volkstanzliteratur überhaupt in seiner Abhandlung „Volkstanzforschung"[25].

Es ist kaum möglich, und auch nicht Aufgabe dieser Schrift, alle bereits vorliegenden Einzeluntersuchungen bestimmter Volkstänze oder Volkstanzgruppen aufzuzählen. Ich erwähne nur, weil sie als vorbildlich bezeichnet werden können: Johannes BOLTE'S Monographie über den „Halle'schen Stiefelknechtsgalopp" (1926), Raimund ZODER'S Studien über den „Warschauer" (1934), den „Spinnradltanz" (1938), E. HERRMANN'S zusammenfassende Arbeit über den „Siebensprung" (1905). Aus dem Vergleich der verschiedenen Fassungen des letztgenannten Tanzes kam Hans VON DER AU zu neuen Perspektiven und schrieb eine Geschichte der Sonderentwicklung dieses Tanzes, vom Kulttanz zum Vergnügungstanz. Hier sind noch zu nennen: Die Monographie von K. W. WEHRHAHN über den „Putzedanz" (Barbiertanz, 1936), Werner THUST wegen seiner „Beiträge zur Form des Neubayrischen" (1937) sowie die Arbeit von Richard WOLFRAM über „Schwerttanz und Schwerttanzspiel" (1932) und seine weiteren Veröffentlichungen.

Für die taktwechselnden Tänze oder Zwiefachen hat Lehrer Alfons LIST in Abensberg (Niederbayern) in vorbildlicher Weise vorgearbeitet in seiner handschriftlichen Sammlung „Auf dem Hallerauer Tanzboden"

---

21) In der Deutschen Liederkunde, 1. Band, Potsdam o.J. (1939).
22) In den *Mitteildeutschen Blättern für Volkskunde*, 13. Jahrg., 84. Eine italienische Übersetzung brachte R. WOLFRAM in der Zeitschrift *Lares*, Anno X, Nr. 4, 5, 6, Rom 1939.
23) In dem Buch Volksspiel und Feier, Alphabetisches Suchbuch nebst Stoffsammlung, München, Hamburg, Berlin 1939.
24) Leider in einer bibliographisch nicht befriedigenden Art: es fehlen Herausgebernamen und Jahresangaben.
25) R. WOLFRAM, „Volkstanzforschung" in: *Germanische Monatsschrift*, Jahrg. 1937.

(Staatsbibliothek München), indem er die von ihm gesammelten Zwiefachen nach den, oft beträchtlich von einander abweichenden, Spielarten aufgezeichnet hat. Er stellt von seinen 85 Oberpfälzer Zwiefachen die Spielarten aus Abensberg, Siegenburg, Mainburg, Rohr und Rottenburg in synoptischer Anordnung untereinander und versucht zugleich, (durch schwarze Schrift) den Grundtypus jedes Tanzes und (durch rote Schrift) die jeweiligen Varianten als solche festzustellen. Wie er selbst im Vorwort ausführt, wollte er „dadurch einen Weg zeigen, wie man eine Übersicht über örtliche Eigenarten und, wenn das Vergleichsgebiet sich beispielsweise über ganz Bayern erstrecken wird, Schlüsse auf die Verbreitung, auf Abarten und nicht zuletzt auf das Ursprungsgebiet ziehen kann." Ich selbst habe diese Arbeit bei meinen Zwiefachen-Studien mit großem Nutzen zurate ziehen können. Wenn ich in diesem Zusammenhang auch mein Buch über „Die taktwechselnden Volkstänze" (1938) erwähne, so geschieht das nur, um festzustellen, daß auch diese Arbeit das Problem noch keineswegs erschöpft. Gelang es mir darin, die Heimat dieses auffallenden Tanzbrauches zu entscheiden, indem ich ihn als eine durchaus deutsche u.z. oberpfälzisch-bayrische Erscheinung nachweisen konnte, so ergibt sich doch noch die Pflicht, dieses Phänomen nach allen Seiten hin zu studieren: nach der rhythmisch-morphologischen Seite wie nach der melodisch-synthetischen, vor allem aber nach der choreographischen Seite selbst.

Wenn auch einmal die Sammlung und Beschreibung der Volkstänze, die mit so großem Eifer betrieben wird, abgeschlossen sein wird, so ist auch damit die Aufgabe keineswegs zu Ende. Vielmehr tritt dann erst an die Tanzwissenschaft die Aufgabe heran, die Quellen des Volkstanzes zu erschließen.

Die Dinge liegen hier anders, d.h. schlechter als beim Gesellschaftstanz. Für diesen gibt es eine auf mehr als drei Jahrhunderte zurückreichende große Literatur von Tanzbeschreibungen und Lehrbüchern, in denen die Tänze durch Abbildungen, durch Aufzeichnung der Tanzschritte oder durch eine eigene Tanzschrift festgehalten und so auch heute noch der Entzifferung zugänglich sind. Für den Volkstanz gibt es keine alte Fachliteratur. Dafür hat er freilich die lebendige Überlieferung dem der Gunst der Zeiten unterworfenen Gesellschaftstanz voraus – neben der lebendigen Tradition kommt aber nun erst recht das Studium der kulturgeschichtlichen Quellen auch für den Volkstanz in besonderen Betracht: Aus der geographischen und topographischen Literatur, aus der Lokalgeschichte, aus Memoirenwerken, behördlichen

Verboten, aus den Charakterzeichnungen der bildenden Kunst, insbesondere der Holzschneidekunst des 16. Jahrhunderts,[26] und endlich aus der Musikgeschichte müssen die Bausteine zusammengetragen werden. Erst dann wird sich das Bild einer Geschichte des Volkstanzes zeichnen lassen.

Auch die außerdeutsche Tanzliteratur weist Bemerkenswertes zur wissenschaftlichen Tanzliteratur auf: so vor allem die große Bibliographie des Tanzes von Cyril W. BEAUMONT, die schon in ihrer ersten Fassung eine große Tat war.[27] Noch größere Vollständigkeit und zugleich die Einordnung nach bestimmten sachlichen Gesichtspunkten brachte dann die amerikanische Ausgabe, ergänzt von Paul D. MAGRIEL[28]. Es wäre nur sehr zu wünschen, daß dieses ausgezeichnete Werk bald wieder neu aufgelegt wird!

In einem weiteren Rahmen gehört hierzu auch das Buch von RIDGEWAY über die im Tanz zu suchenden Ursprünge des Dramas[29], da es sich auch mit den Stammestänzen der Naturvölker und ihrer Bedeutung für die soziale Entwicklung in gründlicher und intensiver Weise beschäftigt.

Für die englischen Verhältnisse im besonderen kommt die fruchtbare Tätigkeit des 1924 verstorbenen Begründers der englischen Volkstanzgesellschaft, Cyril James SHARP, in Betracht. Er hat nicht nur die alten englischen Volkstänze gesammelt und beschrieben, (in dem sechsbändigen Werk „The Country Dance Book", London 1909–1922), sondern auch für den Musikalienkatalog des British Museum die Musikstücke und Gesänge der englischen Volkstänze zusammengestellt. Sein letztes Werk, ein historischer Überblick über den europäischen Tanz wurde von A.P. OPPE zu Ende geführt.[30] Ausgezeichnete zusammenfassende englische

---

26) Karl Magnus KLIER, in der Zeitschrift „Das deutsche Volkslied" 29. Jahrg. verweist auf die „neue Blüte der volkstümlichen Darstellungen aus der bildenden Kunst, die mit dem Beginn des 19. Jahrh. einsetzte: Die Bemühungen des Erzherzogs Johann um die Erhaltung der heimischen Art wird illustriert durch die zahlreichen bildlichen Darstellungen seiner Kammermaler."
27) Cyril W. BEAUMONT, Bibliography of Dancing, London 1929.
28) A Bibliography of Dancing, a List of Books and Articles on the Dance and Related Subjects, compiled by Paul D. MAGRIEL. New York 1936, Supplement 1936–38, New York 1939.
29) William RIDGEWAY, The Dramas and Dramatic Dances of non-European Races, Cambridge 1915.
30) The Dance, a Historical Survey of Dancing in Europe, London 1924, in dem er den Gegenstand unter drei Hauptgesichtspunkten behandelt: Volkstanz, Gesellschaftstanz und Bühnentanz.

Volkstanzsammlungen haben wir in „English Folk-Song and Dance" von Frank KIDSON und Mary NEAL (Cambridge 1915) desgleichen von Rolf GARDINER „The English Folk Dance Tradition" (Hellerau 1923). In London kam auch das umfassende Werk der Oxford University Press heraus, die Serie der „Folk Dances of the World", deren erste Bände enthalten: Alfredo CASELLA „Due canzoni popolari Italiane" (1929), E. DAVIES, „Welsh Folk Dances" 1929). Für schottische Tänze kommt in Betracht das Buch von Donald Richard MACKENZIE, „Illustrated Guide to the National Dances of Scotland" (1910). Die von Joseph LAUG in Dublin gesammelten irischen Volkstänze liegen in einer Ausgabe von Elizabeth BURCHENAL vor.

Amerika hat gleichfalls seine American Folk Dance Society in New York, deren Vorsitz Elizabeth BURCHENAL führt, der wir auch ein wertvolles Buch „Volk-Dancing, as a Popular Recreation, a Handbook" (New York 1922) verdanken. In diesem Zusammenhang muß auch des großen Interesses gedacht werden, welches die University in Los Angeles für das Studium und die Aufzeichnung landschaftlicher Volkstänze bekundet.

Für das Gebiet der Tschechoslovakei sind die wichtigsten und ergebnisreichsten tanzvergleichenden Arbeiten des Kurators des mährischen Landesmuseums, Dr. Frantisek POSPISIL zu nennen, welcher z.B. auf dem Spezialgebiet des weitverbreiteten Schwerttanzes schöne Erfolge erzielt hat.

Im Jahre 1926 hat das phonetische Laboratorium der Universität Hamburg die Musik der auf den Far-öer üblichen Volkstänze in mehr als 50 Phonogrammen aufgenommen.

Besondere Aufmerksamkeit verdienen die Arbeiten der holländischen Tanzforscher über den javanischen Tanz, von LELYVELD, COOMARAS WAMY und anderen, dergleichen die Schrift von Cesare CARAVAGLIOS „Il Folklore musicale in Italia" (Neapel 1936).

Über den spanischen Volks- und Gesellschaftstanz hat 1931 Aurelio CAPMANY im 2. Band des (von F. Carreras & Candi redigierten) folkloristischen Sammelwerkes „Folklore y costumbres de España" S. 167–418 (Barcelona 1931) eine sehr beachtenswerte und umfangreiche, durch schöne Bilder illustrierte Monographie beigesteuert unter dem Titel „El Baile y la danza", worin der Verfasser zunächst die in Spanien gebräuchlich gewesenen und noch lebendigen Tänze behandelt, sodann aber ausführlich auf die nationalen und die importierten Tänze übergeht. Der Hauptteil des Buches gilt dann der Besprechung der in den einzelnen

Provinzen üblichen Tänze, und zwar unterscheidet er hier sehr deutlich die Tänze aus Nord- und Zentralspanien und die der südlichen Regionen. Ein Schlußkapitel gilt den Schultänzen, Fragen der Tanztechnik und den großen, mit Tanz verbundenen Volksfesten. Man sieht also, ein großer Anfang ist hier gemacht – und doch erst nur ein Anfang. Denn, so lobenswert das Werk Capmany's ist, so kann es doch nicht als letzte Lösung der hier auftretenden Probleme gelten. Der Verfasser ist offenbar kein Fachmann auf dem Gebiet des Tanzes; er sammelt mit großer Liebe alle erreichbaren Belege und bringt auf Grund dieser eine große Zahl von Tänzen zur Erörterung. Daß von diesen nur wenige wirklich eindeutig beschrieben werden, ist nicht so sehr ihm zum Vorwurf zu machen; es liegt vielmehr in der Mangelhaftigkeit der Quellen, die oft nur Andeutungen, ja oft sogar nur Namen geben, aber auch in der Behandlungsweise, mit der man bisher Fragen zur Tanzkunst anging. Sehr anzuerkennen ist es, daß Capmany wiederholt versucht, die Tänze funktionell zu gliedern und zu gruppieren (etwa so: Tänze von Männern, solche von Frauen allein), aber dies läßt sich bei dem von ihm vorgelegten reichen Material, eben weil es nicht genau beschrieben ist, nicht durchführen. Ja, er selbst ist nicht imstande, die Tänze nach ihrer Zusammengehörigkeit auch nur einigermaßen zu ordnen. So bringt er z.B. unter den asturischen Volkstänzen eine ganze Menge von Namen, kann einige sogar näher beschreiben, dann plötzlich aber zählt er, als ob es Neue wären, auf: Llanos, Brincadillos und Ruedas; wie die Namen besagen sind dies Gattungsbezeichnungen, denn die Llanos sind eben, offene Paartänze, die Brincadillos sind, wie der Name sagt, Springtänze und die Ruedas Kreistänze. Und alle die von ihm vorher aufgezählten, besonderen Tänze wären in die eine oder andere Kategorie einzureihen gewesen. Auch der von ihm S. 306 unter den katalonischen Tänzen eigens erwähnte „ball de cancons" (canciones) bedeutet doch nichts anderes als einen Tanz, zu dem gesungen wird, wie dies in hundert anderen Fällen geschieht; die Besonderheit liegt nur darin, daß dieser Tanz in der Stadt Arenys de Mar als Reihentanz, in Palamos dagegen als Kreistanz ausgeführt wird.

Mit dieser Kritik soll jedoch das Buch Campany's nicht in seinem Wert herabgesetzt werden, der hauptsächlich darin besteht, daß es eine erste und gründliche Sammlung des ganzen für Spanien erreichbaren Materials vorgelegt hat.[31]

---

31) Der Verfasser bringt sich durch eine Unterlassung leider um die Frucht seiner mühevollen Arbeit, indem er ihr kein Register der Tänze beigibt. Es ist dies umso unbegreiflicher, als er wohl die Orts- und Personennamen eigens in je einem Index zusammen-

An Versuchen einer Erörterung der Beziehungen des Tanzes zur Menschheitskultur hat es nicht gefehlt. Sie beschränkten sich alle auf die geschichtlich beschreibende Darstellungsweise. Ich erinnere an die Bücher von CAHUSAC (1754), auch schon BONNET (1724) und den von diesem abhängigen CASTIL-BLAZE (1832), an CZERWINSKI (1862), VOSS (1869), VUILLIER (1897), aus neuerer Zeit BIE (1906), BOEHN (1925), SCHIKOWSKI (1926), C. SACHS (1933).

Von keiner dieser Darstellungen kann man sagen, daß sie das ganze Gebiet umfaßt – es ist auch noch unmöglich. Eine allgemeine Geschichte des Tanzes kann es erst dann geben, wenn aus jedem Land wirklich einwandfreie und gründliche Spezialarbeiten vorliegen.

Als Muster einer weitumspannenden und zusammenfassenden Darstellung des Tanzes innerhalb eines alten Kulturkreises muß das prächtige Werk von Fritz WEEGE „Der Tanz in der Antike" (Halle 1926) genannt werden.[32]

Mein vorliegendes Buch geht auf jahrelange Arbeit zurück. Die Liebe zur Tanzkunst, die mir aus der Berufstätigkeit meiner Kinder erwachsen war, ließ mich in der Beschäftigung mit dieser edlen, von der wissenschaftlichen Seite arg vernachlässigten Kunst eine Art neuer Lebensaufgabe erblicken, deren erste Frucht mein 1928 erschienenes „Handbuch des Tanzes" war. Jahrelange Sammeltätigkeit für eine zweite Auflage dieses Lexikons ließ mich immer mehr erkennen, daß es nicht allein an der Sammlung des Materials liegt, sondern gar sehr auch an dem Blickpunkt, von dem aus die Tanzkunst künftig anzusehen sein wird, wenn man ihr als einer so wichtigen Erscheinung im kulturellen Leben gerecht werden will.

Ich bin mir dessen bewußt, daß auch die vorliegende Arbeit – ebenso wie mein Tanzlexikon – der Vervollständigung und Ergänzung bedarf. Die Fortführung der hier vertretenen Gedanken und die Erfüllung der erhobenen Forderungen stelle ich mir als eine Aufgabe vor, die nicht mir, sondern den künftigen Tanzforschern obliegt. Ich will hier nur Ziele

faßt, nicht aber die Tänze und Tanznamen, die doch den eigentlichen Zweck des Buches gebildet haben. Somit bleibt dem Leser nichts übrig, wenn er etwas über einen spanischen Tanz erfahren will, als das ganze Buch von 250 Seiten durchzublättern, oder sich selbst ein Register anzulegen, um das Werk zum Studiengebrauch zugänglich zu machen.

32) An dieser Stelle sollen zwei ältere Werke nicht vergessen werden, die speziell auf die Technik des griechischen Tanzes näher eingehen: beide von Maurice EMMANUEL: La danse grecqe antique (Paris 1895) und De saltationis disciplina apud Graecos (Diss. Paris 1896).

stecken und Wege weisen. Es mag dabei kühn erscheinen, daß ich bei dem Versuch, die Probleme der Tanzwissenschaft in Verbindung mit solchen Disziplinen aufzuzeigen, die sich sachlich berühren, in die Aufgabensphäre dieser, mir persönlich ferner liegenden Wissenschaftszweige mich vorgewagt habe; aber es war nicht anders möglich und ich habe die Probleme dieser anderen Disziplinen auch nicht an sich behandelt, sondern nur die parallelen Wege darzustellen versucht, die von ihnen zur Tanzforschung führen. Sachliche, methodologische und andere Gesichtspunkte kreuzen sich dabei, will man überhaupt zum erstenmal systematisch die Probleme einer neuen wissenschaftlichen Disziplin vorlegen. Ich durfte den Weg – die Beziehungen zu anderen Grenzwissenschaften aufzuzeigen – umso eher als methodische Grundlage meiner Arbeit wählen, als ja jene Grenzwissenschaften selbst daraus nur Nutzen ziehen können.

Victor Junk, Frohnleiten 1948

1. Kapitel

Die Eingliederung des Tanzes in das System der Künste

Philosophie und Ästhetik des Tanzes

Gleich der Musik und der darstellenden Kunst gehört der Tanz in die Reihe der m o m e n t a n e n Künste: die in der Zeit sich darstellend manifestieren. Ja, er ist wohl die flüchtigste aller Künste, denn er ist im Augenblick des Entstehens auch schon vergangen und es gab – bis zur technischen Ausgestaltung des Films – kein ausreichendes Hilfsmittel ihn graphisch hinreichend festzuhalten.

Diese Flüchtigkeit des Tanzes ist wohl auch mit ein Grund dafür, daß sich noch niemand die Mühe genommen hat, die Frage nach dem T ä n z e r i s c h - S c h ö n e n aufzuwerfen, geschweige denn, sie zu beantworten. Daher es denn eine Ä s t h e t i k   d e s   T a n z e s bis heute nicht gibt.

Ähnlich mangelhaft steht es um die P s y c h o l o g i e des Tanzes: auch hier fehlt eine eingehende und zusammenfassende Darstellung. Wie wichtig aber und wie schwierig dieser Gegenstand ist, mag schon daraus ersehen werden, daß z.B. William OESTERLEY, der Verfasser eines streng wissenschaftlichen Werkes über den sakralen Tanz[1] die psychologische Betrachtung ganz ausschaltet, um sie einem Fachmann zu überlassen.

So dürfen wir uns also nicht wundern, daß gerade die Philosophie des Tanzes am tiefsten darniederliegt. Die Gelehrten und Denker, die sich mit der Frage der Einreihung der Künste abgegeben haben, haben den Tanz entweder überhaupt beiseite gelassen, oder als Kunst zweiten Ranges bloß nebenher erwähnt und sich der Verpflichtung entzogen,

---

1) William OESTERLEY, The Sacred Dance, a Study in Comparative Folklore, Cambridge 1923.

auch über diese Kunst etwas Näheres und Positives auszusagen.²

Man kann ruhig behaupten: für das Kapitel der Philosophie des Tanzes ist fast nichts vorgebaut. Und doch wird man erst von einer solchen, auch die physiologischen und psychologischen Nebenfragen in gleicher Weise wie die historische Entwicklung berücksichtigenden Theorie, die vollständige Erfassung des Problems „Tanz" erwarten dürfen. Es sei mir daher gestattet, in dem vorliegenden Versuch einen ersten, tastenden Schritt zu wagen, um einen Einblick in die Wichtigkeit des Problems zu ermöglichen.

Vorausgeschickt sei ein Hinweis auf Richard WAGNER, dessen theoretische Schriften wiederholt auf die Stellung der Tanzkunst innerhalb der menschlichen Kunstäußerungen Bezug nehmen. In seinen Ausführungen über „Das Kunstwerk der Zukunft"³ spricht er von den „drei künstlerischen Hauptfähigkeiten des ganzen Menschen", der „Tanzkunst, Tonkunst und Dichtkunst" und bezeichnet sie als „die drei urgeborenen Schwestern", so daß also der Tanz nicht etwa als Stiefschwester angesehen werden kann, vielmehr als gleichwertige Schwester neben den beiden andern. Sodann spricht er vom Tanz als „Die realste aller Kunstarten", deren „künstlerischer Stoff der wirkliche leibliche Mensch" ist, „durch seine äußere Gestalt, durch das Gebahren seiner Glieder gelangt der innere, singende und sprechende Mensch zur Anschauung: Ton- und Dichtkunst werden in der Tanzkunst dem vollkommenen kunstempfänglichen Menschen ... erst verständlich".⁴ Auch die bildende Kunst schuldet nach Wagners Ansicht der Tanzkunst die Fähigkeit, den inneren Menschen, sein Fühlen und Wollen, an das Auge mitzuteilen: „dem Tänzer, dem Mimiker reicht der bildende Künstler die Hand, um in ihm selbst aufzugehen, selbst Tänzer und Mimiker zu sein."⁵

Die Einteilungsmethoden für die verschiedenen Künste sind sehr unterschiedlich und es entbehrt nicht einer gewissen Ironie, wenn wir bei einem neueren Philosophen (Max Schasler) lesen, der Grund des Mißlingen aller Versuche, ein einwandfreies System der Künste aufzu-

---

2) Die Vernachlässigung geht so weit, daß ein strenger Forscher schon vor Jahren wegen dieses geflissentlichen Übersehens der Mimik (Tanz und Schauspiel) in der Reihe der Künste bei den Schriftstellern der neueren Zeit geradezu den Vorwurf der Unwissenschaftlichkeit erheben durfte. (Max SCHASLER, Das System der Künste, Leipzig 1882, S. 114).
3) Richard WAGNER, Gesammelte Schriften und Dichtungen, Leipzig 1887, Bd. 3, S. 67.
4) Ebd., S. 71ff.
5) Ebd., S. 155.

stellen, liege „in der Fortlassung der von ARISTOTELES ausdrücklich als echte Kunst bezeichneten „Tanzkunst" als bewegter Plastik".[6] ARISTOTELES, der sich als erster mit der Frage der Einteilung der Künste befaßte, sah das Wesen der Kunst bekanntlich in der „Mimesis", d.i. in der Nachahmung der Natur, in der „Nachahmung von Ideen in den Anschauungsformen der Wirklichkeit". Und so ergeben sich für ihn als das Mittel, wodurch die Tanzkunst die Natur nachahmt (wie er in der „Poetik" ausführt) der menschliche Körper in Verbindung mit dem Rhythmus. Auf dieser Einteilung des Aristoteles ließ man es beruhen durch die Jahrhunderte hindurch; keine Brücke führte von dieser erstmaligen, wahrhaft genialen Erkenntnis des antiken Philosophen zu den neuzeitlichen Denkern, ja es schien fürs Erste, als sei die Brücke, die uns von der Einsicht des Aristoteles herüberführte, überhaupt gänzlich abgebrochen. Selbst KANT, der unter den Neueren als Erster wieder dem System der Künste beikommen wollte, verfiel dabei auf die weitabliegende, rein abstrakte und unfruchtbare „Analogie mit dem sprachlichen Mitteilungsausdruck". Schasler hat in einem Rückblick auf diese Erklärungsversuche gezeigt, wie wenig der KANT'sche Gedanke der „Analogie der Kunst mit der Art des Ausdrucks, dessen sich die Menschen beim Sprechen bedienen, um sich einander mitzuteilen",[7] genügen konnte, um die Künste überhaupt nur charakterisieren, geschweige denn sie einteilen zu können; und ebenso, wie im Grunde unfruchtbar die kunstästhetischen Anschauungen der Kantianer, vor allem SCHILLER's, Jean PAUL's und Wilhelm von HUMBOLDT's, oder der Romantiker Friedrich SCHLEGEL und SCHELLING waren. Bei allen diesen kommt auch unsre Tanzkunst kaum zur ernsten Erwähnung. Erst mit SCHLEIERMACHER scheint die poetisch-fantastische (Schiller) oder symbolistische (Schlegel) oder endlich die mystische (SOLGER) Einstellung zur Frage überwunden – und einer strengeren, systematischen Platz zu machen. Aber auch sie (SCHLEIERMACHER) mit der Verworrenheit der Begriffe „begleitend" neben „bildend" und „dichtend" deutet auf das Unzulängliche auch dieses Gliederungsversuches.

Die Eingliederung des Tanzes in die Reihe der Künste kann von der Gruppierung SCHOPENHAUER's ausgehen (wenngleich er selbst dem Tanz darin gar keinen Platz verstattet hat).

6) Max SCHASLER, Das System der Künste, aus einem neuen, im Wesen der Kunst begründeten Gliederungsprinzip, Leipzig 1882.
7) Ebd., S. 13, besonders S. 22ff.

In dem berühmten Abschnitt über die platonische Idee und das Objekt der Kunst definiert er die Schönheit als die Darstellung des Willens durch seine räumliche Erscheinung (Malerei, Skulptur) und die Grazie als die Darstellung des Willens als seine zeitliche Erscheinung – so daß die Pflanze wohl Schönheit haben kann, aber keine Grazie, Mensch und Tier dagegen beides – und kommt zu dem Schluß: „Beide, Schönheit und Grazie sind die deutlichste Erscheinung des Willens auf der obersten Stufe seiner Objektivation."[8]

SCHOPENHAUER hat uns seine spezielle Meinung über den Tanz leider vorenthalten. Selbst an der Stelle, wo er über die darstellenden Künste so ausführlich spricht, war er hier ganz nahe daran, sich mit dem Tanz auseinanderzusetzen, wo er Schönheit und Grazie gegeneinander in Beziehung setzt. „Die Grazie", sagt er, „besteht darin, daß jede Bewegung und Stellung auf die leichteste, angemessenste und bequemste Art ausgeführt werde... Die Grazie setzt ein richtiges Ebenmaß aller Glieder, einen harmonischen Körperbau als ihre Bedingung voraus...: also ist die Grazie nie ohne einen gewissen Grad der Schönheit des Körpers."

SCHOPENHAUER stellt in seiner Reihe der Künste die Architektur und die Musik an die beiden äußersten Enden, als die „wahren Antipoden" hinsichtlich ihrer Sphäre: Jene ist „allein im Raum, ohne irgend eine Beziehung auf die Zeit", diese hingegen, „allein in der Zeit, ohne irgend eine Beziehung auf den Raum".[9] Skulptur und Malerei gehören unmittelbar dem Raum, hängen aber „mittelbar mit der Zeit zusammen, indem sie Leben, Bewegung, Handlung darstellen", die Poesie (als Redekunst) gehört unmittelbar der Zeit an, aber ihr Stoff ist „alles Daseiende, also das Räumliche".[10]

Hätte SCHOPENHAUER auch die Tanzkunst in den Bereich seiner gliedernden Betrachtung gezogen, so hätte sie gerade die Mitte einnehmen müssen zwischen den räumlichen und den zeitlichen Künsten. Aber er spricht eben nicht vom Tanz. Offenbar hat auch er dem Tanz nicht den Ernst und die Würde einer Kunst zuerkannt.

Sonst hätte ihn auch das – was er, gelegentlich eines Goethe-Wortes zu Eckermann, über die „Analogie des Rhythmus mit der Symetrie" sagt, darauf führen müssen.

8) Arthur SCHOPENHAUER, Die Welt als Wille und Vorstellung, Leipzig 1819, Bd. 1, 3. Buch, S. 305.
9) Ebd., Bd. 2, Kapitel 39: Zur Metaphysik der Musik, S. 562.
10) Ebd. in der Anmerkung, S. 562.

Die Gründe, warum er den Tanz nicht einordnet, liegen weit zurück, sowohl meritorisch als auch historisch. Den Weg hierzu weist uns Friedrich Theodor VISCHER, von dem gleich gesprochen werden soll.

Hatte KANT, der, wie man weiß, nie aus seiner Vaterstadt Königsberg hinausgekommen ist, infolge des absoluten Mangels an praktischer Kenntnis sich zu einem so wunderlichen Theorem der Künste beim Versuch ihrer Einteilung verstiegen, so liegt die Sache bei SCHOPENHAUER offenbar so, daß er aus Mißachtung des Tanzes selbst an Stellen seines Systems, die ihn darauf hingedrängt hätten, zur Ignorierung des Tanzes als Kunstform gebracht worden war.

Nach SCHOPENHAUER's Darlegung stellen Plastik, Malerei und Poesie die „Idee des Menschen" dar. Dies ist aber doch mindestens ebenso der Fall bei der Tanzkunst. In ihr wird der „Wille" deutlicher gesagt, der Wille zum Leben, als elementarstes Lebensgefühl, mit aller Lust und allem Leid durch Bewegung und Gestik am sinnfälligsten veranschaulicht. Die „Idee des Menschen" künstlerisch anschaulich zu machen, ist doch auch ihre Fähigkeit und eigentliche Bestimmung. Erreicht dies die Musik durch Vermittlung des Gehörs, so tut die Tanzkunst durch den primärsten Sinn des Menschen, das Gesicht. Gibt auch sie – wie die Musik – nur ein „Abbild der Idee", nicht diese selbst, so tut sie es doch durch das nächstliegendste Ausdrucksmittel: den menschlichen Körper. *Sie stellt jedenfalls die „Idee des Menschen", um mit* SCHOPENHAUER *zu reden, unmittelbarer dar, als es Skulptur, Malerei und Poesie tun können.*

Friedrich Theodor VISCHER[11] reiht die Orchestik und Mimik (Tanzkunst und Schauspielkunst) unter die „bloß anhängenden Künste", die dadurch entstehen, daß die Kunst als die „Wirklichkeit des Schönen" ihren eigentlichen, in sich selbst gelegenen Zweck modifiziert, ihre absolute Stellung verläßt und mit dem Leben selbst in Beziehung tritt, indem sie also „außerästhetischen Tätigkeiten ihre Formgebung leiht."[12] Vischer lehnt sich hier bewußt an SCHLEIERMACHER an, der ebenfalls die Orchestik und Mimik als „begleitende Künste" einreihte und benannte. Vischer bemerkt dazu, das „werden sie eben dadurch, daß die Kunst sie an sich nimmt, ihnen zur leitenden, bestimmenden Seele wird".[13]

VISCHER geht noch weiter und rührt an die alte, auch heute noch

---

11) Friedrich Theodor VISCHER, Ästhetik, oder Wissenschaft des Schönen. Reutlingen 1846–57, S. 548.
12) Ebd., S. 545.
13) Ebd., S. 548.

aufrechtgebliebene Ansicht von der ursprünglichen Einheit von Poesie, Musik und Tanz und stellt sich mit seiner Behauptung, daß „Orchestik, Musik und Poesie darum nicht als höhere Einheit" aufgefaßt werden dürfen in Gegensatz zu KRUG[14], der die „mimischen, in Raum und Zeit zugleich darstellenden Künste als Zusammenfassung der tonischen und plastischen", als drittes Glied in derselben Reihe aufführt.

Auch VISCHER hat dem 3. Teil seiner „Ästhetik" den Abschnitt über die Tanzkunst bloß als Anhang (zu § 833) zugesellt. Dennoch unterzieht er die Tanzkunst doch einer eingehenden Betrachtung. Er scheidet die „Gymnastik" als „lebendige Skulptur" von der Tanzkunst, oder Orchestik, die „der selbständigen Schönheit nähersteht ... und mehr zur reinen Darstellung bestimmt ... ungleich reicher im Ausdruck ist." Aus der orchestischen Gesamtbewegung tritt" nicht bloß der künstlichere und ausdrucksvollere Tanz Einzelner heraus, sondern bestimmter die musikalisch geregelte Mimik, die Pantomime." VISCHER sieht den Übergang von der Gymnastik zur Orchestik, also deren Herausbildung aus den gymnastischen Massenbewegungen, den Evolutionen, durch bestimmte Momente gegeben: z.B. durch die Verbindung mit einem Scheinkampf (im Schwerttanz) oder mit dem Spiel (Ballspiel u. dgl.).

In der Tanzkunst drückt sich nach VISCHER das ästhetische Bewegungsleben des Tons zunächst in der horizontalen Richtung des Raumes aus: die Musik wird „zu einer projizierten Figuration der Linie." Aber zu dieser abstrakten Seite des Tanzes tritt „die positive konkrete der Bewegung, wie sie sich während der Ortsveränderung und eben in deren verschiedenen Qualitäten über die ganze Gestalt nach allen Richtungen verbreitet. „Ganz nebenbei und oberflächlich schneidet VISCHER hierbei auch die Frage der Ästhetik des Tanzes an: Die Schönheit der Bewegung wirkt entweder an sich, ohne Beziehung auf einen dargestellten Inhalt: Im Spiel der Füße, der Arme und Hände, im Neigen und Beugen des Kopfes und in der Mitwirkung der Gesichtszüge, – oder – mit einem spezifischen Inhalt, durch Aufeinanderfolge der Bewegungen. Ein Schritt weiter führt dann zur tänzerischen Ausdeutung einer Handlung, zur Schaffung der Pantomime.

LESSING war der erste, der den Unterschied der R a u m - und Z e i t - k ü n s t e machte. An diese Unterscheidung knüpft Max SCHASLER an, indem er die beiden Gruppen einander gegenüberstellt: Auf der einen Seite: Architektur – Plastik – Malerei, auf der anderen: Musik – Mimik –

---

14) Wilhelm Traugott KRUG, Geschmackslehre oder Ästhetik, Wien 1818, S. 68.

Poesie; eine Verbindung der beiden Gruppen liegt im Tanz: Denn er ist tatsächlich eine Kunst des Raumes und der Zeit zugleich. Wir müssen uns daher mit der philosophischen Theorie SCHASLER's eingehender beschäftigen.

Max SCHASLER, der, durchaus polemisch eingestellt, alle jene, vorhin angedeuteten Versuche mit schonungsloser Kritik abtut, setzt ihnen sein eigenes Prinzip einer systematischen Gliederung der Künste entgegen. Er geht aus von dem Gegensatz des Simultanen und Sukzessiven, des Neben- und Nacheinander, von der räumlichen und zeitlichen Anschauung. Auf der ersteren beruhen die drei Künste: Architektur, Plastik und Malerei, auf der letzteren die drei: Musik, Mimik und Poesie. Eine genauere Trennung gelingt ihm dann durch die Feststellung, daß innerhalb der Künste jene beiden Elemente des Simultanen und Sukzessiven, der Raum und der Zeitanschauung, auch wechselseitig zur Geltung kommen: in den simultanen Künsten kommt auch das sukzessive Element in sekundärer Weise zur Geltung „als Moment der Bewegung, d.h. der innerlichen Entwicklung der Teile aus einem ideellen Zentrum,"[15] und ebenso umgekehrt: D.h. bei den zeitlichen Künsten spielt auch das Moment der räumlichen Anschauung, ebenso in sekundärer Weise, mit herein. Und hierfür ist ihm gerade die Mimik der lehrreichste Zeuge, „denn offenbar macht nicht d i e s das Wesen der Mimik aus, daß ihre Produktionen gesehen und nicht gehört werden, sondern daß, was gesehen wird in der Form der s u k z e s s i v e n Anschauung in die Erscheinung tritt und als solche perzipiert wird...". Beweis liefert die Tatsache, daß die (unveränderliche) Charaktermaske, wie sie auf der antiken Bühne als typischer Ausdruck einer bestimmten Rolle üblich war, so wie eine fixierte Stellung des Körpers nicht mehr mimisch, sondern nur plastisch zu wirken vermag, weil in beiden Fällen das notwendige Moment einer E n t w i c k l u n g des Stimmungsausdruckes mangelt.[16]

Für die weitere, genauere Sonderung der Künste läßt sich SCHASLER von folgender Überlegung leiten: Da das Kunstwerk Wirklichkeit in der Idee darstellt, also im Kunstwerk sinnliche Erscheinung und Idee verbunden auftreten, so folgt daraus, daß auch die Mittel des künstlerischen Gestaltens sowohl materieller wie auch ideeller Art sein müssen. Sie müssen imstande sein, ebenso „die sinnliche Erscheinung zur Anschau-

---
15) SCHASLER, a.a.O., S. 53.
16) Ebd., S. 54.

ung, wie die Idee als deren Inhalt zum Ausdruck" zu bringen.[17] Und aus diesem Gesichtspunkt heraus läßt sich tatsächlich ein weiteres Sondierungsprinzip gewinnen. Auf die Idee gründet sich der Inhalt des Kunstwerks, auf der Wirklichkeit beruht die Form. Je nach der Verschiedenheit der beiden Elemente, nach dem „Gewichtsverhältnis zwischen Idee und sinnlichem Material" ergibt sich eine Stufenfolge, eine Graduierung der Künste, die uns philosophisch wie ästhetisch zu befriedigen vermag. Am schwersten materiell und am ärmsten an Ideen ist demnach die Architektur; ihr steht die Poesie als die ideenreichste Kunst mit dem leichtesten Material der artikulierten Laute, diametral gegenüber. In der Richtung nur von der Architektur zur Poesie gewahrt man eine kontinuierliche Zunahme an Ideengehalt, verbunden mit einer ebenso stetigen Abnahme an Gewicht des Darstellungsmaterials, d.h. „das Gesetz eines stufenweisen Fortschritts".[18]

Das Prinzip dieses Gesetzes ist das der wachsenden Bewegung. „Eine Zunahme an Ideengehalt kann mithin nur aus einer Intensitätssteigerung der Bewegung als des die Materie beseelenden Elements entspringen." Die erste Stufe dieser fortschreitenden Bewegungssteigerung liegt in der Architektur: Ihre bloße Raumanschauung gehört ja dem Element der Ruhe an. Es findet bei ihr ein Überwiegen des Materiellen über der Idee statt. An sie schließt sich die Plastik (Gleichgewicht zwischen beiden Elementen) und an diese die Malerei (Überwiegen der Idee) an. Mit dieser wird „die Reihe der räumlichen Künste überhaupt verlassen und der Übergang zu der zeitlichen gefordert". Denn in dem „Kampf der Idee mit dem Material muß ein Moment erreicht werden, wo die Idee, d.h. das Element der Bewegung, allmählich bis zu dem Grade an Energie zugenommen hat, daß es aus seiner bloß sekundären Stellung plötzlich zur herrschenden Macht über das Material wird" ... „Dies geschieht in dem Übergange von der Malerei zur Musik".[19]

Von der Musik aus über die Mimik zur Poesie wiederholt sich der parallele Prozeß konstanter Abnahme an materieller Schwere und Zunahme am Gewicht der Idee.

Der weitere Ideengang SCHASLER's ist der folgende: Die drei Künste der Zeitanschauung, Musik, Mimik und Poesie, haben eine Eigenschaft gemeinsam: Sie können nicht bestehen ohne Reproduktion. Daher be-

---

17) SCHASLER, a.a.O., S. 58.
18) Ebd., S. 65.
19) Ebd., S. 67 u. 68.

sitzt die Musik neben dem Komponisten den Virtuosen, die Poesie den Schauspieler oder Vortragenden. Diese Reproduktion aber wird nur möglich durch die Fixierung des Werkes mittels technischer Zeichen. Die Musik hat die Notenschrift, die Poesie die Buchstabenschrift. Der Mimik fehlte durch Jahrhunderte – bis zur Erfindung des Films – eine exakte Fixierung durch eine umfassende Tanzschrift. Die Folge davon war, daß diese Kunst in ihrer Ausbildung als Kunstgattung zurückgeblieben und lange auf das Niveau der reproduktiven Künste zurückgestellt wurde.

Im Sinne der stetigen Steigerung des Ideengehaltes erfolgt die Mimik über die Musik hinaus insofern, als sie die Abstraktivität der Musik aufhebt: Der Inhalt der Musik ist die Darstellung von Empfindungen (konkretisiert unter Beiziehung der Poesie im gesungenen Teil). Die Mimik ist materiell noch leichter als die Musik, aber der Ausdruck der Empfindung wird konkreter. Durch ihr Ausdrucksmittel, die lautlose Geste und Gebärde, erweist sie der Poesie – im Drama – Steigerung des dramatischen Ausdrucks.

Für die Richtigkeit der Stufenleiter: Plastik und Mimik nehmen innerhalb der Dreiheit der Künste die zweite Stelle ein; in beiden halten sich Idee und Material das Gleichgewicht. Daher auch begreifen wir die Parallele zwischen Plastik und Mimik, die sich in der bekannten Definition ausdrückt: Mimik sei bewegte Plastik.

Georg GROSLIER, dem die Tanzkunst in dem unter französischem Protektorat gestandenem Königreich Kambodscha die Rettung vor dem Verfall, ja vor völligem Untergang verdankt, schildert, wie die Bewegungen dieser sakralen Pantomimen, aus denen alles Individuelle verbannt und eine wunderbar geläuterte Kunstleistung geworden ist, die von der Rezitatorin gesprochenen (oder vom Chor gesungenen) Worte illustrieren, so daß hier tatsächlich die Gebärde zur reinen Plastik wird, zumal „ihre Langsamkeit dem Augenblick Dauer zu verleihen scheint" ... „Greift man einen Augenblick im Ablauf des Tanzes heraus, so erscheint die Schauspielerin darin stets wie eine vollendete Statue..." Die Äußerung ist umso bemerkenswerter, als sie von einem Künstler ausgeht. GROSLIER war ursprünglich Maler, wurde dann Archäologe und war Direktor des Museums in Pnompenh.[20]

---

20) George GROSLIER, Die Kunst der kambodschanischen Tänzerin (in: *Atlantis*, Januar 1929, Wien-Berlin-Zürich, Heft 1).

Es scheint nun fürs erste paradox, daß die Mimik auf der Stufenleiter einen Fortgang über die Musik hinaus im Sinne einer Steigerung des Ideengehaltes bedeute. Allein SCHASLER selbst weist nach, daß die sich hier meldenden Zweifel nur auf einer Verwechslung von „Material" und „Mittel der Darstellung" beruhen: Das Mittel zur Darstellung der Musik ist der Ton, für die Mimik die Gebärde; das Material aber besteht für die Musik aus Naturstoffen wie Holz, Metall, Kalbfell, Tierdärmen (aus denen unsere Musikinstrumente bestehen) beziehungsweise der Stimmritze beim Singen, die ebenfalls eine „materiellere und gleichsam unorganischere Bedeutung hat als das menschliche Antlitz und die menschlichen Gliedmaßen, mit denen die Mimik als dem spezifischen Material für den physiognomischen Ausdruck arbeitet. Nur daher, daß man gewöhnlich den musikalischen Ton mit dem menschlichen Körper vergleicht, also das musikalische Darstellungsmittel mit dem mimischen Material, kommt die Verwirrung und die Ungerechtigkeit beim Vergleich der beiden Künste; hält man aber die richtigen, einander entsprechenden Elemente gegenüber, so verliert die Stellungnahme ihre scheinbare Absurdität. Wir haben allen Grund, es SCHASLER zu danken, daß wenigstens er diese Dinge zu Ende gedacht hat. Auch befremdet uns seine Feststellung doch nur so sehr, „wegen des zu auffälligen Widerspruchs mit der tatsächlichen Stellung, welche diese Künste in dem Stadium ihrer gegenwärtigen Entwicklung einnehmen."[21] Selbstverständlich wird es niemandem einfallen, der Musik nicht höheren Wert zuzugestehen angesichts ihrer geschichtlichen Entwicklungsstadien.

Haben wir aber erkannt, welche hervorragende Stellung der Mimik auf jener Stufenleiter infolge ihrer künstlerischen Natur zukommt, so dient als weiterer Beweis dafür die Überlegung, daß „der Fortgang des Tons zur plastisch bewegten Gestaltung genau dem analogen Fortgang von der Architektur zur Plastik entspricht."[22]

Aber auch hinsichtlich des Ideengehalts zeigt sich der analoge Fortgang. Die Musik ist imstande, abstrakte Seelenregungen wie Schmerz, Freude, Sehnsucht auszudrücken; doch bedeutet gegenüber der Unbestimmtheit dieses Ausdrucks die konkretere Ausdrucksform der Mimik, wie sie „im choreographischen Dialog zur Darstellung von tatsächlichen Wechselbeziehungen zweier Subjekte" zur Geltung kommt, einen Fortgang nach der Seite der Verdeutlichung der Idee. Der Fortgang zu

---

21) SCHASLER, a.a.O., S. 105.
22) Ebd., S. 108.

größerer Bestimmtheit der Idee erstreckt sich aber noch weiter: Denn die Liebe, die ja den Hauptinhalt mimischer Darstellung bildet, kann von der Mimik in den bestimmteren Formen: der Schüchternheit, der Sprödigkeit, der Eifersucht, der Verachtung, der Hingebung usf. ausgedrückt werden und geht darin weit über die Fähigkeiten der Musik hinaus.[23]

Die stiefmütterlich vernachlässigte Stellung der Mimik hat es mit sich gebracht, daß bei ihr in vielen Fällen nicht wie bei der Musik und Poesie zwischen produktiver und reproduktiver Kunstleistung geschieden wird. Kann der Komponist zugleich auch sein eigener musikalischer Interpret sein, dann kann ebenso in der Poesie der Dichter zugleich Rezitator oder Schauspieler sein; in der Mimik steht die Sache aber so, daß der produzierende mit dem reproduzierenden vielfach zusammenfällt, einfach wegen des Fehlens einer Möglichkeit, seine Schöpfung in allen ihren Details festzuhalten.[24] Was also bei der Musik und Poesie gelegentlich eintreten kann, ist infolge der durch diesen Mangel der Aufzeichnungsmöglichkeit stark zurückgehaltenen historischen Entwicklung der Tanzkunst zur Regel geworden. Für sie ist das, was in der Musik als Improvisation, als gelegentliche Erscheinung auftritt, die historisch gewordene, wenngleich ideologisch nicht zu rechtfertigende Daseinsform geworden.

Wenn wir kurz noch die Gedankengänge Schasler's weiter verfolgen, soweit sie für unsere Tanzkunst in Betracht kommen: Die Stellung der Mimik zur Poesie ist gekennzeichnet dadurch, daß hierbei der Übergang von der Gebärde zum artikulierten Laut stattfindet; dieser Fortgang drückt sich in einem immer Bestimmterwerden des Inhalts aus. Die Poesie endlich erreicht eine noch viel konkretere Ausdrucksform: Den Gedanken.[25]

Zusammenfassend dürfen wir feststellen, daß sich in den – hier nur kurz angedeuteten – Gedanken Schasler's die Grundlage für eine ausreichende philosophische und ästhetische Betrachtung der Tanzkunst anbahnte. Es ist sehr zu bedauern, daß die spätere philosophische Forschung an der speziellen Fixierung der Stelle, die darin der Tanzkunst angewiesen wird, achtlos vorbeigegangen ist, ja sich nicht einmal seine Überzeugung vom Werte des Tanzes als Kunst zu eigen gemacht hat.

---

23) Schasler, a.a.O., S. 9.
24) Ebd., S. 117 ff.
25) Ebd., S. 118.

Auch Johannes VOLKELT schließt in seinem System der Ästhetik die Tanzkunst völlig aus.[26] Sowohl im 1. Band, wo er die „Kunstzweige mit Vorstellungsüberschuß" behandelt, als auch im 2. Band, da er Beispiele für das „Drängen des Gehalts gegen die Form" gibt, sind es immer nur die bildenden Künste, die Dichtung und die Musik. Wieviel Stoff hätte die Tanzkunst hierfür liefern können! So würden wir namentlich im 11. Kapitel vom „Sinnlich Ästhetischen" gewünscht haben, daß die herangezogenen Belege[27] nicht bloß auf die bildlichen Darstellungen, sondern auch auf die lebendige, plastische Verkörperung bezogen worden wäre. Selbst wenn VOLKELT die Tanzkunst den niederen Sinnesgebieten zuzählt, wie es bei ihm etwa bei Illustrationen zur Ergänzung des ästhetischen Eindrucks von Werken der Dichtkunst der Fall ist, vermissen wir die Heranziehung der Tanzkunst und ihrer ästhetischen Würdigung dort, wo er von der „grobstofflichen Wirkung" und ihrem „Herausfallen aus der rein künstlerischen" spricht[28] und selbstverständlich auch dort, wo die einzelnen ästhetischen Grundgestalten des Tragischen und des Komischen, von Laune und Humor usf. von ihm mit einer solchen Fülle von Belegmaterial behandelt werden.

Denn schließlich ist das Ziel der Tanzkunst auch das jeder anderen Kunst, der wir diesen Ehrentitel zubilligen: Die Darstellung des Schönen mit den ihr zu Gebote stehenden Mitteln. Nicht allein das was für, sondern auch das was gegen eine Kunst spricht, gehört meines Erachtens in den Bereich der ästhetischen Erörterungen.

Anders als VOLKELT hat Ernst ROTH die Tanzkunst behandelt. In seinen Ausführungen über „das natürliche Erfordernis aller Kunstübungen" hat er der Bewertung des Tanzes als Kunst und dem Verständnis des Tanzes einen großen Dienst erwiesen. Er widmet ihr denn auch ein eigenes Kapitel.[29]

In bezug auf die Einreihung der Künste geht die Ästhetik von Theodor A. MEYER[30] von dem Gesichtspunkt aus, daß die Kunst niemals Wirklichkeit, sondern bloß Schein der Wirklichkeit ist. Demnach steht an dem einen Ende der Skala die Musik als die wirklichkeitsfernste aller Künste, indem sie überhaupt kein Vorbild in der Wirklichkeit hat; neben ihr kommt als nächstes die Poesie zu stehen, deren Gegenstände gleich-

---

26) Johannes VOLKELT, System der Ästhetik, 2. Aufl. München 1927.
27) Ebd., 2. Band, S. 239.
28) Ebd., S. 252 ff.
29) Ernst ROTH, Die Grenzen der Künste, Stuttgart 1925, Vorwort, S. 111–123.
30) Theodor A. MEYER, Ästhetik, Stuttgart 1923, S. 274.

falls nur in unserer Fantasie leben, deren Darstellungsmittel aber schon das gesprochene Wort ist. Die Mitte dieser Anordnung nehmen die bildenden Künste ein. In der gleichen Richtung gegen das andere Ende der Skala würde sich die Tanzkunst anschließen, deren Gestalten durch den menschlichen Körper selbst dargestellt werden. *Sie ist also die wirklichkeitsnächste Kunst, da ihr Medium der Mensch selbst ist.* Das hindert aber nicht, daß auch sie sich über die Wirklichkeit hinaushebt und uns ein *künstlerisches Bild des Lebens,* statt des Lebens selbst gibt. Und so wie die anderen Künste, wo sie Wirklichkeit wiedergeben, es sogleich merken lassen, daß dies eben nur ein Bild der Wirklichkeit, nicht diese selbst sein soll, so tut dies auch der Tanz. In der Malerei ist es bekanntlich der um das Bild gelegte Rahmen, der es deutlich machen soll, „daß hier etwas beschlossen ist, das eine Welt für sich bildet und nichts zu tun hat mit der Welt, in der wir stehen"[31] und die Plastik verwendet zu dem gleichen Zweck den Sockel und gibt dadurch ihrer Gestalt einen von dem unsrigen geschiedenen erhobenen Standort. Dieselbe Tendenz können wir bei der Tanzkunst erkennen: Bei den Naturvölkern geschieht die Abtrennung von der Wirklichkeit der Welt, in der sie leben, durch die bewußte, oft peinlich genaue Herrichtung und Ausschmückung des Tanzplatzes, auch schon durch die Isolierung der Tanzenden innerhalb eines Kreises von Zuschauern. Beim Kunsttanz durch das (dem Sockel der Plastik entsprechende) Podium, endlich durch die Verwendung der Bühne. Schon durch sie allein wird die Darstellung zu einer Entwirklichung durch den Bühnenrahmen, noch gehoben und verstärkt durch Lichtwirkung und Dekoration und Kostüm. Durch alle diese Mittel wird das Dargestellte der realen Welt entrückt *in das Reich der Kunst* [32].

Beispiele zur Wirklichkeitsferne der Tanzkunst ergeben sich in Fülle: Schon die Azteken errichteten eine erhöhte Terrasse auf dem Marktplatz für ihre fantastischen Darstellungen, auch die Khasis in Assuan errichten große Kreisringe aus Steinen, innerhalb derer sie sich produzieren.[33] Die Tanzkunst teilt die Tendenz nach der Erhebung des dargestellten künstlerischen Inhalts in eine wirklichkeitsferne Welt mit allen Formen der Bühnenkunst. Ging doch schon im alten Hellas die Entwirklichung so weit, daß die lebendigen Gesichtszüge der Schauspieler unter der regungslosen Maske verborgen wurden, die natürliche Stimme durch den

---

31) Theodor A. MEYER, Ästhetik, a.a.O., S. 274.
32) T. C. HODSON, The Nagas of Manipur, London 1902, S. 18 und C. GURDON, The Khasis, 2. Aufl. 1914, S. 144 ff.
33) GURDON, C., The Khasis, London 1914.

Schallträger und der Gang durch den Kothurn unkenntlich gemacht wurde.

Eine wirkliche Einordnung des Tanzes in das Schema der Künste gibt auch Theodor ZIEHEN[34] und zwar ist für ihn das Einteilungsprinzip die Verschiedenheit des auslösenden Reizes bzw. des Empfindens. ZIEHEN stellt als erster neben die bildende, dichtende und musizierende Kunst die Bewegungskunst und als wichtigste Art derselben die Tanzkunst, die „wortfreie Bewegungskunst". Zum erstenmal in der ästhetischen Literatur begegnet uns hier eine strengere diakritische Betrachtungsweise: ZIEHEN macht die Unterscheidung zwischen einer „primitiven Bewegungskunst, deren Gefühlstöne lediglich an die Bewegungsempfindungen, optische und kinästhetische, geknüpft sind", und einer „primitiven Bewegungskunst, deren Gefühlstöne von anderweitigen speziellen Inhalten abhängig sind." Er wirft sogar einen Blick auf die Anlässe und Gegenstände dieser Kunstarten, – freilich auch nur insofern es die primitiven Stadien der Entwicklung anlangt; auf eine Erörterung der in der historischen Entwicklung gegebenen Vergeistigung dieses Kunstzweiges geht auch ZIEHEN nicht ein. Immerhin ist der Hinweis schon dankenswert genug. Die „reine Bewegungsfreude", die schon in den Spielen der Menschen wie auch der Tiere wirksam ist, erzeugt schon auf primitiver Stufe „irgendwelchen rhythmischen Charakter" und erhebt damit diese Betätigung in den Bereich des Tanzes als einer Kunst. Diesem rein motorischen Gefühlsausdruck steht dann der an einen Inhalt, an einen darzustellenden Gegenstand gebundene Tanz, also die Pantomime, gegenüber.

Die Kompliziertheit der ZIEHEN'schen Tabelle der Künste, die er auf Seite 69 aufstellt, ergibt sich daraus, daß er neben den „kunstästhetischen" und den „naturästhetischen Gebilden" als dritte Reihe noch die „heterotelischen ästhetischen Gebilde" mit heranzieht, d.h. solche, die Rücksicht auf das Gute, Wahre und Nützliche nehmen, wie es sich in unserem Falle in der Verwendung des Tanzes bei Festen und Prozessionen einerseits und der Gymnastik andererseits erfüllt.

Auch hier muß eine Einschränkung zur Präzisierung des Problems gemacht werden: die ästhetische Wirkung des Tanzenden beschränkt sich nicht in der Wirkung auf den Zuschauenden. In bezug auf diese gehört die Tanzkunst zu den *optisch ästhetischen Künsten*. Aber auch der Tanzende selbst hat das ästhetische Gefühl seiner Bewegungen und

---

34) Theodor ZIEHEN, Vorlesungen über Ästhetik, 1. Teil, Halle 1923.

zwar aufgrund rein physiologischer Lage- und Bewegungsempfindungen. So ist z.b. das „wiegende Gefühl" des Tanzenden, das auf die sogenannte Vestibular-Empfindungen zurückzuführen ist, schon ein ästhetisches Gefühl an sich.[35] Meistens sind diese kinästhetischen Empfindungen mit den optischen verbunden und nicht nur für den Tanzenden – wenn er seine Bewegungen zugleich sehen kann, sondern auch für den Zuschauer, insofern wir nämlich „beim Sehen von fremden Bewegungen meistens sehr lebhafte Bewegungsvorstellungen ... bilden, die wir auf den eigenen Körper übertragen."[36]

Bei der rhythmischen Gymnastik, die dem Tanz nahesteht, handelt es sich um Bewegungsspiele, denen auch eine ästhetische Bedeutung zukommt und hierher ist im weitesten Sinn auch das Turnen, die gefällige Leibesübung zu rechnen, denn hier tritt uns das „primitiv-ästhetische Lustgefühl an der eigenen Bewegung ... sehr deutlich als ein Teilmoment der Lust am Spiel entgegen. In der Tat gehören also die Bewegungsspiele mit einem ihrer Faktoren zur Kunst. In der Regel treten sie aber mit anderen ihrer Faktoren ganz aus dem Bereich der Kunst heraus."[37] So verhält sich die Gymnastik ähnlich zur Tanzkunst wie die Rhetorik zur Poesie, wie die Gartenkunst zur Architektur und das Plakat zur Malerei.

Die Betrachtung des sich dem Zuschauer darbietenden Bewegungsverlaufes im Tanz vermittelt ein ornamentales Bild. Schon 1799 hat eine Ästhetik[38], die sich charakteristischerweise als Geschmackslehre bezeichnete, eine Verwandtschaft der Tanzkunst mit der „Gartenkunst" festgestellt, insofern als diese die Gegebenheiten der Natur, als da sind: Rasenflächen, Blumenbeete und Baumgruppen bzw. deren Anordnung, Verbindung und Trennung durch Wege, Rasenflächen usf. im Raum zusammenstellt, die, vom Beobachter als „Schönes, Ganzes verbunden" gesehen wird. Die Parallele mit der Tanzkunst kommt dadurch zustande, daß diese eben auch „ein schönes Ganzes für das Gesicht durch die Bewegung" erzeugt, die die Menschen „nach und nach im Raume vornehmen". Der Grundriß der dadurch entstehenden arabesken Zeichnung wird uns im Kapitel „Bildende Kunst und Tanz" noch eingehender beschäftigen.

---

35) ZIEHEN, a.a.O., S. 84.
36) Ebd., S. 85.
37) Ebd., S. 86.
38) Lazarus BENDAVID, Versuch einer Geschmackslehre, Berlin 1799.

Unter den mannigfachen modernen Versuchen ein einwandfreies „System der Künste" aufzustellen, ist die Ansicht von Richard MÜLLER-FREIENFELS dadurch interessant, daß er nicht von dem in der Wirkung begründeten Gegensatz der in der Zeit verlaufenden Künste (Musik, Dichtung, Tanz) und der Dauerkünste (Bildende Kunst, Architektur) ausgeht, sondern von den Grundlagen, von den psychologischen Anlässen.[39] Er behandelt unter dem psychologischen Gesichtswinkel danach die individuellen, nationalen und zeitlichen Stileigentümlichkeiten der einzelnen Künste. Er setzt an die Spitze die „musische Urkunst" d.i. ein anfängliches, aus Tanz, Musik und sprachlichem Ausdruck bestehendes Gesamtkunstwerk, das sich im späteren Verlauf der Entwicklung differenziert, wenn an einen der Teile größere Ansprüche gestellt werden: Werden die sprachlich geformten Gedanken vertieft, so treten die begleitenden Künste Musik und Mimik zurück und die Dichtung tritt als „Einzelkunst" hervor. Am engsten ist der uralte Zusammenhang noch bemerkbar bei der Tanzkunst. Sie kann ohne die Musik, ja selbst ohne eine Ideenvorstellung kaum auskommen. Der Gedanke dieser Loslösung der einzelnen Künste vom Gesamtkomplex bringt es mit sich, daß MÜLLER-FREIENFELS die „Bedeutungsmusik" (Lied, Programmusik) für älter erklären muß als die absolute Musik, weil erst diese sich gänzlich vom zusammengehörigen Vorstellungskreis entfernt und selbständig gemacht hat.

Auch Alfred LORENZ in seinen grundlegenden Werken zum Gesamtkunstwerk Richard Wagners stellt den Tanz in eine Mittelposition zwischen die räumlichen und zeitlichen Künste, „indem sie (die Tanzkunst, d.Verf.) einerseits räumlich als Plastik ohne Dauer, andererseits zeitlich als Rhythmus körperlicher Ausgedehntheiten wirkt".[40]

Ein anderes System zur Einteilung der Künste gibt J. J. DE URRIES Y AZARA, er unterscheidet die bildenden von den musischen Künsten und rechnet zu den letzteren die Mimik, Musik und Poesie.[41] Die Mimik stellt innerhalb dieser Gruppe die optische Kunst dar, im Gegensatz zu der akustischen, der Musik und der Wortkunst. Im Anschluß an diese Ansicht von URRIES Y AZARA geht Leo ADLER bei seiner Aufstellung von dem Werkzeug aus, dessen sich eine Kunst bedient und teilt sie danach

---

39) Richard MÜLLER-FREIENFELS, Psychologie der Kunst, 2. Aufl. München 1938.
40) Alfred LORENZ, Der musikalische Aufbau von Richard Wagners Tristan und Isolde, Berlin 1926.
41) Vgl. die Zeitschrift für Ästhetik, hrsg. von DESSOIR, Band 15, 1921, S. 456 ff.

in mittelbare und unmittelbare Künste: Zu den unmittelbaren zählt er Mimik, Musik und Poesie „weil sie ohne organprojizierende Mittel d.h. ohne Werkzeuge" hervorgebracht werden, zu den mittelbaren, eines Werkzeugs bedürfenden dagegen die Architektur, Plastik und Malerei. Die uns hier interessierenden „unmittelbaren" Künste bedürfen, nach ADLER „zu ihrer Erzeugung lediglich des natürlichen Materials des Menschen als eines organischen Lebewesens". u.z. des Körpers (Mimik), der Stimme (Musik) und der Sprache (Poesie).[42] Verfolgt man diese Einteilungsweise genauer, so ergibt sich eine noch feinere Differenzierung.

Die bildenden Künste, die sich eines toten Materials bedienen, stellen sich damit von selbst auf eine niedrigere Stufe. Die „musischen Künste" rücken in die entgegengesetzte, höchste Sphäre, weil sie sich nicht etwa bloß, wie die beiden vorgenannten Forscher ausführten, des menschlichen Körpers, sondern auch besonderer geistiger Fähigkeiten des Menschen bedienen: Die Poesie ruht auf dem Wort, dies entsteht aus dem artikulierten Hauch; die Musik in ihrer ursprünglichsten Form, dem Gesang, entsteht ebenfalls aus artikulierter Respiration. Hier arbeitet also in beiden Fällen, sowohl das Wort wie auch den Ton betreffend, eine Funktion höherer menschlicher Veranlagung, die mit dem *Menschengeist*, nicht allein mit seinem Körper gegeben ist. Die Tanzkunst endlich, sie allein bedient sich des menschlichen Körpers in seiner Gesamtheit. Da sich der Ausdruck der körperlichen Bewegungen, der Gesten und insbesondere die „Sprache" der Hände der menschlichen Sprache nähern kann, so rückt damit die Tanzkunst näher an die Ausdrucksmöglichkeiten der Sprache. Je höher die Leistung des Tänzers, des Pantomimen, je „sprechender" seine Bewegungen werden, desto mehr ähnelt dann die künstlerische Gestaltung des Gegenstandes seiner Darstellung einer durch die Poesie gebotenen.

Nach meinem Dafürhalten könnte von dem hier angedeuteten Blickpunkt aus die Einteilung der Künste mit Nutzen versucht werden, zumal sich dabei auch beachtenswerte Einblicke in die Psychologie des Tanzes und seine ästhetische Bewertung gewinnen ließen.

Eine besondere Betrachtung erfordert die P a n t o m i m e, jene Kategorie der Mimik, die einen Inhalt dramatisch auf die Bühne stellt, also die Abwicklung eines Geschehens bedeutet. Die Pantomime scheint demnach der Schauspielkunst näher zu stehen als dem reinen Tanz und

---

42) Zeitschrift für Ästhetik Band 17, 1923, S. 258 ff.

weist uns jedenfalls auf eine wichtige Beziehung zwischen Tanz- und Dichtkunst.[43] Die Pantomime in ihrer reinsten Gestalt, losgelöst oder jedenfalls nicht gedanklich unterstützt durch Musik oder gar durch verdeutlichende Poesie (wie sie uns etwa durch die berühmten Künstler der römischen Kaiserzeit, eines Pylades oder Bathyllus) entgegentritt, wird bei solchen Betrachtungen die Basis abgeben können. Es ist ja nicht gleichgültig, ob der dargestellte Gegenstand, ein Mythos, eine Fabel, ein geschichtliches Ereignis, dem Zuschauer bekannt ist, oder ihm erst durch die Pantomime als etwas Neues vermittelt werden soll. Inwieweit die Pantomime dieses letztere, einen längeren dramatischen Verlauf ohne alle Hilfskünste verständlich machen kann ist die Frage; ohne gewisse „Textbücher", Leitfäden zum Verständnis, ist es nicht immer abgegangen. Die Literatur um NOVERRE ist dafür beredtes Zeugnis. Bei den für uns so gut wie unverständlichen javanischen Tänzen spielt für die Zuschauer zweifellos Ererbtes, traditionelles Gedächtnismaterial seine Rolle.

Die Pantomime zählt Max SCHASLER[44] gleich der Schauspielkunst, der sie ja zugehört, zu den Hilfskünsten. Sie bedient sich sowohl der Musik als der Mimik, deren Elemente sie entlehnt. Die Pantomime liegt auf dem Weg des „Fortgangs der Gebärde zum artikulierten Laut als des (alleinigen) Ausdrucksmittels der Poesie", insofern als ihr Ausdrucksmittel, die Gebärde und Bewegung, nunmehr unter Zugrundelegung eines dramatischen Vorgangs, eines Handlungsablaufes, ganz nahe an den Bereich der Poesie heranrückt.

Wir haben es also bei der Pantomime wie beim Lied mit einer Art „Zwittergattung" zu tun insofern die beiden sich einer zweiten Kunst bedienen. Im Liede vollzieht sich die Auslegung einer Dichtung unter Zuhilfenahme der Musik und die musikalische Melodie erscheint uns dann als die adäquate Stütze für die den Worten und Sätzen an sich innewohnende Wort- und Sprechmelodie, eine Erscheinung, die von den großartigen Arbeiten von RUTZ und SIEVERS in ihrer Wichtigkeit erkannt, erläutert und kritisch verwertet wurde.

Dient in der Pantomime die Musik dazu, die dramatische Handlung zu stützen, ihre psychischen Momente deutlicher auf uns wirken zu lassen, so kann man umgekehrt die Pantomime auch als die Auslegung

---

43) Vgl. hierzu auch Frank THIESS, Der Tanz als Kunstwerk, Studien zu einer Ästhetik der Tanzkunst. München o.J. [= 1920], S. 43.
44) Max SCHASLER, a.a.O., Kapitel 4, S. 111.

eines musikalischen Werkes durch einen passenden Handlungsverkauf definieren. Beide Arten der Gestaltung können bei ein und demselben Werk auftreten: In der Regel erstellt der Choreograph ein „Buch", die festgesetzte Handlung, für den Komponisten. Ist dessen Musik so stark, so kann ein kongenialer Choreograph zu dieser eine neue Handlung und eine neue tänzerische Gestaltung erstellen.

Am Rande bemerkt: das Benützen, die „Ausdeutung" eines Musikwerkes, das ursprünglich nicht für Tanz oder Pantomime geschaffen wurde, bedarf immer größten künstlerischen Feingefühls.

Die vollkommene Übereinstimmung der an einer Pantomime beteiligten Künste – nicht zu vergessen die bildenden Künste der Bühnenausstattung – wird auf uns eine umso stärkere Wirkung ausüben, als sie uns – im Bewußtsein der ursprünglichen Einheit dieser Künste – wie ein verlorengegangenes und nun neu wiedergefundenes Ideal anmutet.

Angesichts der Wechselbeziehungen der Künste untereinander und daraus folgenden Grenzüberschreitungen erhebt sich die Forderung nach exakter sprachlicher Begriffsbenennung.

Jedermann weiß, was man unter einer Symphonie versteht. Der Begriff geht aber ins Ungewisse, wenn man jede Art der Orchestermusik, die über eine Viertelstunde dauert, Symphonie nennt und andererseits, von der Tradition der Symphonie mit Chören hergeleitet, Riesenwerke so bezeichnet, wie z.B. C. CZARNIAWSKI seine 2. Symphonie (ein Oratorium mit Arien und Chören, Klavierkonzert und einer Orgelpassacaglia). Dagegen sind die Symphonien Gustav MAHLERS mit ihrer Einbeziehung von Chor und Solostimmen eindeutig die logische Weiterentwicklung des von BEETHOVEN aufgestellten Typus der großen Symphonie.

Die Tendenz, die Symphonie zu dramatisieren geht parallel mit der umgekehrten Absicht, dem musikalischen Drama, der Oper, den dramatischen Ausdruck auf der Bühne selbst zu nehmen, indem handelnde Personen unbeweglich stehend (Postamente) ihren Part abzusingen haben. Einen Höhepunkt dieser oratorisch-szenischen Werkform bilden Carl ORFF's Carmina burana, die er selbst auch nicht mehr als Oper oder Oratorium bezeichnet.

Hiermit kommen wir zum Ausgangspunkt unserer Betrachtung zurück. Denn die Verkennung des formalen Prinzips zeigt auch der Tanz der Gegenwart. Die Grenzverwischung ist am deutlichsten zu sehen an der Form der Pantomime, des dramatischen Balletts.

Zur Klarstellung und Präzisierung der Begriffe und zur Vermeidung einer Verwechslung mit anderen Spielarten mimischer Bühnenkünste sei ausdrücklich vermerkt, daß wir unter „Pantomime" die absolut wortfreie Bewegungskunst verstehen, also auch nicht die im 17. Jahrhundert noch gepflegte ältere Ballettstufe, in der sich, da sie von der Ballettoper herkam, mit dem Tanz auch Gesang oder Rezitation verbunden hatte. „Pantomime" bedeutet uns demnach eine reich motorische Bewegungskunst, die nur mit ihr untrennbar verbundener Musik rhythmisiert und höchstens von dieser Kunst zu größeren Formgebilden gebracht wird. So hatte Johann Gottfried WALTHER in seinem musikalischen Lexikon 1732 die Definition gegeben, wo er von der „musica muta" oder „mimica" spricht, bei der „ein mimus oder pantomimus bloss durch Gebärden und ohne ein Wort dabey zu sprechen, eine Geschichte so natürlich vorzustellen"[44a] hatte.

Was eine klare Terminologie anbelangt, so darf man sich auch nicht irreführen lassen durch die Verallgemeinerung der Bezeichnung „Ballett" in dem Werk von Joseph GREGOR.[45] Er summiert unter diesem Begriff alle Spielarten des Schautanzes und erweitert somit den Begriff Ballett ganz ungemein, macht ihn gleichbedeutend mit jedem Schautanz vor Zuschauern und kann so dann selbst alte kultische Formen wie den alten germanischen Schwerttanz miteinbeziehen, da ja auch dieser, nach dem Zeugnis des TACITUS vor Zuschauern und zu deren Freude aufgeführt wurde.

Wir behalten die Bezeichnung „Ballett" nur für die uns geläufige, historisch gewordene und ganz bestimmte Form des Bühnentanzes bei und unterscheiden sie von der ihr nahe verwandten „Pantomime" (Tanzhandlung mit dramatischem Ablauf).

Die Pantomime auf ihrer höchsten Entwicklungsstufe, bei NOVERRE und ANGIOLINI hatte es nicht nötig, den Gesang oder das Wort zur Erläuterung beizuziehen. Die „sprechende" Gebärde und Bewegung genügte, um die Handlung des Stückes zu verdeutlichen. Die Höhe dieser Kunst können wir nur ahnen, wenn wir die Gegenstände bedenken, die damals, durch Pantomime allein dargestellt wurden: Die größten mythologischen Stoffe, wie Orpheus, Prometheus und die historischen: Dido, Kleopatra, Montezuma, wie auch solche der Weltliteratur, wie Don Quichote, sogar tragische wie Hamlet.[46]

44a) Johann Gottfried WALTHER, Musikalisches Lexikon, 1732.
45) Joseph GREGOR, Kulturgeschichte des Balletts, Wien 1944.
46) Wie beliebt das Hamlet-Thema auf der Bühne des 18. Jahrhunderts war, zeigt die Fülle der Hamlet-Opern dieser Zeit.

Die Einbeziehung des gesungenen Wortes in die Pantomime zur Verdeutlichung der Szene ist meines Erachtens keine Weiterentwicklung, sondern eben eine Verwischung der Grenzen dieser Kunst. In der Ballettpantomime EL AMOR BRUJO von Manuel de FALLA ist das Sopransolo rein instrumental verwendet – eine neue Klangfarbe des Orchesters – aber schon STRAWINSKI verwendet den Gesang als die Handlung erklärend, verdeutlichend. Richard WAGNER leitet in seinem Tannhäuser genial vom großen Venusberg-Ballett zur Oper über, indem er – zum Abschluß der Verzauberung – den Chor einfallen läßt. Abschluß des Balletts und Überleitung zur Oper erfolgen zugleich durch die menschlichen Stimmen.

Die oben erwähnte Verwischung der Grenzen hängt zusammen mit der Vermischung der Stile und „Stoffe", von der Louis EHLERT[47] an die tiefsten Tiefen künstlerischen Schaffens rührend, in seinem köstlichen, viel zu wenig gelesenen Buch „Briefe über Musik an eine Freundin" spricht. „... Wir scheinen dazu geboren zu sein, in allen Künsten die Versuche einer grauenhaften Vermischung der Stile und Stoffe zu erleben, die Weltgeschichte wird in Kinderköpfen dargestellt, die Kirche in ein Theater, das Theater in eine Kirche verwandelt... ich tröste mich mit der Hoffnung, daß das Bewußtsein über die Grenzen jeder einzelnen Kunst nach so viel Experimenten immer lebendiger in uns werden muß".

Den Ausführungen über die P a n t o m i m e des 18. Jahrhunderts ist noch eine Bemerkung hinzuzufügen.

Die erwähnten Tatsachen lassen erkennen, wie weit uns frühere Zeitläufe in der Schätzung der Tanzkunst voraus waren und wie weit wir trotz allem heute noch dahinter stehen. Aber sie lehren uns für die P h i l o s o p h i e des Tanzes, die doch einmal wird geschrieben werden müssen, – noch ein Weiteres: Die Pantomime des 18. Jahrhunderts hat selbst dasjenige pantomimisch auszudrücken versucht, was viel besser und eindringlicher durch das Schauspiel oder die Oper dargestellt werden kann. In diesem Sinn – weil er *gleichsam seine künstlerischen Befugnisse überschritt* – hat sich der pantomimische Stil jener Zeit überlebt. Die Pantomime behält ihre Existenzberechtigung, ja ihre Existenznotwendigkeit dort, wo sie darstellt, was k e i n e a n d e r e Kunstgattung ausdrücken kann. Die Aufgabe der Pantomime als einer vollgültigen Kunst beginnt dort, wo das Wort aufhört: *das nicht mit Worten Auszudrückende ist ihr ewig unausgeschöpfter Bereich.*

47) Louis EHLERT, Briefe über Musik an eine Freundin, 3. Aufl. Berlin 1879, S. 77.

In modernen Werken wird der Versuch gemacht, die antike Form der von einem Sänger oder Rezitator erklärten griechisch-römischen Pantomime neu zu beleben. Ich erinnere an STRAWINSKI's „Histoire d'un soldat" – „gelesen, gespielt und getanzt", sowie an die „Pantomime mit Singstimme, Laterna magica" des ungarischen Komponisten Georg KOSA. Auch in dem „dramatischen Oratorium ÖDIPUS REX" läßt STRAWINSKI einen Rezitator sprechen, dessen Mitwirkung an die des DALANG im javanischen und des PÂTTUKARAN im indischen Tanzdrama erinnert. LELYVELD weist noch auf die Bestrebungen der französischen Schriftsteller Saint-Georges de BOUHÉLIER und Gaston BATY hin, die in ihren Theaterstücken gleichfalls Drama, Tanz und Musik zu vereinen suchen und erinnert an die dramatischen Aufführungen der Studenten von Delft anlässlich des Jubiläums ihrer Universität, wobei sie dem Tanz und der Pantomime einen wichtigen Anteil zuwiesen.[48]

Als Beispiel einer durchdachten Synthese von Oper und Pantomime möchte ich das Werk „der verliebte Mohr"[49] von Artur MICHL, eine Märchen-Pantomime, anführen. Jener Teil der Märchenhandlung, der im hellen Tageslicht ein wirkliches Erlebnis zum Gegenstand hat, wird, wie eine Oper, gesungen. Das gespenstische Treiben des Mohren und anderer zum Leben erwachender Statuen zur Nachtzeit dagegen – getanzt. Beide Teile, die mehrmals miteinander abwechseln, sind nicht bloß äußerlich nebeneinander gestellt, sondern bewußter Gegensatz von Leben und Traum, Wirklichkeit und Geisterspuk.

Die Frage liegt nahe, wie es überhaupt dazu kam, daß die Pantomime des 17. und 18. Jahrhunderts so große Beliebtheit erlangte und in einer so ausgedehnten Menge von Tanzhandlungen zur allgemein anerkannten künstlerischen Tat werden konnte. Es wird begreiflich, wenn man bedenkt, was die Pantomime der Oper jener Zeit voraushatte. War sie doch diejenige unter den auf Musik aufgebauten Künsten der Zeit, die eine wirklich lebensvolle Handlung auf die Bühne stellte – in ihr allein wurde wirklich „gespielt", fand Bewegung zur Musik, Aktion statt. Die Oper jener Zeit war, wie das „Kurzgefasste Musikalische Lexikon" von 1737 ausführt, nichts als „ein Gewebe von lauter aufeinanderfolgenden Cantaten" bei denen der Sänger so gut wie stillstand, die Arie absang, ohne dazu zu spielen. Dies ergab sich ganz naturgemäß aus den Stilprin-

---

48) Theodore van LELYVELD, La danse dans le théâtre Javanais, Paris 1931, Anmerkung S. 101.
49) Der verliebte Mohr, Text Anna HUTH, Musik Artur MICHL. Mit dem österreichischen Staatspreis ausgezeichnet, kam das Werk zu keiner szenischen Aufführung.

zipien des Barock. Hier lag ein Hauptgewicht auf der prunkvollen, ja überladenen Ausstattung des szenischen Bildes. Und dies hatte seine adäquate Entsprechung in dem grandiosen Aufbau der gesungenen Arie, in ihrer fast übergroß dimensionierten, meist dreiteiligen Da-capo-Form. Auch diese war durch eine große einheitliche Linie charakterisiert und nicht durch psychologisch zerlegte Ausdeutung: ebenfalls ein Hemmnis für handlungsbetontes dramatisches Spiel. Nur auf der Sprechbühne jener Zeit war die Handlung, das dramatisch agierte Spiel die Hauptsache. Noch 1775 hob ROUSSEAU im „Dictionnaire de Musique" hervor, man hätte doch den Ausstattungspomp um einiges verringern können, was dem Interesse am Spiel, an der Aktion zugute gekommen wäre. Und erst im Jahre 1781 bemerkt ein Kritiker „mit Vergnügen" daß „diejenigen unserer Operisten, die vorher mit ihrem Gesange allein ihren Platz zu behaupten glaubten, itzt auch die Notwendigkeit des Spieles einsehen..." Viel später also wurde in der Oper das Spiel während des Gesanges eingeführt und dies bedeutete eine Stilwandlung und den Eintritt in eine neue darstellerische Stilepoche.[50] Und der große Neuerer, der sie inaugurierte, war (wie auch sonst in vielem) MOZART. Mit seiner „Finta Semplice" (1767) hatte er das Prinzip aufgestellt, daß auch während der Arie gespielt werden müsse und dementsprechend seiner Musik die ihr innewohnende dramatische Ausdruckskraft gegeben. Das gab es vorher nicht, wenigstens nicht in der Oper. *Die Pantomime aber besaß, ihrem Wesen nach, längst diesen Vorzug:* hier war die Musik ja nur dazu da, in Handlung, in Aktion umgesetzt zu werden. Und so ist es begreiflich, daß dies den schaulustigen Augen des Publikums ein mächtigerer Anreiz war, als die dekorative Pracht der damaligen Oper.

Die Pantomime also erfüllte die eigentliche Aufgabe des Theaters besser: durch das dargebotene bewegte Spiel zu wirken und verständlich zu werden: Ihre Eindrücke waren daher die mächtigeren und mußten zur Darstellung aller erdenklichen Gegenstände reizen – selbst der allergrößten, wie FAUST und HAMLET.

Bedeutet die Pantomime innerhalb der Tanzkunst (der Orchestik) eine besondere Kategorie insofern sie sich darin durch den dargestellten dramatischen Inhalt an die Schwesterkunst der Poesie anlehnt, so ist umgekehrt der absolute Tanz eine ganz besondere ästhetische Betrachtung wert.

---

50) „Meine Empfindungen im Theater", Wien 1781, S. 160.

Auch ROTH unterscheidet naturgemäß den bloßen Tanz, das anmutige Spiel der Körperbewegungen vom pantomimischen, der etwas Bestimmtes ausdrücken will. Im ersteren Fall, wo es „nur um die Grazie geht, um ein ästhetisches Lustgefühl, haben wir es, wie bei allen andern Künsten, mit dem tänzerischen Handwerk zu tun".[51] Anders beim *Ausdruckstanz*. Hier ist es notwendig, Form und Inhalt zu scheiden und das Verhältnis beider zueinander festzustellen. Die Elemente des Tanzes sind, nach ROTH, zweierlei: die Rhythmik, die er mit der Musik gemeinsam hat, und die Körperlichkeit, die ihn mit der bildenden Kunst verbindet.

Auch für ROTH besteht die Untrennbarkeit des Tanzes von der Musik a priori. Und bei dieser selbstverständlichen, stillen Annahme setzt er sich sogleich mit dem musiklosen Tanz auseinander, der seiner Ansicht nach „ein Widerspruch in sich selbst" ist. „Solche Mimik, die von aller musikalischen Rhythmik unabhängig zu sein strebt und gewissermaßen ihren eigenen, unmusikalischen Rhythmus tanzt, wirkt erfahrungsgemäß nicht befriedigend." ROTH definiert demnach den Tanz als „die Übertragung eines musikalisch ausgedrückten Gefühls in eine sinnliche Empfindung." „Das tänzerische Erlebnis wird aus der Musik geschöpft." Die körperliche Gestaltung dieses musikalischen Antriebs ist also „insoferne nachschaffend, als das Erlebnis übernommen wird." Die Übertragung ins Bildnerische dagegen ist eine schöpferische Leistung, denn „das Werk, das entsteht ist neu." Somit ist der Tanz, nach ROTH, eine „selbständige, beschränkt schöpferische Kunst, die als Mittelglied zwischen den beiden Elternkünsten, Musik und bildender Kunst erscheint."[52] ROTH tritt aber aber auch mit Entschiedenheit für die künstlerische Geltung des Tanzes ein. Obwohl dieser gleichsam aus einer Verschmelzung der beiden Elternteile, aus einer Überschreitung ihrer Grenzen, entstehe, als eine neue Kunst, „die nicht Musik und nicht Bildnerei ist", so wäre es doch „gänzlich verfehlt, die Besonderheit des Tanzes als rein technische anzusehen".

Aus dem Gesagten ergibt sich folgerichtig, um wie vieles höher die Kunst des Tänzers über der des Schauspielers steht. Handelt es sich beim Tänzer, auch beim pantomimischen, doch keineswegs um bloße Reproduktion, sondern stets auch um wirkliche *Augenblicksproduktion*. Schon in der großen Gruppe der Volkstänze zeigt sich dieses selbständig

---

51) Ernst ROTH, Die Grenzen der Künste, Stuttgart 1925, S. 111.
52) Ebd., S. 113, S. 118, S. 119.

schaffende Element. Der Vergleich mit dem Schauspieler ergibt noch einen weiteren wesentlichen Unterschied. Während der Schauspieler sich nicht vom Wort des Dichters entfernen darf, ja gerade in der engsten Anlehnung an dieses seine höchste Vollkommenheit erreicht, hat der Darsteller der pantomimischen Handlung ein ungleich höheres Maß an Selbständigkeit der Leistung aufzubringen. Er hat den dichterischen Gedanken in die sprechende Gebärde umzusetzen, seine Leistung ist also zugleich reproduzierend, was den Inhalt und schöpferisch, was die Form betrifft. Selbst daß er dabei eine vorhandene Musik „ausdeutet" nimmt seiner Leistung nichts an Originalität, da die Unbestimmtheit des musikalischen Ideengehaltes keine bestimmte Gebärde vorschreiben kann, ihm vielmehr völlige Freiheit der Erfindung läßt. Was er dabei schafft, ist in dem zugrundegelegten Musikstück gar nicht enthalten, er schafft etwas hinzu, an das der komponierende Musiker in der Regel gar nicht gedacht hat.

Max SCHASLER[53], dem wir die eingehendste philosophische Betrachtung der Tanzkunst verdanken, stellt hauptsächlich zwei, dem Inhalt nach verschiedene Kategorien des Tanzes auf, je nachdem der Inhalt Liebe oder Streit widerspiegelt. Zu der ersten rechnet er alle „ursprünglichen Nationaltänze", weil sie „auf dieser Versinnbildlichung des Liebesverhältnisses" beruhen, indem sie „die Entwicklung desselben ... symbolisierend schildern". In die zweite Kategorie gehört seiner Ansicht nach der Kriegstanz. Auch den sogenannten Charaktertanz führt SCHASLER auf die Darstellung des konkreten Verhältnisses zwischen den verschiedenen Geschlechtern zurück. Daß hier große Gebiete des Tanzinhaltes übersehen sind, ist klar. Man sieht daraus, wie sehr man sich bei der Aufstellung von Kategorien einer Kunst vor einseitig logischer Starrheit in acht nehmen muß.

Was die Ä s t h e t i k des Tanzes betrifft, so muß hier eine grundsätzliche Überlegung vorangestellt werden. Gehen wir bei der Betrachtung einer künstlerischen Leistung des Menschengeistes von dem Begriff des Schöpferischen aus, so muß die oberste Feststellung die sein (was schon die Hellenen gewußt und unsere Klassiker immer betont haben), daß alle Kunst in der Poesie wurzelt, in der schöpferischen Idee, in dem genialen Gedanken, wie dies KANT am klarsten und kürzesten ausgedrückt hat: *„Schöne Kunst ist Kunst des Genies."* [54] Gegenstand

---

53) Max SCHASLER, a.a.O., S. 109.
54) Imanuel KANT, Kritik der Urteilskraft, § 46.

philosophischer Betrachtung und Erörterung ist demnach zu allererst das schöpferische Moment und dann erst ihre besondere Gestaltung nach dem Wesen und der Eigentümlichkeit der betreffenden Kunstgattung.

Poetischer Keim einerseits und tänzerische Durchführung andererseits stellen demnach ein gedachtes Inneres und ein sichtbares Äußeres dar. Sie sind aber eben in dem Kunstwerk eng miteinander verknüpft. Erst durch das zweite Moment teilt sich uns das innere Erlebnis mit. So wird auch die Tanzmusik, um mit GOETHE zu sprechen, „Vermittlerin des Unaussprechlichen". Erst das Geschaute gibt uns Unsichtbares kund.

Der *ÄSTHETIK* als Wissenschaft aber kommt es freilich zu, die gestaltete Idee eben in der besonderen Form der jeweiligen technischen Ausführung zu erkennen, d.h. die Technik der betreffenden Kunst in den Vordergrund der Betrachtung zu rücken. Durch diese besondere Technik scheidet sich die Tanzkunst von den Schwesterkünsten. Was dort gegenständlich wird, wird hier durch bloße Bewegung lebendig. Einmal muß der poetische Gehalt und Sinn sich auch in dieser Gewandung, der Bewegung, erkennen und analysieren lassen. Es besteht die ernste Verpflichtung, auch für diese Kunst die metaphysischen Gründe aufzusuchen – sie erst führen uns dann in die Tiefe des für die Tanzkunst eigentümlichen Gestaltungsprozesses und weisen uns auf die gestaltenden technischen Ausdrucksmittel hin, die dem oberflächlichen Betrachter als das Eigentliche und Wesentliche erscheinen.[55]

Von einer *ÄSTHETIK* des Tanzes wird man nicht nur die naheliegende Erörterung des Verhältnisses der Aufgabe zwischen dem Tanz und anderen Künsten bis ins Einzelne verlangen müssen, sondern vor allem eine p o s i t i v e T h e o r i e des Tanzes an sich.

Für die erste Frage sind Vorarbeiten da. Der Begriff des *Schönen* ist es vor allem, dem die Tanzkunst zur Geltung verhelfen will, und dieser wird schon allein durch Schönheit und Ebenmaß des menschlichen Körpers unterstützt. Den ästhetischen Begriff des *Erhabenen* auch in der Tanzkunst zur Anschauung zu bringen, ist sicherlich nur ganz großen mimischen Künstlern beschieden, dennoch ist auch dieses erreichbar, wenn auch schwieriger und seltener.

Die plastische Wirkung des Tanzes, oder die, den Tanz wie die Musik in gleicher Weise berührende, ästhetische Wirkung des Rhythmischen

---

55) Vgl. hierzu H. St. CHAMBERLAIN, Die Grundlagen des 19. Jahrhunderts, 9. Kapitel, Abschnitt 7, Über die Grundlagen der Kunst.

ergeben Beziehungen genug, die der vertieften Betrachtung würden wären. Frank THIESS, dem wir eine Studie zur Ästhetik des Tanzes verdanken,[56] wendet sich mit Recht gegen die vielverbreitete Ansicht, daß der Tanz nichts anderes sei als „eine plastische Ausdeutung der Musik". Freilich sind auf dieser (irrigen) Meinung ganze Schulen aufgebaut worden, wie z.B. Hellerau-Dalcroze, und sie brachten es mit sich, daß man sich gegen das tänzerische Ausdeuten einer Komposition etwa von Bach oder Beethoven ablehnend, ja spöttisch einstellte.[57]

Eine Ästhetik des Tanzes hätten wir eigentlich von Theodor ZIEHEN erwarten dürfen.[58] Er erörtert in einem Hauptabschnitt seiner „Vorlesungen über Ästhetik" die Ästhetik der Empfindungen, und zwar 1. die der Töne und Klänge, 2. der Farben und Formen, 3. den Empfindungscharakter in der Dichtkunst. Im 2. Kapitel geht er von der Ästhetik der Farben auf die der Formen über, spricht von der Schönheitslinie, vom goldenen Schnitt, von der Bewertung der Symmetrie und erörtert endlich als einen weiteren „Empfindungsfaktor", „der bei der ästhetischen Auffassung der Form beteiligt ist", die Periodizität und den Rhythmus der Gliederung. Es wäre zu wünschen gewesen, daß er hier auch den Empfindungsfaktoren, die auf der Führung der bewegten körperlichen Linien und den Raumverhältnissen des Tanzes beruhen, nachgegangen wäre. Er selbst empfand wohl die Notwendigkeit einer ästhetischen Betrachtung des Tanzes, ohne sich jedoch dieser Aufgabe zu unterziehen. Er bemerkt in Ergänzungen zu Band I.: „Die Ästhetik der Tanzkunst ist noch weit zurückgeblieben." (vgl. auch Fr. GIESE, Körperseele, München 1924, Tanzsysteme). Die beiden Werke, auf die ZIEHEN in dieser Beziehung hinweist, nämlich die von BRANDENBURG[59] und Oskar BIE[60], können nicht im entferntesten auf gründliche Behandlung des Gegenstandes Anspruch erheben.

Auf die ästhetische Wirkung des Tanzes haben auch außerkünstlerische Momente einen nicht zu unterschätzenden Einfluß, so die Gleichgewichtslinie, die Frage der räumlichen Proportion und Symmetrie u.a.

Als eine Vorstufe zur Ästhetik wird die P s y c h o l o g i e des Tanzes

---

56) Frank THIESS, Der Tanz als Kunstwerk, München 1920.
57) Vgl. den beißend humorvollen Brief Max REGER's vom 1.4.1904 in der Biographie von Karl HASSE, Leipzig o.J.
58) Theodor ZIEHEN, Vorlesungen über Ästhetik, Halle 1923, 2. Bd. 1925.
59) Hans BRANDENBURG, Der moderne Tanz, München 1921.
60) Oskar BIE, Der Tanz, 2. Aufl. Berlin 1919.

zu betrachten sein, in dem Sinne, wie Theodor A. MEYER[61] die beiden Disziplinen gegeneinander hält: die psychologische Ästhetik wird hier „wertvolle und unersetzliche Erkenntnisse ans Licht fördern und sich als unentbehrliche Hilfswissenschaft erweisen", aber doch auch für den Tanz bloße Vorarbeit leisten gegenüber der auf ihr aufzubauenden ästhetischen Betrachtung, die das Wesen des Schönen im Tanz feststellen und in seinen Erscheinungsformen behandeln wird. Die Analyse der psychischen und physischen Wirkungen des künstlerischen Tanzes wird diese Elemente erst klarlegen: dann aber, wenn dies erst einmal wissenschaftlich und systematisch geschehen, wird uns die Ästhetik des Tanzes das Wesen des Schönen auch in dieser Kunst erfassen und würdigen lehren.

Nach MEYER[62] gehört der Tanz nicht unter die Vollkünste, sondern, gleich der Schauspielkunst, zu den Halbkünsten und zwar wegen seiner „optischen Unvollkommenheit": sie beide verstoßen nach seiner Ansicht gegen das Formgesetz der Unbewegtheit, das er für die aufs Auge wirkenden Künste als einen obersten Grundsatz aufstellt, sie setzen sich damit „über die Grundbedingungen der optischen Formschönheit hinweg".[63] MEYER geht nämlich hier (im 4. Kapitel des 2. Buches), indem er die optischen Künste behandelt, von der Forderung der Deutlichkeit und Nachdrücklichkeit des optischen Eindrucks aus. Und diese ist nur bei den ruhenden Künsten (Malerei, Plastik, Architektur) erfüllt, bei den bewegten Künsten, den „Halbkünsten" gestört. Nur ruhende optische Formen haben für ihn den vollen künstlerischen Wert, die Bewegtheit behindert ihn.

Nun müßte aber ein strengerer Unterschied gemacht werden zwischen den beiden genannten „Halbkünsten" – ein Unterschied, der zugleich etwas Wesentliches trifft: Die Schauspielkunst ist tatsächlich eine „Hilfskunst" für die Poesie. Sie möchte dem Seelenleben der Dichtungsgestalten durch die körperliche Begleitmusik die nachdrücklichste Gestaltung geben. Sie *will gar nicht* in erster Linie als o p t i s c h e K u n s t betrachtet sein. Da sie sich aber an unser Auge wendet, darf der optische Formsinn bei ihr nicht ganz ohne Befriedigung bleiben. In die Bewegungen und Veränderungen muß ein Element der Ruhe und des Beharrens hineingetragen werden. „Der Schauspieler muß immer wie-

---

61) Theodor A. MEYER, Ästhetik, Stuttgart 1923, Vorwort.
62) Ebd., S. 185.
63) Ebd., S. 184.

der aus der Bewegung in die Pose übergehen, in die seelisch ausdrucksvolle Stellung der Ruhelage".[64] Der Unterschied von dem ich sprach, springt durch den oben gesperrt gedruckten Satz in die Augen – denn die Tanzkunst will eben doch vor allem und einzig und allein als „optische Kunst betrachtet sein". Und so kann MEYER denn auch die „optische Unvollkommenheit" des Tanzes nicht so unbedingt aussprechen: „Der Tanz bewegt sich in ewiger Veränderung. Er ist auf die Freude am bewegten Körper gestellt, aber er kommt dem Bedürfnis nach klarem Sehen wenigstens insofern entgegen, als bei ihm die gleiche Bewegung immer, oder auf längere Zeit wiederkehrt. Diese Wiederkehr ermöglicht es, ein relativ deutliches Bild, wenn nicht der sich bewegenden Gestalt, so doch der Bewegung als solcher zu gewinnen."[65] MEYER selbst gibt auch zu, „daß das Bewegte das Auge kräftiger auf sich zieht als das Ruhende". Und so wäre denn der Ausgangspunkt einer wirklich bis auf den Grund gehenden Ästhetik des Tanzes eben durch die Tatsache gegeben, daß gerade an ihm „der Zuschauer seines optischen Formsinns froh werden" soll. Auch bei der Tanzkunst bringt, wie bei der Schauspielkunst, der Übergang aus der Bewegung in die Pose eine Annäherung an den Genuß der ruhenden optischen Künste mit sich, also eine deutlichere Erfaßbarkeit des eigentlichen Formschönen, – aber das Hauptproblem für die ästhetische Betrachtung und zugleich der Hauptinhalt und Zweck der Tanzkunst selbst ist doch immer die Schönheit der Bewegung und nicht die der ruhenden Form. Immerhin gewährt aber diese Beobachtung, weil sie ganz besonders für die Pantomime gilt, schon einen wichtigen Ausgangspunkt für deren ästhetische Betrachtung. Die verlangsamte Bewegung, jenes „Element der Ruhe und des Beharrens" und die daraus sich ergebene gebundene Stellung der Mimen gegeneinander und die festumrissene Pose, sie sind es, wodurch ein länger andauernder Genuß des Bildes erreicht wird.

Wenn MEYER von der Schauspielkunst im allgemeinen als einer „Hilfskunst für die Poesie" spricht, so ist dem entgegenzuhalten, daß dieser Standpunkt des Ästhetikers hier nur auf die Schauspielkunst unserer Zeit abzielt, nicht aber die pantomimische Kunst früherer Zeiten in Betracht zieht, wo sie auf einer ungleich höheren Stufe stand als heute und sehr wohl mehr als bloß optische Kunst bewertet sein wollte.

64) MEYER, a.a.O., S. 184.
65) Ebd., S. 185.

Die Pantomime ist eine Abart der Schauspielkunst und zwar gerade derjenige Zweig, der es mit seinen Mitteln eben zu einer von der Poesie unabhängigen Stellung bringen will, der von der Poesie nur den richtunggebenden Gedanken, den Inhalt des Darzustellenden nimmt, zur Darstellung aber des Wortes völlig enträt. Gerade das Wort, dem sie, nach MEYER, als untergeordnete Kunstgattung dienen soll, fällt bei ihr weg, und die Bewegung, Geste und Mimik bleiben ihre alleinigen Kunstmittel.

In bezug auf diesen wichtigen Zweig der darstellenden Kunst, der in gleicher Weise auch der Tanzkunst zuzurechnen ist, hat die bisherige psychologische und ästhetische Forschung, wie es scheint, vollends versagt. Neben der Psychologie des Dramas, neben der Ästhetik der Tragödie und des Lustspiels wird in Hinkunft die Pantomime nicht mehr außer acht gelassen werden dürfen.

Theodor ZIEHEN verweist auf weitere Literatur zur Einteilung der Künste: KLEINENBERG, Gestaltenkünste und Vorgangskünste (in: *Philosophische Monatshefte*, 1894, Bd. 30); SCHMARSOW, *Zeitschrift für Ästhetik*, Bd. 2; R. de la GRASSERIE, De la classification objective et subjective des arts, Paris 1893; Fr. GIESE: Körperseele, München 1924.

2. Kapitel

Tanz und Musikwissenschaft

Hier bestehen die engsten Zusammenhänge, und auf diesem Gebiet ist auch relativ am meisten vorgearbeitet worden – gehören doch die beiden Künste unter allen am nächsten zusammen, so daß Richard WALLASCHEK ihre Vereinigung beim künstlerischen Wirken geradezu als einen „einheitlichen Organismus" bezeichnen konnte.[1]

Der Tanz als formbildendes Element ist für die Musik von größter Bedeutung – verdankt doch die musikalische Formenlehre gerade dem Tanz seine wichtigsten Bausteine: Tänze waren es, die zur Formbildung der Suite, der Sonate und Sinfonie führten. Eine der wichtigsten Formzellen musikalischer Gestaltung – die Folge eines langsamen und eines schnellen Satzes – ruht auf der bedeutsamen Übung des „Tanzpaares". Der formbestimmende Einfluß läßt sich da in unendlich vielen Beispielen aufzeigen. So stellt MOZART's berühmtes Duett „Reich mir die Hand, mein Leben" ein solches altes Tanzpaar dar, sowohl dem Tempo nach (zuerst langsam, dann schnell) als auch dem Taktwechsel; zuerst gerader Takt, dann Tripeltakt.

Schon aus der beiden Künsten gemeinsamen Wurzel, dem Rhythmus, ohne den weder Tanz noch Musik denkbar sind, erklärt sich die natürliche Paarung der beiden. Es erklärt sich aber auch daraus zum großen Teil die Entwicklungsgeschichte der Tanzmusik. Die Beobachtung der Tänze der Naturvölker lehrt uns, wie deren „Musik" ursprünglich rein zur Markierung oder Unterstützung des Rhythmus bestimmt war und so die zahlreichen Schlaginstrumente mit sich brachte, die übrigens bis heute in unseren Orchestern unentbehrlich sind. Aber neben all diese Klappern und Rasseln, dem Händeklatschen und Aufstampfen treten bald auch wirklich tönende Instrumente (bei den Griechen zur Trommel Sistrum, Scabellum; bei den Ägyptern die Flöte). Die Stufenleiter der geschichtlichen Entwicklung, die von da bis zu den großen Orchestern unserer Tage führt, kann hier nicht verfolgt werden. Mit Nachdruck aber muß betont werden, daß zum Tanz höher ent-

---

1) Richard WALLASCHEK, Anfänge der Kunst, Leipzig 1903.

wickelter Völker nicht so sehr ein Instrument, als vielmehr die menschliche Stimme die innige Verbindung stellte (vgl. hierzu S. 58 und 74 f über die Tanzlieder).

Selbst in dem kunstvollen Formkomplex der SUITE haben wir den engsten Zusammenhang von Musikstück und Tanzübung durch die Liedform gegeben. In dem ruhigsten Teil der Suite, dem „Air" oder der Aria, handelt es sich um eine Form, der ein wirklich gesungenes oder gesungen gedachtes Lied zugrundeliegt. In allen anderen Nummern ist die Bezeichnung durch Tanznamen gegeben (Sarabande, Menuett usf.) Auch die CHACONNE, eine der charakteristischsten Formen mit ihrem obstinaten Baßfundament, über dem sich das freieste Spiel der melodischen Oberstimmen rankt (Händel hat eine Chaconne mit nicht weniger als 62 Variationen geschrieben) – war ursprünglich ein spanischer Volkstanz. Im Verlauf seiner musikalischen Weiterentwicklung wurde die Chaconne zum imposanten Schlußstück zur Zeit Glucks.

Allgemein läßt sich erkennen, wie hoch die ernstesten Musiker jener Zeit den Tanz schätzten. Michael PRÄTORIUS, der Meister der protestantischen Kirchenmusik, sammelte und bearbeitete französische Tanzstücke (Branlen, Courantes, Volten, Passamezzi und Gaillarden). Der als Komponist wie als Theoretiker bedeutsame Johann MATTHESON arbeitet Choräle zu Tanzstücken um: Er macht aus dem Choral „Wenn wir in höchsten Nöten sind" ein Menuett, aus „Wie schön leucht uns der Morgenstern" eine Gavotte u.a.m. Bach selbst steigerte in seinen Suiten und Partiten die alten Tanzformen. Er verwendete auch gelegentlich die beliebten Bauerntänze, so im 1. Brandenburgischen Konzert eine Polacca, in der Hochzeitskantate einen „Dreher" und den alten „Großvatertanz". Auch bei dem sogenannten „Pastorale" wird heute kaum jemand, der etwa die Kompositionen Bachs im Weihnachtsoratorium oder in Händels Messias hört, daran denken, daß hier eine ehmalige Tanzform zugrunde liegt. Und doch ist es so, und die „Pastourelle" kehrte in der 5. Tour der Quadrille wieder zu ihrer ursprünglichen tänzerischen Bestimmung zurück. Auch der Siciliano, ein italienischer Volkstanz ging wegen seiner rhythmischen Eigenart bald in die Kunstmusik ein.

Seit etwa 1670 entwickelte sich die Suite, ohne mehr als Gebrauchstanz Verwendung zu finden, zum selbständigen instrumentalen Kunstwerk; sowohl die Sonate als auch die Sinfonie behielten das Menuett, den raschen tänzerischen Mittelsatz, und erinnern daran, wie glücklich hier die vornehme Kunst der Musik mit dem Pfund gewuchert hat, das sie ihrer bescheidenen Schwester verdankt. Der Weg nämlich, der vom anspruchslosen Gebrauchstanz zur musikalischen Hochform führt, wird auch später immer wieder beschritten. Auch andere Tänze, und zwar je beliebter und gebräuchlicher sie sind, gelangen in die Werke der Kunstmusik.

Auch im Bereich der Oper sind es nicht nur die Balletteinlagen – ganze Werke stehen im Bereich des Tanzes, denken wir nur an CARMEN oder die VERKAUFTE BRAUT.

Das Verhältnis MOZART's zum Tanz (der einmal geäußert haben soll, seine tänzerischen Leistungen seien größer als seine musikalischen, sind noch ebensowenig gründlich erforscht, wie BEETHOVEN als Komponist des Balletts „Die Geschöpfe des Prometheus" und seine und Schuberts Kompositionen der Ländler und „Deutschen". Namentlich BEETHOVEN knüpfte in seinen Klaviervariationen gern an Tanzstücke an, muß sich daher doch mit der „Tanzmusik" als solcher viel beschäftigt haben. Jedes Musikzentrum der Zeit hatte seine eigenen Ballettkomponisten: Wien seinen DOPPLER, GYROWETZ, UMLAUFF, WEIGL bis HELLMESBERGER und Josef BAYER; Berlin HERTEL, GÄHRICH und GÜRRLICH, in Stuttgart STARZER, in Paris PUGNO, in Petersburg PUGNI. Die Kenntnis all dieser Dinge liegt freilich noch sehr im Argen, da die Musikforscher das Ballett stets hinter der Oper zurückgesetzt haben. Hierin wird noch vieles nachzuholen sein.

Auf die Zeit der Verflachung des Balletts, als dieses allgemein als Bühnenkunst zweiten Ranges galt, folgte um die Jahrhundertwende die neue Blüte durch das „Russische Ballett" – wieder eine Synthese großer Tanz- und choreographischer Leistungen (Pawlowa, Fokin, Diaghilew u.u.u.) mit neuen, großartigen Kompositionen (Tschaikowskij, Strawinsky …). In Deutschland schuf Richard STRAUSS seine „Josephslegende". Was hierbei am wichtigsten erscheint, ist wohl das allgemein gehobene Interesse am Tanz und Ballett, das bis in unsere Tage weiterwirkt.

Ein hervorragender Forscher auf dem Gebiet der inneren Zusammenhänge, die zwischen der Musikwissenschaft und den Grenz-Disziplinen, vor allem der Ethnographie und Kulturgeschichte bestehen, zugleich Vertreter der vergleichenden Musikforschung, Robert LACH in Wien, sprach sein Bedauern darüber aus, daß sich „Musikwissenschaftler und hier vor allem Musikhistoriker um den Tanz, soweit er nicht in der europäischen Kulturgeschichte zur Entstehung musikalischer Formen geführt hat (…) wenig gekümmert" haben. „Der Ursprung und die psychologischen wie ethnographischen Wurzeln sowie das tiefste Wesen des Tanzes war ihnen herzlich gleichgültig –." „Die bloß einseitige musikwissenschaftliche Problemstellung, selbst, wenn sie die des vergleichenden Musikforschers ist, wird daher immer Gefahr laufen, an tiefen, wichtigen, ja vielleicht sogar entscheidenden Momenten am Wesen des Tanzes blind vorüberzugehen, wenn sie nicht mit der anthropologischen und ethnographischen Untersuchungsmethode Hand in Hand geht. Und hier sind wir nun an jenem Punkt angelangt, wo der Tanz aufhört, ein Problem der vergleichenden Musikforscher zu sein, und wo die wissenschaftliche Beschäftigung mit ihm über das Gebiet der Musikwissenschaft hinauswächst in das der Ethnographie und zwar jenes Spezialgebiet, das man „musikalische Ethnographie" wird benennen dürfen und müssen."[2]

Wenn die beachtenswerten Äußerungen eines ersten Fachmannes der vergleichenden Musikwissenschaft auch in das später folgende Kapitel über die Beziehungen des Tanzes zur Völkerkunde vorgreifen, bleibt doch die wichtige Feststellung auch für das gegenwärtige übrig, daß „gerade der Tanz ein Gebiet menschlicher Betätigung darstellt, das nicht durch einseitige Fragestellung vom Standpunkt der Musikwissenschaft aus erschöpfend behandelt werden kann…" Nur die engste Zusammenarbeit von Sachkundigen beider Gebiete kann hier weiterführen.

Die Tanzwissenschaft wird niemals geringschätzen dürfen, was sie der Musikwissenschaft verdankt: deren Beschäftigung mit den Fragen der Tanzmusik ist es ja hauptsächlich zu danken, daß bisher überhaupt eine wissenschaftliche Behandlung von Teilgebieten des Tanzes erfolgt ist.

Und doch müßte hier erstmals eine Scheidung der Begriffe stattfinden. Die Musikhistoriker sprechen vom Tanz, wenn sie die musikalischen Tanzformen erörtern und sind sich dabei – man kann sagen – ohne Ausnahme – nicht einmal klar, wie viele und welche Art von Schritten der Tanzende bei der besprochenen Tanzform auszuführen hat.

Was ist aber Tanz? – Doch nicht eine Folge von Notenköpfen, auch nicht eine Folge von Melodie und Rhythmus, sondern eine Folge von körperlichen Bewegungen, von Schritten, von Mimik, die von Musik begleitet wird. Jene ganz einseitig auf *ein* Akzidens des Tanzes, oder sagen wir (da wir von der ursprünglichen Zusammengehörigkeit von

---

2) Robert LACH in seiner ausführlichen Besprechung meines „Handbuch des Tanzes" in: *Mitteilungen der Anthropologischen Gesellschaft in Wien*, 60. Band, 1930, S. 360 ff. u. 357.

Tanz und Musik überzeugt sind) auf ein TEILSTÜCK des Tanzes gerichtete wissenschaftliche Behandlung, läßt also das Wesentliche, eigentlich Tragende der Kunsterscheinung unerörtert, ja oft sogar unbeachtet. Das Interesse der Musikforscher ist oft genug sogar durch Nebenfragen, wie die begleitenden Musikinstrumente, mehr in Anspruch genommen, wie durch den Tanz selbst.

Ich muß mich hier wohl nicht erst gegen den Verdacht schützen, als wollte ich mit dem Gesagten die musikwissenschaftliche Forschung, soweit sie sich auf die Tanzformen erstreckt, unterschätzen. Nichts liegt mir ferner, als *von meinem Standpunkt aus* eine wissenschaftliche Disziplin gering anzuschlagen, die so viel und so Wertvolles zur Beleuchtung der Probleme der Tanzmusik beigetragen hat. Aber im wesentlichen ist sie der Sache in den meisten Fällen noch nicht so nahe gekommen, wie wir es von ihr, bzw. von ihrer Zusammenarbeit bei der Tanzforschung selbst werden künftig fordern müssen. Ebenso wie die Problemstellung für das Musikdrama nicht mit der Erörterung rein musikalischer Formfragen erledigt werden kann, vielmehr die Poesie, die dramatische Handlung, das szenische Bild, die theatralische Kunst, durch die erst das Drama lebendig wird, stets als das Führende und die Musik Bestimmende im Auge behaltenwerden muß, – genau so, und noch viel mehr muß der Tanz selbst bei Betrachtung seiner Musikformen im Vordergrund stehen.

So muß z.B. das Zusammenwirken von Pantomime und Musik stets in dem Sinne verstanden (und erörtert) werden, daß die getanzte dramatische Handlung ihr genaues Ebenbild in der Musik zu finden hat. Christian Friedrich Daniel SCHUBART, der für die präzise tänzerische Darstellung der menschlichen Leidenschaften in der Pantomime eintritt, forderte auch vom Komponisten, er müsse „jedes Zucken der Fußsohle, jede Bewegung der Hände, jedes kleine Mienenspiel, jede Leibesstellung treu dolmetschen".[3]

Eine Menge von Rätseln bieten die in Spanien vertretenen Tänze, die FOLIA, der CANARIO, aber auch die auf den Kanarischen Inseln getanzte ISA und die dort ursprünglich heimische, mit afrikanischen Tänzen korrespondierende TAJARASTE. Unsere Kenntnis all dieser wichtigen und besonderen Tanzarten von Spanien, Portugal und den Kanarischen Inseln dürfte eine Vertiefung erfahren, wenn einmal die große Literatur der

---

3) Christian Friedrich Daniel SCHUBERT, Gesammelte Schriften und Schicksale, 8 Bände, Stuttgart 1839, 5. Band, S. 354. Reprint: Hildesheim 1972.

„Libros de los Vihuelistas" erforscht sein wird. Es sind dies bekanntlich umfangreiche Manuskripte, (z.T. auch ältere Drucke) von Kompositionen für die Vihuela, ein der Viola verwandtes Saiteninstrument – auch der Name Vihuela scheint von Viola gebildet und dann in das französische Vielle volksetymologisch weitergebildet zu sein – z.T. mit Texten und Singstimme aufgezeichnet. Aus diesen wichtigen Quellen für die spanische Volksmusik werden sich auch die Fragen über Taktart, Zeitmaß usf. der dazu ausgeführten Tänze bestimmen lassen.

Formbeziehungen mannigfacher Art werden sich aus systematischer Vergleichung von Musikbild und Tanzgestalt ergeben und Resultate für beide Disziplinen, sowohl für die Tanzforschung als auch für die Musikwissenschaft bringen.

So zeigt schon die Form der alten Da-capo-Arie, die die Oper der Barockzeit beherrscht, wie wenig differenziert das pantomimische Element in der zugehörigen Bühnendarstellung sein konnte und sein durfte: mußte doch naturgemäß zum Da-capo-Satzteil die gleiche Bewegung und Aktion des Schauspielers wiederkehren, die er zum ersten Eintritt des Themas gemacht hatte (soweit nämlich bei der starren „statischen" Dramatik der Barockoper überhaupt von Spiel und Aktion die Rede war).

Aber noch viel allgemeiner müßte es eingehend untersucht werden (weil es vom Publikum bzw. von der Theaterkritik frühzeitig als ein Mangel empfunden und beanstandet wurde), daß in der Oper des 18. Jahrhunderts ein pantomimisches Spiel, wie es die fortschreitende Handlung erfordert hätte weder während der Vor- und Zwischenspiele noch während der Arie selbst stattfand. Eine subjektive Darstellung, die der Musik gefolgt wäre, gab es für die Sänger ja noch nicht – alles Pantomimische war den Balletteinlagen (die meist in gar keinem Zusammenhang mit dem Inhalt der Oper standen) vorbehalten.

Diesbezügliche Klagen finden sich bei MARCELLO, G. PASQUALI und A. PLANELLI[4], sowie bei WIELAND („Versuch über das deutsche Singspiel und einige dahin einschlagende Gegenstände", 1775) und Stefano ARTEGA (1785).[5]

---

4) Benedetto MARCELLO, Il Teatro alla Moda, übersetzt von A. Einstein, 1917, S. 33. Giambattista PASQUALI, Del Teatro in Venezia, 2. Aufl. 1771. Antonio PLANELLI, Dell'Opera in Musica, Neapel 1772, S. 166.

5) Stefano ARTEGA, Rivoluzioni del Teatro musicale Italiano (1785), auch dessen „Geschichte der italienischen Oper" übersetzt von Joh. Nikolaus FORKEL (Leipzig 1789, 2. Band).

Erst MOZART hat hier eingegriffen mit seiner offensichtlichen Beeinflussung einer musikalischen Entwicklung der musikalischen Form durch das immer lauter gewordene Erfordernis eines besseren pantomimischen Spiels der Sänger. Leopold CONRAD hat, indem er in seinem Buch über „Mozarts Dramaturgie der Oper", den Weg der Entwicklung, den Übergang vom starren pathetischen Barockstil über die „Gradation" (Steigerung der Leidenschaften) zur lebendigen Darstellung, zur wirklichen Aktion verfolgt, gezeigt, wie MOZART in seinem IDOMENEO zum erstenmal „den barocken und den charakterisierenden Opernstil zu mischen wußte."[6]

Dies stellt auch formgeschichtlich vielleicht den wichtigsten Punkt jener Entwicklung dar, indem sich die Opern-Arie (die eigentliche Trägerin der musikalischen Charakteristik) *formal umbildete.* An Stelle der dreiteiligen Da-capo-Arie tritt nunmehr mit Vorliebe die Zweiteiligkeit, die den seelischen Vorgang besser zu zeichnen vermag. Dies aber ist eine Wirkung, die von der Forderung *klarer pantomimischer Darstellung auf die Musik hin erfolgt ist.*

Auch dies zeigt, wie sehr sich die beiden Künste in ihrer Vereinigung im musikalischen Drama gegenseitig bedingen und beeinflussen, und spricht für die Wechselbeziehungen zwischen Tanz und Musik.

Als äußerst fruchtbringend haben sich die Arbeiten der neueren Zeit auf dem Gebiet des *Volkstanzes* ergeben. Ich möchte hier nur *zwei Beispiele* anführen: Die Erforschung des national-ungarischen Volkstanzes. Die vergleichende Musikforschung unserer Tage hat, besonders seit der umfassenden Sammeltätigkeit an Volksliedern und Volkstänzen durch Béla BARTÓK und Zoltán KODÁLY das älteste erreichbare, d.h. heute noch in abgelegenen, von der städtischen Kultur unbeeinflußt gebliebenen, Gegenden gerettete Volksgut wissenschaftlich untersucht und so auch für die älteste Schicht an Volkstänzen den ursprünglichen Zusammenhang mit orientalischen, auf der anhemitonischen Pentatonik ruhenden, primitiven Melodien nachgewiesen. Dadurch hebt sich dieses älteste, recht eigentlich autochthon-ungarische Material scharf ab von den später erst eingedrungenen (und noch heute als echt ungarisch geltenden) Weisen und Tänzen der Zigeuner. Diese beiden Kulturschichten müssen also auch für den Tanz in Ungarn auseinandergehalten und jede für sich getrennt untersucht werden.

6) Leopold CONRAD, Mozarts Dramaturgie der Oper, Würzburg 1943.

Die Tanzmelodien der ältesten Schicht, die als die ursprünglichsten ungarischen Bauerntänze gelten dürfen, sind zumeist vierzeilig. Sie bilden, im einstimmigen Liedgesang, die einfachste Art der Musikbegleitung der Tänze. Daneben tritt die instrumentale Begleitung mit Dudelsack oder Drehleier. Für sie muß nun auch die choreographische Fixierung besorgt und untersucht werden. Erst dann können wir vom alten ungarischen Bauerntanz ein richtiges Bild gewinnen. Für den „Verbunkos" (d.i. der Werbetanz) wird, ebenso wie für den CZARDAS, die alte Tanzform festgelegt werden müssen. Aber diese Arbeiten stecken noch in den ersten Anfängen. Die unfeste Rhythmik der ältesten ungarischen Volkslieder, die in einem noch ganz orientalischen, an den gregorianischen Gesang gemahnenden Psalmodieren bestehen, mußte, wenn sie dem Volkstanz zur musikalischen Begleitung dienen sollten, doch ganz gewiß zu seiner taktmäßigen Formung geführt haben.[7]

Wilhelm HEINITZ[8] untersuchte, aufgrund des großen Sammel-Werkes von THUREN und GRÜNER-NIELSEN[9] in einer „Organologischen Studie" die Melodievarianten des faröischen Tanzliedes von der „Dronning Dagmar" und konnte zeigen, daß hier die Melodiekurve nicht so sehr nach dem Text als vielmehr durch die von den Tanzenden dazu ausgeführten Bewegungen beeinflußt wird. Er zeigte, daß diese Melodievarianten des Tanzliedes von der „Dronning Dagmar" die „typischen Beinbewegungen der faröischen Reigentänze herausfordern", daß die eine Variante „weit nach oben ausladende Arme", eine andere „fast nur Betätigung der Unterarme", eine dritte „fast nur motorische Betätigung der Handgelenke veranlaßt", die vierte Variante „dagegen fordert energische Stoßbewegungen der Arme senkrecht nach unten." HEINITZ kommt zu dem Schluß, „diese zuletzt genannte Bewegungsform müßte aber den Bewegungssinn der faröischen *Tanzkette* illusorisch machen und zum *Einzeltanz* hindrängen." Im Zusammenhang dieser Beziehung zwischen Melodiebewegung und Körperbewegung wirft HEINITZ noch die Frage auf, wie eine besondere Eigenart jener faröischen Tanzlieder,

---

7) Ich verdanke diese Hinweise einem Vortrag, den Alexander VERGESS im ungarischen Kulturinstitut in Wien am 13. April 1943 hielt.

8) Wilhelm HEINITZ, Organologische Studie zu den Varianten eines Dronning Dagmarliedes (in: *Mitteilungen der int. Gesellschaft für Musikwissenschaft*, Leipzig, 3. Jahrgang, Heft 4).

9) Hjalmar THUREN und H. GRÜNER-NIELSEN, Faröeske Melodier til danske Kaempeviser, Kopenhagen 1923.

die unregelmäßige Periodenbildung des rhythmisch-melodischen Schemas, zu erklären sei. Die dynamische Tanzgruppenbildung zeigt nämlich für das behandelte Tanzlied die nachstehende Folge von Taktgruppen: 4–3, 4–3, 2–2–2. Heinitz selbst bezweifelt, ob THUREN recht habe, wenn er die Unregelmäßigkeit als eine Angleichung an das Versschema des Textes betrachtet und sucht die auffallende Erscheinung rein musikalisch, als periodische Endverkürzung, zu erklären. Es wäre aber wohl auch möglich (und zu untersuchen), ob nicht vielleicht auch hier die Bewegung der Tanzenden (etwa mit Haltepunkt, Stillständen, besonderen Evolutionen u.dgl.) auf die musikalische Struktur von Einfluß ist.

Abschließend möge hier nur kurz darauf verwiesen werden, daß für den Bereich des deutschen Volkstanzes durch die einzigartig vollständigen Sammlungen unserer hervorragenden Tanzforscher (angefangen von Johannes BOLTE, Raimund ZODER, Josef MÜLLER-BLATTAU, Richard WOLFRAM, um nur einige zu nennen) eine Grundlage geschaffen wurde, die eine systematische Erforschung von Tänzen und die Untersuchung der Tanzweisen, deren regionale Verschiedenheit und deren ursprüngliche Formen, von weiteren Gesichtspunkten aus ermöglicht.

3. Kapitel

Literatur und Tanzwissenschaft

Die größte Bedeutung als Quelle für die Tanznachrichten aller Zeiten und Völker kommt der Literatur zu. Ich erinnere nur an allbekannte und berühmte Beispiele: das altägyptische „Totenbuch", das alte Testament, dessen Tanzberichte OESTERLEY[1] so gründlich untersucht hat, die alte arabische Literatur (die Berichte des Nilius). Dann die Tanzliteratur des klassischen Altertums, innerhalb derer wir scheiden können zwischen den Autoren, die über den Gegenstand im Zusammenhang gehandelt haben, so vor allem LUKIAN und ATHENÄUS, LIBANIOS, in zweiter Linie dann ARISTOTELES in seiner Poetik, HERODOT, PLATO, XENOPHON, HESIOD, THUKYDIDES, PLUTARCH, APULEIUS, der das „Isidis Havigium" der Ägypter beschreibt, LIVIUS, VIRGIL und selbst HOMER – und solche, die gelegentlich Tänze anführen, ohne sie genauer zu beschreiben (POLLUX, HEPHAISTION, HESYCHIOS, SUIDAS und PROKLOS). Hieran schließen sich zeitlich die Berichte einiger der alten Kirchenschriftsteller. Zu diesen Quellen tritt dann noch die fast ins Uferlose gediehene moderne Tanzliteratur, sowie die Reisebeschreibungen in denen sich ein Material befindet, das auch heute noch nicht fachlich ausgeschöpft ist. Die ununterbrochen erscheinenden ethnographischen Berichte neuer Expeditionen liefern sozusagen täglich neues Material dazu.

Zu den wertvollsten Quellenschriften gehören auch die auf ältester Überlieferung beruhenden Lehrbücher über den indischen Gebärdentanz; so vor allem das berühmte NÂTYA SÂSTRA (d.i. Tanzlehrbuch) des BHARATA aus dem 5. Jahrhundert nach Christo, das die Elemente dieser besonderen Tanzweise in feste Regeln gefaßt darstellt und der „Gebärdenspiegel", das ABHINAYA DARPASSA des NANDIKESVARA.

Es ist klar, daß die Beziehungen zwischen Literatur und Tanzwissenschaft von der allergrößten Bedeutung sind und daß beide Disziplinen voneinander Nutzen ziehen können.

Schon allein das Gebiet der Pantomime als einer dramatischen Kunstgattung legt Probleme stoffgeschichtlicher, aber auch formaler Art nahe.

---

1) William OESTERLEY, The Sacred Dance, a Study in Comparative Folklore, Cambridge 1923.

Wenn wir z.B. hören, wie oft der FAUST als Baliettpantomime behandelt und aufgeführt wurde[2], so müßte dies doch bei der Faust-Forschung mindestens ein gleiches dramaturgisches und literargeschichtliches Interesse beanspruchen dürfen, wie etwa das Puppenspiel.

Im besonderen ist hier zu betonen, daß die Dichter aller Kulturvölker vom Tanz gesprochen und gesungen haben.

Aus der deutschen Dichterwelt sei bloß an HERDER erinnert, der schon in seiner Jugend den Versuchen zu einer Reform der Tanzkunst eifrig das Wort geredet hatte[3] und damit auf GOETHE nachgewirkt zu haben scheint[4]. Außerdem hat HERDER in der „Adrastea" ein besonderes Kapitel dem „Tanz und Melodram" gewidmet.[5]

Das Interesse für den Tanz war bei GOETHE besonders lebhaft. Gleichsam zur Illustration der behaupteten Wechselbeziehungen zwischen Literatur und Tanz wäre auf GOETHE näher einzugehen: Abgesehen davon, daß er selbst gerne tanzte – so mit Friederike in Sesenheim die Allemande, d.i. den deutschen Walzer, ferner das Menuett und den englischen Kontertanz, sodann mit Christiane in Weimar und schließlich noch im hohen Alter bei festlichen Anlässen – hat er den Tanz in vielen seiner Dichtungen verherrlicht und mit besonderen Aufgaben bedacht. Es ist beachtenswert, daß GOETHE schon in seiner Jugend zum Verständnis der ihm noch unbekannten französischen Sprache sich des Vorteils, den ihm die Mimik und Gebärdensprache bot, geschickt zu bedienen wußte, wie er selbst in „Dichtung und Wahrheit" erzählt. Für das förmlich epidemische Eindringen des Walzers in die gesellschaftlichen Vergnügungen dieser Zeit könnte die Stelle aus „Werthers Leiden" Beachtung verdienen, wo er schreibt: „Da wir nun gar ans Walzen kamen und wie die Sphären umeinander herumrollten, giengs freilich anfangs, weils die Wenigsten können, ein bischen bunt durcheinander". Stellte doch dieser (wohl falsch verstandene und im Zeitmaß arg übertriebene) alte Volkstanz ob seiner, nun angenommenen ekstatischen und sogar

2) THURMOND, Harlekin Dr. Faustus, Musik Galliard, London 1715; RICH, Negromancer Dr. Faustus, London 1723; CRUX, Dr Faust, Musik von NEUNER, München 1808; Dr. Faust, mit Musik von Adolphe ADAM, 1832; PERROT, Dr. Faust, Musik von PANIZZA, Wien 1851, Petersburg 1854; HARTMANN, Fausts letzter Tag, Innsbruck 1789; HEINE, Dr. Faust, Musik Franz SKVOR, Prag 1927.
3) HERDER, Sämtliche Werke, hrsg. v. B. Suphan, Berlin 1877–1913, Bd. 4, 120 ff. und 479 ff. Reprint: Hildesheim 1967–68.
4) Julius ZEITLER (Hrsg.), in: Goethe-Jahrbuch III, 1918, S. 394.
5) „Adrastea", 4. Stück, Nr. 9 (erschienen 1801).

gesundheitsgefährdenden Wildheit gegenüber den ungleich maßvolleren bisherigen Gesellschaftstänzen etwas ganz Ungewohntes dar. Auch ist es nicht zufällig und nebensächlich, daß der Tanz damals noch nicht mit dem Namen „der Walzer" bezeichnet wurde, sondern man „das W a l z e n" (sich wälzen) als typische Bezeichnung für die ungewohnte Bewegung betonte und zugleich das Neuartige, Sensationelle hervorhob. Deutlich spiegelt sich der extatische Taumel, der die Menschen damals ergriff in einer anderen Stelle des „Werther": „Nie ist mir's so leicht vom Flecke gegangen. Ich war kein Mensch mehr. Das liebenswürdige Geschöpf in den Armen zu haben und mit ihr herum zu fliegen wie Wetter, daß alles rings umher vergienge..."

GOETHE hatte selbst zweimal Tanzunterricht erhalten: das erstemal in Frankfurt, zusammen mit seiner Schwester beim Vater, der die beiden Kinder „auf das Bestimmteste in den Positionen und Schritten unterwies". „Wenn wir nun das Menuette genug hatten so ersuchte ich den Vater um andere Tanzmusiken dergleichen die Notenbücher in ihren Giguen und Murkis reichlich darboten; und ich erfand mir sogleich die Schritte und Bewegungen dazu, indem der Takt meinen Gliedern ganz gemäß und mit denselben geboren war" und „... in Strassburg regte sich bald mit der übrigen Lebenslust die Taktfühlichkeit meiner Glieder" wiederum. (Aus „Dichtung und Wahrheit")

In seinen Dramen gibt GOETHE vielfach pantomimische Anweisungen. Unter den zur Geburtstagsfeier der Großherzogin Amalia bestimmten Maskenzügen dichtete er einen „Planetentanz". Er greift damit, bewußt oder unbewußt ein Motiv auf, das schon in ältester Zeit, nämlich im Kultus der alten Ägypter, als der von PLATO gerühmte „Astronomische Tanz", hohe sakrale Bedeutung hatte. Auch die „Proserpina" enthält einen mimisch-tanzartigen Teil. Ausgeführte pantomimische Szenen finden sich im „Egmont" bei Klärchens Erscheinung in der Schlußapotheose, im „Groß-Cophta" während der Zaubereien des Grafen und in „Des Epimenides Erwachen" im 2. Aufzug.

GOETHE empfand sehr den Mangel pantomimischer Ausbildung bei den Schauspielern und spricht im „Wilhelm Meister" von der Wichtigkeit derselben. Von den oben erwähnten HERDER'schen Ideen angeregt und beeinflußt, verlangt er, daß der Tanz Unterrichtsgegenstand an den Schulen werde[6] und in der Schrift „Über den sogenannten Dilettantismus" (1791) gibt er eine Einteilung der Tänze und spricht von Nutzen

---

6) Man vergleiche hierzu die „Pädagogische Provinz" in den „Wanderjahren". II.6.

und Schaden des dilettantischen Tanzens. Er unterscheidet da dreierlei Tänze: 1. repräsentative: sie machen die Schönheit der Gestalt und der Bewegung geltend und haben Würde (Menuet), wozu er bemerkt: „fallen gern ins Steife".[7] 2. naive: „Sie begleiten den belebten Zustand und haben mehr Anmut und Freiheit (Englische Tänze)", wobei er augenscheinlich die Kontertänze meint; hierzu die Bemerkung „fallen gern ins Ausgelassene". Endlich 3. charakteristische: diese „grenzen an eine objektive Kunst", und „gehen leicht in die Karikatur" (es ist klar, daß er damit die Volkstänze meint, speziell die italienischen, von denen er ja viele in Italien selbst kennenlernte und die ihm zu denken geben).

Als besonderen Nutzen verhieß er sich von der Tanzkunst (in derselben Abhandlung) „Gelenkigkeit und Möglichkeit schöner Bewegungen – Gefühl und Ausübung des Rhythmus durch alle Bewegungen – ästhetische Bedeutsamkeit der Bewegungen – geregeltes Gefühl der Freiheit – Ausbildung des Körpers zu allen möglichen körperlichen Fertigkeiten – Musikalische Körperstimmung – Maß der Bewegungen zwischen Überfluß und Sparsamkeit – Möglichkeit eines schönen Umgangs – mögliche Geselligkeit in einem exaltierten Zustand".

Dagegen rechnet er zum hierbei möglichen Schaden: „Zerbrochenheit der Glieder und Affektation – Steifigkeit und Pedanterie – Karikatur – Eitelkeit – Falsche Ausbildung des Körpers – Charakterlosigkeit und Leerheit – manirietes Wesen in Übertreibung schöner Bewegung – entweder steif und ängstlich oder unmäßig und roh. Neigt die Gesellschaft zu einer sinnlichen Leerheit – Eitelkeit und einseitige Richtung auf die körperliche Erscheinung", woraus er zum Schluß die Konsequenzen zieht: „Man muß es in der Tanzkunst deswegen zur Meisterschaft bringen weil der Dilettantismus entweder unsicher und ängstlich macht, ... oder weil er eitel macht und dadurch zur Leerheit führt." Ein besonderes Interesse des Dichters fanden bekanntlich die stummen pantomimischen Darbietungen der Lady Emma HAMILTON in Neapel, denen er eine ausführliche Beschreibung widmet.[7a] Wenn er dabei bemerkt, sie wisse „zu jenem Ausdruck die Falten des Schleiers zu wählen, zu wechseln, und macht sich hundert Arten von Kopfputz mit denselben Tüchern", so können wir vielleicht dabei an den „Mantel tanz" der Griechen erinnern, der bei diesen allerdings rein religiösen Charakter hatte und darum auch nur von Frauen ausgeführt wurde, in der Panto-

---

7) Johann Wolfgang von GOETHE, Über den sogenannten Dilettantismus, 1791.
7a) Johann Wolfgang von GOETHE, Italienische Reise, 16. März 1787.

mime der römischen Kaiserzeit, dann, den Männern anvertraut, zur Belebung der Darstellung diente, indem Haltung und Bewegung des Mantels die verschiedensten Gegenstände „den Schweif des Schwans, das Haar der aus dem Meer aufsteigenden Venus usf." bedeuten konnte.[8]

Durch die 1809 erfolgte Aufdeckung eines altrömischen Grabes mit Stuckreliefs in Cumae wurde GOETHE zu dem Gedicht „Der Tänzerin Grab" angeregt.[9]

Auch WIELAND hat zur Frage der Mimik und des Tanzes Stellung genommen in seinem „Versuch über das deutsche Singspiel und einige dahin einschlagende Gegenstände" (1775). Von ihm rührt auch die 1788–89 erschienene Übersetzung von LUKIAN's Schriften über den Tanz her. Auch hat WIELAND selbst 1789 für die Seilersche Schauspielergesellschaft ein Ballett „Idris und Zenide" entworfen. Auch von GRILLPARZER besitzen wir den Entwurf eines Kinderballetts „Melusina".

Von HEINE gibt es ein veritables Ballett, ein Tanzpoem", wie er es nannte, unter dem ursprünglichen Namen „Der Doktor Faust", eine getanzte Tragödie" aus dem Jahre 1835, die dann 1861 im 7. Band der Gesamtausgabe erschien und eine weitere Pantomime „Die Göttin Diana". HEINE gab zum Dr. Faust besondere Erläuterungen über die Art, wie er sich die choreographische Ausführung dachte.

Heinrich von KLEIST hat in seiner Abhandlung „Über das Marionettentheater" Fragen des körperlichen Ausdrucks und der Bewegungskunst behandelt. Gottfried KELLER hat den Tanz zum Gegenstand einer seiner lieblichen Novellen gemacht.

Auch die romanische Literatur birgt ergiebige Fundgruben für die Wechselbeziehungen zwischen Poesie und Tanz.

Da ist z. B. aus der Frühzeit des Balletts die Tätigkeit des französischen Hofdichters Isaac de BENSERADE hervorzuheben, dem das Verdienst zukommt, in den Ballets de cour Ludwigs XIV. an Stelle der bisherigen nichtssagenden Verse seiner Vorgänger BORDIER, L'ESTOILE u.a. den Ton geistreicher Galanterie und kühner Poesie eingeführt zu haben.

Wichtig ist auch die Erwähnung altspanischer Tänze, wie sie uns CERVANTES im 61. Kapitel seines „Don QUICHOTE" gibt. Er spricht dort von

---

8) Ludwig FRIEDLÄNDER, Darstellungen aus der Sittengeschichte Roms, 5. Aufl. Leipzig 1881.
9) Literatur zum Kapitel GOETHE und der Tanz: Max MORRIS in: *Goethe-Jahrbuch XXVI*, 1905. R. MICHEL in J. Zeitlers Goethe-Handbuch III, 1918. August KRUM in: *Der Tanz*, Berlin, März 1932.

den Vorbereitungen zu der berühmten, übrigens in unzähligen Balletten und und Pantomimen behandelten und darum schon rein stoffgeschichtlich interessanten „Hochzeit des Camacho". Dieser Camacho hatte ganze „Banden von Tänzern bestellt, sowohl welche mit Schwertern als auch solche mit Schellen, denn in seinem Dorfe gibt es ihrer, die sie auf die trefflichste Weise zu schütteln und damit zu springen verstehen; von den Scheuklatschern sage ich nichts, denn es ist weltbekannt, daß dort die herrlichsten nicht fehlen".[10] Diese Nachricht, die bisher in der Tanzliteratur unbeachtet geblieben zu sein scheint, ist deshalb wichtig, weil die Erwähnung und eigentümliche Benennung des Tanzes als „Schlenkerklatschers" oder „Klatschtanzens mit den Sohlen", des bekannten ZAPATEADO, der auch sonst aus dem 16. Jahrhundert belegt und heute noch in Spanien getanzt wird (in Peru als TAPADA), möglicherweise eine Ähnlichkeit mit dem alpenländischen Schuhplattler andeutet.[11]

Die englische Literatur hat in den vier „Plays for Dancers" von William Butler YEATS, dem genialen und erfolgreichen Erneuerer des irischen Theaters, einen wichtigen Bezug zum Tanz zur Diskussion gestellt und in neuerer Zeit eine Fülle von wertvoller Tanzliteratur hervorgebracht.

Eine der wichtigsten Fragen der Literaturgeschichte selbst, die nach dem U r s p r u n g des D r a m a s, hängt aufs engste mit dem Tanz zusammen. Sie ist in einer Monographie von Professor William RIDGEWAY in Cambridge aufgegriffen worden[12], der sich darin mit den Theorien über die Entstehung der attischen Tragödie von L. R. FARNELL, A. DIETERICH, G. G. MURRAY u.a., mit PISCHEL's Theorie des indischen Dramas usf. auseinandersetzt und die Überzeugung vertritt, daß der Ursprung des Dramas nicht allein in den orientalischen Kulturgebieten, also in Persien, Indien, China und Japan, im Totenkult zu suchen sei, sondern daß diese Herleitung aus dem Totenkult auch für die Antike gilt und für die Herausbildung der griechischen Tragödie der treibende Anlaß war. Den Ausgangspunkt für die Ansicht von RIDGEWAY bildet die eingehende

---

10) Miguel de CERVANTES SAAVEORA, Don Quichote (1605, 1615), nach der Übersetzung von Ludwig TIECK.
11) Vgl. Victor JUNK, Handbuch des Tanzes, Stuttgart 1930, Reprint: Hildesheim 1977, S. 261 (*Zapateado*), und die Erwähnung der Schwerter S. 214–215 (*Schwerttanz*), und Schellen S. 157 (*Moresca*).
12) William RIDGEWAY, The Dramas and Dramatic Dances of non-European Races in special reference to the Origin of Greek Tragedy, with an Appendix on the Origin of Greek Comedy, Cambridge 1915.

Prüfung und Untersuchung der den Totenkult, speziell bei den Begräbnisfeiern, begleitenden mimischen Darstellungen, wie wir sie am besten aus den Schilderungen über die Funktion des römischen Archimimus kennen, dessen Aufgabe es war, dem Zuge der Trauernden voranzuschreiten und dabei, in die Gewänder des Verstorbenen gekleidet und mit der Maske seiner Züge versehen, Gang, Haltung und Bewegung des Toten pantomimisch nachzuahmen.

Eine ganz entsprechende Funktion hat der von HODSON[13] beschriebene hindostanische „Thilakape", der bei den Begräbniszeremonien der Tangkuls in Assam eine so wichtige Rolle spielt und speziell bei dem im Jänner jedes Jahres abgehaltenen Totengedenkfest (Kathi Kasham) den Verstorbenen darstellt und von der Familie des Verstorbenen als sein wiedergekehrter Geist angesehen wird. Ganz ähnlich wird in China im Ritual des Ahnenkultes der tote Vorfahre durch einen Knaben vorgestellt. Aufs engste gehört hierher der „Tai", ein Tanz, der auf Pulu, einer Insel in der Torresstraße, jährlich am Totengedenkfest aufgeführt wird, u.z. von Männern, die sich durch Masken aus Laubwerk vermummen und die Seelen der Stammesangehörigen darzustellen haben, die sie in Gang, Haltung und Bewegung nachahmen – genau so, wie es vom Archimimus der Römer berichtet wird. Auch hier herrscht der Glaube, daß in den Tanzenden der selige Geist wiedergekommen ist, um die Angehörigen zu trösten. Auch in dem berühmten Kagura-Tanz der Japaner werden die ihn ausführenden Shinto-Priesterinnen als Verkörperungen angesehen. Auch das NÔ der Japaner hatte sich aus dem Tempeltanz der Shinto-Priesterinnen herausgebildet, in die die Geister der Verstorbenen gefahren sind.

Was nun für RIDGEWAY den Ausschlag gab, für seine Anknüpfung auch des antiken Dramas an diese mehr oder weniger mimisch ausgeführten Formen des Totenrituals, ist die Tatsache, daß Thespis, der als Erfinder der griechischen Tragödie gilt, mit weißer Maske auftrat und diese weiße Maske offenbar auf die Verkörperung eines Ahnengeistes hindeutet, jedenfalls mit dem Dionyskult nichts zu tun hat. RIDGEWAY stellt sich damit auch in bewußten Gegensatz zu den Ansichten älterer Forscher, wie Adalbert KUHN, Max MÜLLER, Wilhelm MANNHARDT, auch zu seinen Landsleuten Sir James FRAZER und Dr. MARETT, die den Ursprung des Dramas im Sonnenkult oder in der Verehrung der Vegetationsdämonen sehen wollten. Damit entfallen nach meiner Meinung

---

13) T. C. HODSON, The NAGAS of Manipur, London 1902.

auch die Folgerungen, die daraus für die griechische Tragödie von G. G. MURRAY, Miss HARRISON, M. F. COMFORD usf. gezogen wurden.

Den Ursprungsboden des Dramas erblicken wir in einer Art Gesamtkunstwerk, das aber kein bloßes Zusammentreten von Tanz, Musik und Dichtung bedeutet, sondern vielmehr ein Zusammengehören von Anfang an. Es ist der dunkle Urgrund des künstlerischen Schaffens als eine Ur-Einheit zu verstehen, aus der die Einzel-Künste sich erst später zur Selbständigkeit losgelöst haben.

Auf die Entstehung des Dramas aus der Verbindung von Poesie, Musik und Tanz (wobei gerade dem mimischen Element eine fundamentale Bedeutung zukam) deutet auch jene Nachricht des LIVIUS (VII.2), wonach die alt-italische Komödie aus tuskischen Tänzen entstanden sein soll, die anfangs nur mit Flötenbegleitung und ohne Text ausgeführt wurden.

Hier wäre das erste Beispiel für das zeitweise Ausscheiden der Poesie aus der ursprünglichen Trias der miteinander verbundenen Künste. Karl BÜCHER, der auf diese Stelle verweist,[14] meint mit Recht, wir könnten uns dadurch „belehren lassen, daß das Drama in erster Linie ein mimisches, und nicht ein poetisches Gebilde ist." Damit aber wäre der Tanz als das eigentlich tragende Fundament des ältesten Dramas erwiesen. Zu demselben Ergebnis ist auch der Sanskrit- und Religionsforscher Leopold von SCHROEDER gelangt, als er in seinen Büchern[15] die Spuren und Reste ältester indogermanischer Spiele und Dramenansätze verfolgte.

Schon der Ethnologe Ernst GROSSE hatte das Drama entwicklungsgeschichtlich als eine differenzierte Form des Tanzes erkannt, indem aus den mit Mimik verbundenen Tänzen der primitiven Völker das Drama in einem allmählichen Übergang hervorgegangen sei. Der Unterschied zwischen Tanz und Drama bei den primitiven Völkern habe eigentlich nur „ein ziemlich äusserliches Merkmal: die An- oder Ab-wesenheit des Rhythmus; im Grunde aber sind beide, dem Wesen und der Wirkung nach, auf dieser Entwicklungsstufe ziemlich identisch." GROSSE weist diese Anfänge des Dramas, dessen Wurzeln demnach in die älteste Zeit menschlicher Kulturentwicklung zurückreichen, bei den Eskimos der Aleuten, Feuerländern und Australiern nach.[16] SCHROEDER, der diesen

---

14) Karl BÜCHER, Arbeit und Rhythmus (in: *Abhandlungen der kgl. sächsischen Gesellschaft der Wissenschaften*, philol.-histor. Klasse Band XVII, Leipzig 1896).
15) Leopold von SCHROEDER, Mysterium und Mimus im Rigveda, München 1908 und Die Vollendung des arischen Mysteriums in Bayreuth, München 1911, S. 25.
16) Ernst GROSSE, Anfänge der Kunst (1894), S. 215.

Gedanken weiter verfolgt, sieht den Ursprung des Dramas, vollständiger ausgedrückt und spezieller auf die Arier angewendet, in den festlichen Tänzen und Umzügen der Urzeit.

Eine Stütze hierfür bietet die indische Tradition vom Ursprung der Schauspielkunst, nach welcher die ersten dramatischen Darbietungen vor den Göttern stattgefunden haben sollen, u.z. ausgeführt von GANDHARVEN und APSARASEN unter der Leitung des BHARATA, des mythischen Vaters aller Schauspielkunst. Ist dies freilich eine mythische Fabel, so unterscheidet sie doch schon ziemlich genau dreierlei Dramenformen, bzw. Dramenstufen: 1) den bloßen Tanz „nritta", 2) Tanz mit Gebärden „nritga", 3) Tanz mit Gebärden und Worten „nâtya". Deutlich wird hier der Unterschied zwischen der Form des attischen Dramas (3) und der Pantomime (2) gemacht. Und ist die Zurückführung auf die Zeit der Götterwelt noch so fabelhaft, so hat doch die dramaturgische Terminologie das Andenken an den Ursprung des Dramas aus dem Tanz dadurch festgehalten, daß die technischen Bezeichnungen für das Schauspiel und den Schauspieler in indischer Sprache von einer und derselben Wurzel: NÂT abgeleitet sind, die ausdrücklich „tanzen" bedeutet. Auch die späteren Benennungen: nâtya für den Tanz und nâtaka für den Schauspieler weisen auf die gleiche Wortwurzel und -herleitung.

Ein ganz ähnlicher Entwicklungsweg ist längst für das altgriechische Drama erkannt worden: der Name des „Chor's", der den Kern und das älteste Stück der Tragödie bildet" aus welchem „der Dialog erst herausgewachsen ist, bedeutet „Tanz", da der Chor ursprünglich „zu tanzen", durch Bewegung und Gestik mitzuspielen hatte.

Von dem altmexikanischen Drama hat K. Th. PREUSS[17] gezeigt, daß dieses aus Tänzen phallischer Fruchtbarkeitsdämonen hervorgegangen ist. Auch der Name der griechischen Komödie weist auf die mit Tänzen ausgeführten festlichen Umzüge bei den Dionysosfeiern. Bei diesen „traten Einzelredner hervor ... da fehlten aber auch volkstümliche Tänze nicht und dies alles zusammen bildet den Mutterschoß aus dem die Komödie hervorgeht."[18]

Zu den ersten, aus solchen Keimen erwachsenen dramatischen Spielen gehören die Darstellungen mythischer Begebenheiten, d.h. die An-

---

17) K. Th. PREUSS, Phallische Fruchtbarkeitsdämonen als Träger des altmexikanischen Dramas (in: *Archiv für Anthropologie*, Neue Folge, Bd. I).
18) L. v. SCHROEDER, a.a.O., S. 27 (Nach Ulrich v. WILAMOWITZ-MOELLENDORFF, Einleitung in die griechische Tragödie, Berlin 1907).

fänge dessen, was man Mysterium nennt. Für das alte Mexiko hat PREUSS eine Fülle seiner eigenen Beobachtungen und Aufzeichnungen über getanzte Kulthandlungen der CORA- und HUICHOL-Indianer beigebracht, denen ähnliche dramatische Keime auch in Nordamerika entsprechen und L. v. SCHROEDER konnte sogar bestimmte religiöse Stoffe für das alte Indien nachweisen, in der Form dramatisch dargestellter Mysterien. Der Mythologe A. HILLEBRANDT wies innerhalb des altindischen Opferrituals mythologische Szenen nach, die „die ersten nachweisbaren Anfänge der dramatischen Kunst in Indien" bedeuten.[19] Und L. v. SCHROEDER zieht außerdem die im Rigveda überlieferte dramatische Szene von PURŪRÁVAS und URVASHÍ heran, um den Beweis zu vollenden, daß religiöse und mythische Motive mit Tanz als Mysterien dargestellt wurden.[20]

Nach dieser Richtung, der Aufhellung des Ursprungs des Dramas, erwartet sich P. Georg HÖLTKER noch manche wichtige Ergänzung, vielleicht sogar Richtigstellung.[21] Leider steckt ja die ethnologische Choreologie noch in den allerersten Anfängen. Die Frage wird sein, ob für den rhythmischen Tanz als einer „spielerischen Eigenbewegung der Gliedmassen" (PREUSS) primär eine Handlung notwendig ist, oder nicht." HÖLTKER zitiert dann Rudolf SONNER[22] „Der Trieb, seelische Spannungen in Muskelbewegungen umzusetzen führt zu rhythmisch geregelten Funktionen." Und setzt fort: „Setzt demnach der Tanz ursprünglich ein inneres „Erlebnis" voraus? Wenn dem so ist, erwächst dann nicht der Tanz mit einem wesentlichen Bestandteil auch aus dem religiösen Erlebnis und damit aus dem Gebiet des Religiös-magischen überhaupt?..." HÖLTKER gelangt zu dem Schluß: „Es liegen hier noch viele ungelöste Probleme. Wenn einmal das Material von einem geschulten Fachmann gesichtet und verarbeitet ist, wird es sich vielleicht zeigen, daß ursprünglich Tanz und Drama nicht nur auf Tuchfühlung nebeneinander standen."

Nun, dieser Überzeugung bin ich auch, zunächst aber ist der Wunsch vordringlich, daß das Material endlich einmal in wissenschaftlich brauchbarer Form vollständig vorliege.

19) Arthur HILLEBRANDT, Vedische Mythologie, Band I, S. 69.
20) L. v. SCHROEDER, a.a.O., S. 69ff, S. 26, S. 103.
21) P. Georg HÖLTKER in seiner Anzeige des neuen Buches von K. Th. PREUSS, „Der Unterbau des Dramas" (Vorträge der Bibliothek Warburg, VII, Leipzig 1930, in „Anthropos" Bd. 26, 1931).
22) Rudolf SONNER, Musik und Tanz (in der Sammlung *Wissenschaft und Bildung*, Leipzig 1930).

In bezug auf die Anschauungen über den Ursprung des *mittelalterlichen Dramas* ist ein gewaltiger Umschwung eingetreten durch das Erscheinen des von dem Berliner Literarhistoriker Robert STUMPFL verfaßten Buches „Kultspiele der Germanen als Ursprung des mittelalterlichen Dramas".[23] Der Verfasser bringt glaubwürdige Argumente vor gegen die ziemlich allgemeine Annahme, daß das geistliche Schauspiel des Mittelalters in der Liturgie der christlichen Kirche, speziell in der Osterliturgie, seine Wurzeln habe. Von den rituellen Osterzeremonien: Anbetung des Kreuzes am Karfreitag mit der Kreuzniederlegung, der Kreuzerhebung und dem Grabbesuch ist aber, wie STUMPFL nachweist, nur die erste, die Kreuzanbetung, streng liturgisch, dagegen die drei anderen für die dramatische Handlung gerade die wichtigsten Szenen nicht aus der römischen Liturgie erwachsen, sondern aus späteren Zufügungen. STUMPFL nimmt daher an, daß es sich auch hier, so wie in ähnlichen Fällen „um die Übernahme und Amalgamierung von Kultbräuchen handelt, deren Wurzeln in vorchristliche Zeit zurückreichen". Eine Schwierigkeit für diese Annahme besteht darin, daß jene Kultbräuche selbst uns gar nicht, sozusagen „im Original" erhalten sind, vielmehr erst erschlossen werden müssen. Für sie hat aber gerade die volkskundliche Forschung der letzten Jahre reiches Material erbracht: die Arbeiten von Lily WEISER-AAL[24], Richard WOLFRAM[25], Otto HÖFLER[26] und STUMPFL selbst, so daß seine Ansicht nicht von der Hand zu weisen ist. Da das geistliche Schauspiel jedenfalls eine Schöpfung des europäischen Kulturkreises ist, so ist durchaus die Möglichkeit einer Verquickung von heidnischen Kultbräuchen mit der christlichen Heilsgeschichte gegeben.[27] An uralte kultische Spiele von Tod und Auferstehung des Vegetationsdämons konnte die Kirche sehr wohl anknüpfen und sie mit Tod und Auferstehung des Heilands in Verbindung bringen. Hierbei aber spielten von Anfang an Gesang und Tanz eine bedeutsame Rolle, die die Kirche ja auch sonst in ihrem Bereich dulden mußte – ich denke da an die Tänze in und um die Kirchen in frühchristlicher Zeit, die selbst heute noch in Resten geübt werden.

23) Robert STUMPFL, Kultspiele der Germanen als Ursprung des Mittelalterlichen Dramas, Berlin 1936, S. 63, S. 214.
24) Lily WEISER, Altgermanische Jünglingsweihen und Männerbünde. Ein Beitrag zur deutschen und nordischen Altertums- u. Volkskunde, Bühl 1927.
25) Richard WOLFRAM, Schwerttanz und Männerbund, Kassel, 1936–37.
26) Otto HÖFLER, Kultische Geheimbünde der Germanen, Frankfurt 1934.
27) Vgl. hierzu Franz Rolf SCHRÖDER in seiner Anzeige des STUMPFL'schen Buches in der „Deutschen Literaturzeitung", 56. Jahrg.

Es berührt daher das von STUMPFL angeschlagene Thema ganz besonders die Tanzwissenschaft, die sich um die vorchristlichen Grundlagen genau so intensiv zu kümmern haben wird, wie um jetzt gebräuchliche Tanzformen.

Der Anteil des Tanzes an der Schaffung des Dramas dürfte wohl eine allgemeine Entwicklungserscheinung der Menschheitskultur gewesen sein. Von Tibet z.B. wissen wir, daß sich dort aus mimisch-religiösen Tänzen das dialogisierte Drama entwickelt hat, das von den Lamas und maskierten Schauspielern aus dem Mönchsstande gesungen und getanzt wird. Bei diesen Mysterienspielen fungiert ein Rezitator, der den indischen Pâttukaran und dem Lalang auf Java vergleichbar ist.

Nun hat Ernst BUCHOR[28] die Frage aufgegriffen und für Griechenland die aufeinanderfolgenden Stufen der Entwicklung vertreten:

Vorform des Dramas: die grotesken Silen-Tänze, die sich aus den Tänzen der Satyrei stilisierten; Frühform: das Chordrama, in dem dem Chor *ein* Schauspieler gegenübertrat (THESPIS). Vorbereitet war dieser Schritt durch die Funktion des Vorsängers (Vortänzers); Urform: Wechselrede des Schauspielers und des Chores, von Prolog und Schlußgesang des Chores umrahmt; sodann: der Schauspieler wechselt die Maske und erweitert so die Handlungsmöglichkeit; erst AISCHYLOS führt einen zweiten Schauspieler und damit den Dialog außerhalb des Chores ein.

Anhand der reich vorhandenen Gefäßmalerei (seit etwa 520 v. Chr.) unternimmt es BUCHOR, die Gegenstände der Satyrspiele der Frühzeit – mit nur einem Schauspieler – zu rekonstruieren; freilich ohne jede Möglichkeit, über Aufbau und Formgestaltung der Spiele näheres zu sagen: z.B. das Gelage des Dionysos, die Gigantenkämpfer, das Opfer des Herakles u.a.m. Man ersieht hieraus wohl deutlich, welche Bedeutung jenes erste tänzerische Moment für die Entwicklung und Steigerung im künstlerischen Sinne hatte, aber auch, bis zu welcher Entwicklung die mimische Tanzgrundlage im alten Hellas geführt hat.

Der Anteil der Gebärdensprache im Drama ist heute im Orient bekanntlich ein viel stärkerer als bei uns: dort empfindet man das Wort allein als zu schwach für den theatralischen Ausdruck. Es hat aber den Anschein, daß bei uns im Volksschauspiel die Unterstreichung derbdrastischer Pointen durch Gebärde auf alte Tradition zurückgeht. Hierzu die Beziehungen einiger alter Nürnberger Fastnachtsspiele des 14.

---

28) Ernst BUCHOR, Satyrtänze und frühes Drama (in: *Sitzungsberichte der bayr. Akademie d. Wissenschaften*, München 1943).

Jahrh. zum Moriskentanz. Eines dieser Spiele ist geradezu „Morischgentanz" betitelt – sie alle behandeln das diesem zugrundeliegende Thema des Werbetanzes um eine Frau, stellen sich also auch in nächste Verwandtschaft zu den Darstellungen der MORISKE in der bildenden Kunst.[29]

Mit Recht erklärt es demnach Albert KÖSTER als eine wichtige Aufgabe der Theaterforschung, den „Zusammenhang der Gestik mit der Tanzkunst" aufzuhellen.[30]

Von den verschiedenen mimischen Ausdrucksbereichen der Schauspieler schrieb schon der Däne RABEK in seinen (von Chr. H. REICHEL übersetzten) „Briefe(n) eines Schauspielers an seinen Sohn" (1785). Er fordert darin „die Steigerung", die „Gradation von bedeutenden zu malerischen, von malerischen zu pantomimischen Gesten". Die Theaterjahrbücher und Almanache jener Zeit sind voll von Bemerkungen über dieses Thema und können viel zur Tanzforschung beitragen.

Das Ausbleiben eines deutlichen mimischen Spiels, der eigentlichen Aktion der Schauspieler, war auch nach Meinung des Theaterdirektors und -praktikers Stephanie des Jüngeren der Grund, weshalb das von Kaiser Joseph II. ins Leben gerufene Wiener Nationalsingspiel sich nicht halten konnte und schon nach wenigen Jahren wieder verschwand: er klagt darüber, daß die Sänger auf dem Standpunkt ständen „Ich bin Sänger und nicht Komödiant, was brauche ich agieren zu können."[31]

In der weitestverbreiteten Kunstform der T a n z l i e d e r begegnen sich die Interessen der drei Künste Poesie, Musik und Tanz aufs engste. Es ist eine allgemeine Annahme, daß bei diesem ihrem ursprünglichen Zusammenhang die Tanzlieder wohl die älteste Gattung des Liedes bilden. Reste solcher uralter Übung haben sich erhalten und wir können aus ihnen schließen, daß bei den alten Chortänzen vom Chor wahrscheinlich nur der Kehrreim mitgesungen und -getanzt wurde, wie es noch heute bei den Schreittänzen auf den Faröern der Fall ist. Die eigentliche Ballade sang der Vortänzer allein. Tanzlieder der alten Griechen waren die HYPORCHEMATA, der PÄAN, LINOS, die Lieder des THALETAS. Für die alten Inder scheint das gleiche zu gelten, denn der Name jenes

---

29) Philipp M. HALM, Erasmus Grasser, Augsburg 1928 und meine Abhandlung über „Das Lied vom Prinzen Eugen" (in: *Mitteilungen der deutschen Akademie*, München, 3. Heft).
30) Albert KÖSTER, Ziele der Theaterforschung (in: *Euphorion*, XXIV, 1923, S. 502).
31) Leopold CONRAD, Mozarts Dramaturgie der Oper, Würzburg 1943, Anm. 53. STEPHANIE des Jüngeren sämtliche Singspiele, Liegnitz 1792.

Tanzes, der dem Gotte Indra selbst zugeschrieben wird, ANUSHTUBH, bezeichnet eines der häufigsten vedischen Versmaße, in dem offenbar das zum Tanz gesungene Lied abgefaßt war und bedeutete soviel wie Tanzmelodie, Tanzlied.[32] Bei den Naturvölkern sind vielfach Tanzlieder bezeugt, sie scheinen auch bei ihnen naturgegeben zum Tanz selbst zu gehören. Manche Ethnologen, von denen wir die Nachricht über Tänze der Primitiven haben, beschränken sich sogar darauf, nur die Tanzlieder wiederzugeben, ohne die Tänze selbst zu beschreiben. Aus dem Mittelalter sind zahlreiche Zeugnisse von Tanzliedern erhalten: bei den *Troubadours* begegnen wir den Namen Ballada und Ballata, Estampida (die altdeutsche Stampenfe, ital. Stampida, in Bayern als „Stampelliedel" bis in die Neuzeit erhalten) und Danza für solche Tanzlieder; später die Carole und das Rondeau. Altspanische Tanzlieder enthält die Sammlung des Lautenisten ENRIQUES DE VALDERRÁBANO aus 1547. Zahlreich sind die Tanzlieder der deutschen Minnesänger: von Gottfried von NEIFEN, NEIDHART VON REUENTHAL, dem TANNHÄUSER und Ulrich von WINTERSTETTEN. Da sie sämtlich dem 13. Jahrhundert angehören, bilden sie eine der wichtigsten Quellen für die Gattung und sollten endlich auch aus dem Gesichtswinkel des Tänzerischen heraus von einem Kenner des Volkstanzes eingehend analaysiert werden. Das ältere deutsche Tanzlied wird ja aus den Liedern Neidharts am besten zu begreifen und in seinen Folgeerscheinungen, den Sommergrüßen, Aufforderung zum Reigen usf., zu erfassen sein. Bis zum Ende des 15. Jahrhunderts bildete bei den dörflichen Tänzen das dazu gesungene Tanzlied überhaupt die einzige musikalische Begleitung. Ein Überbleibsel davon sind die noch jetzt beim Tanz gebräuchlichen und in großen Mengen aufgezeichneten Vierzeiler (8-taktige „Gsangln") der Alpenbewohner. Tanzlieder blieben bis ins 16. Jahrhundert hinein auch im höfischen Tanz gebräuchlich. Bei ATTAIGNANT ist zu den Lautentänzen oft noch das dazugehörige Lied als „Subjectum" angeführt.

Aus diesem engen Zusammenhang zwischen Tanz und Lied erklären sich auch viele Tanznamen – ein Gebiet, auf dem bisher fast nichts vorgearbeitet ist. Freilich gehört zu diesem Feld der Namensforschung nicht allein die germanistisch-philologische Schulung, sondern auch eine ausreichende Kenntnis der Volkstänze.

32) Vgl. hierzu und zu dem folgenden den Abschnitt „Tanzlieder" in meinem Handbuch des Tanzes, a.a.O., S. 233.
33) Vgl. Frank G. SPECK in seinen Arbeiten über die YUKI-Indianer (in: *Philadelphia Anthropological Publications* 1909 und 1911)

Neben die oben erwähnte Art der Ausführung der altgermanischen getanzten oder geschrittenen, jedenfalls aber gesungenen Kettentänze auf den Faröern tritt eine wichtige zweite Ausführungsart, wie wir sie in den noch heute getanzten alpenländischen Volkstänzen sehen: daß nämlich der Tanz, nach dem Singen und Paschen in dem lebhaften Paartanz, dem Walzer, endet. Auch hier muß das Verhältnis zwischen dem gesungenen und getanzten ersten Teil und dem sanglos ausgeführten Nachtanz untersucht werden.

Für die slawischen Völker bieten ebenso der gesungene polnische *Krakowiak*, der SKÁKAWÁ und die *Sousedská* in Böhmen, ebenso wie der Balladenton des *Rézanka*, Material zu eingehenden und vergleichenden Studien.

Was die oben erwähnten Tanzlieder der Naturvölker angeht, so werden dabei nicht nur die sinnvoll ausgeführten Gesänge hierzu, wie die zum LACOME der Siamesen zu behandeln sein, sondern auch die merkwürdige Art singender Tanzbegleitung, wie sie bei indianischen Stämmen in Amerika gebräuchlich waren,[33] die oft aus eintönig skandierten sinnlosen Silbengruppen bestehen: also wie eine Art Instrumentalbegleitung mit der menschlichen Stimme.

Das Tanzlied gibt auch Anlaß zu weiteren Betrachtungen, so über die Form der älteren Poesie.

Eine Formregel, die schon bei den Minnesingern in größtem Umfang nachzuweisen ist, ist die Dreiteiligkeit der Strophe, die BARFORM.[34] Betrachten wir sie vom Standpunkt des Tanzes aus, so fällt uns nicht so sehr die Dreizahl in der Unterteilung der Strophe auf, als vielmehr die Tatsache, daß auf den, aus zwei gleichen (Stollen) bestehenden ersten Teil (dem Aufgesang) ein ungleicher zweiter Teil (der Abgesang) folgt, also die Zweizahl der Unterteilung, die Halbierung des Strophenganzen in zwei durchaus ungleiche Hälften. Denn der Abgesang ist immer anders gebaut als der Aufgesang und auch seine Musik muß demnach verschieden gewesen sein.

Sollten wir hierin nicht das alte Form-Prinzip des sogenannten „Tanzpaares" erkennen dürfen – eines Form-Prinzips, das viel viel älter ist, als die Überlieferung des höfischen Gesellschaftstanzes gewährleistet? Denn

---

33) Vgl. Frank G. SPECK in seinen Arbeiten über die YUKI-Indianer (in: *Philadelphia Anthropological Publications* 1909 und 1911).

34) Sie ist keineswegs nur in der deutschen Literatur des Mittelalters bekannt, sondern auch aus der provenzalischen Literatur und identisch mit der griechischen Form der *Strophe*, der *Antistrophe* und des *Epodos* (= Abgesang).

es ist kein höfisches, sondern ein volkstümliches Prinzip, das hier verwaltet wird und – wie in so vielen anderen Fällen – den Tanz der höheren sozialen Schichten beeinflußt hat. Es besteht im Grunde nur darin, daß auf eine bestimmte (geradtaktige) Tanzform eine davon unabhängige (ungeradtaktige) folgt.

Nun ist längst bemerkt worden, daß der Abgesang bei den Minnesängern und Meistersängern doch eine gewisse melodische Ähnlichkeit mit dem Aufgesang besitzt. Das gleiche kann beim Tanzpaar der Fall sein, wo oft die gleiche Melodie nur vom geraden Takt in den ungeraden modifiziert wird („a double emploi"). Auch die Tatsache, daß der Abgesang häufig eine Verkürzung des Aufgesangs darstellt, läßt sich aus dem gleichen Ursprung beider Erscheinungen begreifen. Ich führe als Beispiel den alten – auch heute noch in verschiedenen Variationen getanzten „Schwabentantz" an. Sein metrisches Schema läßt sich, nach ZODER und COMMENDA[35] gut erkennen:

1. Strophe	u – u – u – u –
	u – u – u –
	u – u – u – u –
	u – u – u –
2. Strophe	u – u – u – u –
	u – u – u –
	u – u – u – u –
	u – u – u –
3. (Walzer-Nachtanz)	u – u u – u u
	– u u –
	u – u u – u u
	– u u –

Man sieht, in diesem primitiven „Tanzpaar" haben wir genau die Barform vor uns.

Nach dieser Richtung also wird neue Arbeit der literarischen Forschung einsetzen müssen, denn ebenso wie die Metrik (für die mittelalterliche Lyrik) von der Untersuchung der auf die Lieder gesungenen

---

[35] Raimund ZODER, Altösterreichische Volkstänze, Wien 1928. Hans COMMENDA, Oberösterreichische Volkstänze (in: *Deutsche Volkstänze*, Heft 4, Kassel o.J. 1928), S. 12.

Melodien, also von der Musikwissenschaft her, ihre beste Ergründung gefunden hat, so dürfte sich für diese höheren Formfragen aus dem Tanzgebrauch Klarheit gewinnen lassen.

Es wäre ja vielleicht auch möglich, aus den, für die germanische Urzeit von der Wissenschaft als erste und ursprünglichste Dichtungsart angesehene „chorisch-hymnischen Poesie" Schlüsse auf die Schrittart der dazu getanzten Reigen zu ziehen. Sowohl die Skaldenstrophe als auch die eddische Langzeile besitzt 2 mal 2 betonte Hebungen, wobei immer 3 gleiche Stäbe die ersten 3 starktonigen Hebungen verbinden, so daß vermutet werden kann, daß diese, sowie die Auftaktlosigkeit der 2. Halbzeile mit rhythmischen Bedingungen zusammenhängen. In der Tat läßt es sich wohl vorstellen, daß diese, noch über die Jahrhunderte festgehaltene starre geradtaktige Rhythmik der Langzeile aus der Schrittzahl und Schrittart der den Gesang begleitenden Tanzform sich erklären lassen kann.

Umgekehrt erfahren wir aus den Texten der dänischen Balladen (von ungefähr 1200 an) wesentliche Details über die Ausführung mittelalterlicher Tänze des Nordens. Curt SACHS[36] dürfte wohl Recht haben, wenn er das Kolorit der Minnesängerzeit, in dem diese Tänze scheinbar anachronistisch geschildert werden, als eine Art Modernisierung in Kostüm und Milieu ansieht, hinter welcher etwas viel Älteres und ungebrochen Naturhaftes sich erhalten hat. In diesem Zusammenhang kann auch auf die Balladenstrophe verwiesen werden, die noch in der gesungenen CAROLE, dem Reigenlied mit Refrain, in England fortlebt (Christmas-Carol).

Zu den Zusammenhängen von Tanz und Dichtkunst sei noch ein Gedanke in den Raum gestellt: Auf dem Vorwalten des Rhythmus, d.h. der ebenmäßigen Bewegung scheint es zu beruhen, daß selbst die Schöpfung des V e r s e s , mit seinen differenzierten verschiedenen Schritten, die man charakteristisch genug V e r s f ü ß e nennt, vom Tanz her gekommen sei.[37]

Die Literatur bleibt nach wie vor wichtigste Quelle für die Tanzkunst. Sie ist auch für Pantomime, Ballett und Divertissement noch lange nicht ausgeschöpft.[38]

---

36) Curt SACHS, Eine Weltgeschichte des Tanzes, Berlin 1933. Reprint: Hildesheim 1983.
37) Vgl. hierzu Richard WAGNER, Über das Dichten und Komponieren, in: Ges. Schriften, a.a.O., Bd. 10.
38) Literatur zu den Tanzszenen in Volksstücken z.B. Adelheid LAMEL, Das Tanzspiel in Raimunds Dramen (Diss. Wien 1940).

4. Kapitel

Bildende Kunst und Tanz

Zahllos sind die Fälle, in denen bildende Künstler Darbietungen der Tänzer zu Gegenständen ihrer Kunstwerke gemacht haben. Die besondere Bedeutung erhält diese Beeinflussung dadurch, daß Charakter, Eigenart und Seelenverfassung des sich mimisch darbietenden Menschen in der künstlerischen Bildwerdung zur Erscheinung werden, was durch keine Wortbeschreibung möglich ist.

Hier eröffnet sich demnach der Tanzwissenschaft ein reiches und dankbares Arbeitsfeld. Zwei Gesichtspunkte treten dabei in den Vordergrund:
- die Behandlung derjenigen bildenden Künstler, die in ihren Werken Tanzszenen oder bestimmte Tanzausführende dargestellt haben,
- die Behandlung, Beschreibung und Erklärung solcher Kunstwerke, deren Gegenstand bestimmte *Tanzformen* (sei es des Gesellschaftstanzes oder des Volkstanzes) in den Werken der einzelnen Epochen der Kunstgeschichte bilden.

Als ein Muster und Vorbild für die zweite Gruppe von Problemen mag die prächtige Arbeit des 1930 verstorbenen finnischen Kunsthistorikers Jakob TIKKANEN über „Die Beinstellungen in der Kunstgeschichte"[1], worin der Verfasser im speziellen auch die Pose des sogenannten „Tanzmeisterschrittes" (der affektierten Voranstellung und Auswärtsdrehung des einen Fußes) in den Werken der bildenden Kunst verfolgt und zu höchst interessanten Feststellungen in Kultur und Sittengeschichte gelangt. Für andere charakteristische Beinstellungen, resp. die sich daraus ergebenden Arten der Körperhaltung lassen sich Belege in den Miniaturen der mittelalterlichen Handschriften finden, so z.B. für die Geste des „Grußes". Hierfür hat Joesph GREGOR[2] in seiner „Kulturgeschichte des Balletts" anschauliche Beispiele gegeben, darüber hinaus wäre in den Sammlungen der großen Bibliotheken noch viel Neues über die Tanzformen und die gesamte Lebenskultur von den Anfängen der Illustrationskunst bis ins 15. Jahrhundert zu finden. GREGOR hat betont,

---

1) Jakob TIKKANEN (in: *Acta societatis scientiarum Formicae*, Band 42, Helsingfors 1912).
2) Joseph GREGOR, Kulturgeschichte des Balletts, Wien 1944, S. 145 ff. und 245.

wie sehr sich insbesondere mit dem Ausgang des Barock-Zeitalters Tanz und Malerei gegenseitig befruchten. Neben die Hochblüte der Ballettkunst trat eine Verfeinerung in der Malerei, „die befähigt ward selbst die geringste Geste, die Feinheit der Stellung, die Grazie und die Rhythmik des Schrittes nicht nur feststehend, sondern geradezu motorisch auszudrücken... Nur in der burgundischen Miniatur kann ein ähnliches Einvernehmen beobachtet werden, wie es jetzt drei Generationen von Künstlern ganz entsprechend dem Ablauf des Jahrhunderts und dem ganzen übrigen Europa voraus zuteil ward..."

Ein wichtiges Teilgebiet pantomimischer Ausdruckskunst, die Gebärdensprache der Hände, erfährt von Seiten der Denkmäler bildender Kunst hellste Beleuchtung. Nach dem Zeugnis des QUINTILIAN waren die Hände des römischen Pantomimen alles auszudrücken imstande: Es war die höchste Stufe, die die griechische „Cheirosophia", die Kunst der Hände, erreicht und in der römischen Pantomime zum letzten, höchsten Gipfel geführt hat.

Besonders „sprechend" waren diese „Handgebärden" aber schon im alten Ägypten: Ihre auch dort aufs Höchste entwickelte Pflege ist in den Darstellungen altägyptischer Grabreliefs deutlich zu erkennen. Zur Abwehr böser Dämonen wenden die Tänzer beide Handflächen nach außen, zum Zeichen der Trauer dagegen werden die Handflächen an die Stirn gelegt. Beides kann aber sogar kombiniert werden, indem die eine Hand „abwehrt", die andere „trauert". So auf einem Bildwerk aus dem Grabe von Theben-Kourma.[3] Einen wahren Reichtum an Handgebärden weist ein Nürnberger Wirkteppich des Germanischen Museums auf, den gleichfalls Gregor erwähnt.

Kostümbilder (Stiche und Zeichnungen) von theatralischen Aufführungen zeigen die Sänger und Sängerinnen fast stets in einer tänzerischen „Position"; man vergleiche als Beispiel etwa die aquarellierte Federzeichnung aus Dresden aus dem Jahre 1756 mit den Figuren aus der Oper „Olympiade" von Metastasio-Hasse.[4] Diese Bilder sind tanzgeschichtlich wichtig, da diese „Positionen" (im klassischen Tanz bis heute lebendig) ja auch für die Sänger nach den Stilgesetzen des Barock vorgeschrieben waren. Aus diesem Stilprinzip, das uns aus solchen Kostümbildern lebhaft vor Augen tritt, erklärt sich das Starre und Typische, die unveränderliche „Attitüde" der Schauspieler auf der

---

3) GREGOR, a.a.O., S. 38 und 144.
4) H. TINTELNOT, Barocktheater und barocke Kunst, Berlin 1939, Taf. 33.

Opernbühne, wie sie sich so lange erhalten hatte. Diese vorgeschriebenen „schönen Attitüden" der Sänger hatten einen besonderen Reiz für die Zuseher und wurden in den Theater-Almanachen als „malerische Aktion" bezeichnet, wenngleich von „Aktion" in unserem Sinn hierbei keine Rede sein konnte: „Auge und Ohr waren es, die sich von der Fülle und repräsentativen Wucht des alten Stils nicht lösen mochten."[5]

Für die Art, wie solche Probleme zum Vorteil beider Künste behandelt werden sollen, möge die Arbeit von Philipp Maria HALM über „Erasmus Grasser" (Augsburg 1928) als Vorbild dienen, durch welche – ganz abgesehen von der kunstkritischen Behandlung der berühmten Holzskulpturen des altmünchener Spätgotikers – unsere Kenntnis vom Moriskentanz mehr gefördert erscheint, als durch alle vorhergehenden choreographischen Untersuchungen. Nachdem zuerst Max LOSSNITZER in seiner Arbeit über den Holzschnittmeister „Hans Leinberger"[6] den gegenständlichen Zusammenhang des Skulpturenschmucks am goldenen Dachl in Innsbruck mit den Grasser'schen MARUSCHKATÄNZERN erkannt hatte und dann auch das übrige Bildmaterial (darunter die beiden gleichzeitigen Stiche des Israel von Meckenem) zusammentrug, ergänzte es HALM in der genannten Gesamtbehandlung des Moriskentanzes. Er widmete diesem ein eigenes Kapitel (im Anhang 2 seiner Studie) und führte alle diese Zeugnisse für einen der merkwürdigsten Tänze Europas in prachtvollen Bildbeilagen vor.

Künftigen Untersuchungen wird sich zu diesem Tanz vielleicht die Frage stellen, wie es kommt, daß auf den deutschen Darstellungen des Moriskentanzes und denen des Israel von Meckenem zwar die aus dem englischen „morris-dance" bekannten typischen Figuren (die Maikönigin und die sie begleitenden Charaktergestalten: Der Pfeifer, der Narr, und die Grotesktänzer) vorkommen, jedoch die wichtigste Figur, das „Hobby-Horse", fehlt – was volkskundlich von großer Bedeutung sein kann. Eine einzige Ausnahme nach dieser Richtung macht der Figurenschmuck des Freskos an der Rückwand des Goldenen Dachl's in Innsbruck, dessen Zugehörigkeit zum Vorstellungskreis des Moriskentanzes auch erst HALM (a.a.O., S. 143) erkannt hat. Hier ist tatsächlich die Figur des Hobby-Horse zu sehen.

Wie für die Dichtkunst, so hat der Tanz auch für die Bildende Kunst

---

5) Leopold CONRAD, Mozarts Dramaturgie der Oper, Würzburg 1943, S. 48.
6) Max LOSSNITZER, Hans Leinberger (in: *18. Veröffentlichung der graphischen Gesellschaft*, Berlin, 1913).

in unzähligen Fällen den Inhalt der Darstellung gegeben. Aber eine Untersuchung dessen, was die Bildende Kunst dem Tanz als Objekt der Darstellung verdankt, existiert meines Wissens nicht. Sehr viel Material, doch durchaus nicht erschöpfend, findet sich in dem Prachtbuch von Troy und Margaret West KINNEY,[7] das rund 500 bildliche Darstellungen auf allen Gebieten des Tanzes gibt. Der Tanz als Gegenstand der antiken Kunst, insbesondere in der griechischen Vasenmalerei, aber auch bei den Ägyptern, Etruskern und Römern, ist in zusammenfassender Weise von Fritz WEEGE behandelt worden.[8] Aufgrund solch reichen Materials allein werden für unsere junge Disziplin Fragen und Probleme genug erwachsen. Die alte etruskische Grabmalerei zeigt deutlich die bacchantisch verzückten, übertriebenen Tanzbewegungen, meist von Mann und Frau gleichzeitig. Eine etruskische Bronze des 9. Jahrhunderts v. Chr., das „lampadario" führt wahrscheinlich einen Dämonentanz vor.[9]

Wie wichtig die Feststellung der abgebildeten Tanzszene für die Bestimmung von Werken der Bildenden Kunst sein kann, zeigt jene etruskische Vase aus Tragliatella,[10] welche die darauf gezeigte Tanzszene als „Spiel von Troja" deutlich erkennen läßt und sogar bezeichnet, aber durch eine Gestalt aus der Sage vom kretischen Labyrinth ihre Identität mit dem Labyrinthtanz, also ihre Zugehörigkeit zu den heiligen Tänzen zu Ehren der Ariadne-Aphrodite erweist. Die gleiche Gestalt erscheint auf einer pompejanischen Wandmalerei, als „Labyrinthtanz hic habitat Minotaurus" bezeichnet, auf römischen Mosaiken.[11] Den wissenschaftlichen Zusammenhang, bzw. die sich daraus für den Ursprung und eigentlichen Sinn des Tanzes ergebenden Folgerungen bringt das Kapitel des vorliegenden Buches „Sprachwissenschaft und Tanz". In das früher so rätselhafte Problem: Trojaburgen und Trojasagen ist ja erst durch diese unschätzbaren Denkmäler antiker Kunst Licht gebracht worden.

So hat auch schon Maurice EMMANUEL[12] versucht, von einer tonfigurigen Vase einen Mänadentanz mit all seinen eigentümlichen „Pas" zu

---

7) Troy und Margaret West KINNEY, The Dance, its Place in Art and Life, London 1914, 2. Aufl. 1924.
8) Fritz WEEGE, Der Tanz in der Antike, Halle 1926. Reprint: Hildesheim 1976.
9) Vgl. GREGOR, a.a.O., S. 33, 34.
10) Ausführlich beshrieben in James G. FRAZER, The Golden Bough, the Dying God, 1911, S. 76.
11) Hierzu OESTERLEY, The Sacred Dance, Cambridge 1923, S. 71.
12) Maurice EMMANUEL, La danse greque antique, Paris 1895.

rekonstruieren, ebenso schöpfte GREGOR aus mehreren Bildwerken auf die Darstellung des PYRRHICHE Erkenntnisse über deren Bewegungsreichtum und verfolgte sogar die Wandlungen dieser Bewegungen im Verlauf der Entwicklung dieses wichtigen altgriechischen Tanzes, der bekanntlich durch seine Vermischung mit bacchischen Tänzen seine ursprüngliche Art ganz verändert hat und in den verschiedensten Formen aufgetreten ist.[13]

Für die Geschichte des sakralen Tanzes im alten Hellas sind die Werke der bildenden Kunst die Hauptquelle. Die Prozessionstänze im feierlichen Zuge zum Altar der Gottheit sind auf Reliefs, auf Vasen und Münzen dargestellt und Belege für Kreistänze der Frauen um eine Frau, oder der Männer um einen, die Panflöte blasenden Mann, finden sich aus Cyprus bei OHNEFALSCH-RICHTER[14]. Auf drei der in Cyprus gefundenen Säulen sind Tänzer in langen Gewändern abgebildet, ähnlich den Darstellungen der Priester auf assyrischen Skulpturen. Vielleicht wirft dies ein Licht auf die Art der dort abgebildeten sakralen Tänze, zumal der Stil jener Säulen sich dem der altbabylonischen nähert; sie gehören einer vorhomerischen und vormykenischen Kultur an, haben aber auch Ähnlichkeit mit späteren olympischen Darstellungen. – Nicht minder bedeutsam ist die Abbildung des tanzenden Zuges auf dem Wandgemälde am Palast des Assurbanipal oder der Mädchentanz auf dem babylonischen Elfenbeinkästchen des 7. Jahrh. v. Chr.[15]

Unter den Felsenbildern der Hettiter zeigt ein Bild aus Boghazköi in Cappadocien (etwa aus dem Jahre 1200 v. Chr.) eine Versammlung von Gottheiten, die durch Tanz geehrt wird: von beiden Seiten nähern sich tanzende Züge, von links die Männer, von rechts die Frauen. Hier ist sogar die Schrittform zu erkennen: der rechte Fuß der Männer ist etwas gehoben und berührt den Boden nur mit den Zehen.[16]

Außerordentlich bedeutsame Denkmäler antiker Tanz-Skulptur besitzen die großen Nationalmuseen in Neapel, Rom und Florenz, mehrere davon abgebildet in Fritz WEEGE's genanntem Buch.[17]

13) GREGOR, a.a.O., S. 51.
14) Xaver OHNEFALSCH-RICHTER, Kypros, die Bibel und Homer [1893].
15) A. JEREMIAS, Das alte Testament im Lichte des alten Orients, 1904, S. 307 und Eberhard SCHRADER, Die Keilschrift und das alte Testament (1883), S. 45 ff.
16) Ernst-August MESSERSCHMIDT, Die Hettiter (in: *Der alte Orient*, Band 4, S. 23 ff) und GARSTRANG, The Land of Hittites, London 1910, S. 220 ff.
17) Vgl. auch Adolf ERMAN und Hermann RANKE, Ägypten und ägyptisches Leben im Altertum, Tübingen 1923; ferner Luise KLEBS, Die Reliefs des alten Reiches, Heidelberg 1915 und A. WIEDEMANN, Das alte Ägypten, Heidelberg 1920, ferner die Ausgrabungen von Hermann JUNKER (Wien).

Auf eine außergewöhnliche Höhe von Kultur- und Kunstentwicklung deuten jene prähistorischen Figuren von Tänzerinnen, zum Teil aus Bronze, zum Teil aus grauem Schiefer, die man bei der Freilegung der Stadtanlagen von Mohenjo-daro im Industal gefunden hat. Diese Stätten waren von den Schottermassen, die der Indus vom Himalaja herabführt, durch Jahrtausende verschüttet gewesen und sind erst in den letzten Dezennien durch systematische Grabungen freigelegt worden.[18] An diesen reizenden Tanzfigürchen fällt die Feinheit der Ausführung in der Haltung und im Bewegungsausdruck auf, was deshalb so besonders bedeutsam erscheint, weil sie einer Zeit angehören, aus der wir Kunsterzeugnisse von so hoher Vollendung sonst nicht besitzen: ist doch die Kultur von Mohenjo-daro nach dem Urteil der Urgeschichtsforschung in die Zeit zwischen 3250 und 2750 vor der Zeitwende zu legen, also noch weit vor die Entstehungszeit der Denkmäler der minoischen, ägyptischen und der hellenistischen Kulturepoche.

Havelock ELLIS („The Soul of Spain") hält die berühmte Statue der Aphrodite Kallipygos (im Museum in Neapel) für die Wiedergabe einer jener berühmten, im klassischen Rom gesuchten gaditanischen Tänzerinnen und meint, sie sei vielleicht geradezu ein Abbild der von MARTIAL besungenen TELETHUSA.

Haben wir hier bloß eine geistreiche und unbeweisbare Vermutung vor uns, so gibt es unzählige andere Bildwerke und Skulpturen, deren Objekt ganz sicher zu bestimmen ist. So birgt die Steinplastik auf einem der Kapitele im gotischen Kreuzgang des Klosters von MONTSERRAT eine Darstellung der in Spanien der seit alters berühmten Sardana.[19]

Die archäologischen Funde in Mexiko liefern die wertvollsten Beispiele für die hohe Entwicklung des Tanzes bei den AZTEKEN, bei den MAJAS und den INKAS von Peru.[20]

Vielleicht noch zahlreicher als bei den Griechen gab der Tanz Anlaß zu Darstellungen der Bildenden Kunst, insbesondere zu Werken der Skulptur bei den alten INDERN. LELYVELD, dem wir eine so große Vertiefung unserer Kenntnisse des asiatischen, speziell des indischen Tanzes verdanken, hat gerade aus den Skulpturen und Reliefs, die Indien und die von ihm kulturgeschichtlich beeinflußten Länder in so großer Zahl

18) MOHENJO-DARO and the Indus civilisation, edited by John MARSHALL, London 1931.
19) Abb. bei Aurelio CAPMANY, El Baile y la Danza, Barcelona 1931, S. 293.
20) Vgl. T. A. JOYCE, Mexican Archaeology, London 1912 und ders., South American Archaeology, London 1912.

bieten, überzeugendste Schlüsse auf die Art des Tanzes gezogen, wie er in Indien und in jenen von ihm abhängigen Ländern geübt wurde: So konnte er die Beibehaltung des leidenschaftlichen Tanzes der Inder in Kambodscha nachweisen, andererseits gerade aus jenen Kunstdenkmälern zeigen, wie sehr sich diese outrierte Tanzart des Mutterlandes Indien auf Java, zugunsten einer viel gemäßigteren Art geändert hat.

Die leidenschaftliche Art des altindischen Tanzes erkennen wir überhaupt erst aus den Werken ihrer Bildenden Kunst. Die Statuen und Plastiken, die SIVA als NATARÂJA, d.h. als König der Tänzer darstellen und die der Tänzerinnen auf den Deckenskulpturen von Dilwarra, auch die Szenen von Amâravati, zeigen in den nackten, oder halbnackten Körpern von fast unzüchtigem Aussehen mit den erhobenen oder unnatürlich gekreuzten Beinen Anzeichen der leidenschaftlichen Erregung, in der diese Tänze getanzt wurden. Durch die grandiosen Monumentalwerke der javanischen Architektur, vor allem in dem berühmten BARABUDUR, aber auch aus den Skulpturen des Tempels von ANGKOR-WAL (des großartigsten Denkmals der alten Khmer-Kunst in Kambodscha) erhalten wir erst das richtige Bild von der königlichen Art und Pracht der Tanzkunst dieser beiden Kulturkreise und des hinter ihnen liegenden alt-indischen und erkennen, wie der indische Tanz bei seiner Übernahme nach Java von der dort einheimischen Bevölkerung in seiner Aufführungsart modifiziert wurde. Die Verschmelzung des indischen Einflusses mit dem autochthonen javanischen Volkscharakter zeigt, daß dank dem gemäßigten Charakter der Urbevölkerung der Insel auch der übernommene Tanz, dessen starkem Überhandnehmen sie sich nicht entziehen konnten, beruhigter und würdiger ausgeführt worden war als im Stammlande. Man halte die beiden, bei LELYVELD[21] auf Tafel 2 und 4 abgebildeten Skulpturen nebeneinander und wird die Verschiedenheit deutlich erkennen.

Welch unendlich weiter Weg aber führt selbst von da zu der noch heute lebendigen dritten Etappe dieser Entwicklung: zu den großartig beherrschten, königlichen Tänzen der SERIMPI und BEDAYA auf Java. Ohne jene Werke der bildenden Kunst aber könnten wir wohl kaum diesen Stufengang der Entwicklung verfolgen. Die indische Archäologie bestä-

---

21) Theodore B. van LELYVELD, De Javansche Danskunst, eingeleitet von Prof. Dr. JN. J. KROM, Amsterdam 1931; ders.; De aesthetik van den Javansche dans. (in: *Maandblad voor beeldende kunsten*, 1931) und ders., La danse dans le théâtre javanais, Vorwort Sylvain LEVY, Paris 1931, illustr.

tigt auch, was wir sonst vom indischen Tanz wissen – nicht nur im allgemeinen hinsichtlich der Körperhaltung, der Bewegung, Positionen usf., sondern sogar bis ins kleinste Detail; man vergleiche die Handhaltungen auf den Ajantâ-Fresken nach den 1921 veröffentlichten Studien von SAMARENDRANATH GUPTA.

Für den Wert, den die Werke der Bildenden Kunst als Darstellungen wirklicher Tanzübung haben, ist es wichtig zu wissen, mit welchen Augen der Künstler einen Gegenstand gesehen hat. Macht er sich davon das zutreffende Bild, so ist dies wieder maßgebend für unsere Ansicht von den dargestellten Dingen selbst. Der javanische Skulpteur, so müssen wir annehmen, kannte den dargestellten Tanz sicherlich genau, bis in alle Einzelheiten. Der Europäer aber steht dem javanischen Tanz – auch dem heutigen – meist wie einem Rätsel, einem herrlich schönen, aber doch unverständlichen Rätsel gegenüber. Es wurde darum mit Recht die Frage aufgeworfen, wie europäische Maler den javanischen Tanz sehen. Denn wenn z.B. Auguste RODIN in einer aquarellierten Bleistiftzeichnung (der Wiener Sammlung Albertina) eine Tänzerin aus Kambodscha festgehalten hat, so hat er den eigenartigen Charakter dieser Tanzart mit seinen künstlerischen Augen wohl besser festgehalten, als es eine Beschreibung oder eine Photographie imstande ist.

Gegenstände des Tanzes haben aber nicht nur in der Antike und im Orient als Vorbilder für Malerei und Plastik gedient. Am bekanntesten für den Bereich der europäischen VOLKSTÄNZE: Die Gemälde von BREUGHEL, TENIERS und RUBENS, weniger bekannt die Skulpturen der Maruskatänzer des Erasmus GRASSER (aus Schmidmühlen in der Oberpfalz), die heute im Rathaussaal in München stehen, sowie die Tafeln am Goldenen Dachl in Innsbruck. Als ältestes und kostbarstes Denkmal deutscher Bildkunst dieser Art sind die Fresken der 1388 neu aufgebauten Burg Runkelstein in Tirol bekannt. Die Anfänge liegen aber noch weiter zurück.

Eine unmittelbare Beziehung des Tanzes zur Bildenden Kunst kommt auch dadurch zustande, daß der Ablauf der Tanzbewegungen unstreitig eine Raumwirkung erzielt. Verfolgt der Zuschauer etwa von höherer Warte aus die Bewegungen der Tanzenden im Raum, die scheinbaren Ornamente, die ihre Füße auf dem Boden abzeichnen, so ist damit eine gedachte, nicht graphisch fixierte, sondern im Augenblick des Entstehens auch verflüchtigte räumliche Wirkung vorhanden gewesen.

Längst hat man eine Beziehung solcher tänzerisch gedachten Ornamente, der Grundrisse der tänzerischen Linienführung am Boden, und den Erscheinungen einer vorgeschichtlichen Ornamentik erkannt. Fritz BÖHME, Kurt MESCHKE und Richard WOLFRAM haben der Annahme Raum gegeben, daß die seltsam verschlungenen Bewegungslinien beim Schwerttanz insofern mit der Ornamentik der Wikingerkunst zusammenhängen, als diese germanische Linear-Ornamentik der Völkerwanderungszeit aus räumlichen Bewegungsvorstellungen im Schwerttanz hervorgegangen sein kann, die also für den Tanztrieb ausschlaggebend gewesen sein mögen. Die Bildung der „Kette" durch die Schwerter und die Verschlingungen dieser „Kette" durch die Schwerter und die Verschlingungen dieser „Kette" zu einem abstrakten Linienspiel führt WOLFRAM zum Ornament der Wikingerzeit zurück.[22]

Curt SACHS[23] lehnt diese Zusammenhänge ab, ohne daß die Frage damit entschieden wäre. Seine Argumente scheinen mir nicht grundsätzlich stichhaltig. Die Kunst der Wikingerzeit, innerhalb derer wir doch auch noch den Kultbrauch der labyrinthischen Steinsetzungen als wirksam annehmen dürfen, bietet eben mit diesen eine vielleicht lehrreiche Parallele: Die Schneckenform der Labyrinthanlage, die auf dem Tanz beruht, gehört letzten Endes doch auch zum Stil einer primitiven Gestaltungsform der Bildenden Kunst.

Was diese fiktive Boden-Ornamentik des Tanzverlaufs betrifft, so ist dem heutigen Gesellschaftstanz freilich diese arabeske Linienführung, die sich dem Auge des Zusehers aus der fortschreitenden Bewegung im Raum darbietet, zumeist verloren gegangen.[24] Hier ist demnach auch von einer schönen Form des Bewegungsablaufes keine Rede mehr. Eher war dies noch der Fall bei der Polonaise der großen Bälle und den individueller ausgeführten Formen etwa einer Anglaise oder der Quadrille. Bei all diesen konnte durch die Abwechslung und Gruppierung eine ästhetische Wirkung auf den Zuseher auch im Hinblick auf die Ornamentik der Zeichnung auf dem Boden sich einstellen.

Bis auf den heutigen Tag ist ja doch auch eine Hauptaufgabe des Balletts die künstlerische Raumgestaltung geblieben. Damit aber rückt

---

22) Fritz BÖHME, Maßstäbe zu einer Geschichte der Tanzkunst. 2 Bd., Breslau 1927, S. 13. Kurt MESCHKE, Schwerttanz, S. 122 ff. Richard WOLFRAM, Schwerttanz und Schwerttanzspiel (in *Zeitschrift für Volkskunde*, Jahrg. 1932, Heft 1/2, Wien.)

23) Curt SACHS, Eine Weltgeschichte des Tanzes, Berlin 1933, S. 10 f.

24) Vgl. hierzu die Ausführungen über die Ornamentik auf S. 35 dieses Kapitels. Die Vorführungen der Lippizaner-Hengste der Spanischen Hofreitschule in Wien, die noch heute zu den großen Attraktionen gehören, können von diesem Gesichtspunkt aus auch noch zu einer Nachfolge der seinerzeitigen Roß-Ballette zählen.

die Tanzkunst in die Sphäre der Bildenden Kunst hinein. Hier ist wieder jener Moment gestreift, durch welches die, in der Zeit sich manifestierende Tanzkunst an die Grenze der räumlichen Künste heranrückt. (Vgl. Kap. 1.)

Wenn wir versuchen, die graphische Kunst (im weiteren Sinn genommen) vom Ausgang der Gotik, also vom Aufkommen des Holzschnitts und des Kupferstichs bis in unsere Zeit ins Auge zu fassen, so bietet sich ein reiches Material zur Geschichte des Tanzes.

Von den frühesten Tanzabbildungen auf Miniaturen (z.B. das in Paris aufbewahrte) *Psalterium* aus dem 9. Jahrh., oder das *Psalterium Aureum* von St. Gallen, die Elfenbeinschnitzereien des 12. Jahrh. im Stadtmuseum zu Florenz, das Freskogemälde „Das gute Regiment" von Pietro Ambrogio Lorenzetti im Rathaus zu Siena bis hin zu den Bauern- und Adelstänzen des Meisters DÜRER, an die sich die tanzenden Bauerngestalten des Hans Sebald BEHAM (1500–1550) unmittelbar anschließen, kann die Tanzforschung noch vieles erbringen. So z.B. auch die Stiche des Israel von MECKENEM ('1503): Der Tanz der Herodias, Tanz der Verliebten, Tanz um den Preis: Moriskentanz.[25] Nicht minder die Niederländer von BREUGHEL angefangen bis TENIERS mit ihrer grotesken Komik und durchaus lebensnahen Realistik in ihren Bauernszenen, wenn sie z.B. den Tanz einer betrunkenen alten Vettel darstellen. Die köstlichen Stiche und Radierungen von Jacques CALLOT (1592–1635) enthalten vieles, was uns in die Zeit der Karnevals-Maskentänze einzuführen vermag.

Für die Tanzforschung sind von besonderer Bedeutung die künstlerischen Darstellungen selten getanzter E i n z e l t ä n z e und T a n z f o r m e n. So z.B. die des
- Magdalenentanzes auf einem Kupferstich des Lukas von LEYDEN (1494–1533) aus dem Jahre 1519,
- die Bilder von den Kinderreigen bei Heinrich ALDEGREVER (1502–1562), desgleichen bei Johann Heinrich RAMBERG (1763–1840),
- der Tanz ums Johannisfeuer des Jean Michel MOREAU d.J. (1741–1814),
- die Bailarenas flamencas des Alexandre LUNOIS (1863–1916),
- der Opfertanz des Honoré FRAGONARD (1733–1806),
- der „Eiertanz" und der „Fackeltanz" bei DE BRY[26],

25) Vgl. hierzu meine Bemerkungen im Zusammenhang mit der Moriske, in: Der altbayrische Marskertanz als Urtypus der Melodie des Prinz-Eugen-Liedes (in: *Anzeiger der Akademie der Wissenschaften*, phil.-hist. Klasse, Wien 1934).
26) Theodore DE BRY, Grands Voyages, Part I. (Virginia), Francfort 1590. S. auch Kap. 5, Völkerkunde und Tanz.

– das Gemälde „Le Moulinet" des Nicolas LANCRET (1690–1745), eine Darstellung des „Mühlenrades" zeigt, wie dieser Volkstanz zum verfeinerten, parfumierten Gesellschaftstanz geworden ist.

Die Abbildungen der großen gesellschaftlichen Tanz-Vergnügungen, Redouten, Bälle etc. erfordern ebenfalls eine zusammenfassende Darstellung. Hierher gehören nicht nur die „Contertanz"-Zeichnungen von WATTEAU und anderen, die vielen Darstellungen des Bal paré, z.B. von Gabriel de SAINT-AUBIN (1724–1780) vor allem die der Pariser Maskenbälle durch J. M. MOREAU d.J. (von 1782) und E. GUERARD, die der Wiener Maskenbälle von Josef SCHÜTZ (um 1912), der Wiener Redouten durch F. WOLF (von 1835) und J. CAJETAN (um 1860) bis auf die Bilder der modernen Gesellschaftstänze.

Eine zusammenfassende Untersuchung verdienen auch die graphischen Darstellungen der großen Roßballette am Wiener Hof im Hinblick auf die traditionellen Vorführungen der Wiener Hofreitschule (auch diese werden zum Großteil von oben gesehen, daher der ursprüngliche ornamentale Effekt der Aufzüge auch heute noch besteht). Ebenso die Wasserballette durch Ludovico BURNACINI (1636–1707).[27]

Hier, wie bei der Tanzausführung überhaupt, ist ja die Frage des Raum-Ausmaßes von großer Bedeutung. So können auch die Abbildungen der T a n z s ä l e sehr viel zur Charakteristik der dort ausgeführten Tänze besagen. Denn es ist ja doch für die Ausführenden wohl ein großer Unterschied, ob der Tanz auf dem glatten Parkett oder der Bühne stattfindet, mit seinen genau abgegrenzten Raummaßen, oder auf dem Dorfanger. Die Art der Schritte schon mußte raumbewußter beschränkt werden, wenn ein Volkstanz aufs Parkett oder auf die Bühne übertragen wurde. Die Untersuchung der Tanzräume, sowohl der profanen wie der liturgischen, wie auch die Tanzplätze im Freien können anhand der zahlreichen Kupferstiche und Lithographien aus alter und der heutigen Zeit unschwer durchgeführt werden.

Weiter gibt es allein in Wien eine große Zahl von Ballett-Figurinen und Kostümzeichnungen von BURNACINI, Albert DECKER, Franz GAUL, bis in unsere Zeit von Oskar LASKE, Oskar STRNAD, Dagobert PECHE, deren Namen die Theatergeschichte der Wiener Hofbühnen aufweist.

Selbst wo der Tanz als Karikatur von Künstlern dargestellt wird, kann diese uns über Tanzformen, eigenartige Bewegungen und über den

---

27) Vgl. hierzu die heute für Filmaufnahmen gestellten „Unterwasser-Tänze" (Anm. der Herausgeberin).

Stil der Epoche gerade infolge der Übertreibung des Charakteristischen Aufschluß geben.

Endlich bilden die zahlreichen, mehr oder weniger künstlerisch ausgefallenen „Illustrationen" der Tanzlehrbücher viel an Material: Angefangen von Fabritio Caroso in seinem „Ballarino" (Venedig 1581) bis in die Darstellungen des russischen, schwedischen und amerikanischen Balletts unserer Zeit. Dabei werden die in den alten Werken enthaltenen Holzschnitte ebenso Beachtung finden, wie die modernen, künstlerischen Aufnahmen und Reproduktionen.

5. Kapitel

Völkerkunde und Tanzwissenschaft (Ethnologie)

Unter den für die Tanzwissenschaft in Betracht kommenden Grenzdisziplinen ist als eine der wichtigsten die Ethnologie zu nennen. Ihr verdanken wir in vielen Fällen mehr oder minder ausführliche Beschreibungen von Tänzen primitiver Völker. Sie beschafft also der Tanzwissenschaft vielfach Material, wenngleich der Wert des Gebotenen oft durch die Mängel der Darbietung arg beeinträchtigt ist. Denn daß hierbei das Interesse der Ethnologen für die ihn angehenden Fragen das Vorwiegende und Ausschlaggebende war, ist nur natürlich: So überliefern uns die Reisebeschreibungen älteren und neueren Datums manchmal wirklich Wichtiges über Anlaß und Zweck der Tänze, über Kostüm und Musikbegleitung u.dgl., in den seltensten Fällen aber eine genaue Tanzbeschreibung. Und doch ist der ethnologische Wert der Tänze längst erkannt, nur ihnen selbst hat man noch nicht die ihnen gebührende Aufmerksamkeit und ein ernstes Studium gewidmet.

Aurelio CAPMANY, der Kenner der spanischen Tänze urteilt mit Recht, daß Tanz und Gesang mehr seien als ein bloßer Zeitvertreib: Sie bilden einen Teil des feierlichen Rituals im Volksleben, das seine wahre Seelenverfassung, den Kulturgrad und den künstlerischen Sinn der Nation ausdrückt.[1] Ja, er stellt gradezu fest, daß der Tanz die e c h t e s t e Äußerung des Volkscharakters ist: „La danza popular es la exteriorizacion mas genuina del caracter de un pueblo".[2]

Schon der biedere kgl. großbritannische Stallmeister der Universität Göttingen, Valentinus TRICHTER, der 1742 sein „Curiöses Reit-, Jagd-, Fecht-, Tantz-, oder Ritter-Exercitien-Lexicon" veröffentlichte, fügt (bei der Beschreibung der Polonaise) hinzu: „Bey Lustbarkeiten und Täntzen lässt sich die rechte Natur und Eigenschaft eines Volkes nicht so leicht, als bey andern Gelegenheiten verbergen". Gleichsam die lebendige Illustration hierzu liefert uns eine besondere Erscheinung des deutschen Volkstanzes, nämlich die in unverminderter Frische und Eigenart ausgeführten Tänze mit Taktwechsel, die sogenannten „Zwiefachen" in der

---

1) Aurelio CAPMANY, El Baile y la Danza, Barcelona 1931, S. 189.
2) Ebd., S. 291.

bayrischen Oberpfalz: In ihnen und ihrer charakteristischen Eigenschaft des beständigen Wechsels zwischen Walzer und Dreher, also 3/4 und 2/4 Takt spricht sich der ursprüngliche Stammescharakter des Oberpfälzers mit Entschiedenheit aus. „Der Rhythmus dieser Tänze ist schroff, plastisch, nicht ruhig fließend ... er entquillt einem elementaren Ausdrucksbedürfnis und einer ebensolchen Ausdruckskraft. In den „Zwiefachen" ruht das starke Altbayerntum in seiner landständigen Kraft. Die trotzige altbayerische Volksseele, welche schwankt zwischen wilder Lebenslust und naturhafter Melancholie, der sonniger, körniger, derber Humor und heiß entflammte Leidenschaft nicht unbekannt sind, empfand bis auf den heutigen Tag Freude an diesen Tänzen. Das „Einstechen" (Anschaffen der Zwiefachen bei der Kapelle) und das „Eintreten" (Tanzen) sind noch heute vielfach der Stolz der Bauernburschen. Die „anstrengenden „Zwiefachen" ermüden den Tänzer weniger als die monotonen Ländler."³

Daß dieser eigentümliche Tanzbrauch eine ganz spezielle Eigentümlichkeit des bayerischen Stammes ist, noch dazu eine jahrhundertalte, konnte ich in meinem Buch über die taktwechselnden Volkstänze nachweisen.⁴ Es ist darin auch der Ansicht von der angeblich slawischen Herkunft des Taktwechsels im Tanz der Boden entzogen. Die behauptete Originalität des Talián, eines unter diesem Namen auch bei den Tschechen vorkommenden Zwiefachen führte auch Max BÖHM dazu, ethnologische Gründe für die Ablehnung des tschechischen Ursprungs dieses Tanzes im Vergleich mit seinem bayerischen Vorbild, das als „Seidener Zwirn", „Alte Kathl", „Doppelbayrisch" in der Oberpfalz, als „Buxdomersch" im Böhmerwald bekannt ist, anzuführen. BÖHM stützt sich dabei auf Argumente, die in der Führung der Melodielinie begründet sind und auf der verschiedenen Eigenart der Bayern und Tschechen beruhen: Die in der bayerischen Weise dieses Tanzes vorkommenden Terzensprünge sind für BÖHM „Merkmale der eckigen, etwas derb-harten Art des Oberpfälzers, der nichts abgleicht, abrundet, fließend macht, wie es hier der Böhme [soll heißen Tscheche] tut." Die beiden Takte, um die es sich handelt „werden der kräftigen Terzsprünge beraubt, indem Durchgänge eingeschoben werden". BÖHM spricht hier mit Recht von einem

---

3) Georg SEYWALD, Aus der Geschichte des altbayrischen Volkstanzes (in: *Die ostbayrischen Grenzmarken*, 15. Jahrg. Passau 1926, S. 251).
4) Victor JUNK, Die taktwechselnden Volkstänze – deutsches oder tschechisches Kulturgut (3. Band der Schriftenreihe des staatl. Instituts für deutsche Volksforschung), Berlin, Leipzig 1938.

„Zurechtspielen durch die Volks-Eigenart" der weicheren Slawen.⁵

In meinem vorhin genannten Buch habe ich ausführlich dargetan, wie diese „Zwiefachen" eben nur in der bayerischen Oberpfalz das Feld ihres natürlichen Vorkommens, ihrer Verbreitung und Pflege besitzen, bei andern, umliegenden deutschen Stämmen dagegen nur in vereinzelten Entlehnungen anzutreffen sind: dort tauchen sie als etwas Ungewohntes und Seltenes und daher Interessantes auf – bei den Oberpfälzern dagegen sind sie kulturelles Erbe. Das ist vom Standpunkt der ethnologischen Verwertung solcher Tatsachen höchst wichtig: Denn diese seltsamen Tänze zeigen uns, daß sie eben deshalb bei keinem andern deutschen Volksstamm festen Boden fassen konnten, weil ihre Eigenart eben nur dem Oberpfälzer und keinem andern gemäß ist.

Was aber hier von einer vereinzelten Besonderheit des deutschen Volkstanzes gilt, gilt in erhöhtem Maße von den Stammestänzen primitiver Völker, in denen sich deren Eigenart noch viel drastischer und entschiedener ausspricht. Von keinem andern Brauch werden alle Lebensstadien des primitiven Menschen charakteristischer begleitet als vom Tanz. Man kann wirklich sagen, von der Wiege bis zum Tod geht er mit ihnen Hand in Hand.

Der im Jahre 1926 verstorbene Direktor des Völkerkundemuseums in Leipzig, Karl WEULE, hat schon erkannt, daß sich die Mehrzahl der großen Aufgaben der Völkerkunde nicht im Rahmen der bestehenden Organisationen lösen lasse, und er forderte für sie „eine höhere Organisation" am besten in der Form eigener Forschungsinstitute. In seiner Denkschrift über die wissenschaftlichen Ziele eines völkerkundlichen Forschungsinstitutes erinnert er an die alte Frage, „ob die Wiederkehr der gleichen Kulturtatsachen an verschiedenen Erdstellen auf die gleiche geistige Veranlagung oder aber auf räumliche Entlehnung zurückzuführen ist. Ihr nahe steht dann die andere: Der Gleichheit oder Ungleichheit der Menschenrassen. Weitere, kaum unwichtigere Fragen liegen auf dem Gebiete von Sitte und Brauch und ihren Beweggründen." Wenn WEULE von den Grenzgebieten gegen die Soziologie, die vergleichende Rechts-Wissenschaft, die Linguistik und die Kunstwissenschaft spricht und meint, auf all diesen Gebieten „erblüht gerade der Völkerkunde die fesselnde Aufgabe, jenen andern Disziplinen den Unterbau zu schaffen"⁶, so mag es sich, was den Tanz betrifft, wohl umgekehrt

---
5) Max BÖHM, Volkslied, Volkstanz und Kinderlied in Mainfranken, Nürnberg 1929.
6) WEULE's Denkschrift ist wieder abgedruckt bei Hans HAAS, König Friedrich-August-Stiftung für wissenschaftliche Forschung zu Leipzig (Sächsische staatliche Forschungs-

verhalten: hier wird gerade die Tanzforschung wertvolle Hilfe der Völkerkunde bieten können, wenn die choreographische Aufzeichnung und das fachgemäße Studium einmal betrieben werden wird und die Ergebnisse im Hinblick auf ethnologische Zusammenhänge ausgewertet werden.

Bislang aber war die Geringachtung des Tanzes als eines wichtigen Bestandteiles der Art eines Volkes noch so allgemein, daß z.B. noch LELYVELD (1931) klagen konnte, daß selbst die große „Encyclopaedie van Nederlandsch-Indie" das Tanzdrama der Javaner gänzlich ignorierte.[7]

Die erste und wichtigste Forderung, die die Ethnologie an die künftige Tanzwissenschaft stellen muß, ist daher die Aufnahme und eine genaue Beschreibung der Tänze mit allen Nebenumständen (spezielle Tanzplätze, Kostüm, Musikinstrumente etc.). Die Entwicklung der Filmaufnahmen mit ihren Möglichkeiten der Zeitlupe und Rückspulung hat hier hoffentlich noch einmaliges Material unverfälschter Tanzgebräuche aufgezeichnet. Denn z.B. die prachtvoll ausgestattete Serie der „Publications in American Archaeologie and Ethnologie" der kalifornischen Universität in Berkeley bringt zwar ausführliche Monographien über die Kunst und das Brauchtum der Indianer, dagegen über deren Tanzgebräuche kaum Andeutungen.

In den allerseltensten Fällen sind in solchen Arbeiten ethnologischer, anthropologischer und musikwissenschaftlicher Forschungsreisender die Tänze so beschrieben, daß man sich von ihnen ein wirklich zu Vergleichszwecken ausreichendes Bild machen kann. Und es bedeutet förmlich eine Ausnahme, wenn ein Anthropologe wie Rudolf PÖCH genau die Schritte und Bewegungen beschreibt. Aber auch sonst darf PÖCH in diesem Zusammenhange als ein wichtiger Zeuge für unsere Forderung angeführt werden. In seinen „Beobachtungen über Sprache, Gesänge und Tänze der Monumbo anlässlich phonographischer Aufnahmen in Deutsch-Neuguinea 1904"[8] hat er auffallende Tänze beschrieben, die den Monumbo, den Degoí, Manam, Nubia und den Korandukú

---

institute) in dem Sammelwerk „Forschungsinstitute, ihre Geschichte, Organisation und Ziele" von BRAUER, MENDELSSOHN-BARTHOLDY und MEYER, 1. Band, Hamburg 1930.

7) Th. B. van LELYVELD, La danse dans le théâtre javanais, Paris 1931.

8) Rudolf PÖCH, Beobachtungen über Sprache, Gesänge und Tänze der Monumbo, anläßlich phonographischer Aufnahmen in Deutsch-Neuguinea, 1904 (in: *Mitteilungen der Anthropologischen Gesellschaft in Wien*, 35. Band, Wien 1905), S. 230.

gemeinsam sind, obwohl diese Stämme bzw. Völkergruppen ganz verschiedene Sprachen sprechen, die teils der papuanischen, teils der melanesischen Sprachengruppe angehören. Hier erhebt sich sofort die Frage nach der Herkunft und dem Ursprung dieser Tänze und Tanzformen, die von einem Stamm zu einem benachbarten fremden gewandert zu sein scheinen. Oft genug wird es sich um bloße Kulturübertragung handeln, doch muß nicht immer der Tanz selbst jüngere Entlehnung sein. Es ist auch möglich, daß alte, traditionelle Tänze neue Begleitumstände annehmen. PÖCH ist nicht der einzige gewesen, der vergleichende Tanzforschung durch genaue Beschreibung der Tanzschritte vorgearbeitet hat: so geben die beiden belgischen Missionare P.P. SOURY-LAVERGNE und DE LA DEVEZE in ihrer bedeutungsvollen Schrift „La fête de la circoncision en Imerina (Madagascar) autrefois et aujourd'hui"[9] eine genaue Beschreibung des Soratra-Tanzes und fügen sogar ein Schema des komplizierten Bewegungsablaufes bei.

Leslie SPIER spricht in der „Klamath Ethnography"[10] über die geselligen Tänze der Klamath-Indianer und läßt in dem Kapitel „Social dances" die Frage offen, ob diese Tänze alte Überlieferung seien und schließt aus der Verwendung der Handtrommel (Yeka) bei diesen Tänzen auf deren relativ jungen Gebrauch. Das zeigt zum mindesten, wie wichtig auch kleine Besonderheiten des Tanzbrauches und der zum Tanz verwendeten Gegenstände mit Fragen des Ursprunges eines Tanzes in Verbindung gebracht werden können. Andererseits scheint es nicht ohne weiteres gestattet, aus der Verwendung eines Musikinstrumentes auf das Alter eines Tanzes allein zu schließen. So einfach liegen die Dinge nun wieder nicht.

Zahllos sind die Erwähnungen von Tänzen primitiver Völker in ethnographischen Reise- und Studienwerken, aber fast immer geschieht es nur, um ein Begleitstück zu Maskenspielen und anderen Darbietungen der Geheimbünde zu zitieren, nicht um die Tänze selbst und ihre Wesenszüge zu den Bräuchen zu erklären. P. Leopold WALK hat die Initiationszeremonien der südafrikanischen Stämme einer außerordentlich gründlichen Untersuchung unterzogen[11] und dabei auch die Tänze aufgezählt. Leider teilt er uns aber über Die Art und Formen der Tänze

---

9) P. P. SOURY-LAVERGNE und DE LA DEVEZE, La fête de la circoncision en Imerina Madagascar autrefois et aujourd'hui (in: *Anthropos*, 7. Jahrgang 1912), S. 355ff.
10) Leslie SPIER, Klamath Ethnography (in: *University of California Press*, Berkely 1930), S.90
11) P. Leopold WALK, Südafrika (in: *Mitteilungen der Anthropologischen Gesellschaft in Wien*, 35. Band, 1905), S. 230 und S. 875.

wenig oder nichts mit, während er den andern Formen der Zeremonien (wie Tätowierung, Geißelung, Finger- und Zehenverstümmelung) eine eingehende Schilderung widmet. Wie wichtig aber gerade die Tänze selbst sind, geht daraus hervor, daß die Zeremonie mit den Worten umschrieben wird: „Es wird getanzt!" Der Tanz ist so wesentlich, daß er der ganzen Zeremonie den Namen gibt, der Ethnograph aber begnügt sich mit dieser Feststellung, ohne den Tanz näher zu beschreiben.

Der englische Reisende John WHITE (WYTH), der um 1583 während seines Aufenthaltes bei den Indianern von Virginia eine Anzahl charakteristischer Indianertypen mit genauesten und darum kulturhistorisch höchst wertvollen Details zeichnete, hat auch eine große Tanzszene festgehalten, die offenbar einen zeremoniellen Tanz wiedergibt. Die Zeichnung befindet sich unter anderen WHITE'schen Zeichnungen im Britischen Museum in London. Wir sehen darauf einen Tanzplatz, aus sieben in die Erde gerammten Pfählen gebildet, die oben in geschnitzte Menschenköpfe endigen, die Gesichter natürlich dem Mittelpunkt des Tanzkreises zugewendet. Zwischen je zwei dieser sieben Pfähle sind tanzende Paare in lebhaftesten Einzelbewegungen der Arme und Beine begriffen – nur das ganz im Vordergrund der Zeichnung stehende Paar hält sich, anscheinend in vollkommener Ruhe, an den Händen. Die Mitte des Kreises oder Heptagons nimmt eine Gruppe von drei einander umschlungen haltenden Figuren ein. Die in den sieben Seiten des Heptagons zwischen je zwei Pfählen Tanzenden sind teils Männer, teils Frauen. In den Händen halten sie entweder Waffen (Speere) oder Zweige, oder auch eine Art von hölzernen Keulen (oder hohlen Kürbissen?), die offenbar als Rasselinstrumente zur Markierung des Rhythmus bestimmt sind. Die eine der beiden, ganz im Vordergrund still stehenden Personen ist in ein Gewand von Zweigen gehüllt. Die Bewegungen der übrigen Außentanzenden sind leidenschaftlich aufgeregte – im Gegensatz zu der fast unbeweglichen Mittelgruppe, die sich anscheinend bloß an Ort und Stelle dreht.

Auf dieser Zeichnung WHITE's von etwa 1585 beruht eine Illustration, die DE BRY 1590 seinem großen Reisewerk beigab.[12] Hier sind Einzelheiten der WHITE'schen Skizze bewußt verändert und ausgeschmückt: Die Zweige und Grasbüschel, die die außen Tanzenden in den Händen halten, sind von verschiedenster Art und Größe; auch hier ist bloß einer der Tänzer bewaffnet; die Mittelgruppe scheint aus drei fast nackten

---

12) Theodore DE BRY, Grands Voyages, Part 1 (Virginia), Francfort 1590.

Frauen zu bestehen, die sich ähnlich wie in der bekannten Gruppe der drei griechischen Grazien unter charakteristischer Kopfhaltung und Beinstellung umschlingen und von dem um sie herum erfolgenden erregten Tanz keine Notiz zu nehmen scheinen. Daß sie sich in dieser umschlungenen Stellung am Ort im Kreise drehen, deutet ein ihre Füße verbindender, in den Sand gezeichneter Kreis an.

Die Ausgestaltung des von Grasbüscheln und Unebenheiten gereinigten Tanzplatzes, die zeremoniellen Tanzpfähle, die Besonderheiten des Kostüms, die Waffen der Tanzenden und ihre exaltierten Bewegungen zeigen deutlich, daß es sich hier um einen sakralen, wahrscheinlich um einen Sieges- oder Triumphtanz handelt. Die Beziehung zu der Mittelgruppe als dem Gegenstand oder Anlaß der Zeremonie ist auf der ältesten Zeichnung von WHITE nicht ganz deutlich, auf der Kopie von DE BRY vielleicht absichtlich verändert. Umso klarer geht sie hervor aus einer dritten, von den genannten beiden abgeleiteten Illustration in der „General Historic" von John Smith (London 1624). Hier fehlen die Pfähle, und der umtanzende Kreis besteht nur aus Männern, aber alle sind bewaffnet, halten Pfeil und Bogen in den Händen und bloß zwei schwingen jene merkwürdigen, keulenartigen Rasselinstrumente. Die Mittelgruppe nun aber zeigt deutlich einen von zwei Indianern gehaltenen, mit Stricken gebundenen weißen Offizier (Smith selbst), dessen Erschießung am unteren Rande des Blattes auch noch mit abgebildet ist. Der Sinn des Indianertanzes als Triumph über einen Besiegten ist zu allem Überfluß auch noch deutlich gemacht durch die Bemerkung, die bei der Mittelgruppe steht: „Their triumph about him" und das Opfer ist durch ein beigefügtes S als Smith klar bezeichnet.

Alle drei Zeichnungen sind jetzt reproduziert in dem amerikanischen Propagandawerk „The Pageant of America"[13] wozu bemerkt ist: „So a religious dance becomes Their triumph about Smith". In solchen Fällen kann man höchstens von einem der Tanzforschung dargebotenen Material sprechen. Und doch ergeben sich daraus bedeutsame Fragen: So das der Rasseneigentümlichkeiten, ja selbst deren Verwandtschaft. M. KOLINSKI z.B. sieht (in seiner Abhandlung über „Die Musik der Primitivstämme auf Malakka und ihre Beziehungen zur samoanischen Musik"[14])

---

13) The Pageant of America a Pictorial History of the United States, Vol. 1.: Two Adventurers in the Wilderness by Clark WISSLER, Constance L. SKINNER and William WOOD, New Haven 1925, S. 19.
14) M. KOLINSKI, Die Musik der Primitivstämme auf Malakka und ihre Beziehungen zur samoanischen Musik (in: *Anthropos*, 25. Jahrgang, 1930), S. 611.

in der gleichförmigen Art des „Armtanzes" ein besonderes wichtiges Argument für die Hypothese einer Rassenverwandtschaft zwischen beiden Völkern und fügt hinzu „ist doch der Tanz eines Volkes ein unmittelbarer Ausdruck seiner ganzen Wesensart".

Beachtung verdient auch die soziale Bedeutung, die ein Tanz bei primitiven Völkern erlangen kann. Ernst GROSSE[15] sagt: Der Tanz „zwingt und gewöhnt eine Anzahl von Menschen, die in ihren losen, unsteten Verhältnissen von verschiedenartigen individuellen Bedürfnissen und Begierden regellos hin und her getrieben werden unter einen Impuls, in einem Sinne, zu einem Zweck zu handeln. Er ist neben dem Kriege vielleicht der einzige Faktor, der den Angehörigen eines primitiven Stammes ihre Rassenzugehörigkeit lebendig fühlbar macht; und er ist zugleich eine der besten Vorübungen für den Krieg."

Im besonderen wird es namentlich unumgänglich sein, bei der Schilderung charakteristischer Tänze die S c h r i t t e genau aufzuzeichnen. Es ist bemerkt worden, daß gewisse Tänze sich durch eine v e r z ö - g e r n d e   S c h r i t t a r t auszeichnen.

Das bekannteste Beispiel bildet die Echternacher Springprozession, die alljährlich am Pfingstdienstag in der luxemburgischen Stadt Echternach von Tausenden der Einwohner ausgeführt wird: Es ist dies eine Art von gesprungenem Prozessionsreigen, den die Bevölkerung, die Geistlichkeit voran, zum Grabe des heiligen Willibrord ausführt und der schon dadurch und durch das Umkreisen des Altars in der Kirche den Bezug zu altem sakralem Brauch zu erkennen gibt. Die Tanzenden, meist vier oder fünf in Straßenbreite, bewegen sich zum Takt der Musikkapellen, indem sie 5 Schritte vor und drei zurück machen (oder 3 Schritte vor und einen zurück). Die alte Form des Kettentanzes ist darin erkennbar, daß sich die Springer einander halten durch angefaßte Tücher.

Ein zweites Beispiel dieser Art bietet die spanische DANZA PRIMA, der berühmteste und ältesten Volkstanz der Provinz Asturien. Auch er wird an großen Heiligenfesten im Umkreis der Kirche des Ortes getanzt und nach den Heiligen benannt, an deren Festtagen er stattfindet: Danza de San Pedro, de San Pablo usw. Eigentümlich ist auch hier der verwendete Tanzschritt: Man steht im Kreis, Männer und Frauen in bunter Reihe, hält sich an den Händen und bewegt sich langsam von links nach rechts, jedoch in der Weise, daß 1 Schritt nach rechts vorwärts und 2 Schritte zurück gemacht werden; mit diesem Hin- und Herschwanken des

---

15) Ernst GROSSE, Die Anfänge der Kunst, 1894.

Körpers verbindet sich ein Schlenkern der Arme, die man regelmäßig im Takt ausstreckt und wieder sinken läßt.

Einen dritten Beleg bilden die Südslawischen Kolo., die zu Ehren des Gottes Swantewit um das Johannisfeuer ausgeführt werden: Wie bei der spanischen Danza Prima stehen auch hier die Tanzenden im Kreis und halten sich an den Händen: Auf drei rasche Schritte nach links folgt stets ein langsamer nach rechts. Dazwischen ein kurzer Stillstand, bei dem das rechte Bein dreimal nach dem Mittelpunkt des Kreises geschwungen wird. Der sakrale Bezug ist hier durch das Umtanzen des Johannisfeuers gegeben.

Rudolf SONNER deutet die drei Schritte v o r als auf den Sieg des Sommers, die Schritte zurück auf das Sich-wehren gegen den Verlust seiner Herrschaft. Damit wäre der sinnbildliche Inhalt der Verzögerung erklärt. Wir kommen noch einmal bei der Besprechung des Labyrinthtanzes darauf zurück.[16]

Es kann wohl nicht bezweifelt werden, daß der religiöse Gehalt dieser Tänze in seiner verzögernden Schrittart seinen besonderen Ausdruck findet: Es liegt nahe anzunehmen, daß dieses Zögern, mit dem die eben getanen Schritte gleichsam wieder zurückgenommen werden, die Empfindung der Demut gegenüber einer höheren Macht versinnbildlichen sollen. Auffallend ist die weite Entfernung der Fundorte dieser Erscheinung: Luxemburg, Südslawien, Spanien. Hier könnte der Fall zugegeben werden, daß an verschiedenen Punkten der Erde aus gleicher Ursache die gleiche Folge, die gleiche Tanzform und der gleiche Tanzschritt sich gebildet hätte. Endlich ist es aber auch das ekstatische Element bei allen diesen Tänzen, das auf die sakrale Grundlage deutet: Bei den Echternachern ist es die Ekstase, in die sie im Verlauf ihrer stundenlangen anstrengenden Prozession geraten, und bei der Danza Prima dafür die eigentümlichen Jauchzer (hi – ju – ju), in die der ganze singende Tanzchor ausbricht; auch wird berichtet, daß diese spanischen Tänze oft in blutige Schlägereien ausarteten und daher verboten wurden.[17] Ekstatische Tänze haben immer religiösen Sinn.

Der vor- und zurückschwingende Schritt kehrt als bezeichnendes formbildendes Stilelement in den Reigentänzen des Nordens wieder. Aber auch die katholische Kirche kennt ihn als sogenannten „Pilger-

---

[16] Rudolf SONNER, Musik und Tanz, Leipzig 1930, S. 66 und 302.
[17] Der sakrale Untergrund bei der Danza Prima kommt auch darin zum Ausdruck, daß sie als Kettentanz mit Lanzen ausgeführt wird, also vom Schwerttanz-Charakter ist.

schritt" und hat ihn beim Ministrieren und auch in gewissen Prozessionen in Übung erhalten. Diese Schrittart ist sicher älter als die katholische Kirche selbst und ist dadurch charakterisiert, daß ihr Vor- und Zurück in der Art eines spiegelbildartig abwechselnden Schrittschemas gebildet ist. Curt Sachs[18] führt ähnliche Parallelerscheinungen aus Nordamerika, Indien und Indochina an. Auf den magisch-kultischen Sinn dieser Schrittart geht Sachs nicht ein, aber auch er gibt zu, daß sie „gewiß nicht ohne geistigen Sinn, rein spielerisch entstanden seien". Er denkt dabei an „astrale Motive" und erinnert an den Brauch in Neu-Irland, wo das Vor- und Zurück der Tänzer das Auf- und Untergehen des Mondes bedeutet, wobei sich die Aufgangstelle aber „nach dem Vorbild des Mondlaufes dauernd verschieben muß". Keine Andeutung finde ich bei Sachs darauf, daß die baskischen Kettentänze besondere Figuren von dem ersten und dem letzten Tanzpaar verlangen.[19] Sachs aber hat eine erste Zusammenfassung der verstreuten ethnographischen Berichte seiner Zeit gegeben, indem er versuchte, die bekanntgewordenen Tänze der Naturvölker nach ihren Bewegungen, nach Stoffen und Typen, nach ihren Formen und ihrer Musikbegleitung zu systemisieren. Dies stellt eine große, anerkennenswerte, einmalige Leistung dar, die Sachs im Interesse der Tanzforschung unternahm, ohne daraus ethnologische Schlüsse zu ziehen.[20]

Es ist eine der auffallendsten Erscheinungen in der vergleichenden Tanzwissenschaft, die Tatsache, daß man den guten alten BANDLTANZ – den unsere Alpenbewohner gleichsam wie eine lokalhistorische Eigentümlichkeit pflegen – auch auf den Kanarischen Inseln in genau der gleichen Weise ausgeführt sehen kann: Um einen aufgerichteten Stamm tanzen die Burschen und Mädchen, indem sie die am Stamm befestigten farbigen Bänder in den Händen halten und zu verschiedenen Verschlingungen bringen. Aber nicht nur auf den Kanarischen Inseln, auch in Nordspanien, in den Pyrenäen ist der „Bandltanz" daheim. Er soll auch vor mehr als hundert Jahren in Mexiko getanzt worden sein. Selbst auf prähistorischen Felsritzungen aus der Bronzezeit des Nordens scheint er nachgewiesen: Findet sich dort auch der bei Almgren in Abb. 70 gegebene Typus des „Maibaumes" mit herabhängenden Bändern.[21]

18) Sachs, a.a.O., S. 119. Richard Wolfram, Deutsche Volkstänze, Leipzig 1937. Mit dem Schritt zurück wird der Langtanz auf den Faröern begonnen.
19) Wolfram, a.a.O., S. 19ff.
20) Sachs, a.a.O., S. 119.
21) Oscar Almgren, Hällristningar och Kultbruk, Stockholm 1927.

Wir haben es hier offenbar mit einer Parallelerscheinung zu der sogenannten europäisch-asiatischen Gebirgsmusik zu tun, deren Wesen in dem Vorkommen des Jodelns und des mehrstimmigen Volksgesanges liegt. Dies ist aber offenbar eine uralte Kulturerscheinung, die in den Alpen, in den Pyrenäen (und von dort auf die gebirgigen Kanarischen Inseln), aber auch in den Karpathen, im Kaukasus und im Altai in gleicher Weise zuhause ist, nicht minder in Skandinavien. Es bestehen hier offenbar uralte, übernationale Kulturzusammenhänge und zu den Erscheinungsformen, in denen sich diese europäisch-asiatische Gebirgskultur manifestiert, gehören allem Anscheine nach auch gewisse Tanzformen, wie unser „Bandltanz". Es wäre ganz falsch, derlei Erscheinungen, wie die Mehrstimmigkeit des Volksliedes oder die Aufführungsformen charakteristischer Tänze lediglich vom ästhetischen Eindruck des modernen Kunstbetrachters aus anzusehen: Wir haben es hier mit folkloristischen Objekten von höchster Bedeutung zu tun. Ist doch der älteste Beleg für den Tanz um den Maibaum in einer vorgeschichtlichen Pyrenäenhöhle mehr als zehntausend Jahre alt.

Der norwegische Forschungsreisende und Musik-Ethnologe Christian LEDEN (aus Sakshaug, Norwegen) hat durch seine Forschungen über die Musik der Naturvölker die Tatsache bestätigt, daß jeder Menschenrasse ihre eigene Ausdrucksweise, ein besonderer Rhythmus und B e w e g u n g s h a b i t u s eigen ist, was in ihrem ganz eigentümlichen Tanzen und Singen zum deutlichsten Ausdruck kommt und daß danach Musik und Tanz je nach Volksstamm unterschiedlich sind. „Dasselbe Lied, von Menschen ganz verschiedener Rasse gesungen, wird auch ganz verschieden klingen. Ebenso wird derselbe Tanz, von Menschen ganz verschiedener Rasse ausgeführt, ganz anders aussehen."[22] Es ist klar, daß sich die ethnologische Fragestellung hier wesentlich berührt mit der physiologischen nach den Grundlagen des Tanzes überhaupt. Den Bewegungshabitus eines Volkes feststellen, heißt zugleich ein wichtiges Glied seiner Eigenart an seiner Wurzel erfassen.

Daß hier auch neue Einsichten in die Verwandtschaft von Völkern gefunden werden können, ist nicht zu bezweifeln. LEDEN selbst hat durch Vergleichung der Singweise und der Bewegungsart eine Verwandtschaft zwischen den Eskimos und nordamerikanischen Indianern festzustellen vermeint. „Die Bewegungsart ist nämlich so tief im Physiolo-

---

22) Christian LEDEN, Die Musik der Naturvölker (in: *Forschungen & Fortschritte*, Berlin 1934), S. 306.

gischen verankert, daß sie, wie E. von HORNBOSTEL gesagt hat, die Jahrtausende überdauert und den Umwelteinflüssen widersteht."
Tanz und Tanzgebrauch sind konservativer als manche andere Lebensäußerung eines Volkes. Sie können daher auch nicht ganz „in dem Masse durch Fremdeinflüsse überdeckt werden, wie dieses sonst auf allen Gebieten menschlicher Betätigungen und Äusserungen der Fall ist".[23] Die Tanzformen einer Nation ändern sich aber, wenn sich das Leben der Nation grundlegend ändert. Solche Kulturwellen zu verfolgen, zu illustrieren, ist vielleicht keine Lebensäußerung geeigneter als der Tanz. Wie tief solche Fragen in die Beurteilung der Wesenheiten und Besonderheiten einer Nation eingreifen können zeigt der Streit, der sich speziell um den Tanz der germanischen Vorfahren entsponnen hat: hatte doch Andreas HEUSLER in seinem Werk: „Altgermanische Dichtung" allen Ernstes den Germanen weder Dichtung noch Tanz zuerkennen wollen.[23a]

Eine besondere Betrachtung erfordern die aus der Fremde nach Europa gekommenen Tanzarten. Bekanntlich sind wiederholt auch orientalische Kulturwellen herübergeflutet, die auch auf den Tanz Einfluß genommen haben. Es ist absolut möglich, daß das Vordringen der Araber im Süden Europas sich in gewissen spanischen Tänzen bemerkbar macht, auch zur Ausbildung der Moreska und vielleicht auch zur Umbildung der spanischen Liebestänze beigetragen hat. In solchen Fragen wird auch die vergleichende Musikwissenschaft, deren ethnologisches Interesse ja seit langem wach ist, zur Klärung beitragen können, da gerade sie, durch Aufdeckung und Untersuchung der orientalischen Einflüsse auf den Volksgesang (in Spanien und auf Sizilien), aber auch durch die Musik der Balkanvölker, für den Tanz dieser Nationen aufschlußreich sein kann.

Hierzu wäre es interessant zu untersuchen, wieweit modisch importierte Tänze bei einem Volk sich eingebürgert haben, oder nach kurzer Zeit abgelehnt wurden.

Die Entwicklungsgeschichte des europäischen Tanzes lehrt, daß der P a a r t a n z , dessen Ursprünge wir offenbar im Dienste eines magischen Fruchtbarkeits-Ritus suchen müssen (worauf auch manche Indizien selbst noch im heutigen Volkstanz hindeuten), allmählich zu einem

---

23) Erich RÖHR, Zur Tanzforschung und Volkskunde (in: *Mitteldeutsche Blätter für Volkskunde,* 9. Jahrg., Leipzig 1934, S. 139).
23a) Andreas HEUSLER, Altgermanische Dichtung, 6 Heft, 1924.

Mittel des bloßen geselligen Vergnügens geworden ist, bei dem die Tanzenden die Freude für sich vorwegnehmen, ohne Rücksicht darauf, wie ihr Tanz auf die Zuseher wirkt.

Darin gehen aber die Sitten der Völker auseinander. Schon Fr. Th. Vischer hat bemerkt, daß „die Italiener darin immer noch antiken Sinn bewahrt haben, daß mehr für die Zuschauer getanzt wird" und „alle romanischen Völker darin, daß sie mehr auf die Grazie, als auf unmittelbaren Genuß sehen".[24] Wird nun diese Frage, die natürlicherweise auch gestellt werden muß, zum Vergleich der Sitten verschiedener Völker gebraucht, so wird gewiß auch sie wertvolle Unterschiede in der Psyche der Völker aufdecken helfen. Hierbei berühren sich die ethnologischen mit ästhetischen Interessen.

Ein Hauptvertreter der vergleichenden Musikwissenschaften im ersten Drittel unseres Jahrhunderts, der Wiener Universitätsprofessor Dr. Robert Lach, hat in seiner richtunggebenden Studie „Die vergleichende Musikwissenschaft, ihre Methoden und Probleme"[25] auf den engen Zusammenhang und die gegenseitigen Bedingtheiten zwischen der vergleichenden Musikwissenschaft und der Ethnologie hingewiesen und betont, daß die erstere ohne die letztere überhaupt nicht denkbar sei. Und ganz genau so liegen die Verhältnisse für die Tanzforschung. Ohne die Kenntnis eines Volkes, mit Sitte, Wesensart, Temperament usf. ist das Verständnis seiner Tänze nicht möglich, denn ebenso wie die Musik, ja vielleicht noch mehr, ist der Tanz ein Spiegelbild nationaler Eigenart, Sitte und Gewohnheit und man bedarf der Erkenntnis dieser seiner Nationaleigenschaften, um Wesen und Charakter der Volkstänze, Form und Zeitmaß derselben zu begreifen. Hier müßte eine intensive Kleinarbeit einsetzen, die vorerst einmal die Eigentümlichkeiten der Volkstänze wissenschaftlich festlegt, bevor man an einen Versuch der Darstellung größerer Zusammenhänge oder gegenseitiger Beeinflussung gehen könnte.

Die Zusammenhänge zwischen Ethnologie und Tanz können freilich leicht zu Fehlschlüssen führen. So erscheint es mir nicht evident, daß, wie Sachs behauptet, der Tanz eines Volkes umso ruhiger ist, je mehr es „von der Pflanzenkultur bestimmt" ist, und „desto springerischer, je eindeu-

---

24) Friedrich Theodor Vischer, Ästhetik, oder Wissenschaft des Schönen, Reutlingen 1846–57, S. 833.
25) Robert Lach, Die vergleichende Musikwissenschaft, ihre Methoden und Probleme (in: *Sitzungsberichte der Akademie d. Wissenschaften Wien*, phil.hist. Klasse, Band 201, Wien 1924), S. 14.

tiger es in der vaterrechtlich-totemistischen Reihe steht".[26] Denn die Beispiele, auf die er sich hierbei stützt, lassen auch eine andere Erklärung zu. Wenn „der extrem-weitbewegte Springtanz mit geringen Ausnahmen in Ost und Süd-Ostasien fehlt" so hat dies wohl eher historische Ursachen, resp. solche der Kultur-Geographie, einer Lagerung, die die Beeinflussung durch eine mächtige, kulturell hervorragende Geisteshaltung des einen Volkes auf empfängliche Nachbarvölker mit sich brachte. Handelt es sich doch in dem von SACHS hervorgezogenen Falle im wesentlichen um die Ausbreitung des von Indien ausgegangenen ernsten, besinnlichen und auf höchster künstlerischer Stufe angelangten Tanzes des Erlebnisausdruckes, der sich wesentlich in Gebärden- und Handtanz dokumentiert, über Birma, und Indonesien (Java!), der „wilde, weitbewegte Springtänze" kaum neben sich duldet. Gewiß wird es, wie SACHS meint, Sache der Anthropologen sein, solchen „Zusammenhängen von Bewegungscharakter und Kulturentwicklung nachzugehen" und die tieferen und wahren Gründe für die Bevorzugung weitbewegter Springtänze oder engbewegter ruhiger Tanzarten aus der kulturellen Entwicklung abzuleiten.

Das japanische Tanzdrama NO ist vielleicht indischer Herkunft. Nach den Ausführungen von Sylvain LÉVI[27] scheint NO eine japanische Parallele zum Tanzdrama der Javaner und also wie diese indischen Ursprungs zu sein. Die kulturellen Beziehungen Japans zu Indien und Indonesien sind noch nicht genügend geklärt. Mit buddhistischem Glauben und buddhistischer Lehre könnte das NO wohl durch buddhistische Wanderpriester nach Japan gelangt sein. Wie LÉVI genauer ausführt, beruht die Parallele mit dem Tanz auf Java darauf, daß auch im NO alles Individuelle aus dem Tanz verbannt ist und das Unpersönliche und Symbolische (das für den indischen Geist so charakteristisch ist) vorherrscht: Die Maske verdeckt Gesicht und Mienenspiel, die Stimme wird in ein ungewöhnliches Register gehoben, die Bewegungen sind fest geregelt und gestatten nicht die geringste Abschweifung, die Sprache ist archaisch versteinert und schließt alles Profane aus. Auch kennt die Szene keinerlei Dekoration, im Gegensatz zu der Pracht der Kostüme, die Aktion ist von hieratischer Einfachheit, alle Bewegungen von ruhiger, bewußter Würde. Die Parallele mit dem berühmten Tanz der Java-

---

26) SACHS, a.a.O., S. 23.
27) Sylvain LÉVI im Vorwort zu dem Buche von T. B. van LELYVELD, La danse dans le théâtre javanais, Paris 1931, S. III f.

ner liegt scheinbar auf der Hand und LEVI schließt mit der offen bleibenden Frage nach der eigentlichen Herkunft und verweist auf ein Zeugnis direkter Verbindung zwischen der japanischen Bühnenkunst und Indochina: nämlich auf einen gegen 750 in Japan eingeführten sakralen Tanz, der aus Lin yi d.i. dem heutigen Annam, stammt, in den Tempeln und am Hofe getanzt wurde und in Japan lebendig blieb. Einer seiner vier Teile ist der KALAVINKA, d.h. Tanz der Schmetterlinge. Sylvain LÉVI (der diesen Tanz selbst im Tempel des Nishi Hongwanji zu Kyoto gesehen hat) gibt davon folgende Beschreibung: (nach DEMIÉVILLE) „Elle (la danse) est exécutée par quatres enfants portant un diadème où sont fichées des fleurs; des ailes sont fixées a leur dos, et ils frappent de petites cymbales de bronze pour imiter la voix de l'oiseau légendaire". Ich darf aus der von LÉVI zitierten Stelle noch die Vermutung DEMIÉVILLE's, der Indochina aus eigener Erfahrung gut kannte, hierhersetzen: „Peut-être n'est-il pas interdit d'établir un rapprochement entre cette danse composée, semble-t-il, par un Chinois qui put apprendre des artistes du Founan (Cambodge) et celles de la Kinnari exécutées de nos jours au Cambodge et au Siam."

Es ist beobachtet worden, daß nahe beieinander wohnende Stämme primitiver Völker oft ganz verschiedenartige Tänze haben; so fallen die einfachen Tänze der Binnenlandstämme der Arepapon und Iku auf Neuguinea gegenüber den hervorragenden und mannigfaltigen Tänzen der Monumbo auf. Schon VORMANN[28] hat beobachtet, daß jene beiden Stämme sich auch dadurch von ihrer nächsten Umgebung unterscheidet, daß ihnen die Sitte fremd ist, daß die Männer ihr Haupthaar zu einem Schopf mit dem Haartrichter aufstecken. Leider fehlt auch hier eine genaue Beschreibung der Tänze an sich.

Hingegen hat der Missionar G. PEEKEL[29] in Lamekot die wichtigsten Tänze auf der Südsee-Insel Neu-Mecklenburg (Neu-Irland) als aus einer gemeinsamen Vorstellung und gemeinsamem Kult hervorgegangene religiöse Tänze erkannt und als spezielle Mondtänze festgelegt. Hier liegt ein wirkliches Ergebnis der vergleichenden Tanzforschung vor, und es hat sich dabei weiter gezeigt, daß nicht nur die als solche bezeichneten Mondtänze selbst hierher gehören, sondern auch tiernach-

---

28) P. Franz VORMANN, Tänze und Tanzfestlichkeiten der Monumbo-Papua, Deutsch-Neuguinea (in: *Anthropos*, Band 6, Jahrg. 1911), S. 417.
29) G. PEEKEL, Religiöse Tänze auf Neu-Irland (Neu-Mecklenburg) (in: *Anthropos*, 26. Band, Jahrg. 1931, 3.4. Heft).

ahmende Tänze, wie der Haifischtanz, der Eulentanz, ferner der „Tanz der Eheleute", die Geistertänze, endlich auch die mehrfachen Arten des Nashornvogeltanzes, die PEEKEL schon früher (in der Festschrift für Wilhelm Schmidt 1928) als LANG-MANU beschrieben hatte.

Daß die reiche Ausbeute an Tanzgebräuchen für die Ethnologie noch ein reiches Feld weiterhin bietet, bestätigt eine der umfangreichsten Darstellungen des Gegenstandes, nämlich die wertvolle Studie von W. D. HAMBLY über die Tänze der Naturvölker und ihre Bedeutung für die s o z i a l e   E n t w i c k l u n g[30]. Der Autor erhebt dort, unter Berufung auf eine frühere Arbeit von T. WHIFFEN[31] die Klage: „Life in the danse tropical forests of the Amazon is a fruitful field for ethnological research, for the people, partly on account of their hostility to strangers, partly by reason of their elusive habits, have never been studied with the same thoroughness as primitive peoples of Africa, New Guinea and Australia."

Charles HOSE weist im Vorwort zu HAMBLY's Studie auf das große Interesse hin, das aus der Vergleichung der Tanzsitten und Tanzformen für den Ethnologen entsteht, da es deren doch so viele gibt, die bei einander räumlich entfernten und unter sich unverwandten Völkern gemeinsam sind: „it's remarkable how much there is in common between disconnected races in this respect". Er verbindet diese Probleme mit der wichtigen Grundfrage, ob der primitive Mensch ursprünglich in einer isolierten Zone wie Südafrika auftrat und sich von dort her über die Erde verbreitete, oder ob er sich mehr oder weniger simultan entwickelt hat.[32] HAMBLY selbst klagt mit Recht darüber, daß die Ureinwohner von Tasmanien ausgerottet wurden, bevor man ihre Tänze aufgenommen und studiert hatte. In der Tat sind wir in bezug auf diese besonders kunstvoll ausgeführten tiernachahmenden Tänze der Tasmanier auf die spärlichen Berichte älterer Reisender, wie James BONWICK[33] angewiesen. Das Tanzgut und die daraus für die vergleichende Völkerkunde und Kulturgeschichte zu gewinnenden Folgerungen sind damit für immer verloren gegangen.

Wie unzureichend die bisherige Beschäftigung der Volkskunde mit

---

30) W. D. HAMBLY, Tribal Dancing and Social Development, London 1926, S. 126.
31) T. WHIFFEN, The North West Amazons, London 1913, S. 157.
32) W. D. HAMBLY, a.a.O., S. 5 und S. 222.
33) James BONWICK, Daily Life and Origin of Tasmaniens, London 1870.

dem Tanz ist, betont schon Erich RÖHR (Berlin).[34] Ausgehend von der Tatsache, daß sich im Tanz „der Gestus eines Volkes als eine vererbbare Bewegungsgewohnheit und Bewegungsfreudigkeit" äußert, bemängelt er mit Recht, daß sich die Volkskunde meist bloß mit der „musikalischen und der Bewegungsform" der Volkstänze befaßt und sich mit der Kenntnis dieser beiden Momente begnügt hat. Damit allein aber läßt sich „noch nichts über das Tanzen selbst aussagen, d.h. über die Sphäre in der ein Tanz entsteht und die den Tanz auf Grund vielfältiger funktionaler Zusammenhänge von Einzelerscheinungen bedingt." Das sind die Landschaft, in der getanzt wird, der Ort, die Jahreszeit und die Musik, zu der man tanzt.

Aber auch dabei dürften wir nicht stehen bleiben. Daß der Musik, als dem am deutlichsten erfaßbaren Träger des Rhythmus und des Verlaufs eines Tanzes größere Bedeutung zukommt als etwa dem Tanzplatz, ist klar. Neben diesem und der Jahreszeit sind aber andere Indizien nicht minder bedeutsam: So die Tageszeit, ob am Tage oder in der Nacht getanzt wird. Sodann der Anlaß oder die etwa noch erkennbare Bestimmung des Tanzes (ob er eine Beschäftigung nachahmt, als Arbeitstanz, oder einen Vorgang der Natur, etwa einen tiernachahmenden Tanz. Die dabei verwendeten Tanzgeräte (Waffen, Stäbe, Keulen, Fackeln, Spiegel, Blumen) u.a., sowie die Frage der Gewänder, des Kostüms und des Schmuckes – alles dieses kann von wesentlicher Bedeutung für das Bestimmen eines Tanzes sein. Das Schweizer Archiv für Volkskunde hat in seinem Fragebogen auch Fragen über Tänze im Detail aufgenommen (Anlaß, Namen, Tanzplatz, Tanzordner, Musik, Tanzspiele der Kinder).[35] Damit war ein Anfang gemacht. Viel Verständnis für den Gegenstand zeigte Karl KLIER,[36] als er „Zwölf Fragen zur Sammlung von Volks-Tänzen" aufwarf, deren Beantwortung er den Volkstanzsammlern zur Pflicht machte und dabei auch die Mitteilung des Tanzliedes und die genaue Tanzbeschreibung forderte. In der in Berlin errichteten Zentralstelle für Volkstanz versuchte man den Grund zu einer vollständigen Erfassung des deutschen Volkstanzes zu legen, wobei auch den ethnologischen Erfordernissen Rechnung getragen werden sollte.

---

34) Erich RÖHR, Zur Tanzforschung und Volkskunde (in: *Mitteldeutsche Blätter für Volkskunde*, Leipzig 1934), S. 137.
35) Schweizer Archiv für Volkskunde, Band 31.
36) Karl Magnus KLIER (in: *Das deutsche Volkslied*, Zeitschrift, Wien 1931, 33. Jahrgang).

Ich selbst habe die Vorarbeiten zu meiner Arbeit über die „Taktwechselnden Volkstänze" dazu benützt, mir ein, wie ich hoffe, vollständiges „Zwiefachen-Archiv" anzulegen, in das ich nicht nur die große Anzahl der oberpfälzischen Zwiefachen mit ihren lokalen Varianten aufgenommen, sondern – soweit sie die bisherige Literatur bekannt gemacht hat – auch die nach allen Seiten, nach Österreich, der Schweiz, Schwaben, dem Elsaß, Böhmen und Mainfranken vorgedrungenen Entlehnungen und Umformungen mit eingetragen habe. Die Grundlage für den Hauptstock dieser Sammlung bot mir, neben der allerorts verstreuten Literatur, vor allem die 20-bändige handschriftliche Sammlung, die auf die Bemühungen von Franz X. OSTERRIEDER von Sammlern und Musikern seiner Bekanntschaft zusammengetragen und von ihm der Bayerischen Staatsbibliothek in München ins Eigentum übergeben wurde. Da diese 20 Bände mitten aus der Pflege des taktwechselnden Volkstanzes heraus entstanden sind, ist anzunehmen, daß dieser Sammlung kaum ein wichtiger Typus jener merkwürdigen Erscheinung entgangen sein dürfte.

In Deutschland wurde mit einer Volkstanz-Geographie begonnen, im besonderen, um die Frage der räumlichen Verbreitung, sowie die der eigentlichen Heimat und Wanderung und Assimilierung einzelner Tänze zu erforschen. (So die Forschungen von Raimund ZODER und Richard WOLFRAM zu diesem Gebiet.)[37]

Auch die Erscheinung der sogenannten „Korrelationstänze" ist eine merkwürdige Tatsache, weil dort, wo der eine Tanz auftritt, der andere fehlt. So hat Karl HORAK beobachtet, daß das alpenländische „Hiatamadl" und der „Strohschneider" solche Korrelationstänze sind, die sich gegenseitig aus dem Weg zu gehen scheinen. Die Gründe für dieses sich gegenseitig Ausschließen dürften wohl die vergleichende Stammeskunde interessieren.

37) Raimund ZODER, Der Spinnradltanz (in: *Sudetendeutsche Zeitschrift für Volkskunde*, 11. Jahrgang, Prag 1938, S. 138). Richard *Wolfram*, Salzburger Volkstänze (in: *Zeitschrift für Volkskunde*, Wien 1933). Landkarten über Vorkommen und Verbreitung von deutschen Volkstänzen sind erschienen: im Atlas der Pommerschen Volkskunde (Greifswald 1936) herausgegeben von Karl KAISER, über Kegel und Kegelquadrille. In Raimund ZODER und Joachim MOSER Deutsches Volkstum im Volkstanzspiel und Volkstanz, 1938, mit 3 Karten über „Hiatamadl-Strohschneider", Verbreitung der „Siebensprünge" und Verbreitung der „Zwiefachen". Bei Karl HORAK, Der Tanz in der schwäbischen Türkei (Deutsches Archiv für Landes- und Volksforschung, 2. Band, 1938) für den „Siebenschritt", den „Neubayrischen", die Patschtänze und den „Nonnentanz". In Viktor JUNK, Die taktwechselnden Volkstänze, Leipzig 1938, über die „Zwiefachen".

Was die Naturvölker betrifft, so muß man von dem, was die Essenz ihres Stammeslebens ausmacht, nämlich vom Tanzbrauch, viel genauere und eingehendere Kenntnis zu gewinnen trachten, als dies bisher im allgemeinen der Brauch war. Es werden sich dann auch weitergreifende ethnologische Schlüsse ziehen lassen; so konnte beobachtet werden, daß ekstatische (Krampf-) Tänze nur bei den Schamanenvölkern vorkommen[38]: „der Krampftanz tritt auf, wo Priesterwürde und Kraft magischen Wirkens in die Hände des Zauberdoktors, des Medizinmannes gelegt ist." Eines ist gewiß: je weiter vorgeschritten die Zivilisation ist, desto verschleierter werden die Wurzeln des Tanzes. Bei den naiven Naturvölkern läßt sich diese Wurzel leichter erkennen als auf höherer Basis des kulturellen Fortschritts. Nach CRAWLEY's Ansicht befindet sich der Tanz gerade in den mittleren Kulturstadien einer Nation auf seiner höchsten Entwicklungsstufe.[39] OESTERLEY findet dies bestätigt bei den Israeliten, da bei ihnen, trotz des Kulturfortschritts, noch manche der alten Riten und Gebräuche erhalten geblieben sind: Der Blick ist zugleich zurück in die Vergangenheit und vorwärts in die Zukunft gerichtet.[40] Aus eben diesem Grunde geht OESTERLEY auch bei der Betrachtung des sakralen Tanzes eben von den Israeliten aus, obwohl gerade bei ihnen nicht alle Formen des Sakral-Tanzes belegt sind (vgl. hierzu den Artikel Vergleichende Religionswissenschaft, S. 128).

Einen bedeutsamen Hinweis auf ethnologische Zusammenhänge dürfte die Erforschung der eigentlichen national-ungarischen Volkskunst ergeben, die an Hand der Sammlertätigkeit der Musik-Ethnologen Bela Bartok und Zoltan Kodaly begründet wurde, so daß der Begriff „ungarische Musik" aus dem Begriff der Zigeunermusik gelöst wurde und als etwas ganz anderes, wirklich Autochthones festgestellt werden konnte. Das Fehlen jeder Kadenzierung in der Zigeunermusik, die doch ein Hauptcharakteristikum der abendländischen Musik ist, und der damit zusammenhängende Mangel eines entschiedenen Abschlusses der Periodenbildung (innerhalb einer rhythmisch nicht deutlich gegliederten Melodik in der halbtonlosen Fünfton-Skala), also das Fehlen gerade jenes wichtigen Moments, das erst den für den Tanz unerläßlichen strengen Rhythmus ermöglicht, zeigt, daß hier, nach europäisch-abendländischen Begriffen, eine Hauptvoraussetzung für

---

38) SACHS, a.a.O., S. 14 f.
39) CRAWLEY in James HASTING, Encyclopaedia of Religion and Ethics, Vol. X.
40) OESTERLEY, a.a.O., S. 9.

geregeltes rhythmisiertes Tanzen umgangen ist, und sich Züge erkennen lassen, die auf die Herkunft aus einem asiatischen Kulturkreis hinweisen.

Es macht den Wert und das große Verdienst des Buches von Curt SACHS aus, daß er seine Darstellung, hauptsächlich im ersten Teil, das denkbar reichste ethnologische Material zugrunde gelegt hat. Wir können nur hoffen, daß künftige Ethnologen und Reiseberichterstatter auf dieser Grundlage weiter verfahren und das Wichtigste über den Tanz, seine Schritte und Bewegungen vordringlich beobachten.

Die Forderung nach einer wissenschaftlich erarbeiteten „Ethnologischen Choreologie" bleibt demnach bestehen: Sie wurde auch mit berechtigtem Nachdruck schon von HÖLTKER[41] aufgestellt. Er erwartete sich von ihr speziell für die Aufhellung der strittigen Frage nach den Ursprüngen und der Entwicklung des primitiven Dramas Aufschlüsse und Klarstellungen. Da der Tanz selbst in der materialistischsten Auffassung, rein physiologisch genommen, als rhythmische Reflexbewegung seelischer Spannungen angesehen werden muß, so ist anzunehmen, daß das dem Drama zugrunde liegende innere Erlebnis einem religiösen oder religiös-magischen Gefühlskomplex angehört, dessen Wesen bei primitiven, naiven Völkern leichter und sicherer nachzuweisen sein wird als bei fortgeschrittenen, wo es sich schon hinter differenzierten kultischen Formen und Riten verbirgt.

Es ist überaus dankenswert, daß schon ein Forscher vom Range Georg HÖLTKER's das Fehlen einer solchen ethnologischen Choreologie als ein wissenschaftlich wichtiges Desideratum erklärte.

---

41) P. Georg HÖLTKER (in seiner Anzeige des Buches von K. Th. PREUSS, Der Unterbau des Dramas in den Vorträgen der Bibliothek Marburg VII, Leipzig 1930. In: *Anthropos*, Band 26, 1931).

Statt einer Einleitung zum folgenden Kapitel

(Diesen Brief vom 2.4.1948 konnte mein Vater nicht mehr bearbeiten, da er am 5.4.1948 verstarb. Anm. der Herausgeberin.)

MARTIN GUSINDE   den 2.IV.48
Wien-Laxenburg
Schloßplatz 15

Verehrtester:

Durch Postkarte habe ich Ihnen wenigstens ganz kurz den Empfang Ihres Manuskriptes bestätigt. Sofort habe ich jene Kapitel durchgelesen, die meinem Fach besonders nahe kommen. Erlauben Sie mir bitte folgende wohlgemeinten Bemerkungen, die ich Ihnen zum Vorteil Ihres Werkes glaube machen zu dürfen.

Das Kapitel 5 zeigt sehr viel Stoff auch aus der eigentlichen Volkskunde (= Folklore). Vielleicht wäre es klug, die Überschrift etwa zu formulieren: Völkerkunde *mit Volkskunde* und Tanzwissenschaft.

S. 255 [= 123] schreiben Sie: es sei der „Tanz als die älteste rituelle Form der Anbetung, der Gottesverehrung bei den Naturvölkern anzusehen..." (gemäss REVILLE). Mit dieser Deutung wird sich die Ethnologie nicht einverstanden erklären. Denn bei keinem der heute lebenden ältesten Völker (= den sog. Urvölkern) verbindet sich mit ihrer Religionsübung irgendwelche Form des Tanzes; obwohl die meisten dieser Urvölker eine grössere oder geringere Zahl von Tänzen kennen. So erinnere ich nur an die Feuerland-Indianer & die Bambuti-Pygmäen im Osten des Belgischen Kongo; über beide Völker habe ich selbst ausführlich berichtet.

S. 256 [= 123/124] heisst es: ..„Durch tanzende Nachahmung der Tierbewegungen geschah die Verehrung & Anbetung der Tiere..." Auch dieser Deutung wird sich heute kein Ethnologe mehr anschliessen. Die eben erwähnten ältesten Naturvölker (= Urvölker), vor allem die altertümlichen Alt-Australier, Feuerland-Indianer, Kongo-Pygmäen veranstalten dergleichen Tänze <u>allein</u> zu ihrer eigenen Unterhaltung, Belustigung & geistigen Anregung; jedesmal ausserhalb ihrer religiösen Betätigung, auch ohne Rücksicht auf Jagden oder Hungersnot, was wohl bei totemistischen Völkern üblich ist.

S. 257 [= 124/125]: Die Deutung der Tätigkeit eines Medizinmannes erscheint mir als zu wenig genau. Es ist richtig: bei deren Tätigkeit fehlt häufig der Tanz nicht; aber entscheidend für ihr Wirken ist das autosuggestive Sich-Versetzen in den Bereich des Übersinnlichen. Vielleicht kann Ihnen m. einliegende kl. Abhandlung einige Dienste erweisen.

S. 203 [= 110] fehlt die genaue Quellenagabe: HÖLTKER ?

Bis jetzt hat mir die Lesung Ihres Manuskriptes viele Freude gemacht; ich werde jetzt auch die anderen Kapitel vornehmen. Hoffentlich gelangt Ihr inhaltsreiches Manuskript bald zur Drucklegung & ich werde dazu mit allen Kräften stossen!

Ihnen alles Gute und freundliche Grüsse. Ihr ergebenster

(Martin Gusinde)

6. Kapitel

Tanzforschung und vergleichende Religionswissenschaft

Es besteht kein Zweifel, daß zwischen der vergleichenden Religionswissenschaft und der Tanzforschung sehr innige Beziehungen in bezug auf die Schilderung und Erklärung der geübten Vorgänge bestehen. Und es kann im Hinblick auf den magisch-kultischen Urgrund primitiver Tanzübung keine dieser beiden Disziplinen ohne die andere zu vollkommener Klarheit des Gegenstandes kommen. Alle primitiven Religionsübungen, sei es das Mysterienwesen, die Initiation, der Frühlingskult usf., weisen auf den Tanz hin, der einen Hauptbestandteil des religiösen Ritus bildet und beruhen in den meisten Fällen auf ihm. „Der Tanz ist die erste, wichtigste, am häufigsten und am energischsten geübte Kunst der Primitiven, die ihr ganzes Wesen in Anspruch nimmt, die körperlichen wie die seelischen Funktionen aufs höchste steigert, bei den Mitwirkenden, wie bei den Zuschauern Erregung, ja Begeisterung weckt."

Leopold von SCHROEDER[1] hat in seinen Werken überzeugend das Wesen der religiösen Zaubermacht und der magischen Kräfte, die im Tanz liegen, umschrieben. Er kommt bei der Beschreibung und Erörterung der dramatisierten Mysterienspiele der Vorzeit zu dem Schluß: Die Beziehungen des Tanzes zur Religion werden dann besonders deutlich, wenn neben der Naturverehrung seit Urzeiten der S e e l e n k u l t , eine der Wurzeln religiöser Gedanken und Gefühle, wie auch praktischer Religionsübung in Kultus und Ritus war. Daher gab es und gibt es neben den Festen des Lebens im Herbst und Winter auch die Totenfeste, bei denen die Abgeschiedenen als „Leben und Fruchtbarkeit wirkende Geister" gedacht werden.

Der Glaube an das Seelenheer, das zu bestimmten Zeiten als „wilde Jagd" in Wind und Sturm den Feldern und Fluren Fruchtbarkeit bringt, berührt eine der Wurzeln dieses primitiven, religiösen Empfindens und ihm gemäß werden die dämonischen Gestalten des Seelenheeres in mimetischen Darstellungen verehrt: in Tiergestalten, in furcht- und schreckerregenden Masken, als waffentragende Krieger, als mänadisch erregte Frauen, tanzend und schwärmend. Nach dem Volksglauben

---

1) ·Leopold von SCHROEDER, Mysterium und Mimus im Rigveda, Leipzig 1908.

bewirkt dies eben, daß die segenbringenden Seelen zu gleichem Tun und Wirken veranlaßt werden. Von jenen Umzügen der Fruchtbarkeitsdämonen hat schon MANN-HARDT[2] für ganz Mitteleuropa charakteristische Beispiele gegeben, darunter auch manche, die schon Ansätze zu dramatischer Gestaltung zeigen.

Auf die Wurzeln des Seelenkultes lassen sich auch die Waffentänze der Krieger zurückführen: die der römischen Salier, der kretischen Kureten, der phrygischen Korybanten, das Gefolge der großen Mutter Kybele; die Tänze der indischen Maruts, ursprünglicher Seelenführer, die zu Sturmgöttern geworden sind. Sie erscheinen uns tanzend bei den indischen Opferfesten u.z. als Gefolge des, gleichfalls tanzenden Gottes Indra. Hierher gehören auch die germanischen Waffentänzer, die wir als Schwerttänzer in Deutschland, England und Skandinavien kennen und deren magisch-kultische Bestimmung außer Zweifel steht. Und, wie schon angedeutet, sind zu diesen Fruchtbarkeit bewirkenden Halbgöttern und Dämonen die männlichen Tanzgruppen der Satyrn, Silene und die korinthischen Tänzer in Griechenland, an ihrer Spitze die Scharen von Dionysos, zu zählen, in Indien die Gandharven, sodann die nordischen Julböcke und die ihnen entsprechenden Gestalten deutscher Umzüge und Tänze. – Neben diesen allen die weiblichen Tanzgruppen der griechischen Mänaden ebenso wie die weiblichen Heere des Rudra in Indien. Aus dem Zweck und Ziel dieser Tänze, Fruchtbarkeit zu erwirken, sowohl in der Natur, als auch für die menschliche Generation, erfolgt auch, daß die Tänze oft einen so hoch erotischen Charakter annehmen.

Wie nahe wir mit diesen Erörterungen an die Entstehung des primitiven Dramas hingelangen, hat unser 3. Kapitel gezeigt.[3]

Die Anbetung und tänzerische Verehrung des Sonnengottes, resp. der jungen Sonne bei den Frühlingsfeiern, in den Walburgen, den Trojaburgen als den geheiligten Tanzplätzen, desgleichen der Morgenröte, der griechischen Eos, der indischen Ushas, der lettischen Sonnenjungfrau Saules meita, des lettischen Sonnengottes Uhsing usw. zeigen wiederum, wie nahe und ursprünglich religiöse Kultübung und Tanz

---

2) Wilhelm MANNHARDT, Wald- und Feldkulte, 2. Aufl. Berlin 1904/5, 2. Band.
3) Kleine mythische Dramen sind auch mit den Waffentänzen, wie im „Schwertfechterspiel" zu Clausthal im Harz und dem Schwerttanzspiel auf der Shetlandinsel, Pap Store, verbunden.

zusammenstehen. In diesen Tänzen zu Ehren der Sonnengöttin sucht der Mensch die magische Wirkung dadurch zu steigern, daß er die Tanzbewegung im Sinne des Sonnenverlaufes selbst verfolgt, d.h. im Kreise nach links – wie die Schweden ausdrücken „med sols" – „motsold – mitsonners". So auch im Tanz auf den Faröern, bei der Carole und andern auf Sonnenmagie abzielenden Kulttänzen.

Für das uns am nächsten liegende Gebiet muß hier ganz besonders an die Beziehungen erinnert werden, die zwischen gewissen Tanzbräuchen und dem *Geisterglauben* bestehen, wie wir sie in den Schwert- und Tresterertänzen im Zusammenhang mit den Männerbünden und der Initiation, zuletzt durch die grundlegenden Forschungen von Richard WOLFRAM kennengelernt haben. Er hat gezeigt, daß die Schwerttänze und ähnliche, mit diesen zusammenhängende Bräuche, wie das Schönbartlaufen, Schemenlaufen in Mitteleuropa, speziell auch in den Alpenländern von Männerbünden gepflegt werden, deren Angehörige nach besonderen Riten initiiert worden sind und daß jene Riten bei der Ausführung der Tänze selbst noch deutlich gemacht werden. Zu diesen Aufnahmeriten gehören: Rasieren, Zahnziehen, Töten und Wiedererwecken. Diese vier Riten werden bei vielen Schwerttänzen tatsächlich auch mit vorgeführt. (Man denkt hier natürlich sofort an die Aufnahmeriten bei den Initiationszeremonien außereuropäischer Völker.) Auch haben jene Männerbünde unserer Heimat ihre eigene Gerichtsbarkeit, die besonders streng gegen Verräter des Bundes geübt wird.

Deutlich ausgeprägt ist hier die Beziehung zum Totenreich, zu den Seelen der Verstorbenen, als solche sich die Schwerttänzer selbst empfinden.[4] Im Salzburgischen bezeichnen sie sich als das Gefolge des im Untersberg schlafenden Kaisers Karl und erklären nach dem Spiel, sie gingen jetzt wieder in den Untersberg zurück.[5] Dr. WOLFRAM sieht auch in den Bezeichnungen „Schemen, Schönbartlaufen" die Definition als Schemen-Geister. Auch sind die Mitglieder dieser Männerbünde im Besitze esoterischen Wissens, gewisser Geheimnisse, die andern, Nicht-

---

4) Professor Friedrich Röck berichtete gelegentlich eines von Prof. WOLFRAM gehaltenen Vortrages über die Schwerttänzer zu Imst in Tirol, daß die Tänzer erklärten: „Mir seind die alten Imster", d.h. die verstorbenen Imster, die an der Fruchtbarkeit des Bodens und dem Ergehen der Nachkommen das größte Interesse haben und daher als Geister wiederkommen und die alten Zeremonien ausführen. Ein deutlicher Hinweis auf das Geisterwesen sind übrigens schon die weißen Kleider (Hosen) der Tänzer.
5) P. J. LAMBOOY, Het mutileeren der tanden bij de Soembameezen (in: *De Macedonier*, 1926), S. 140.

eingeweihten, nicht preisgegeben werden dürfen.[6]
Bei der von Dr. WOLFRAM berichteten Zeremonie des Zahnziehens, für die eine nähere Erklärung noch aussteht, darf man vielleicht an die merkwürdige Sitte der Zahnverstümmelung denken, die uns von den Initiationsriten außereuropäischer Völker, speziell afrikanischer Negerstämme, aber auch aus Indonesien berichtet wird. Schwerttanz als Zauber gehört auch zu den Pflichten des Medizinmannes auf Borneo und andernorts. Auch an die magische Wirkung des Samer, d.i. des Säbeltanzes der Beduinen, der Syrier und der Moslem in Palästina darf erinnert werden. Er wird bei Hochzeiten geübt und bewirkt den Schutz des neuvermählten Paares. Die Wichtigkeit des sakralen Tanzes hat OESTERLEY zu der Forderung gedrängt: „Its extreme importance in the eyes of early man, who regarded it as indispensable at all the crisis of life ... shows that it is a subject worth investigating, though the domain it occupies is but a modest one in the great sphere of the history of Religion..."[7]

Trotzdem ist Vorsicht bei Schlüssen geboten. Deshalb, weil bei den Pygmäen, die bei uns als älteste Völker gelten, der Tanz oft in gar keiner Beziehung zur Religion steht, sondern bloß dem Vergnügen dient, darf man nicht, wie B. VROKLAGE, den Zusammenhang von Religion und Tanz leugnen und sich zu der Annahme versteigen, daß z.B. bei den Javanern diese Verknüpfung erst viel später erfolgt sei.[8]

Es ist daher klar daß vor allem schon die Frage nach dem Ursprung des Tanzes sehr bedeutend in das Gebiet der Religionswissenschaft hineinreicht, umso mehr, als man heute ziemlich allgemein annimmt, daß zum mindesten bei den Naturvölkern alle profanen Tänze ursprünglich sakrale gewesen seien. So hat es E. DURKHEIM[9] ausgesprochen, und auch B. ANKERMANN[10] erkennt den Tänzen der Naturvölker einen ursprünglich

---

6) Dieser, ursprünglich sicher weit verbreitete Bünde-Gedanke liegt wohl auch den studentischen Korporationen zugrunde, die ja auch gewisse Aufnahmeriten kennen. Die wichtigste Parallele scheint mir in der Annahme eines neuen Namens zu stehen, sowie in den Mutproben: Mensur.

7) William OESTERLEY, The Sacred Dance, a Study in comparative folklore, Cambridge 1923, S. 29, Einleitung S. 1.

8) B. VROKLAGE in der Anzeige von LELYVELD's De Savanske Danskunst, Paris 1931 (in: *Anthropos*, 1933).

9) E. DURKHEIM, Les formes elementaires de la vie religieuse, Paris 1912, S. 544.

10) B. ANKERMANN, Die Religionen der Naturvölker (in: Berthelot-Lehmann's *Lehrbuch der Religionsgeschichte*).

magisch-religiösen Zweck zu. Im Gegensatz hierzu erklärte Nathan SÖDERBLOM[11] alle diese Tänze als aus dem bloßen rhythmischen Trieb des Menschen hervorgegangen, wobei ihm dann erst später andere, profane oder sakrale Zwecke und Motive unterlegt worden sind. P. Leopold WALK[12], der auch diese Frage aufgeworfen hat, hält beide Möglichkeiten für gegeben. Da der Tanz die „Ausdrucksbewegung gesteigerter Gefühle, religiöser, wie profaner" ist, so mag auch für den primitiven Menschen es „schon Tänze geben, die der kultischen Verehrung überirdischer Mächte, und solche, die dem irdischen Vergnügen und der Erholung dienen" und fügt hinzu: „ein überzeugender Gegenbeweis steht jedenfalls bis heute aus".

Curt SACHS[13] freilich erklärt sich die Anfänge des menschlichen Tanzes ganz anders, im „Schimpansentanz", im „lustvollen Reigen im Kreis um einen feststehenden Gegenstand", den er als „Urbesitz der Menschheit von ihren tierischen Ahnen her" übernommen sehen möchte.

Es wird an sich wohl kaum jemals zu entscheiden sein, welches die Ursprünge des Tanzes beim Urzeitmenschen waren. Verschiedene Ursachen können sich hier um die Berechtigung streiten, als letzter Urgrund angesehen zu werden: rhythmische Auslösung eines Überschusses an Kraft, also: motorische Entladung, lustvoller Bewegungsdrang, oder religiös-magisches Handeln, sei es Fruchtbarkeit und Segen heischend, also im Kult begründet, sei es als Dämonenabwehr, also rein apotropäisch gegen Lebende oder Verstorbene, oder im Ahnenkult, oder endlich in der Anbetung des höchsten Wesens, als Gottesverehrung, in rhythmischer Bewegung ausgedrückt.

Neben die rein äußerlichen Herleitungsversuche von SACHS stellen sich andere idealferne Anschauungen, wie die Auffassung von K. GROSS, der im Tanz lediglich ein berauschendes Bewegungsspiel erblickt, das „wie andere narkotische Mittel den Zauber besitzt, uns dem Alltagsleben zu entreissen und in einer selbstgeschaffenen Traumwelt hinüber zu führen."[14] G. STUMPFL legt im Hinblick auf die Frage nach den Wurzeln des Tanzes besonderes Gewicht auf die Macht der Ekstase, die auch im ländlichen Brauchtum als Bewegungszauber und Vegetationsmagie

---

11) N. SÖDERBLOM, Das Werden des Gottesglauben, 2. Aufl. Leipzig 1926, S. 165, A. 13.
12) L. WALK, Initiationszeremonien und Pubertätsriten der südafrikanischen Stämme (in: *Anthropos* 1928, Band 23).
13) SACHS, a.a.O., S. 142.
14) K. GROSS, Spiele der Menschen, 1899, S. 112.

noch vielfach zu erkennen ist: „Die Kraft der ekstatischen Besessenheit, die zur vollständigen Identifizierung mit den dargestellten Dämonen führt."[15]

Eine edle und ernste Form des Bewegungszaubers konnte man in Indien sakral stilisiert im Opferbrauch fortlebend feststellen[16], aber auch in ihrer Art in Europa, in den Bewegungen der „Seises" beim Gottesdienst in der Kathedrale von Sevilla. Auch von hier führen die Wege der weiteren Entwicklung zu den Vorstufen des Dramas. In seinem Schlußwort betont WALK mit Recht, daß Initiationszeremonien und Pubertätsriten ein Stück Mysterienkult der Naturvölker darstellen, dessen Elemente wir in den Mysterien der Kulturvölker wiederfinden. „Nur wenn wir bis an diesen Ursprung zurückgehen, wird sich uns der letzte Sinn der antiken Mysterien erschließen. Der kulturhistorisch gerichteten vergleichenden Religionsforschung tut sich da ein weites Feld verheissungsvoller Forschungsarbeit auf. Und wieder im christlichen Mysterium der sakramentalen Gnadenspendung begegnen uns Bruchstücke dieser Elemente."[17]

Zu diesen formalen Bestandteilen der christlichen Mysterien gehören aber auch jene hieratischen Bewegungen in den Formen der katholischen Messe, die schon Fr. Th. VISCHER[18] als einen Rest des ursprünglichen liturgischen Tanzes erkannt hatte: „Hier wurde das Begräbnis, die Aufsuchung des Leichnams durch die Frauen, die Auferstehung, durch vorgeschriebene Gänge nach bestimmten Teilen der Kirche, Stellungen, Bewegungen dargestellt, wovon jetzt nur noch ein abgekürztes Hin und Wiedergehen, Verneigen usw. am Altar übrig geblieben ist." Es ist jedoch bekannt, daß dies nicht immer so gewesen ist und daß es in den ersten christlichen Kirchen feierlich erhabene Tänze in größerer Ausdehnung und mit deutlicher ausgeprägtem pantomimischen Charakter gegeben hat.

Der Kirchenvater Gregorios Thaumaturgos († 270) soll diese heiligen Tänze und Pantomimen eingeführt haben, die des Nachts im Chorraum der Kirche vor sich gingen. Eine Vorstellung von der Art dieser Tänze erhalten wir durch die Schilderung der noch am Ende des 17. Jahrh. in

---

15) STUMPFL, a.a.O., S. 112.
16) L. von SCHROEDER, Die Vollendung des arischen Mysteriums in Bayreuth, München 1911, S. 12.
17) WALK, a.a.O., S. 966.
18) VISCHER, a.a.O., S. 833.

der Kirche St. Léonard zu Limoges üblichgewesenen Reigentänze zum Gesang der Psalmen. Und zwar wurden diese Tänze von den Klerikern selbst ausgeführt. Die Kirche aber nahm bald, seit dem 5. Jahrh. ganz energisch dagegen Anstoß.[19] Im Jahre 573 wurden auf der Synode von Auxerres die Kirchentänze verboten, ebenso an der Pariser Synode für die Priester. An drei Orten durften Tänze nicht mehr stattfinden: In den Kirchen, auf den Friedhöfen und bei Prozessionen. Ähnliche Synodalverbote erfolgten zu Bayonne 1300, Narbonne 1551, durch Papst Innozenz III. im Jahre 1210. Auch das Basler Konzil nahm scharf Stellung. Trotzdem erhielten sich diese Kirchentänze durch das ganze Mittelalter hindurch und blieben trotz Verboten und Strafen unausrottbar. In Frankreich fanden sie seit dem 13. Jahrh. namentlich an bestimmten Heiligenfesten, an St. Nikolaus und Katharina, statt. In Besançon tanzten die Geistlichen zu Ostern, auch bei Prozessionen, namentlich hinter einhergetragenen Madonna-Statuen; aus Piemont ist uns ein Beispiel dafür belegt, daß im 16. Jahrh., zur Primiz eines jungen Priesters in der Kirche getanzt wurde. Im Jahre 1667 beendete das Pariser Parlament auch diese Tänze, aber noch aus dem Jahre 1682 bezeugte der Jesuitenpater MENESTRIER, daß in mehreren Kathedralen Frankreichs, namentlich beim Osterfest, die Domherren und die Chorknaben sich bei der Hand faßten und tanzten, während sie zugleich Danklieder sangen. In Limoges in der Kirche San Martial tanzte zur Osterzeit der Bischof mit dem Klerus im Gottesdienst die sogenannte „Pilota", einen recht weltlich anmutenden Tanz, dessen Rhythmus und Bewegungen dem Kugelspiel entlehnt sein sollen.

Aus Deutschland fließen die Quellen spärlicher, doch waren Kirchentänze auch hier üblich, gleichfalls noch im 17. Jahrhundert. So wurde noch 1617 in Köln bei Eheschließungen in der Kirche das sogenannte „Lehenschwinken" getanzt, dessen sozial-juridische Bedeutung war: sich in das Lehen einzutanzen. Es ist dies ein alter deutscher Tanz, wahrscheinlich verwandt mit dem „Mailehen"[20] der bekannten „Verlobung auf ein Jahr",[21] eine Sitte, die BÖHME noch im 19. Jahrhundert im Eifellande, am Rhein und in Litauen im Gebrauch fand. Hierher gehört auch ohne Zweifel der „Pomwitzeltanz", ein alter Kindertanz, der in der Stadt Hof in Bayern im 15. und 16. Jahrh. von den Kindern am Christtag

---

19) Tanzverbote auf den Konzilien von Vannes 465, Trier 1227, Soissons 1456.
20) Nach BÖHME, a.a.O., 1. Band, S. 165.
21) ERK und BÖHME, Deutscher Liederhort, 2. Band Nr. 965 und andere Belege.

um den Altar herum getanzt wurde, während sie das Lied „Josef, lieber Josef mein" dazu sagen.²²

Die Portugiesen kannten „kirchliche Ballette", die auf keiner festen Bühne, sondern im Rahmen großer Aufzüge (als sogenannte „ambulatorische Ballette") stattfanden. Auch in Böhmen dauerten die Kirchentänze bis ins 17. Jahrhundert. Am längsten erhielten sie sich in Spanien. Noch in unsere Zeit hinein kannte der Ritus der Mozaraber, deren Liturgie ja in vielen Punkten von der römischen abweicht, einen Tanz des messelesenden Priesters in einer Kapelle der Kathedrale von Toledo. Tänze in der Kirche wurden in Spanien im 16. Jahrh. geradezu wieder eingeführt. Der Kardinal XIMENES soll es gewesen sein, der die alte Gewohnheit, im Chor zu tanzen, wiederherstellte. Die Sitte hat sich in Spanien bis in unsere Tage erhalten, in dem bekannten und oft zitierten Tanz der „Seises", der „Sechse" vor dem Altar in der Kathedrale von Sevilla. P. MENESTRIER sah in Spanien und Portugal zur Osterzeit 1682 solche Kirchentänze der Geistlichkeit und der Chorknaben, zum Gesang von Freudenhymnen. Er selbst stellt (im Vorwort) diese ernsten, heiligen Tänze in Gegensatz zu den verdammenswerten Ausschreitungen skandalösen Tanzes, die „die Dummheit vor zwei oder drei Jahrhunderten eingeführt und die Ausschweifung so sehr verderbt hat", daß strenge geistliche Verbote dagegen erlassen werden mußten.²³ MENESTRIER selbst nahm ja, trotz seines geistlichen Standes zum Tanz eine ähnlich liberale Haltung ein wie ARBEAU und LUTHER,²⁴ hatte MENESTRIER doch selbst Ballette aufführen lassen und sogar solche selbst verfaßt, wie das 1658 getanzte „L'autel de Lyon", ferner „Les Destinées de Lyon" und „Le Temple de la Sagesse". Sein oben genanntes Buch ist übrigens die erste historische Darstellung der Entwicklung des Tanzes bis zu seinen Tagen.

Wie tief verwurzelt auch im germanischen Raum der Brauch der Kirchentänze war, ersieht man schon an der Fülle der Verbote: BONIFACIUS untersagte sie auf dem concilium germanicum 743. Einer der eifrigsten Eiferer gegen die Kirchentänze war CHRODEGANG, der Referendar von Karl Martell. Bekannt sind ferner die Verbote in denen die Art

---

22) BÖHME, a.a.O., S. 153 und S. 178.
23) Cl. Fr. MENESTRIER, Des ballets anciens et modernes selon les règles du théâtre, Paris 1682. Weiter: Chr. H. BRÖMEL, von den Tänzen und Gebräuchen der Heiden und ersten Christen, Jena 1701, und Festtänze der ersten Christen, Jena 1705; John Brande TREND, The Dance of the Seises (in: *Music and Letters*, 1921); Victor JUNK, Handbuch des Tanzes, S. 126–127 (unter 'Kirchentänze').
24) Martin LUTHER, vgl. dessen Kirchenpostille auf den 22. Sonntag nach Epiphanias 1530.

solcher altheidnischer Opferreigen schon als rein weltlich empfunden und daher mit wegwerfenden Ausdrücken stigmatisiert wird. So in den *Statuta Salisburgensia*, um 800, wo von „inlecebroso canticu et lusu saeculari" (offenbar also: profaner pantomimischer Spiele) bei Prozessionen gesprochen wird; oder in den *Statuta Bonifacii* aus dem Jahre 803, wo nach Kap. 21 weltliche Tänze und Tanzlieder der Mädchen in den Kirchen untersagt werden. „non licet in ecclesia choros secularium vel puellarum cantica exercere." Die Kapitulariensammlung des deutschen Benedictus Levita spricht, um 850, vom Kirchenbesuch an Sonn- und Feiertagen und bemerkt, daß dabei nichts zu geschehen habe, als uns der Gottesdienst vorschreibt: „illas vere balationes et saltationes canticaque turpia ac luxuriosa et illa lusa diabelica non faciat (populus) nec in plateis nec in domibus neque in ullo loco, quia haec de paganerum consuetudine remanserunt."

Resten dieser uralten zeremoniellen Altar-Umgehungen begegnen wir noch im Ritus der griechisch-orthodoxen Kirche bei den Hochzeitsbräuchen, bei denen der Pope das mit der goldenen Krone geschmückte Brautpaar und die Zeugen mehrmals um den Altar geleitet.

Alles hier erwähnte stellt ehrwürdige Reste einer ursprünglichen, wenngleich primitiven und einfachen Übung rituellen Charakters dar, deren Wurzeln in alter Verbundenheit leiblicher und seelischer Religionsausübung lagen. Die Loslösung von der alten Einheit, in der sich Gottesfeier und Brauchtum, Andachtsgefühl und Tanzbewegung, die Anteile von Seele und Leib befunden hatten, geschah durch die christliche Religion. Mit der Ausbreitung des Christentums fiel die alte Einheit „Mensch" in zwei getrennte Teile – Seele und Körper – auseinander. Fiel die Gottesverehrung der Seele allein zu, so entfernte sich der sakrale Tanz immer mehr von der Gottesfeier, er hörte auf, Bestandteil des Ritus zu sein, er wurde verweltlicht und zum gänzlichen Verschwinden gebracht.

Auf die Zusammenhänge des Tanzes mit dem Kult ist auch in fast allen tanzgeschichtlichen Werken Bezug genommen und besonders die zahlreichen Werke über den theatralischen Tanz haben, von MENESTRIER angefangen, dieser Beziehung ihr Augenmerk zugewendet. Eine exaktere Behandlung hat in neuerer Zeit der Londoner Vikar William O.E. OESTERLEY gegeben in seinem, von mir schon öfter zitierten Buch „The Sacred Dance, a Study in Comparative Folklore" (1923).

Der religiöse Hintergrund des apollinischen Tanzes im alten Hellas verblaßt mit dem Eindringen und Überhandnehmen der dionysischen

Lebensstimmung, die auf keinem Gebiete so deutlich zu beobachten war, wie auf dem des Tanzes. Werfen wir einen Blick auf die sakralen Kulte der Naturvölker so zeigen nach dieser Richtung hin die KAGABA-Indianer der Sierra Nevada de Santa Marta in Kolumbien einen bemerkenswerten Sachverhalt. Bei ihnen hat der Tanz wohl die überragendste Bedeutung für das religiöse Leben, die man sich nur denken kann. Die Kágaba kennen weder Gebet noch Opfer. An deren Stelle treten Gesang und Tanz (sowie Zaubersteinchen), „die sämtlich den Charakter einer zwingenden Einwirkung auf die Dämonen haben." Der Tanz ist, nach PREUSS[25] „die eigentliche religiöse Ausdrucksform für das, was der Kagaba erlangen will. Mag er Regen oder Sonnenschein haben wollen, Schutz gegen Krankheiten, Winde und Unwetter ... Erdbeben und Bergstürze: alles drückt er durch den Tanz aus." Wenn PREUSS bemerkt, daß in gewissen Fällen der Gesang auch allein eine solche magische Wirkung, solch zauberhafte Abwehr auszuüben scheint, so ist dieser Glaube wohl erst in der Gegenwart, wo die dazugehörigen Tänze in Vergessenheit geraten sind, entstanden. Denn wir erfahren an anderer Stelle, daß „zu jedem Gesang auch ein besonderer Tanz gehört." Er wird auch dort, wo er nicht mehr vorhanden ist, wenigstens im Liede erwähnt. Von ihm geht in erster Linie die Kraft der sakralen Wirkung aus. Aus den weiteren Darlegungen von PREUSS geht hervor, daß nur diesen heidnisch-religiösen Tänzen die erwähnte Zauberkraft zuerkannt wird, nicht aber den Tänzen bei den Kirchenfesten (der europäischen Missionare). Dafür spricht eine kleine, aber wichtige Besonderheit, ein scheinbar nebensächlicher Zug: bei diesen Kirchenfesten wird, ebenso wie sonst „bei lustigen Tänzen", also bei solchen, die nur der Unterhaltung dienen, die Flöte als musikalisches Begleitinstrument zugelassen, die bei den magischen Tänzen verpönt ist. Denn diese sind so heilig, daß sie bei den Kagaba an die Stelle dessen treten, was bei anderen Völkern Gebet und Opfer bedeuten. Man kann sich vorstellen, daß der stark sinnliche Klang der Flöte, wie auf uns Europäer, so auch auf die Indianer denselben Eindruck macht und bei ihnen, eben wegen seines weltlichen Charakters, bei den Kulttänzen nicht zugelassen wurde.

Damit wäre nun aber eigentlich der von WALK (s. S. 117) geforderte Gegenbeweis gegeben, daß der kultische Tanz die älteste und eigentliche

---

25) K. Th. PREUSS, Forschungsreise zu den Kágaba-Indianern der Sierra Nevada de Santa Marta in Kolumbien (in: *Anthropos*, 14–15, 1919–20), S. 1044.

Keimzelle der Orchestik ist. Ein Volk ohne Religion gibt es nicht und hat es wohl nie gegeben, zumal nicht eines, das auf so relativ hoher Kulturstufe steht, daß es pantomimische Künste kennt und diesen magische Kräfte zuschreibt. Wenn einem solchen Volk Gebet und Opfer unbekannt sind und durch Kulttänze ersetzt werden, so ist doch nur die einzige Annahme möglich, daß diese die älteste Form ihres Ritus waren; der umgekehrte Weg, daß Gebete und Opfer vorhanden waren, aber abgeschafft wurden, dem Tanz zuliebe, ist wohl kaum denkbar.

Wir werden also wohl, wie es auch RÉVILLE[26] tut, den Tanz als die älteste rituelle Form der Anbetung, der Gottesverehrung bei den Naturvölkern ansehen dürfen.

Hierzu kommt noch die große Rolle, die dem Tanz der Naturvölker als *magisch-apotropäisches Zaubermittel* zukommt: um die fremden Mächte in ihren Bann zu zwingen und feindliche Kräfte abzuwehren, sich willfährig und dienstbar zu machen, worüber die Literatur von den Naturvölkern eine unendliche Menge von Beispielen gibt. Dieses Moment spielt insbesondere bei den *Initiationstänzen* eine bedeutende, ja bestimmende Rolle: in diesen sakralen Tänzen handelt es sich um die Abwehr böser Dämonen, die den jungen Menschen beim Übergang in eine neue Stufe seines Lebens, nach primitivem Glauben, besonders bedrohen: den Jüngling beim Übergang in das Mannesalter, und das Mädchen bei Erlangung der geschlechtlichen Reife. Das Mittel der Abwehr bildet das Umtanzen des gefährdeten jungen Menschen. Zu den vielfach belegten zeremoniellen Kreistänzen der Naturvölker, durch die den jungen Menschen neue Kraft zugetanzt wird, treten die Beispiele solch magisch bewirkter Kraftüberleitung, wie das mystische Umtanzen des Adepten im Kybele-Kultus in der altgriechischen Thronosis. Ein ehrwürdiger Rest solchen Kultglaubens hat sich bis in die neue Zeit erhalten in der Umtanzung des neuen Doctor theologiae durch den Dekan und die Professoren, die, nach dem Bericht des „Rechschaffenen Tantzmeisters" von Gottfried TAUBERT im Jahre 1717, noch um 1700 vorgenommen wurde.[27]

In mannigfacher Hinsicht besonders lehrreich sind die tiernachahmenden Tänze, die sich bei den verschiedenen Völkern in den verschiedensten Spielarten finden und zu Hunderten bis heute erhalten sind. Durch Nachahmung der Tierbewegungen im Tanz geschah die

---

26) Albert RÉVILLE, Les religions des peuples non-civilisés, 1883, S. 251.
27) Vgl. SACHS, a.a.O., S. 48.

Verehrung und Anbetung der Tiere, ja bei den Völkern mit Totenglauben gehört das Nachahmen der Tiere im Tanz zum Ritus ihrer religiösen Gebräuche. Nach altem Totenglauben stammte der Ahnherr des Stammes von dem betreffenden Tier ab, so z.B. bei den PENAPE[28], deren „Fischtänze" besonders charakteristisch sind, bei den MEKEE[29] stammte er von der Taube, usw. Bei den Völkern ohne Totenglauben dagegen sind tiernachahmende Tänze kaum ursprünglich, sondern wohl eher von Nachbartänzen entlehnt.

Mannigfach sind die Berichte über Tänze, die zum Ritual der Schlangenverehrung gehören, deren Zweck aber zugleich ein Fruchtbarkeitszauber durch Regengewinnung ist. Hier besteht offenbar ein enger Zusammenhang mit dem Sonnenkult. HAMBLY,[30] der viele solche Tänze anführt, klagt darüber, daß die Beziehungen zwischen den wenigstens bei den Ureinwohnern Nordamerikas miteinander verbundenen Schlangen- und Sonnenkulten noch nie behandelt wurden.[31] Gerade die merkwürdige Art dieser Tänze, bei denen die Ausführenden lebende Schlangen (oder auch Frösche) zwischen die Zähne nehmen und mit diesen ihre Tempeltänze aufführen, könnte, wenn sie einmal gründlich von der tänzerischen Seite her behandelt würde, der Religionswissenschaft wichtige Aufschlüsse bieten.

Einen klaren Blick in die Zusammenhänge zwischen Religion und Tanz gewährt die Betrachtung der Tätigkeit der Medizinmänner und Schamanen, insofern diese nicht allein die Heilung der Kranken auf magische Weise unternehmen, sondern geradezu als Zwischenträger der Dämonen und Götter, ja als deren Inkarnation auftreten, in ihrem Namen wahrsagen usw. Zur Ausübung ihres Berufes aber gehört als ihre wichtigste und wirkungssicherste Tätigkeit der Tanz, der ekstatische, oft durch Narkotika verschärfte, bis zur Hysterie und völligen Erschöpfung getriebene Tanz. Dieser Kult ist bekanntlich am weitesten über die Erde verbreitet: von der Arktis bis zu den Dschungeln Indiens, über die Inseln des Stillen Ozeans bis nach Australien.

---

28) Auf einer der kleinen Karolineninseln im Stillen Ozean, vgl. HAHL Mitteilungen über Sitten und rechtliche Verhältnisse auf Penape (in: *Ethnologisches Notizblatt*, 1901, I).
29) Nach ihrem Stammesglauben besaß der Ahnherr der MEKEE die Fähigkeit, sich in eine Taube zu verwandeln. Er pflegte mit den Tauben zu tanzen und lernte so ihre Bewegungen.
30) Vgl. hierzu HAMBLY, a.a.O., S. 223 und S. 237.
31) Geschrieben 1947.

Der Medizinmann steht in unmittelbarer geistiger Verbindung mit den Dämonen, zwingt sie durch den Tanz, in seinen Körper einzugehen, und die pantomimischen Tänze, die er dabei ausführt, dienen dazu, der Gottheit gefällig zu sein. Er ist in seiner Art Mittler zwischen Gottheit und Mensch, zwischen der sichtbaren und unsichtbaren Welt, und das Mittel, dessen er sich zu dieser Vermittlung bedient, ist der Tanz. „A priest in embrye, one who learns the will of the gods and communicates to mortal men. He knows how to enter the holy of holies; and with confidence he may advance into the world of spirits while a trembling audience awaits his return and prophecy".[32]

Hat uns das Verhalten der Kagaba-Indianer in bezug auf die Verwendung der Flöte als Begleitinstrument bei stammechten und -unechten religiösen Tänzen einen Fingerzeig in unserer Frage gegeben, so weisen uns andererseits auch bestimmte, merkwürdige Tanzformen einen Weg, der zu ähnlichen Feststellungen führt.

Eine der auffallendsten Formen primitiver Tanzgebräuche scheint auf alte, wenngleich längst vergessene Beziehungen zur Religion hinzudeuten. Ich meine die bei vielen Naturvölkern anzutreffende Form des „Sitzenden Tanzes". Sie besteht darin, daß bloß der Oberkörper, die Arme und Hände, sowie der Kopf die Tanzbewegungen ausführen. Daß es sich hierbei nicht etwa um ein apartes Vergnügen handelt, lehren uns die „sitzenden Tänze" der Fidschi-Insulaner. P. Emanuel ROUGIER, der französische Missionar in Nailili (Rewa, Fidschi), der diese Tänze als erster etwas ausführlicher beschrieb[33], nennt den „Vakamalolo" den bildlichsten und vergeistigsten Tanz der Einwohner und deutet an, daß er der pantomimischen Nachahmung verschiedener Vorgänge und Themata dient, nach welchen sich die ausgeführten Bewegungen richten: sie sind rasch, oder langsam, je nach dem Gegenstande, denn die Bewegungen suchen das dazu gesungene Wort auszudeuten. So sieht man bei der Darstellung eines Fischfangs in jenem Tanz die Fische schwimmen, ins Netz ziehen, das Netz zurückziehen, die Fische herausnehmen, u.s.f. Es ist dabei wichtig zu hören, daß diese pantomimischen Tanzbewegungen erst beim Refrain des Liedes ausgeführt werden, vorher sitzt man still und hört zu. Sitzend wird bei den Fidschi auch der Keltertanz, genannt kava, ausgeführt. Die kava-Pflanze (piper methysticum) liefert den Ein-

---

32) HAMBLY, a.a.O., S. 264.
33) P. Emanuel ROUGIER, Danses et jeux aux Fijis, Iles de l'Océanie (in: *Anthropos*, Band 6, 1911), S. 466ff.

geborenen den eigentlichen Rauschtrank (den nur die Häuptlinge und Edeln trinken dürfen). Das Pressen der Wurzeln, das Filtrieren u.s.f. wird von einem „sitzenden" Tanz der Männer begleitet und zwar zu ernsten und traurigen Gesängen.

Bei den Insulanern auf Samoa gilt der „siva" als der eigentliche Nationaltanz; auch er wird sitzend ausgeführt und erst am Schluß tanzt die Vortänzerin allein auch mit den Beinen. Über Sinn und Zweck dieses Tanzes ist nichts bekannt geworden. Dasselbe gilt von dem eigentümlichen Tanz der Eingeborenen der Marschall-Inseln, der in kniender Stellung mit dem bloßen Oberkörper ausgeführt wird. Auch die Volksstämme der Semang und Plo auf der Halbinsel Malakka kennen einen sitzenden Tanz und einen stillstehend mit den Armen ausgeführten Armtanz der Weiber, der sich auf ein bloßes weich gerundetes Hin- und Herbewegen der Arme beschränkt und durch Wiegen des Oberkörpers unterstützt wird. Einen andern „sitzenden Tanz" sah schon Chamisso in der Südsee bei den Einwohnern auf Radack: abends, um ein hell loderndes Feuer herum führen sie ihre „sitzenden Liedertänze" auf, wie sie Chamisso nannte, die sie mit berauschender Freude erfüllten, die sich in orgiastischem Geschrei äußerte.[34] Leider ist auch über Sinn und Zweck dieser auffallenden Zeremonie nichts bekannt gegeben worden.

In allen diesen Fällen, die sich sicher noch weiter durch Beispiele und neuere Forschungen vermehren ließen, ist über die Bedeutung der eigentlichen Tanzzeremonie nichts ausgesagt. Doch scheint mir e i n Hinweis von Wichtigkeit zu sein, nämlich die Bemerkung, daß zu dem kava-Tanz der Männer ernste und traurige Gesänge angestimmt wurden.

Es scheint nämlich, daß uns die gleiche Tanzübung bei den Indianern des Ten-Stammes (im Tale Yukon, Alaska) die Erklärung an die Hand gibt. Jener Indianerstamm hält alljährlich sein Totengedenkfest ab, bei welchem, zum Gesang von Trauerliedern durch die Männer, sitzende Tänze der Frauen und zwar der Frauen allein, ausgeführt werden, die dazu in einem besonderen Kostüm erscheinen: sie tragen einen hörnerartigen Kopfschmuck, dem Geweih eines Rentiers ähnlich, mit Federn und Quasten behängt und mit zwei großen Adlerfedern besteckt, – außerdem einen Schal um die Schultern. Diese Frauen stehen, zu 6 oder 7 oder auch mehr in einer Reihe den musizierenden und singenden Männern gegenüber, bücken sich dann vorwärts und schwingen den

---

34) S. Richard WALLASCHEK, Anfänge der Tonkunst, Leipzig 1903, S. 219.

Oberkörper und die Arme, ohne die Beine zu rühren, mit einer ganz speziellen drehenden Bewegung, die der beim Teigkneten ähnlich ist. Diese einförmig wogende Bewegung dauert durch das ganze Trauerlied hindurch, nur am Ende stehen sie einen Augenblick still, um beim nächsten Lied die gleiche schaukelnde Bewegung auszuführen. Dies wird wochenlang die Nächte hindurch vorgenommen, wobei sich die erschöpften unter den Tänzerinnen durch andere Frauen ersetzen lassen dürfen.

Nun ist auch bei den Ten-Indianern der eigentliche Sinn des Tanzes offenbar längst aus dem Bewußtsein des Volkes verschwunden: Der ursprüngliche magische Sinn ist der gegenwärtigen Generation verloren gegangen: der Tanz wird, sofern er heute noch ausgeführt wird, nur mehr als alte traditionelle Stammessitte betrachtet. Daß er einen ursprünglich religiösen Sinn hatte, hat P. Julius JETTÉ, der darüber genau berichtete, wahrscheinlich gemacht,[35] indem er aus den begleitenden Liedworten den Schluß zog, daß man durch jene schaukelnde, wogende, knetende Drehbewegung offenbar die Wiederbelebung der Verstorbenen, denen ja die Festzeremonie gilt, magisch bewirken wollte. Neben vielen dunklen Ausdrücken in jenen Liedern begegnen darin Phrasen wie:

„Ich tanze auf seinen (ihren) Wunsch"
„Ich bringe ihn zurück auf die Erde"
„Ich mache ihn wieder gehen auf der Erde".

Aus diesen Worten geht wohl unzweifelhaft hervor, daß mit ihnen (und der zugehörigen Pantomime), die Seelen der Abgeschiedenen zu einer Re-Inkarnation gebracht werden sollten.

Nun erhebt sich sogleich die Frage, ob nicht auch der „sitzende Tanz" der Fidschi-Insulaner ursprünglich denselben Sinn und Zweck gehabt hat. Ist dies der Fall gewesen, dann erklären sich ohne weiteres die dazu gesungenen „ernsten und traurigen" Gesänge. Nachdem der alte – nicht mehr als solcher verstandene – Kulttanz auch zu praktischen Zwecken, wie zum Keltern des Kava, verwendet wurde, war dennoch die alte Tanzform und die dazu gehörige traurige Weise geblieben – genau so, wie bei den TEN-Indianern zu ihren unverstandenen traditionellen Tanzzeremonien am Totengedenkfest.

---

35) P. Julius JETTÉ, On the Superstitions of the Ten'a-Indians (in: *Anthropos*, Band 6, 1911), S. 711.

Und noch eines scheint dabei der Beachtung wert zu sein: Die Bemerkung nämlich, daß die wogende Bewegung jener sitzend tanzenden Frauen der Ten-Indianer dem Teigkneten ähnlich sei. Dürfen wir uns da nicht erinnern an die uralte Vorstellung vom Kneten des Menschenteigs, die selbst das biblische Bild von der Erschaffung des ersten Menschen beherrscht, den Gott aus Lehm geschaffen, mit eigener Hand geknetet hat? Ist es nicht hier wie dort der gleiche naive Gedanke von der Beseelung der toten Materie durch jene eigentümliche manuelle Arbeit von seiten des Weltschöpfers oder der, seine Tätigkeit mimetisch nachschaffenden, gleichsam in priesterlicher Funktion nachahmenden Frauen, die auf diese Weise die Verstorbenen wiederzubeleben vermeinen? Die Bildhaftigkeit des Gedankens ist so stark und tief, daß sich seiner auch die europäische Dichtung bemächtigt hat. Abgesehen von der geistlichen Poesie des Mittelalters erinnere ich nur z.B. an die gleiche Beschäftigung, die Richard WAGNER seinem heidnischen Gott WOTAN zuschreibt: „Knechte erknet ich mir nur" (Die Walküre 2. Aufzug). „Das Kneten mit den Schöpferhänden" beschreibt auch Ricarda HUCH von Gott in ihrem Gedicht „Gebet".[36]

Diese überaus wichtigen Zusammenhänge zwischen Religion und Tanz – Kult und Tanz, hat William OESTERLEY in seiner Monographie eingehend behandelt und das spezielle Problem des sakralen Tanzes wissenschaftlich ausgiebig erörtert.[37] Als gelehrtem Theologen und Vikar von St. Alban in London war es sein besonderes Anliegen, den sakralen Tanz in seinen Formen, wie ihn das griechische und das ägyptische Altertum kennt, auch für das jüdische Volk des Alten Testaments nachzuweisen. OESTERLEY hat viel Licht in diese Fragen gebracht, und speziell aus der post-biblischen Literatur ist es ihm gelungen, den Nachweis sakraler Tänze wirklich zu erbringen, wenngleich das Vorhandensein autochthoner sakraler Tänze für die ältesten Zeiten des jüdischen Kults auch durch seine Untersuchungen nicht einwandfrei sichergestellt, vielmehr nur als Analogie der anderen antiken Völker erschlossen wird. OESTERLEY hat hier mit großem Fleiß und bewundernswürdiger Belesenheit Parallelen aus andern Kulturüberlieferungen beigebracht, die einen

---

36) Ricarda HUCH, Alte und neue Gedichte, Leipzig 1920. „Das göttliche Kneten" hat eine Parallele in dem göttlichen Treten der chaotischen Urmaterie, wie es die altindische Kosmogonie über die Entstehung der Welt aus dem Chaos, durch einen wildgetretenen Tanz der Götter lehrt.

37) William OESTERLEY, The Sacred Dance, a Study in Comparative Folklore, Cambridge 1923.

Überblick über das ganze Problem ermöglichen, und sein Buch kann als Vorbild dafür gelten, wie solche Arbeiten wissenschaftlich angegriffen werden sollen. Das Thema selbst ist ja scheinbar unerschöpflich. So gründlich nämlich, wie OESTERLEY den Sakraltanz bei den Israeliten, den Semiten überhaupt und auch in der Antike behandelt hat, mit Seitenblicken auf das analoge Verhalten der Naturvölker, müßte es auch für die anderen Kulturnationen geschehen. Vor allem müßte daraufhin der Tanz der asiatischen Völker, der Inder und der von ihrer Kultur berührten umliegenden Länder untersucht werden, aber auch der kirchliche Tanz in Europa. Diese Arbeiten, in gleicher Gründlichkeit wie bei OESTERLEY, wären noch zu leisten, bevor das Problem des sakralen Tanzes wirklich als abgeschlossen gelten kann.

OESTERLEY führt den Gedanken aus:[38] So wie der primitive Mensch auf der animistischen Kulturstufe alles Bewegte (ein vom Wind bewegtes Blatt, das fließende Wasser u.s.f.) für belebt hält, und die ihm unbekannte und unverständliche Macht der Bewegung, die diese Belebtheit hervorruft, als etwas Göttliches verehrt, so dürfen wir auch annehmen, daß der Ursprung des sakralen Tanzes in den Versuchen lag, diese Anzeichen übernatürlicher Mächte nachzuahmen und damit zu verehren. Denn der Nachahmungstrieb steckt, so wie in jedem Kind als Individuum, auch in der Rasse im kindlichen, primitiven Kulturstadium. Diese Nachahmung dessen, was der primitive Mensch als das Charakteristische übernatürlicher Mächte bestaunte, ist für ihn zugleich das erste Mittel, sie damit zu verehren. Er bemüht sich also, ohne daß dies schon Tanz in unserem Sinn genannt werden darf, den Körper so zu bewegen wie die Zweige des Baumes, oder er ahmt in einem einfachen, kettenartigen Reigen einen Fluß nach, im weiteren dann selbst die vom Sturm aufgepeitschten Meereswogen. Das dem Menschen innewohnende rhythmische Bestreben führt ihn dazu, diese Bewegungen nach bestimmten Zeitmaßen auszuführen.

So weit der Gedankengang OESTERLEY's. Wir wollen vorsichtig sein und sagen, daß dies e i n e Wurzel des sakralen Tanzes oder des Tanzes überhaupt sei, aber wohl nicht die einzige. Dennoch werden auch wir RÉVILLE zustimmen, wenn er sagt: „The dance was the first and chief means adopted by prehistoric humanity of entering into active union with the deity adored. The first idea was in the imitation of the meas-

---

38) OESTERLEY, a.a.O., S. 13ff.

ured movements of the god, or at any rate what were supposed to be such".[39]

Die Frage, in welche MARETT, RÉVILLE und OESTERLEY hier[40] eingreifen, ob die Nachahmung der „gemessenen Bewegungen" der Gottheit das älteste oder ein schon weiter vorgeschrittenes Stadium der Entwicklung darstellen, hängt jedenfalls auch mit der Frage zusammen, in welcher Gestalt sich der primitive Mensch die Gottheit vorstellt, wie er sich jene übernatürliche Macht gestaltet denkt, die diese ihm unverständlichen Phänomene hervorbringt. Man sieht, daß selbst dieses erste Kapitel der vergleichenden Religionswissenschaft schon wichtige Aufschlüsse auch für die Tanzwissenschaft geben kann.

Daß aber der Tanz auf den Einfluß und die Verehrung übernatürlicher Kräfte zurückgeht, bestätigt der Glaube vieler Völker, daß sie den Tanz von den Göttern selbst gelernt haben:[41] so die Griechen, die Inder, die Ägypter, die Phönizier.[42]

---

39) Albert RÉVILLE, Lectures on the Origin and Growth of Religion as illustrated by the Native Religions of Mexico and Peru (1895), S. 224.
40) Robert R. MARETT, The Threshold of Religion (1909), S. 127. RÉVILLE, a.a.O., S. 251 und OESTERLEY, a.a.O., S. 17f.
41) Zu der hierhergehörigen Literatur vgl. noch J. E. HARRISON, Ancient Art and Ritual (1913).
42) Ein Mythos der Einwohner auf Tahiti besagt, daß TINIRAN, der König der Fische, ein übernatürliches Wesen, halb Mensch, halb Fisch, die Tänze erfunden, und sein Sohn, diese den Menschen gelehrt habe.

7. Kapitel

Sprachwissenschaft und Tanzforschung (Linguistik)

Der Zusammenhang von Wort und Sache wird sich in kaum einem anderen ähnlichen Bereich so ergiebig zeigen wie hier. Die Sprachwissenschaft ist uns zunächst ein Mittel zur näheren Begriffsbestimmung, auch für den Tanz und alles, was mit ihm zusammenhängt. Es ist hier vor allem wichtig zu sehen, was alles als mit dem Begriff des Tanzes identisch angesehen wird. Ich begnüge mich mit einigen charakteristischen Hinweisen.

Das altmexikanische Wort *cuica* bedeutet sowohl Singen als auch Tanzen – dasselbe ist der Fall bei den Botokuden, wo singen und tanzen mit demselben Wort bezeichnet wird.[1] Wir erinnern uns dabei, daß auch unser Wort Chor: das griechische chorus, ursprünglich den Tanzplatz bezeichnete.

Bei den Tarahumara-Indianern bedeutet das Wort *nolávoa* zugleich Tanz und Arbeit. Und so stark war die Bedeutung für das tägliche Leben, für das erwünschte Ergebnis der Arbeit, für das Wachstum der Feldfrucht: Während die Weiber auf dem Feld arbeiteten, mußte daheim ein Mann unaufhörlich tanzen, um den Flursegen zu erzielen.

In Malabar, wo die indische Form des Tanzdramas noch lange intensiv gepflegt wurde, werden diese Aufführungen mit *kuttu* bezeichnet. Das Wort kommt vom Sanskrit *kûrdanam* und bedeutet: „Tanz". Es nimmt also genauso wie das skr. *nâtakam* (von der Wurzel *nat* : tanzen) den Sinn von Drama, Schauspiel im allgemeinen an.

Das alte assyrische Wort für „Tanz", *rakâdu*, bedeutet zugleich auch „Freude". Es wirft dies ein Licht auf die Art des Tanzes bei den semitischen Völkern, denen religiöse Feste ja hauptsächlich Tage der Freude bedeuteten.

Bei den nordamerikanischen Omaha-Indianern hingegen bedeutet das Wort *watche* sowohl „Tanz" als auch geschlechtliche Vereinigung[2]. Und bei den Kágaba-Indianern der Sierra Nevada de S. Marta in Kolum-

---

1) N. Ehrenreich (in: *Zeitschrift für Ethnologie*, 1887, 19. Band).
2) Stephen H. Long, Account of an Expedition to the Rocky Mountains, Philadelphia 1823, Band I, S. 337.

bien hat das Substantiv *kala* nicht nur die Bedeutung „Tanz" sondern auch „Bein", es ist also offenbar von dem wichtigsten Ausführungsglied genommen; das Verbum für „tanzen" *kutzihi* aber bedeutet zugleich „durch schnelle Bewegung zauberisch binden oder fesseln".[3] In der Tat bezweckt ihr Tanz, der bei ihnen die Stelle von Gebet und Opfer einnimmt, die feindlichen Dämonen pantomimisch zu fesseln und von sich abzuhalten.

Wie wichtig es ist, auf die Etymologie der Bezeichnung für Tanzgebräuche zu achten, zeigt auch das folgende, aus der Fülle ähnlicher herausgegriffene Beispiel. Bei den Atxuabo in Mozambik wird die Gesamtheit der umfangreichen Riten und Zeremonien, die die Beschneidung der Mädchen und ihre sexuelle Aufklärung einschließen, mit dem Wort *otxétela* bezeichnet; dieses aber bedeutet etymologisch „betanzen". In der Tat besteht der Verlauf jener Zeremonien aus fünf großen Tanzgruppen, die sich zeitlich und inhaltlich auf die großen Ereignisse im Leben eines Mädchens beziehen: Eintritt der Reife, Heirat, Schwangerschaft, erste Entbindung. Dabei gelten Belehrung und Beschneidung nicht als die Hauptsache, sondern das Wichtigste ist das Betanzen, denn erst durch den Tanz wird die Kraft, die dem Stamm einen gesunden Nachwuchs schafft, gleichsam bereitgestellt und in die Mädchen hinübergeleitet.[4] Ein anderes Beispiel der Benennung der Initiationszeremonie für die Mädchen der Yao in Britisch-Zentralafrika ist der Ausdruck „being danced into womanhood".[5]

Sprachliche Etymologien können für die Zugehörigkeit, bzw. den Ursprung eines Tanzes aufschlußgebend sein. Dr. Dominik WÖLFEL, der sich mit den Tänzen auf den Kanarischen Inseln beschäftigt und mehrere aufgenommen hat, gab zu dem merkwürdigen, dort nicht mehr getanzten aber in dieser Gegend heimischen Springtanz, den *Tajaraste*, die etymologische Namensdeutung, die den mittleren Bestandteil des zusammengesetzten Wortes als das berberische *jaras* : „tanzen, springen" erklärt, und so das Wort ta - jaras - te deutet, also „das, wozu man tanzt", oder „das, wo man tanzt". Auf keinen Fall sei das Wort romanischen Ursprungs. Eine Bestätigung der afrikanischen Herkunft des Namens

---

3) K. Th. PREUSS, Forschungsreise zu den Kágaba-Indianern der Sierra Nevada de Santa Maria in Kolumbien (in: *Anthropos*, Jahrg. 1919–20, Band 14–15), S. 1046.
4) P. Michel SCHULIEN, Die Initiationszeremonien der Mädchen bei den Atxuabo (in: *Anthropos*, Jahrg. 1923–24, Band 18–19), S. 84 u. 101.
5) Alice WERNER, Native Tribes of British Central Africa, London 1906, S. 126.

erhielt diese Vermutung Dr. WÖLFEL's dadurch, daß man die Melodie der Tajaraste mit einer abessynischen Tanzmelodie identifiziert hat. Diese Tajaraste, ein von zwei Reihen einander gegenüberstehender Männer und Frauen ausgeführter Reigentanz, der sich in Sprünge auflöst, ist wahrscheinlich derselbe, den man in Spanien als „Canario" bezeichnet – eben weil er von den Kanarischen Inseln kam.[6]

Letzten Endes berührt sich die Frage nach dem *Ursprung der Sprache selbst* mit Überlegungen aus dem Gebiet der Mimik: mit dem dem Menschen angeborenen mimischen Mittteilungsbedürfnis. Dürfen wir annehmen, daß die Gebärdensprache älter ist als die Sprache in artikulierten Lauten[7], so liegt eben in diesem ersten, primitiven Mitteilungsbedürfnis, also einem Element der Mimik, das Mittel, das keiner Übereinkunft bedarf, weil es an sich schon allgemein verständlich ist.

Das Interesse des Sprachforschers an unserem Gegenstand beginnt bei der Etymologie und Bedeutung des Wortes „Tanz". Sie gibt und gab seit jeher zu Erörterungen Anlaß, die die Sache betreffen und zeigt zum erstenmale die im Verlauf der späteren Tanzgeschichte oft wiederkehrende Tatsache der modischen Beeinflussung des gesamt-europäischen Tanzgebrauches durch romanischen Einfluß.

Das romanische Wort für „tanzen" und „Tanz" ist ital. *danzare*[8] (wie DIEZ zum erstenmal zusammenstellte, für *dansare*, wie *anzare* für *ansare*) span. portugiesisch und provenzalisch *dansar*, französisch *danser*, walachisch *dentzui (saltare)* und das Substantiv Danza, La Danse usf. Das Wort hat bekanntlich einen wahren Siegeszug gehalten durch alle europäischen Sprachen: es hat als Modewort der feinen Gesellschaft alle andern in Europa gebräuchlichen Bezeichnungen verdrängt, nicht nur in den romanischen Sprachen, gleichwie im Deutschen, Englischen, Skandinavischen, Slawischen und Keltischen, ja sogar im Baskischen. Als Lehnwort aus dem Altfranzösischen ist es auch zu uns ins Deutsche gedrungen. Diese erste, von vielen Sprachforschern gestützte, von DIEZ aufgestellte Etymologie ist bekanntlich nicht unwidersprochen geblieben und es hat an anderweitigen Herleitungsversuchen nicht gefehlt. Drei dieser

---

6) Ich verdanke diese Hinweise persönlichen Mitteilungen, die mir Dr. WÖLFEL machte.
7) Vgl. hierzu Franz GRILLPARZER, Sprachliche Studien: „Vor aller Übereinkunft verständliche Zeichen ... sind nur die Gebärden. Die erste Sprache wird daher eine Gebärdensprache gewesen sein. Diese ist dem Menschen so natürlich, daß er noch jetzt unsere Wortsprache mit Gebärden begleitet."
8) Friedrich DIEZ, Etymologisches Wörterbuch der romanischen Sprachen, 5. Ausgabe Bonn 1887.

Versuche nahmen eine Ableitung aus dem Lateinischen an, u.z. Gottfried BAIST von lat. *demptiare*, und Wilhelm MEYER-LÜBKE von *dentiare*, J. CHESKIS von *de antea are*: „to step forward" (dem Vortänzer folgen, d.h. selbst tanzen).[9] Auf das fränkische Wort „danea" (Tenne), das einem mittel-lateinischen Verbum *danetsare* zugrundeliegen soll, führte es Friedrich KLUGE[10] zurück, der für jenes lateinische Verb die Bedeutung „tanzen" annimmt. Diesem Vorschlag schloß sich auch Fritz AEPPLI[11] an, der die vorgebrachten Deutungsarten einer gründlichen Erörterung unterzieht. Er erklärt *danser* als „ein höfisches, wesentlich literarisches Mode- und Wanderwort", das zum Ausgangspunkt seiner Expansionsbewegung doch am ehesten Nordfrankreich hatte. Jedenfalls ist es, so wie es vorliegt, „ein französisches Gebilde, das das Zeichen seiner Abkunft und Entlehnung in den übrigen (romanischen) Sprachen nach Lautung und Lebenskraft an der Stirne trägt". Da aber diese Wanderwörter an sich schon einen erheblichen Anteil germanischer Abkömmlinge aufweisen, so bleibt die Herleitung aus dem Germanischen für AEPPLI die wahrscheinlichste.[12]

Josef BRÜCH[13] leitet französisch *dancier*, von dessen germanischer Herkunft auch er überzeugt ist (schon weil es ursprünglich auf Nordfrankreich beschränkt war), von einem andern germanischen Grundwort ab, nämlich von dem nordischen *detta* aus älterem *dinta* [14], das im Norwegischen dialektisch als *denta*: „kleine Stösse geben" bedeutet, *dynta*: „kleine Stösse geben, mit kleinen Stössen gehen", isländisch *dynta*: „den Körper auf und nieder-bewegen", friesisch: *dintje*: „leicht zittern". Auf Grund dieser Etymologien und der Verwandtschaft des Niederfränkischen mit dem Friesischen nimmt BRÜCH nach dem Friesischen *dintje*

---

9) Gottfried BAIST (in: *Zeitschrift f. romanische Philologie*, Band 32. Wilhelm MEYER-LÜBKE, Romanisch-etymologisches Wörterbuch, Heidelberg 1916–20. J. CHESKIS (in: *Modern Philologie*, Vol. 14, 1917, Nr. 11).
10) Friedrich KLUGE, Etymologisches Wörterbuch der deutschen Sprache, 10. Aufl. Berlin 1924; und Deutsche Sprachgeschichte, 2. Aufl. Leipzig 1925.
11) Fritz AEPPLI, Die wichtigsten Ausdrücke für das Tanzen in den romanischen Sprachen (in: *Beiheft 75 zur Zeitschr. f. roman. Philologie*, Halle 1925).
12) W. MEYER-LÜBKE, Einführung in das Studium der roman. Sprachwissenschaft, 3. Aufl. Heidelberg 1920.
Vgl. auch A. NORDFELDT, Origine du mot danser, Uppsala 1931 (: *Studier i modern sprakvetskap*, Uppsala 1931).
13) Josef BRÜCH, Die wichtigsten Ausdrücke für das Tanzen in den romanischen Sprachen (in: *Wörter u. Sachen*, Heidelberg 1924).
14) Adolf NOREN, Altnordische Grammatik, 3. Aufl. Halle 1903.

ein fränkisches *dintjan* an, das über galloromanisches *dintiare* altfranzösisch *dancier* ergab.

Die übrigen romanischen Verwandten, ital. *danzare*, spanisch *dançar*, port. *dançar*, *dansar*, stammen aus dem französischen *dancier*, das dann als Lehnwort auch ins Niederländische und Deutsche eindrang. Aus dem Mittelhochdeutschen fand das Wort dann auch in die slawischen Sprachen Eingang.

Das hochdeutsche Wort „Tanz" hieß früher auch mit richtigem Anlaut „Danz". Es entspricht dem althochdeutschen schwachen Verb *dansôn* „ziehen, dehnen", das selbst wieder dem starken Verb *dinsan* abgeleitet ist (gotisch *thinsan*, Praet. *thans*). Auch das englische *dance* müßte, hätte es rein lautgesetzliche Entwicklung genommen, mit *th* anlauten. Aber es ist ebenfalls Lehnwort aus dem Romanischen, in das es ja – eine Ironie sprachlicher Wechselbeziehungen – eben aus dem Germanischen gekommen war. Die Steigerung des anlautenden *d* zu *t* ist an einem Lehnwort weiter nicht verwunderlich.

Das zugrundliegende hochdeutsche Zeitwort *„ich dinse, dans, wir dunsen, gedunsen"* ist, wie die Belege in den Wörterbüchern zeigen, ein dem Mittelhochdeutschen ganz geläufiges Wort, und zwar in der Grundbedeutung „ziehen", dann „schleppen, reissen, tragen". Ebenso wird das nach den Ablautgesetzen dazugehörige Substantiv „der duns"[15] mit lat. „tractus" glossiert, wozu noch das Deminutiv *„daz dünsel"* kommt, ein Wort aus der Flößersprache zur Bezeichnung eines zum Ziehen des Floßes dienenden Requisits.[16]

Das ältere hochdeutsche Substantiv *„der dans"* oder *„danz"*, das gleichfalls im Ablautverhältnis zum Verb *„dinse, dans, dunsen"* steht, muß ursprünglich gleichfalls die Bedeutung „das Ziehen" gehabt haben,[17] konnte sich aber offenbar neben dem damit fast gleichbedeutenden „duns" nicht halten und ging uns verloren, nachdem es seine Funktion erfüllt hatte, als Fremdwort im Französischen weiterzuleben. Wir werden auch in der niederdeutschen Form „danz" nicht etwa einen Rest davon erblicken, denn auch das niederdeutsche Wort ist, genauso

---

15) Eberhard Gottlieb GRAFF, Althochdeutscher Sprachschatz 5, Berlin 1834–46. Reprint: Hildesheim 1963, S. 197.
16) Mittelhochdeutsches Wörterbuch I, Leipzig 1854–66; Reprint Hildesheim 1963, S. 361.
17) Georg Friedrich BENECKE / Wilhelm MÜLLER / Friedrich ZARNCKE, Nach Analogie etwa von „danc": der Gedanke, das Denken, zu „dunc": das Bedünken, vom Stamme „ich dinke". Vgl. GRIMM, Deutsche Grammatik 2, S. 60 und das Mittelhochdeutsche Wörterbuch, S. 341.

wie das holländische, englische, schwedische usf. aus dem Französischen entlehnt, also jüngeres Sprachgut.[18]

Es ist längst bemerkt worden, daß in diesem Grundbegriff des Ziehens die älteste Form des Tanzens in einer langgezogenen Kette gegeben war, und es darf dabei noch erinnert werden, daß jenes altdeutsche *„dinsen"* morphologisch nichts anderes ist als ein Frequentativum zu *„denen"*: dehnen, genau wie die dazugehörige Sanskritwurzel *„tams"* zum Stamme *„tam"*, griech., latein. *„tendo"*. Man vergleiche in diesem Zusammenhang auch die oft zitierte Stelle: *die tenzer ziehent und tenent den tanz* in einer altdeutschen Predigt des 12. Jahrhunderts.[19]

Für die zeitliche Bestimmung ist es wichtig zu wissen, daß das französische *„danser"* zuerst um 1170 aufscheint und zwar in der höfischen Literatur, in CHRESTIEN's Erec und Yvain. Das Wort ist also sicher älter. BAIST verlegte es um etwa 1050. Das deutsche „tanzen", davon entlehnt, begegnet auch schon im 12. Jahrhundert.[20] Das ältere hochdeutsche *dans, danz* lebte auch noch in Ausdrücken, wie mittelhochdeutsch „dens" fort (belegt in „Des Teufels Netz", alemannisch um 1430, und sonst, nach LEXER) und in *„dens-wurz"*; *„crassula"*, *„ravinus"*; ein späteres „denzieren" bedeutete aber geradezu: „in Tanz umführen"[21]. Aber damit ist die Zahl der aus dem Germanischen entlehnten französischen Tanzausdrücke nicht erschöpft. Noch weitere fünf von den sieben galloromanischen sind gleicher Herkunft, nämlich: *„treschier"*, *„treper"*, *„tumer"*, *„espringuier"* und *„estampie"*.[22]

Das interessanteste darunter ist das altfranzösische *„treschier"*. Auch hier zeigt sich bei der etymologischen Betrachtung eine wichtige Beziehung zwischen Wort und Gegenstand. Dieses *„trescare"*, ital. und provenzal. *„trescar"*, altfranz. *„trescher"*, bedeutet „tanzen", das span. und portug. *„triscar"*: mit den Füßen Lärm machen, mailändisch „trescà" dreschen; das dazugehörige Substantiv (ital. prov.) *„tesca"*, bedeutet wie das altfranzösische *„tresche"* Tanz, Reigentanz. Friedrich DIEZ, dem ich diese Belege entnehme, bemerkt: es ist das gotische *„thriskan"* althochdeutsch *„drescan"* (dreschen, triturare) und heißt also eigentlich „mit den

---

18) Den Übergang von *d* zu *t* erklärten Friedrich KLUGE und Hermann PAUL (Deutsche Grammatik) als Verhochdeutschung des niederl.-holländischen *„danz"*. Anders S. FEIST, Indogermanen und Germanen.
19) Wilhelm WACKERNAGEL, Altdeutsche Predigten und Gebete, Basel 1876.
20) S. AEPPLI, a.a.O., und NORDFELDT, a.a.O.
21) *Zeitschrift für deutsches Altertum*, S. 494.
22) Eduard WECHSSLER (in: *Kritischer Jahresbericht*, 1897–98).

Füßen trappeln". DIEZ fügt hinzu: „Eine zweite provenzalische Form „drescar" muß ihren Grund in dem hochdeutschen *d* haben."
Die Sache ist für uns wichtig. Abgesehen von dem Mailändischen, das die alte Bedeutung „dreschen" im eigentlichen Sinn zeigt, finden wir sie im Spanischen und Portugiesischen im bildlichen Sinne als „mit den Füßen Lärm machen". Dies führt aber geradezu auf jene in Spanien seit alters gebräuchliche Form des Zapateadeo, der seit dem 16. Jahrhundert noch vielfach getanzt wird (in Peru als „Tapada" bekannt). Ob von diesem Gesichtspunkt aus ein Zusammenhang mit dem alpenländischen Schuhplattler aufrechterhalten bleiben kann (s. Kapitel „Literaturgeschichte und Tanzwissenschaft") ist fraglich, da mit „Dreschen" wohl das Aufstampfen der Füße, nicht aber das Klatschen der Hände auf Sohlen und Knien bezeichnet werden kann. Dagegen ist ein anderer deutscher Volksbrauch (worauf mich R. ZODER aufmerksam machte) hier in Erinnerung zu bringen: nämlich das sogenannte „Tenntreppeln", d.i. das Feststampfen des Tennenbodens durch lebhaftes Tanzen. Der Brauch ist aus Österreich belegt,[23] aber auch aus Frankreich. Bei der Anlage einer Tenne lädt der Bauer die Dorfjugend ein, die Tenne durch den Tanz festzustampfen.

Kein Element der menschlichen Kultur hat so viele Wanderungen und Entlehnungen mitgemacht wie der Tanz. Es gehört zu den schwierigsten Aufgaben der Tanzforschung, diese Wanderungen und damit Ursprung und Heimat der Tänze festzustellen. So ist es z.B. sehr leicht möglich, daß das aus Frankreich entlehnte Wort „Tanz" zuerst für ausländische Tänze gebraucht wurde, wie solche ja im 12. und 13. Jahrh. zu uns kamen.

Fassen wir zunächst vorläufig zusammen: Das altdeutsche Wort (und die Sache: der gezogene Kettentanz) wandert nach Nordfrankreich und kommt von da, als etwas Neues und besonders Interessantes zu uns Deutschen zurück. Dies mag sich etwa um das Jahr 1000 vollzogen haben. 500 Jahre später geschieht dasselbe: Der alte „Deutsche Tanz" wandert nach Frankreich und kommt als hoffähige „Allemande" mit erhöhtem Ansehen nach Deutschland zurück.

---

23) Vgl. *Das deutsche Volkslied*, Band 38 und 39.

Die Studie von Fritz AEPPLI erhält über ihre linguistische Bedeutung hinaus noch einen kulturgeschichtlichen Wert, der in Hinblick auf sonst von der Wissenschaft nur nebenher berücksichtigte Fragen – nicht hoch genug angeschlagen werden kann. AEPPLI geht aus von der sachlichen Unterscheidung, mit der zum erstenmal, wenngleich nur andeutungsweise, Gaston PARIS die Frage angeregt hatte: „La danse se divise actuellement pour nous en deux genres distincts, que j'appellerai l a d a n se professionelle ou d'exhibition et la danse privée ou de société".[24]

Diese den modernen Verhältnissen abgenommene Dualität müßte für ältere Kulturverhältnisse lauten
– Berufstanz: in Pantomime und Kultus
– Unterhaltungstanz: Volks- und Gesellschaftstanz.
Eine strenge Scheidung der Tänze aufgrund der für sie verwendeten Benennung gelingt AEPPLI nur für den Tanz in altrömischer Zeit, insofern als *tripudiare* (gegenüber dem allgemeiner gebrauchten *salta*re) eine ganz spezialisierte Bedeutung und Verwendung hat, nämlich (– während *salta*re der generelle Ausdruck für das Tanzen überhaupt ist, und dann namentlich für den theatralischen Gebärdentanz der römischen Pantomime verwendet wird) taktmäßigen Dreischritt des salischen Waffen- und Siegestanzes[25]. Dagegen erscheint mir die von AEPPLI für die griechischen Verhältnisse aufgestellte Differenzierung nicht stichhaltig.[26]

Das Ergebnis, zu dem AEPPLI auf sprachwissenschaftlichem Weg für die italischen Verhältnisse gelangt, ist gewiß unanfechtbar: *saltare* war das umfassendere Wort, *tripudi*are bezeichnet einen Einzelfall. Wie aber steht es hier mit dem Volkstanz, mit jener Kategorie also, die den ausgeprägtesten Gegensatz zu den Berufstänzen (Bühnen und Priestertänzen) darstellt? AEPPLI's Untersuchung leidet unter einem gewissen terminologischen Zwang, indem er für jenen Gegensatz zum Berufstanz

---

24) Gaston PARIS' Rezension von A. JEANROY's Origines de la poésie lyrique, en France (in: *Journal des Savants*, 1892. Wieder abgedruckt in den *Mélanges de littérature française du moyen âge*, S. 589 ff.).
25) *Tripudi*are weist also gegenüber *saltare* eine ähnliche Spezialisierung der Bedeutung auf, wie altfranz. *treschier* gegenüber *dancier*. Es bezeichnet den wilden, gestampften Tanz und wird, nach FORCELLINI gebraucht „de quacunque saltatione, qua pedibus terra pulsatur et pavitur." Die alte Bedeutung von tripudiare: stampfen, geht in die allgemeine von „tanzen" ebenso über, wie im Fall des germanischen *threskan* und *stampjan*.
26) S. AEPPLI, a.a.O., S. 4, 5.

nur den Ausdruck „Gesellschaftstanz" gebraucht, der den Begriff des Volkstanzes, den er mit einbeziehen soll, verschiebt.

Das Vorhandensein nationaler Volkstänze kann aber wohl auch für die ältesten Zeiten angenommen werden und das Schweigen darüber ist kein Gegenbeweis. (Hier liegen die Dinge ähnlich wie für das deutsche Volkslied: was nicht als gesellschaftsfähig angesehen wurde, davon wurde nicht gesprochen.) Es widerstrebt uns die Annahme, daß in Italien, das in der Folgezeit den Volkstanz in so vielen charakteristischen Einzelformen und Varianten zeigt, und das durch Jahrhunderte gerade in bezug auf den Tanz führend und anregend geblieben ist, dieses Feld seiner nationalen Kultur erst jüngerer, fremder Beeinflussung seine Blüte verdanken sollte. Auch SECHAN zweifelt nicht an der „ancienne tradition romaine des danses de fête et de réjouissances publiques ou privées".[23] Diese Frage läßt sich aber von der sprachlichen Seite her vorläufig nicht beantworten.

Ein wichtiges Problem stellt die ursprüngliche Bedeutung von *ballare* dar, von jenem mittel-lateinischen Verb also, das im Sinne von „tanzen" in den romanischen Ländern die größte Verbreitung gefunden hat. Es erscheint zum erstenmal bei AUGUSTINUS, kommt dann öfter in lateinischen Schriftstellern des 6. Jahrhunderts vor – über seine ursprüngliche Bedeutung aber herrscht noch keineswegs volle Sicherheit.[28] Da ist zunächst festzustellen, daß *ballare* in der Bedeutung „tanzen" im Mittel- und Kirchenlatein nicht so häufig gebraucht wird, wie *saltare, tripudiare* und *chorizare*, aber auch in den altfranzösischen und provenzalischen Quellen sind „sicher datierbare" Beispiele für *ballare* nicht zu finden. Was bedeutet nun *ballare* ursprünglich? Auch bei der Beantwortung dieser Frage kommen sachliche Argumente in Betracht, die den sprachlichen zur Stütze dienen können. Friedrich DIEZ[29] hat zuerst die Ansicht ausgesprochen, daß *ballare* ursprünglich gar nicht „tanzen", sondern „den Ball

---

27) L. SECHAN (in: *Dictionnaire des antiquités greques et romaines*, von DAREMBERG und SAGLIO, S. 1050 u. 1054).

28) BRÜCH, a.a.O., zweifelt, ob *ballare* bei Augustinus schon „tanzen" bedeutet, indem er darauf Wert legt, daß das Wort an jener Stelle von *choros ducere* und *saltare* unterschieden wird. Nach BRÜCH hätte es dort die Bedeutung von „schwanken, taumeln" da von Betrunkenen die Rede ist." Das ist aber nicht richtig, denn das *inebriande* steht nicht als Sammelbegriff voran, sondern leitet fünf koordinierte gleichwertige Begriffe ein: das Trinken wird neben dem Singen und Tanzen etc. verboten, nicht das Singen und Tanzen zum Trunk.

29) Friedrich DIEZ, Etymologisches Wörterbuch, 5. Aufl. Bonn 1887, unter „ballare".

werfen" bedeutet habe, und Wilhelm WACKERNAGEL hat die Bedeutung durch sachliche Belege gestützt, die den innigen Zusammenhang zwischen Tanz und Ballspiel weit über das Mittelalter zurück bis zu den alten Griechen verfolgen ließen.[30] AEPPLI bekämpft diese Ansicht indem er sich auf Hugo SCHUCHARDT's Postulat eines gemeinromanischen Stammes „bal(l)" beruft, auf den beide Bedeutungen zurückgehen sollen. An der Tatsache jenes engen Zusammenhangs zwischen Tanz und Ballspiel kann indessen meines Erachtens nicht gerüttelt werden, und es scheint mir, daß sich auch hier aus der sprachlichen Verwendung ein sachliches Kriterium gewinnen läßt.[31]

Die Zusammenstellung von *ballare* und *saltare* bei den mittellateinischen Autoren, die meist in der formelhaften Paarung: *ballationes et saltationes* auftritt, erleichtert nicht die Frage der Bedeutung, sondern erschwert und kompliziert sie eher. Die Antwort, die BÖHME[32] auf die Frage des Bedeutungsunterschiedes gibt, es seien damit „Sing- und Springtänze" gemeint, ist wohl kaum mehr als ein Notbehelf. Wir dürfen wohl annehmen, daß sich allmählich, seit dem 6. Jahrhundert, in welchem die Formel geprägt wurde, die Vorstellung einer formelhaften Tautologie gebildet hat, so daß man dann *ballatio* und *saltatio* begrifflich einander gleichgesetzt hat; dieser Prozeß des Bedeutungsausgleichs war gefördert worden durch den Umstand, daß eben Ballspiel und Tanz seit je in enger Gebrauchsverbindung standen. Wir haben also anzunehmen, daß erst in der Zeit vom 4. zum 6. Jahrhundert, also etwa um 500, die Bedeutung „tanzen" von *saltare* auf das mit ihm formelhaft verbundene *ballare* übergegriffen hat. Jedenfalls deuten schon die literarischen Stellen darauf, daß hier zweierlei, aber nahe miteinander verwandte Dinge bezeichnet werden sollten. Vor allem erklärt sich auf diese Weise die berühmte Stelle bei AUGUSTINUS selbst, der das Wort, wie gesagt, als erster gebraucht: wenn er, im 106. Sermon über die, die den Feiertag entheiligen, sagt: „... ut inebriando b a l l a n d e, verba turpia decantande, chores

---

30) Wilhelm WACKERNAGEL, Altfranzösische Lieder und Leiche, Basel 1846. Übrigens ist der mit Ballspiel verbundene Tanz schon im alten Ägypten bekannt gewesen, nicht minder den Indern und primitiven Völkern.
31) Lat. *ballare* ist jedenfalls nicht aus griech. *ballixein* entstanden, sondern eher umgekehrt: das griechische Wort, das auf Sizilien und die Magna Graecia beschränkt war, ist wohl eine Entlehnung aus lat. *ballare*. Auch griech. *ballein* ist nicht das Grundwort, weil es nicht „tanzen" bedeutet. (Vgl. BRUCH, a.a.O., S. 123). Wohl aber ist griech. *pallein*, „hüpften, springen, tanzen" das Grundwort für den lat. Ausdruck.
32) Franz Magnus BÖHME, Geschichte des Tanzes in Deutschland, Leipzig 1886, S. 17.

ducende et diabolico more saltande, se subvertant et alies perdant...", so zählt er hier in deutlicher Klinax fünf Arten der Entheiligung des Feiertages auf, stilistisch ausgewogen und gegeneinander abgegrenzt: Saufen, Ballspielen, Singen unzüchtiger Lieder, Schreit- und Springtanz. Es hieße den sachlichen und formalen Wert der Stelle unterschätzen, wollte man annehmen, daß ein Stilist wie AUGUSTINUS den einen Begriff zweimal, oder gar dreimal und noch dazu die rhetorische Reihe zerstörend gesetzt hätte, ganz abgesehen von den primitivsten Einwänden, die man ihm von seiten der Logik hätte machen müssen. Hier, in seiner ersten litererarischen Erwähnung, kann *ballare* also nicht „tanzen" bedeutet haben, und wir müssen ihm den Sinn von Ballspielen, Ballwerfen vidieren. Ganz ähnlich unterscheidet CAESARUS von ARLES (Anfang des 6. Jahrhunderts) deutlich drei voneinander verschiedene Dinge, wenn er aufzählt: „... cantica turpia proferre vel-*ballare* vel diabolico mere s a l- t a r e ..."³³

Als dann *ballare* auch den Begriff des Tanzens angenommen hatte, konnte es sogar dem übermächtigen Siegeszug des, aus dem Altfranzösischen in die übrigen romanischen Sprachen eingedrungenen Modewortes *danser* Widerstand leisten, und so blieb für das italienische *ballare*, wie das spanisch-portugiesische *bailar* der landläufige Ausdruck für das Tanzvergnügen, oder, um mit AEPPLI zu sprechen, für den Gesellschaftstanz und Einzeltanz.

Trotz des überragenden Umfangs, den die Verwendung von *danser* annahm, hat sich aber selbst in Frankreich das entlehnte Substantiv *ballet* (ital. balletto) und le bal (il ballo) bis heute erhalten. Das Spanische aber scheidet heute noch die *bayles* von den *danzas*, und stellt da einen Gegensatz in der Ausführung auf: den mit dem ganzen Körper, also auch mit den Armen getanzten gegenüber den bloßen Fußtänzen.³⁴

Bei allen diesen Ableitungen und Schlußfolgerungen darf man eines nicht unterschätzen oder gar außer acht lassen: die Bedeutung und den Wert der Tradition, der fortlaufenden stetigen Pflege älterer Bräuche und Gewohnheiten.

---

33) CAESARIUS VON ARLES († 542), suggest. p. 300 (nach dem Thesaurus linguae Latinae), II.1702.
34) Nebenbei sei bemerkt, daß zu den sonstigen romanischen Ausdrücken für Tanz, von denen AEPPLI eine schöne Übersicht gibt, auch noch der Fachausdruck, franz. *ranz* (des vaches): der Kuhreigen gehört, der dem altdeutschen *ranz*: „heftige Bewegung, Streit, Sprung" und *ranzen* „hin und herspringen" entspricht.

Definitionen kann man auch auf Grund der Studien von AEPPLI noch nicht geben. Auch der von ihm hervorgehobene, betonte Gegensatz zwischen *danser* und *caroler* hat keineswegs greifbare Formen erhalten, und sein Versuch den Gegensatz zu erklären, bleibt lediglich eine geistreiche Vermutung.

In altdeutscher Zeit tritt als Verbum für „tanzen" vereinzelt auch *tûmôn* und *tûmilôn* (unser „taumeln") auf. Es wurde zuerst von KLUGE behandelt, der die ursprüngliche Bedeutung „sich rasch drehend bewegen" festgestellt hat. Dazu hat dann SCHÖNBACH[35] Näheres beigebracht, aus dem hervorgeht, daß schon aus den ältesten Belegen sich die Bedeutung eines festlichen Reigens ergibt (so in den altdeutschen Glossen zu der Stelle 2 Marc.6,7 *cogebantur (Judaei) hedera coronati Libero circuire,* wo *circuire* in 4 Handschriften des 10. und 11. Jahrhunderts durch *tumôn* übertragen wird).[36] Es wird also gebraucht bei einem festlichen Reigen zu Ehren des Bacchus. Eine Handschrift des 12. Jahrhunderts aber verbessert das *tumôn* in *umbigên,* woraus SCHÖNBACH schließt, daß das alte Wort damals schon erloschen war, wir können vielleicht genauer sagen, nicht mehr den Sinn von „tanzen" hatte.

Für die Zeit vom 8. bis ins 11. Jahrhundert aber müssen wir den Gebrauch dieses Tanzverbums annehmen. Hierfür spricht vor allem die althochdeutsche Bildung des nomen agentis: *tûmâri,* womit in Glossen des 8. und 9. Jahrhunderts lat. *scurra* wiedergegeben wird (zu der Stelle, wo David als Tänzer vor der Bundeslade verspottet wird)[37], ferner die Gleichung *tumâri : thimelici, joculatores* in Handschriften des 9. bis 11. Jahrhunderts (zu einer Canones-Stelle des Konzils von Laodicea[38] und *tumâri : histrio* aus dem 11./12. Jahrhundert, desgleichen *histritumere* im Summarum Heinrici. Als Beweis kann vor allem die Verwendung des Wortes zur Bezeichnung der Salier gelten, „welche beim Herkulesfeste des Arkaderkönigs Evandus den Reigen mit Gesang springen, Vergil Aen.8, 285 (tum Salii ad cantus incensa altaria circum-adsunt – hic juvenum chorus, ille senum, qui carmina laudes Herculeas et facta ferunt).

---

35) Anton E. SCHÖNBACH, Studien zur Geschichte der altdeutschen Predigt, II. Stück, Zeugnisse Bertholds von Regensburg zur Volkskunde (in: *Sitzungsberichte der Ak. d. Wissenschaften*, phil.-hist. Klasse, Wien 1900).
36) Elias STEINMEYER und Eduard SIEVERS, Althochdeutsche Glossen, 5 Bde., Berlin 1879–1922, S. 1, 701, 35.
37) Vgl. dazu SCHÖNBACH, a.a.O., S. 71.
38) Vgl. STEINMEYER und SIEVERS, a.a.O., S. 2, 96, 57 und 151, 34, weiter 4, 203, 17.

In Tegernseer Glossen werden diese Salii mit *tumâra* verdeutscht. Da es sich beim Tanz der Salier um einen wilden Sprungtanz handelt, so kann diese Bedeutung, neben die zuerst besprochene von *tûmôn* für den Reigentanz, zu Ehren des Bacchus gehalten, für die ziemlich allgemeine Verwendung dieses Tanzverbums sprechen. Und diese Übertragung auf die beifallsgierige Sprungakrobatik der mittelalterlichen Spaßmacher, der *histriones* und *joculatores* lag nahe. Wird doch *histrio* auch mit loupha-re, „Läufer" in den Glossen des 8. bis 11. Jahrhunderts wiedergegeben,[39] darüber noch später (!) ebenso aber auch mit *uépháre* übersetzt, u.z. in Notkers Psalmen, an einer Stelle, wo es „Seiltänzer" bedeutet.[40]

Ein weiteres Glied in dieser etymologischen Kette ist das althochdeutsche Abstraktum *tumódi*, ein Wort, das in 3 Handschriften des 11. Jahrhunderts[41] *theatrali vertigine* übersetzt ist, also nach SCHÖNBACH für den „Tanzwirbel im Ballett" gebräuchlich war. Im übrigen wird das in Rede stehende Verb verwendet zur Bezeichnung von zitternder Bewegung, z.B. für die der Meeresbrandung oder des flackernden Feuers, also für lebhaftes Hin- und Herbewegen, woraus sich die weitere Begriffs-Entwicklung zu unserem „taumeln" leicht begreifen läßt.

Ein zweites altdeutsches vereinzelt verwendetes Tanzverb ist „laufen". Schon KLUGE hatte daran erinnert, daß zu „laufen" der Nebensinn von „springen und tanzen" mit dazugehört, und auf angelsächsisch *hlepan* verwiesen, welches geradezu „laufen, springen und tanzen" bedeutet. Auch das engl. to loap z.B. für den berühmten Tanz der Salome: „Herodes swôr taet hê wolde taere hleapenden dêhter forgyfen swâ hwaet swâ heo baede, Herod swore that he would give the dancing daughter whatever she asked" (in Aelfrics Homilien).[42] SCHÖNBACH zieht mit Recht auch das althochd. *brût-hlauft* für die germanische Hochzeitsfeier heran, welches ursprünglich den zur Hochzeit aufgeführten feierlichen Reigen mit Gesang als einen Hauptteil des Zeremoniells bedeutet, somit synonym mit *hi-leich* ist, das durch seinen zweiten Bestandteil, den „Leich" auf dieselbe Grundbedeutung weist. Ganz dasselbe besagt auch das angelsächsische *bryd-lâc*. Bei all diesen Ausdrücken hat sich der ursprüngliche Sinn im Laufe der Zeit, als pars pro toto, auf die Hochzeitsfeier überhaupt erstreckt, verallgemeinert, verflacht. SCHÖNBACH fügt

---

39) SCHÖNBACH, a.a.O., S. 76.
40) NOTKERS PSALMEN 39,6, s. SCHÖNBACH, a.a.O., S. 77.
41) In: Glossen zu Prudentius Harmatigeneia, S. 308 ff.
42) Ausgabe von THORPE, S. 452, 34, zitiert nach SCHÖNBACH, a.a.O.

hinzu: „Darum konnte auch die Lex Salica XIII, 10, Zusatz 4 noch sagen: Si quis puella sponsata dructe ducente in via *adsallierit*."[42a]

Endlich wird der Nebensinn des Tanzes bei „laufen" fürs Althochdeutsche noch bestätigt durch die Glossierung der oben angeführten Bibelstelle 2 Reg. 6,20, wo *scurra* (also unser obiger *tûmâri* mit *laufe* wiedergegeben wird: unus de scurris: einer fona diem loufom.[43]

Wichtig ist für uns in diesem Zusammenhange die Feststellung, daß auch diese Verwendung von *laufe* für *histrio, scurra* nicht über das 12. Jahrhundert hinausgeht. Diese Begrenzung der Verwendungsdauer für die beiden *tûmôn* und *hloufen* als Tanzverben ist wohl nicht zufällig: sie hängt offenbar damit zusammen, daß gegen Ende des 12. Jahrhunderts das inzwischen populär gewordene Wort *tanz* und *tanzen* jene beiden älteren verdrängt hat.[44]

Man muß sich auch in diesem Zusammenhang vor Fehlschlüssen in acht nehmen. So kann man nicht von einer Tanz-Fremdheit der Goten sprechen, weil von ihnen nur zwei Worte für „tanzen" belegt sind: *laikan* für den Volkstanz und *plinsjan* (ein Lehnwort aus dem Slawischen) für den Kunsttanz der Herodias-Tochter. Bot doch der biblische Text (des Ulfila) keine Gelegenheit, viel vom Tanz zu berichten.[45] Wie viel für die Erkenntnis der Tanzform von der sprachlichen Bezeichnung abhängt, zeigt folgendes Beispiel:

Fabritio CAROSO DA SERMONETA, der Verfasser des ältesten italienischen Tanzlehrbuches „Il Ballarino" (Venedig 1581) gibt darin nicht allein die Tanzbeschreibungen der damals in Italien, Frankreich und Spanien üblichen Gesellschaftstänze (Pavana, Canario, Gagliarda u.s.f.) und deren Tanzregeln, sondern auch bestimmte tanztechnische Einzelheiten: er erläutert umständlich und genau die Schritte, Sprünge, Drehungen und bestimmte Tanzfiguren, wie auch die Körperhaltung und sogar die Handhaltung. Und hier unterscheidet er „pigliare la mano ordinaria" und „pigliare la Fé". Bei dem ersteren wird mit dem rechten Daumen der linke Handrücken der Dame gehalten, bei dem letzteren aber werden kreuzweise die beiden gleichen Hände gereicht, so daß der Daumen über die Finger der Dame greift. Das von CAROSO hierbei verwendete Wort „la

---

42a) SCHÖNBACH, a.a.O.
43) In: Reichenauer Glossen des 8. Jahrhunderts, STEINMEYER u. SIEVERS, a.a.O., S. 426.
44) Auch aus späterer Zeit ist es in dieser Bedeutung nicht mehr nachweisbar. S. GRIMM, Deutsches Wörterbuch, VI, S. 306 ff.
45) Vgl. STUMPFL, a.a.O., S. 123.

Fé" ist natürlich „la Fede": die Treue, muß hier aber wohl einen ganz speziellen Sinn haben, und ich vermutete schon in meinem Tanzlexikon[46], daß es den Ehering, als Symbol der Treue und demnach auch den Ringfinger, bedeute. Die Geziertheit der Bewegungen und Posen bei diesen konventionellen Tänzen würde dadurch eine neue charakteristische Beleuchtung erfahren. Die Sache, die tanztechnische Besonderheit, scheint diese Auslegung zu fordern, aber kein Wörterbuch konnte mir hier Aufschluß geben.

Aus dem deutschen Hochmittelalter ist uns eine Reihe von T a n z n a m e n überliefert, deren Erklärung noch recht unsicher geblieben ist.[47] Ich will im folgenden versuchen, einen Weg zur ersten Orientierung zu weisen und beginne mit dem Namen: F i r l e f a n z.

GRIMM, Deutsches Wörterbuch, erklärt *fanz* als ein altdeutsches Wort, dessen Bedeutung Fremder, Landstreicher, Schelm gewesen ist. Auch der erste Bestandteil des Wortes deutet, nach Grimm, auf einen ähnlichen Sinn, so daß *firlefanz* und *alefanz* gleichbedeutend für „einen lustigen Kerl, Schalk" gebraucht worden sein soll. Den weiteren Bedeutungsübergang bis zu unserem Tanznamen erklärt das GRIMM'sche Wörterbuch: „Der Fremdling hatte einen neuen wunderlichen Tanz ins Land gebracht und die Weise dazu, die Bauern erhielten ihn am längsten, sein Name blieb auf Tanz und Weise haften". Diese Kombination, die sich gerade aus der Geschichte des Tanzes durch ähnliche Bildungen von Tanznamen stützen ließe, ist dennoch kaum zu halten, da die Verwendung des Wortes *firlefanz* in dem (bei Grimm angenommenen ursprünglichen) Sinn als „Schalk, scurra" nirgends belegt ist. Vielmehr bedeutet das Wort von allem Anfang an, wo immer es gebraucht wird, einen Tanz. Für das Fehlen literarischer Belege gibt das DWB die Begründung: „Die Denkmäler gehen daran vorüber, wie an vielen anderen Ausdrücken". Das ist gewiß richtig, aber die Frage der eigentlichen Bedeutung des Wortes wird davon nicht gelöst.

---

46) S. JUNK, Handbuch des Tanzes, unter „Caroso", S. 46.
47) Das richtige Verständnis für diese Tanznamen setzt natürlich eine genauere Kenntnis der mittelhochdeutschen sprachlichen Ausdrucksweise voraus. Wer so oberflächlich übersetzt, daß er in der NEIDHART-Stelle 63,28.
geuden giengen sie gelich
hiwer an einem tanze
gelich hiwer zusammenzieht und mit „gleich Ehegatten" wiedergibt (SACHS Seite 184), kann dem Sinn der Stelle nicht nahekommen. Sie besagt vielmehr: „prahlerisch (*geuden gelich*) schritten sie heuer (*hiwer*) im Tanze daher."

Wir kommen ihr vielleicht näher, indem wir von einer wichtigen Tatsache ausgehen, nämlich von dem Umstand, daß gleichzeitig mit *firlefanz* auch die Form *firlefei* auftritt, und zwar beide zur Bezeichnung eines bestimmten und offenbar ein und desselben Tanzes!

Das Vorkommen der ältesten Belege für die beiden Abarten zeigt zeitlich und örtlich die auffallendste Übereinstimmung. Es findet sich

firlefanz		*firlefei*
	zuerst:	
in einem unechten NEIDHART		in einem unechten NEIDHART im „Renner"
bei Oswald von WOLKENSTEIN		bei Oswald von WOLKENSTEIN
	später:	
bei FISCHART im „Froschmäuseler"		bei FISCHART
...	...	...

Diese Übereinstimmung kann, meines Erachtens, nicht zufällig sein. Sie bedeutet für mich so viel, als daß wir es hier mit Doppelformen zur Bezeichnung ein und derselben Sache zu tun haben. Und zwar liegt nach meiner Meinung hier ein Fall vor, wo der Einfluß des Reimes, also der Poesie, auf die Bildung von Tanznamen nachzuweisen ist. Bei der Beschäftigung mit diesen mittelhochdeutschen Tanznamen ist es mir schon immer aufgefallen, daß viele von ihnen auf -*anz* und -*ei* endigen. Nichts liegt näher als anzunehmen, daß die Reim-Bindungsmöglichkeiten mit den Worten *tanz* und *rei*, den Haupt-Repräsentanten mittelalterlichen deutschen Tanzes, hierzu den unmittelbaren Anlaß gegeben haben.

Ich zähle auf:
1. *Ausgänge auf -anz als Reimbildungen mit tanz* :
   ranz, ridewanz, firlefanz, swanz, gerenanz, gofenanz.
2. *Ausgänge auf - ei als bequeme Reimbildung mit rei* :
   (Abgesehen von den Verbindungen mit *rei* :
   rimpfenrei, hüflerei, krumer rei, und den späteren *Rückelrei* und *Ringelrei*.)
   hoppeldei, firlefei, firlei, heierlei, tirlefei, trei, treidaltrei, tripotei, tutelei, wânaldai, (fidelfumfei) firgamtrei.

Ohne Reimbildung auf *tanz* oder *rei* sind nur:
   stampf, stampenie, treirôs, ahselroten und *houbetsch o-ten, gimpel-gampel,*

mürmum und *hottestan. hautitry*

Diese Namenbildung aus dem Reimbedürfnis heraus haben wir also in unserem Etymon gleich nach beiden Seiten hin: auf *–anz* u n d *ei!* Damit soll nicht gesagt sein, daß die beiden Worte Schöpfungen der ritterlichen Dichtersprache sind – sie sind gewiß ebenso volkstümlicher Herkunft, wie die anderen Namen: *ridewanz, hoppaldei* usw. Denn auch die ritterlichen Tanzlieder beruhen ja auf volkstümlicher Sitte und Unterhaltung. Zu diesen Tänzen wurde ja gesungen und was lag näher als in dem Tanzlied, in der zugrundegelegten Dichtung, auch des Tanzes selbst zu gedenken und seinen Namen an die markanteste Stelle – in den Reim, zu setzen? Geschieht dies doch auch in den frühen aufgezählten Tanznamen, die immer als Reimworte am Ende der Zeile vorkommen.[48,49] Demnach müssen wir die Erklärung des DWB 3,167, *firlefei* sei ein gekürztes *firlefanz*, wohl ablehnen. Der Doppelname hat wohl einen anderen Grund.

Der spätere Bedeutungsübergang in „etwas Altfränkisches, Läppisches oder Geckenhaftes, Eulenspieglisches" (GRIMM, a.a.O.) geht uns nichts mehr an, ebenso wenig das später herausgebildete Zeitwort „firlefanzen" : „mit Worten umbher schweifen" (bei Luther 2,149) und ähnliches.

Der FIRLEFANZ war, nach BÖHME (I,55) „ein rascher schwäbischer Tanz", der 1533 in einem Bergreihen angeführt wird[50].
do pfeif er ir den firlefanz
wol nach der dörfer sitten.
Nach einem unechten NEIDHART-Liede wurde er „gesprungen"[51], nach Oskar von WOLKENSTEIN (36,61) dagegen „getreten". Demnach wäre er ein *tanz* und kein *rei*, wenn wir für diese späte Zeit den schon bei NEIDHART verwischten alten Unterschied noch gelten lassen dürfen.[52] Die

---

48) Die Zitate aus den Gedichten NEIDHART's von REUENTAL sind nach der Ausgabe von Moritz HAUPT, 1858 (2. Aufl. von Eduard WIESSNER), zitiert, zumal sie auch die unechten, unter seinem Namen überlieferten Strophen enthält.
49) Den „ t i r l e f e i " (bei FISCHART) würde ich nicht als bloße Entstellung des „firlefei" halten. Eine Erklärung des Namens ließe sich in Anlehnung an den Ausruf „tireli, tireli" als lautmalerische Interjektion des Gesanges der Vögel denken.
50) UHLAND, Gedicht Nr. 245, 7. Strophe.
51) Friedrich Heinrich von der HAGEN, Minnesinger, deutsche Liederdichter des 12., 13. u. 14. Jh.'s, 4 Bände, 1838, III, S. 252.
52) Noch im „Meier Helbrecht" (um 1260) aber scheint der Unterschied deutlich gewesen zu sein: Der Dichter trennt den „gesprungenen" *reien* von dem mäßig geschrittenen *tanzen*, deren Bewegung er mit *gân* bezeichnet (101 und 205).

Stelle bei WOLKENSTEIN lautet:
> *gar waidelich* (: herrlich, hübsch) *tritt si den firlefanzen.*

Dieses „treten" erwähnt Hugo von TRIMBERG um 1300 im „Renner" (18075)
> *und als ob einer den virlei traete*
> *und in einem tiefen horwe* (Schmutz, Kot) *knaete.*

(Über den virlei siehe später).

Noch im 17. Jahrhundert war der Firlefanz ein in Schwaben üblicher Volkstanz. BÖHME (I,55) zitiert aus einem Lieder-Quodlibet um 1620, „Grillenschwarm" genannt, den Tanzreim:
> *Tanzen wir, tanzen wir*
> *den Firlefanz von Schwaben!*
> *Es sind nicht all in diesem Reihn*
> *die wir sollen haben.*

Den gleichen Reim finden wir auch im „Musikalischen Grillenvertreiber" des Melchior FRANK von 1552. Er vermutet einen Tanz im 3/4 Takt, „wie die meisten Schwabentänze".

Weil *firle, gefirle* in schlesischer Mundart so viel als „hurtig, schnell" bedeutet, mag es ein schneller Tanz gewesen sein. In diesem Zusammenhang gewinnt vielleicht auch die Namensform *firltanz* Bedeutung. GRIMM (DWB VIII, 645) bringt sie aus TURMAIR (AVENTINUS, um 1500): *muesten die leut allerlai tänz und lieder lernen, den drotter* (drötter: treter), *fierltanz und raien).* Noch in HAUG's Walzerlied im Musenalmanach von 1791 wird das Wort Firlefanz (freilich schon in der veränderten Bedeutung eines altfränkischen Moralpredigers gebraucht) mit dem „schwäbischen Wirbeltanz" in Verbindung gebracht.
> *Hört ihr den schwäbischen Wirbeltanz ?*
> *Lirum trallarum herbei:*
> *Mag ein pedantischer Firlefanz*
> *Rufen sein Ach! und sein Ei!*

In LAPPENBERG's „LAURENBERG" wird der „große Firlefanz" genannt, möglicherweise eine Sonderart, u.z. zweimal (S. 117):
> *den kümpt de bruet inn danz*
> *de brögan* (Bräutigam) *maket er en groten firlefanz*

und S. 137:
> *kumt Marten Dudebrok und bringt em enen danz*
> *Hans HOHN de makt em dar een groten firlefans.*

Der Firlefanz wird gepfiffen, wurde er auch gesungen? Das erstere sichert uns die schon notierte Stelle aus dem Bergreihen von 1533: *do pfeif*

er ir den firlefanz, und die Nachricht aus FISCHART's Gargantua Kap. 8, Bl. 99. (falls hier nicht doch die Lesart *firlefei* richtig ist):
*nem die Sackpfeif strack
und mach uns den Tutelei
des Sprisinger und Firlefei.*
Vom Singen des F. spricht möglicherweise eine Stelle aus Oswald von WOLKENSTEIN, wenn die Interpunktion seines neuen Herausgebers Josef SCHATZ richtig ist:[53]
da canta dulz den firlefai
legt er aus als: „da sang der Graf Dulz (oder dulce) den F."
Darauf folgt aber die schwierig zu verstehende Zeile
pfaiff durch ain sauern don.
Das Gedicht stammt (nach SCHATZ – Ausgabe S. 119) aus dem Frühjahr 1432, als Oswald mit König Sigmund in Piacenza weilte und schildert den feindlichen Überfall auf den König und seine Begleiter in Ronciglione. SCHATZ übersetzt im Glossar *firlafai* mit „Tanzlied" und *canta* mit „sang". Wahrscheinlich ist aber doch der Tanz selbst gemeint und das Verbum ist nicht *canta* sondern *pfaiff* aus der 2. Zeile. Die von SCHATZ nahegelegte Auffassung, daß *canta dulz*: Conte Dulce der Name des Grafen sei, gewinnt an Wahrscheinlichkeit: SCHATZ selbst verweist auf den Anfang desselben Liedes, wo von einem Grafen „SÜSS" als Hauptperson jenes Ereignisses ausdrücklich die Rede ist. Und die Parallele geht weiter, indem der „saure" Empfang der Gäste in Runzilian durch den Grafen (116,3–4) dem *sauren don* (116,74) ganz genau entspricht. Es ist also zu lesen: *do Canta Dulz den firlafai pfaiff durch ainen sauern don.* Die Bedeutung ist also: er pfiff ihnen zum Tanz auf (Tanz: kriegerische Handlung, wie so oft), aber in einer sauern Weise.[54]

Endlich sind noch zwei ähnlich klingende Benennungen zu erwähnen. *Fidelfumfei* und *fidelumfei,* das schon durch den alliterierenden Ansatz der 3 resp. 2 f auffällt, steht als Reimwort am Zeilenende, dem allerdings das bindende Reimwort fehlt, in einem Bremer Kinderreim, bzw. in den Oldenburgischen Kinderreimchen als Bezeichnung von Tanzliedchen zum Ringelreihen der Kinder.[55]

---

53) OSWALD von WOLKENSTEIN, Sprache und Wortschatz in Gedichten (Denkschriften der Akademie der Wiessenschaften, Wien, Band 60), S. 67. *Tirlefei* (bei FISCHART) möchte ich nicht als bloße Entstellung für *firlefei* halten, eine Erklärung des Namens ließe sich in Anlehnung an den Ausruf „tirili! tirili!", eine lautmalende Injektion zur Bezeichnung des Gesanges der Vögel zu finden, die gerade in Frühlingsliedern zu finden ist.
54) Der Firlefanz wird „gepfiffen" (bei UHLAND, Bergreihen).
55) BÖHME, a.a.O., S. 301.

firlei, das uns an den schon erwähnten *firltanz, gefirle* erinnert, hält BÖHME[56] für eine Verstümmelung des französischen *virelai.* Darunter verstand man eine 6-zeilige Doppelstrophe, also kunstgereimte Zwölfzeiler der Tanzlieder. Schon Karl WEINHOLD aber erkannte die Identität des *firlei* mit unserm *firlefanz, firlefei.*[57] Auch GRIMM im DWB hatte schon den umgekehrten Weg für möglich gehalten, daß nämlich das französische *virelai* vielleicht selbst „nach dem altfränkischen Wort gemodelt wurde" – offenbar in Anlehnung an das franz. Verb *virer,* das vom großen Dictionnaire der Französischen Academie wiedergegeben wird als „aller en tournant".

Versuchen wir, aus den angeführten Stellen uns ein Bild von der Art des Tanzes zu machen, so dürfen uns die Eigenschaften, die ihn in diesen, allerdings mehr als dürftigen Quellen beigelegt werden, vielleicht einen Schluß auf seinen Charakter erlauben. Er wird genannt: ein Wirbeltanz, nach der *dörper sitten,* also grob bäuerlich, gewiß nicht fein und maßvoll; am wichtigsten aber scheint mir der Vergleich mit dem „kneten und dem treten" in tiefem Schmutz, im Morast (mhd. *hor);* dieses geschieht doch, indem man die Füße rasch hochzieht – wir haben es also mit einem Tanz zu tun, dessen Charakteristik diese sehr energischen Stampfschritte waren.[58] Da er auch vom Bräutigam gegenüber der Braut ausgeführt wurde, und noch dazu in großer Aufmachung (dem großen Firlefanz!) wäre unter den Hochzeitstänzen Umschau zu halten, ob sich da eine solche Tanzsitte als erhalten nachweisen läßt. Jedenfalls deutet alles auf einen fröhlichen Bauerntanz.[59] ZODER vermutet in dem heutigen, am Hallstättersee getanzten „Schwabentanz" einen Nachfahren unseres sehr beliebten und verbreiteten Firlefanz. Ein starkes Argument findet diese Annahme jedenfalls darin, daß der Text des Tanzliedes dem Sinne

---

56) Ebd., gestützt auf GRIMM, DWB, III, S. 1673.
57) Karl WEINHOLD, Die deutschen Frauen des Mittelalters, Wien 1851, II, S. 165.
58) „Stampfen" selbst, im Sinne von „tanzen" ist aus mittelhochdeutscher Zeit nicht belegt. Nach BÖHME I,36 wird damit ein Bauerntanz mit Aufstampfen der Füsse bezeichnet. „Solch ein fester, dörperlicher *stampf* endigte zumeist mit scharfen Hieben". „*stampenie*", als ein zum Tanz gesungenes Lied wird erwähnt bei dem Minnesinger BOPPE (vgl. BARTSCH, Deutsche Liederdichter, Leipzig 1864). Dieses *stampenie* ist, alfranz. *estampie,* ital. *stampida* ein beim Tanz gesungenes Lied (SCHMELLER) im bayrischen Wörterbuch) erwähnt „Stampelliedel" als Singstückchen zur Tanzmusik. BÖHME denkt dabei an die improvisierten Schnadahüpfeln, die der in Straßburg und Basel lebende BOPPE wohl kennen mußte.
59) Raimund ZODER, Altösterreichische Volkstänze, 2. Teil, Wien 1928.

nach genau dem Tanzreim aus den „Grillenschwarm" von 1620 und dem (von Zoder zitierten) „Musikalischen Grillenvertreiber" des Melchior FRANK von 1662 entspricht.

Auffallend ist die Gegenüberstellung des FIRLEFANZ mit einem Tanz, namens

Hottostân

zu einer von GRIMM (DWB IV,2,1846) aus Neidhart zitierten Stelle:
dô pfeif er ir den firlefanz
wol nâch der dörper siten:
dô tanzten sie den hottostân;
was ich übersetzen möchte: „Er stimmte die Weise des Firlefanz an; da dies aber auf bäuerliche Art geschah, tanzten sie auch einen echten Bauerntanz dazu, nämlich den Hottostan."

Schon GRIMM erkannte, daß der Name dieses Tanzes von dem Zuruf „hotte-stâ" hergenommen ist, „der sonst dem Zugvieh gilt" und verweist auf: hott, hotta, hotte, den bekannten Zuruf der Fuhrleute an ihre Tiere (das HOTTO-Pferd der Steckenpferd reitender Kinder). Da aber mit diesem „hott" speziell der Zuruf an das rechts-gehende Handpferd gemeint ist, so wage ich einen Schritt weiter zu gehen und zu vermuten, daß mit unserem Hottostan vielleicht ein rechtsläufiger Tanz gemeint sei. Oder ist der Tanz benannt nach einer darin vorkommenden plötzlichen Haltbewegung, etwa nach der Art der Stillstandtänze? Auf diesen Gedanken bringt mich ein Zitat des Satirikers Friedrich LOGAU[60], in welchem diese Haltbewegung (allerdings für die Pferde) poetisch ausgedrückt ist:
Wer mit Pferden reden wil.
Darf (: bedarf) *den Amadis* (die höfische Ausdrucksweise)
nicht viel:
hotte, stoh!
tschwuid und o
Wer es kann mit Fuss, Hand, Mund,
Kan der Sprache meisten Grund. (: entbehren)[61]

Der Zuruf „hotto, stan" ist als Tanzname eine imperativische Namensbildung. Übertragen auf den Tanz könnte er bedeuten: „mach einen Schritt nach rechts und dann steh!" – also einen unterbrochenen Tanz-

---

60) Friedrich Freiherr von LOGAU, Die Fuhrmannsprache, I, S. 125.
61) *Tschwuid, schwude, schwede"* sind Ausdrücke für *links*, neben *„wust, wüste"*. Ihnen gegenüber steht *rechts: hotto, hotte, hott*.

schritt. Der zitierte LOGAU'sche Fuhrmannsvers ergänzt diese Haltebewegung sehr anschaulich in der 2. Zeile: *tschwuid und o*. Das würde heißen: „noch ein Schritt nach links und dann halt! So daß der Tanztakt wirklich ausgefüllt wird: Er besteht aus einem rechten Schritt mit Anhalten und dem linken, auf den der wirkliche Stillstand folgt.

Kehren wir zum Ausgangspunkt unserer Betrachtung zurück, so war es also letzten Endes das Bedürfnis des Reims, der zu jenen merkwürdigen Bildungen auf *-anz* und *-ei* geführt hat. So steht es, so auffallend es klingen mag, nicht vereinzelt da: eine Parallel-Erscheinung dafür, wie stark sprachliche Dinge auf die Bildung von Tanznamen einwirken können, zeigt sich in einem großen Teil der eben hier aufgeführten Tanznamen des 13. Jahrhunderts, nämlich in der Häufung des *Anlautes t.* bzw. *tr: tirlefei, trei, treialtrei, treirôs, tutelei, tripotei.*[62] Daß hier der bloße Zufall gewaltet habe, ist doch kaum anzunehmen. Eher dürfen wir der Ansicht sein, daß sich bei der Benennung neuer Arten des Volkstanzes die Vorstellung, die Fantasie des Volkes an eine Art klangliches Schema hielt, das einesteils den Anlaut *t (tr)* vorzog, während anderseits durch den Gleichklang mit *tanz* oder *rei* der Wortausgang sich von selbst einstellte.

Es ist nun die Frage, ob die Zugehörigkeit des Reims, etwa auch die Zugehörigkeit zu den tänzerischen Kategorien selber in Zusammenhang steht. Ich denke an die Möglichkeit, daß alle die auf *tanz* sich reimenden Tanznamen ursprünglich wirkliche tenze, die auf *rei* sich reimenden dagegen wirkliche *reien* bezeichneten. Es wäre daher nicht ausgeschlossen, daß sich in der Namensdoppelheit von *firlefanz* und *firlefei* doch die alte Zweiheit von Tanz und Reihen ausdrückt. Man sehe die vorhin zitierte Stelle über den *hottostân* an! Wenn meine Übersetzung das Richtige trifft, so liegt die pointierte Meinung des Dichters darin, daß der Pfeiffer den firlefanz, also einen höfischen Tanz anstimmte, jedoch nach Art der Bauerntänze, also lebhaft spielte (wie es nicht einem höfischen Tanz, sondern einem dörperlichen Reigen geziemte), so daß auf diese Musik nur ein ganz gemeiner Bauerntanz, der hottostân, ausgeführt werden konnte.

Fragen wir uns nun weiter, ob diese einzige Namenpaarung im angedeuteten Sinne ist. Da fällt sofort die absonderliche Form
RANZ
in die Augen.[63] Denn was gehörte als komplementäre Form dazu? Nichts

62) (Auch der Name *Hantitry* darf herangezogen werden!)
63) Die schon oben in etymologischer Hinsicht erwähnt wurde.

anderes als *rei*, die Bezeichnung des Gattungsbegriffs selbst! Hier liegt die Sache wohl so, daß zu dem Worte *rei* die neue Bildung *ranz* geschaffen wurde, eben aus Analogie zu den oben erwähnten Namenpaaren auf *-anz* und *-ei*. Was die Form *ranz* bedeutet, ob sie überhaupt einen speziellen Sinn hatte, dies ist nach den dürftigen Belegen schwer zu sagen. Das Wort ist am bekanntesten in der französischen Form *ranz des vaches* für den „Kuhreigen". Der ganz unfranzösisch klingende und sicherlich dem Deutschen entlehnte Name bedeutet also genau „Tanz der Kühe", *ranz* also Tanz schlechthin. Daß das Wort auch schon im Mittelalter bei uns geläufig war, beweist die Stelle bei Oswald von Wolkenstein: (43,15) *Pöckisch well wir umbhin ranzen*: wie die Böcke herumhopsen.

Einen ähnlich wegwerfenden Sinn scheint das Wort in der Zusammensetzung „*Ranzwinkel*" zu haben, das bei Grimm, DWB, allerdings zu eng gefaßt scheint, nämlich als „Winkel in welchem Unzucht getrieben wird." Der Zusammenhang in dem das Wort an der einzig belegten Stelle vorkommt, zeigt deutlich die Beziehung zum Tanz. Das ist der Fall bei Christian Weise in „Die drei ärgsten Erznarren"[64], wo ausdrücklich vom Tanzen und der dabei vorkommenden Liederlichkeit, von den leichtfertigen Tänzen, von Nacktänzen die Rede ist: „oder wie auf Kermsen und andern gemeinen Sonntagen Knechte und Mägde zusammenlauffen, oder auch in Städten heimliche R a n t z w i n k e l gehalten werden, sie soll man Prügel und Staupbesen von einander treiben ..." (und auch das Folgende spricht wieder vom Tanz): „aber dieses alles auf die sittsamen und züchtigen Ehrentänze bei Hochzeiten und Gastereyen zu applizieren ist etwas zu scharff gebutzt".

GOFENANZ

gilt aus eine Verstümmelung aus franz. *convenance*. Mit der französischen Herkunft wäre die Zugehörigkeit zu den höfischen *tenzen* festgelegt.

Dasselbe müßte sich dann auch für den

RIDEWANZ

behaupten lassen, denn auch sein Name weist, wenn er wirklich aus franz. *retrovange* entstanden ist, auf höfisch-ritterlichen Ursprung. Demgegenüber möchte ich auf das mittelhochdeutsche Zeitwort *ridewen* verweisen, das so viel bedeutet wie „beben, zittern" und in unserm „rütteln" fortlebt. In der Benennung eines Tanzes als *ridewanz* möchte ich

---

[64] Leipzig 1673, Nachdruck bei Braun, Neudrucke zur deutschen Literatur, Nr. 12–14.

eher einen Hinweis auf die derbe Ausführungsart des Tanzes erblicken. Wie wild er getanzt wurde, zeigt die Stelle bei NEIDHART:[65]
> *von dem ridewanze*
> *kom ir vuez uf sin gewant*
> *daz lac an der erde.*

Auch ist es bezeichnend, daß an einer andern Stelle, wo Verstöße gegen den Anstand aufgezählt werden, unser *ridewanz* nicht fehlt. Endlich gehört hierher die predigerhafte Mahnung bei dem TEICHNER (213):
> *der mit zühten tanzen pflaege*
> *daz waer hundertstunt sô waege*
> *sam daz treten uf und nider*
> *er ist gote vaste wider*
> *umb den selben ridewanz*
> *dan umb zühticlichen tanz.*: (beim ridewanz stellt man sich Gott feindlicher entgegen als bei einem züchtigen Tanz).

Der Name ist also doch wohl nicht fremden, sondern deutschen Ursprungs und bezeichnet einen wilden, ausgelassenen, mit unzüchtigem Beinheben der Mädchen verbundenen Volkstanz. Dies scheint mir umso sicherer, als auch eine Nebenform *ride – ranz* aus früher Zeit belegt ist, die den ersten Bestandteil des Namens noch mehr isoliert und als das für den Tanz Charakteristische hervorhebt.

ridewanzel bezeichnet (in dem unechten NEIDHART-Liede 124,12) einen typischen Tänzer der Art, der beim Tanz über alle Mädel Gewalt hat und daher mit einem geilen Bock verglichen wird. („er ist ein gemzinc unter jungen wiben"). Es ist der bekannte Bauernjunge Engelmâr, dem der Ritter NEIDHART nicht sehr grün ist und der in jenem Liede geradezu als der Vortänzer im ganzen Gau und außerdem als ein *tanzprüevaere* (Tanzerfinder) hingestellt wird. Seine „Tanzerfindungen" dürfen wir wohl in neuen Ausgelassenheiten dieses derben Tanzvergnügens vermuten. Nach LEXER's Mittelhochdeutschem Handwörterbuch II.423 nannte man in Nürnberg hüpfende ausgelassene Kinder *riwanzen*.

SWANZ

bedeutet in der Minnesängerzeit dasselbe wie *tanz*, ausgehend von der Grundbedeutung der sich hin und herbewegenden Schleppen der Damenkleider. Damit aber ist die Zugehörigkeit zum höfischen Tanz *a priori* gegeben, und mancherlei Zeugnisse bestätigen es. So wird das
> *schône tanzen und hoveliche swanzen*

---

65) In: *Zeitschrift für deutsches Altertum*, 8. Band, S. 558.

im „Applonius von Tyrland", einem nach 1312 entstandenen epischen Versroman des HEINRICH VON NEUSTADT, offenbar als synonym erwähnt, das *hübeschliche* (: höfische) swanzen in einem mittelrheinischen Osterspiel des 13. Jahrhunderts. Mit *swanzen* ist also das stolz gezierte Einhergehen beim höfischen Tanz gemeint. Noch in einem Fastnachtsspiel des 15. Jahrhunderts heißt es:[66]
> *lasst uns dafür den reihen tanzen*
> *und mit den frauen gar seuberlich umbher swanzen.*

Den alten Gegensatz *reihen – tanzen* umschreibt der Dichter hier durch die Paarung *reien – swanzen*. Noch deutlicher tut es der vorhin genannte HEINRICH VON NEUSTADT, wenn er die Gegensätze durch die Parallelen ausdrückt:
> *reien und tanzen*
> *springen und swanzen.*[67]

Mathias LEXER hält das Wort *swanzen* für ein Intensitivum zu swanken. Die Herleitung von dem Substantiv swanz scheint die natürlichere. Die Bedeutung des ruhigen Einherstolzierens, die sich, aus den unbequemen und für heftige Bewegungen hinderlichen Schleppkleidern ergab, bietet für den höfischen Gesellschaftstanz keine Schwierigkeiten der Erklärung. Dieses *swanzen* ist offenbar nichts anderes als das, was spätere italienische Tanzlehrbücher (CAROSO) mit *„paveneggiare"* bezeichnen: das vergleichsweise auf den Rad schlagenden Pfau anspielende, selbstbewußte sich brüsten, sich-stolz-emporrecken, das als eine der wichtigsten und bezeichnendsten Bewegungen in den „gegangenen" Tänzen der alten Italiener und ein Wort, das in der „Pavane" weiterlebte. Auch an das *Bien parade* des älteren spanischen Gesellschaftstanzes dürfte erinnert werden. Die uns heute geläufige Bedeutung des koketten „Herumschwänzelns" erinnert noch an die ursprüngliche Herleitung aus dem stolzen höfischen Tanz. Vgl. noch Goethe in „Hans Sachsens poetische Sendung":
> Da trit herein ein junges Weib
> Mit voller Brust und rundem Leib
> Kräftig sie auf den Füßen steht,
> Grad, edel vor sich hin sie geht,
> Ohne mit Schlepp und Steiß zu *schwänzen* ...

---

66) Zitiert in GRIMM, DWB, VIII, S. 645.
67) Damals war also das Bewußtsein des Gegensatzes noch nicht verschwunden, es hat volle 7 Jahrhunderte bestanden, Beleg beim hl. ISIDOR (um 600) *chorea* und *ballatie*, bei CHRESTIENS („Erec", um 1150): *Puceles carelent et dancent.*

Selbstverständlich ging auch der Name „swanz" später in die allgemeine Bedeutung „Tanz" über. Noch in dem handschriftlichen Liederbuch der Berliner Staatsbibliothek aus dem 15. Jahrhundert (Ms. mus.Z.98) finden sich als Überschriften über 3-sätzigen Tonsätzen die Namen: *Bauernschwanz, Neuer Bauernschwanz, Pfauenschwanz (!) Rattenschwanz,* und *Fuchsschwanz,* die R. Eitner[68] mit Recht als Namen deutscher Tänze erklärt.[69]

Damit sind die auf *tanz* reimenden und wohl durch diese Reimbildung mit beeinflußten Namen behandelt.

Wie steht es nun mit den auf *rei* endenden?

Zunächst erscheint eine Gruppe von Namensbildungen, die eine Interjektion, einen Ausruf fröhlicher Stimmung charakterisieren

heierlei (: hei! hei!)

hoppaldei (: hopp, hopp)

guggaldei (: guck! guck!)

Die beiden letzteren weisen auch wieder auf eine Sondergruppe hin: mit *-aldei*

gugg-aldei, hopp-aldei, wan-aldei und *trei-aldei.*

Aber auch diese Zusammenstellung erschöpft nicht die Variabilität der Einteilungsmöglichkeiten, denn hier erscheint auch noch die Silbe *troi, trei,* eine neue Gruppierung. *Trei* als Simplex, ferner: *trei-altrei, trei-aldei, firgam-trei. trei-rôs,* und *treierlei.*[70]

Nicht allein das bindende Reimwort *rei* deutet darauf hin, daß wir es hier nur mit schnellen Bauerntänzen zu tun haben.

---

68) R. Eitner, Tänze des 15. bis 17. Jahrhunderts, 1875.

69) *Swanz* in Verbindung mit *tanz* erscheint bei Oswald von Wolkenstein (59,50), wo der Dichter sein ironisches Loblied auf die Stadt Konstanz singt, voller Ausfälle gegen die dortigen Weiber und Wirte. Da heißt es:

Ain hoch gepräng von klainem glanz
vast edel, nötig, swacher swanz
was uns nicht teuer an dem tanz
zu Costnitz dort in Swaben.

(: Das hochfahrende Getue beim Tanz in Konstanz, das doch nur geringen Glanz hatte, und obwohl adelig, *vast edel,* doch kümmerlich, *nötig,* und mit schlechten Kleidern, galt uns recht wenig, *was uns nicht teuer.* Vgl. Schatz, „Sprache und Wortschatz der Gedichte Oswald's v.W.: Es dürfte wohl hier das „*swacher swanz*" ein zu kurzes Schleppkleid bedeuten, wie es sich für ein adeliges Kostüm nicht geziemt.

70) Hierher gehören auch die lautlich nicht näher einzureihenden: *tripotei, tutelei, tirlefei,* endlich noch *törpeldei* und *turlei.*

GEILER von Kaisersberg nennt in seinem „Narrenschiff" noch den *heierlei* unter den „schändlichen Liedern": „item in cantibus turpibus; hoc in his fieri solet, quae nos Theutones appellamus h e y g e r l a i s s, vel" ein scheiblecht tentzlin „ubi una praecinente aliae subsequuntur": ein scheibenförmiges d. i. rundes Tänzchen, bei dem Eine vorsingt und die Andern wiederholen.[71]

Der *hoppaldei* ist belegt vom unechten NEIDHART-Gedicht:
*zehant do wart der hoppaldei gesprungen
si vueren umbe sam die wilden bern.*

Er wird ausdrücklich als wilder *rei* und den Bauern angemessene Unterhaltung bezeichnet:
si (die Bauern) *solten hoppaldeies pflegen!
wer gap in die wirdikeit
daz si in der spielestuben hovetanzen künnen?*

Sie sollten sich an den H. halten „wer gab ihnen das anmaßende Recht, höfische Tänze auszuführen?" Das Zitat aus dem unechten NEIDHART: *dô trâten sie den hoppaldei* spricht für unsere Annahme, daß „treten" eben auch im Sinn von heftigem Stampfen mit den Füßen gebraucht wurde („als ob man im Kot watete").

Den Namen halte also auch ich (mit BÖHME I,35) gegen LILIENCRON[73] für einen deutschen, volksmäßigen, zusammenhängend mit hoppen, hopsen, hüpfen.

Derselbe Tanz ist offenbar der von FISCHART unter den Gesellschafts- und Kinderspielen aufgezählte *hüpfelrei*:
sus machent umb den giegen (um den Narren)
*ie zwei und zwei ein hoppaldei
reht als si wellen fliegen.*[74]

Der Name *hoppeltanz* begegnet uns später als Bezeichnung für den „Hupfauf", den bekannten Nachtanz im Tripeltakt. Auch an andere, ähnlich lebhaft klingende, spätere Tanznamen darf erinnert werden, so an den „Hoppetvogel" (Salzburg), an den „Hoppenvogel" (Schwaben), den „Hopfenvogel" (Bayern), den „Heppich" (Böhmen), den „Hupfer" (Vogtland, für den Galopp), die „Hops-Anglaise", den „Hopser" und

---

70) Hierher gehören auch die lautlich nicht näher einzureihenden: *tripotei, tutelei, tirlefei,* endlich noch *törpeldei* und *turlei.*
71) Zitiert nach GRIMM, DWB, IV, S. 2, 814.
72) Die Belege bringt HAUPT in den Anmerkungen seiner NEIDHART-Ausgabe.
73) In: *Zeitschrift für deutsches Altertum* VI, S. 81.
74) In dem unechten NEIDHART-Lied XLI, 16.

den „Hopswalzer" (den „Schottisch").

Der Dichter Gustav FRENSSEN, ein genauer Kenner schleswig-holsteinischer Sitte erwähnt in seinem Roman „Die drei Getreuen"[75] einen alten Tanz, den

HOPPHEI,

der auf der Lehmdiele des Gehöfts ausgeführt wird, und zwar tut er dies in einer Schilderung, die deutlich ein hohes Alter dieses Brauches erkennen läßt: Auf Verlangen der Frauen werden „die Bänke und Tische aus der Diele getragen, und es wurde getanzt" (Wer denkt da nicht an NEIDHART's köstliche Worte „Räumt hinaus die Schemel und die Stühle" in seinem „Tanz in der Stube"). „Es war ein schweres Tanzen, denn die Männer hatten ihre hohen, starken Kleistiefel an; von wuchtigen Tritten dröhnte dumpf die Lehmdiele". Zwei Männer stimmten dazu die Tanzweise an: „Goos op de Deel" und andere.[76]

Es ist aber auch wohl kein Zweifel, daß wir die Endung ei in den lebhaften Kehrreimen von altdeutschen Liedern und besonders in den Tanzliedern wiederfinden. Ich darf hier vielleicht der Vermutung Ausdruck geben, daß diese, dem Reimbedürfnis Genüge leistenden Namensbildungen unter der Einwirkung der gewissen Refrainbildenden Vokalisen und Solfeggiensilben der Minnesänger zustandekamen: Wenigstens ließe sich dies für die auf -rei bezüglichen Formen geltend machen. Denn auch diese Melodiefüllsel des Nachspiels zum Tanzlied endigen alle auf -ei. Als Beispiele führe ich an:

tandarei (bei WALTHER)

traranuriruntundei (e) (bei NEIDHART)

deilidurei (bei HEINRICH VON STRETLINGEN)

lidundei und faladaritturei, sowie

lodirundei (in der Carmina burana).

Hierzu kommen dann noch: eja, ei (im Kirchenlied) heidipupei (in den Kinder-Wiegenliedern), die bekannten Interjektionen der Freude und Lebenslust: heissa! huchei, jupei-di, Jupei-da (im Studentenlied) u.s.f.[77]

---

75) Gustav FRENSSEN, Die drei Getreuen, Berlin 1908, S. 455, 460.
76) Der Name „Hopphei" ist schon deshalb bezeichnend, weil er die beiden Injektionen „hopp" und „hei" in sich vereinigt.
77) Belege bei Gustav BARTSCH, Deutsche Liederdichter, Leipzig 1864.

Besondere Beachtung verdient meiner Meinung nach der Name
TREI
der mit seinen Zusammensetzungen wohl eine gesonderte Gruppe darstellt. Dabei scheint mir am wichtigsten das Vorkommen des Simples *trei* selbst zu sein, und zwar steht es in dem unechten NEIDHART-Liede (228,45), das eine wüste Prügelei unter den Bauern schildert:
dô sprach Enzeman
„war umb geviel iu niht der tanz?
nû waz ez doch ein niuwer trei:
in het iuwers vater wîp mit êren wol getreten!" [78]
Das heißt doch soviel als: dieser neue Tanz „trei" war so ehrwürdig, „daß ihn selbst eure Mutter, ohne sich etwas zu vergeben (mit êren) hätte mittanzen können." Die Wendung scheint mir höchst beachtenswert, wurde der Tanz doch „getreten", nicht gesprungen, gehörte also kaum zu den bloßen Belustigungstänzen. Ich möchte in den *trei* eine Art Gattungsnamen vermuten, so daß wir gleichsam darin das Etymon für eine besondere Tanzform erblicken dürfen. Nähere Bestimmung nach den Gebrauchsformen hätte das Wort dann durch die Zusammensetzungen erhalten. Dabei bleibt mir der Name
firgantrei
allerdings nach wie vor rätselhaft – auch durch seine textliche Umgebung, denn an jener Stelle, der einzigen, die das Wort bietet, heißt es:[79]
ein rap (Rabe) vil hôher minnen pflac,
der gie hin zuo dem tanze,
mit sînem rôsenkranze
trat er den firgantrei
des fröute sich der lichte mei,
die rein begunden risen.
Demnach wäre der *Firgantrei*, den der Rabe aus Liebesdrang tanzte, gleichsam das Signal zu den allgemeinen Maientänzen (der Menschen) gewesen. Die einzige Handschrift gebraucht die Form: *firggan dray*.

Sollte dies mit *vür gân* – „hervorgehen, entstehen" zusammenhängen, etwa als *vürganc-trei*, oder steckt darin ein *vergant-trei*, ein Markttanz?[80] Auch an das Zeitwort *virgelen*, „hin und her fahren, hüpfen" könnte erinnert werden.

78) Zitiert nach HAUPT's NEIDHART-Ausgabe, a.a.O., S. 228, Anmerkung aus LASSBERG's „Liedersaal", S. 385.
79) Aus einem Gedicht des 13. Jahrhunderts.
80) Zu *vergant*: „Verkauf" gehörig?

Auffallend ist die Doppelheit unserer Silbe in dem Tanznamen:
t r e i a l t r e i
der möglicherweise entstellt ist aus *trei-aldei* und dann zu der Sondergruppe *hppaldei, giggaldei, wânaldei* gehörte.[81]
g u g g a l d e i
könte man auch an mh.d *guggen*, „hin und her bewegen", auch „wanken" denken, also synonym mit *swanzen, swenzen*. Für
w â n a l d e i
hatte schon HAUPT[82] auf die ähnliche Bildung *wân-sanc* verwiesen, das offenbar ein „Lied der Einbildung, der frohen Hoffnung" bezeichnet.
si hevent ir wânsangen
rehte sam in niht enwerre
„sie heben ihre hoffnungsvollen Lieder an, so als ob sie nichts schmerzte", und durch die ähnlichen Bildungen *hugesanc* und *hugeliet* stützte. Demnach würde unser Wort einen Tanz froher Hoffnung bedeuten.

Der zweite Bestandteil *-aldei* freilich bleibt etymologisch ungeklärt.

Ebenso rätselhaft sind die Bedeutung von *tripotei* und *tutelei*. In diese Katgorie der an *rei* bloß anklingenden bzw. damit reimenden Nachbildungen gehört endlich auch die Lesart *törpeldei* und *torpeldei* die gelegentlich für *hoppaldei* eintritt,[83] und offenbar zu *törpel : dörper* : „Bauer" im gegensatz zum feinen Hofmann gehört.

Hierher ist auch der Tanzname:
t u r l e i
zu setzen, den wir aus NEIDHART (89,2) kennen, wo der eifersüchtige Diener klagend ausruft: „Wie konnte nur die schöne Süezel dem (Bau-

---

81) Die Stelle (NEIDHART XXVI, a..aO.) lautet:
frou Kiunze, jâ ist immer trût
under valken niht ein ar!
. . . .
dâ muoz er den treialtrei
selbe zwelfte von der linden rûmen.
„Euer Liebster (Tanzpartner) ist doch nicht etwa ein Adler unter Falken... daher möge er den *tr.* bei der Linde mitsamt seinen elf Genossen verlassen". War dies etwa ein Reigen zu zwölfen?
82) Belege bei HAUPT, a.a.O., S. 186.
83) Zu dem vorerwähnten *guggaldei*, das sich bei WALTHER (82,21) findet, spricht Edmund WIESSNER die Möglichkeit aus, es als Kompositum mit *ei (ovum)* aufzufassen. Vgl. dazu noch den Namen *daldumdei* offenbar für ein altes Tanzlied und *dichtlumdei* bei Hugo von MONTFORT (XII,218) als Bezeichnung für eine wankelmütige Frau.

erntölpel) Limezûn gestatten, an ihrer Hand den Reien zu springen? Und fortfährt:
> *von der tscheyen*
> *sîn heupt er z'oedeclichen swanc*
> *gein ir zem turleyen.* „Aus Freude darüber (*tscheye-schoye*, franz. *joie*), preßte er seinen Schädel, in seiner törichten Eitelkeit (*z'oediclichen*) an sie zu dem schwindelnden *turlei*-Tanz. Dieses *turlei* gehört naturgemäß zu dem Zeitwort *turlen* – *türmeln*, schwindelnd herumdrehen, taumeln.

Daß mit dem
t r e i r o s,
der bei NEIDHART zweimal erwähnt wird und in einem pseudo-NEIDHART-Liede vorkommt, ein lebhaft gesprungener Tanz gemeint ist, wird klar durch die Parallelstellen zu 21,31 in den voraufgehenden Strophen. Stets am Ende der Stropen 2, 4 und 5 stehen die leichten Anspielungen, in Strophe 2 und 4 sogar in der Schlußzeile. Die Mutter warnt das Mädchen, sich nicht mit dem Ritter (NEIDHART) einzulassen, sie spricht zuerst (21,12) von seinem *gimpel-gampel*, dann (21,26) von seinen geilen (lustigen) Sprüngen und zuletzt heißt es:
> *wil dû mit im gein Riuwental, dâ bringet er dich hin.*
> *alsô kan sîn* t r e i r o s *dich verkoufen (preisgeben)*
> *er beginnt dich slahen stôzen roufen,*
> *und müezen doch zwo wiegen bî dir loufen.*

treiros ist also synonym zu den *geilen Sprüngen* und dem *gimpel – gampel*. Daß mit dem letzteren ebenfalls eine Tanzart (wenngleich mit dem Nebensinn des Liebesspiels, also im übertragenen Sinn), gemeint ist, wird niemand abstreiten.[84] Wir sind in den Gedankengängen dieses Gedichts ja schon im Bereich des Sinnbildlichen, denn alle diese Anspielungen gehen letzten Endes auf die Befürchtung der Mutter: „Die Folge dieses Tanzes wird sein, daß du ein Kind von ihm kriegst."
Ein Tanzlied meint die zweite NEIDHART-Stelle (48,20) u.z. ebenfalls im Munde eines Mädchens:
> *jâne wil ich nimmer iuwern treiros gesingen*
> *noch nâch iu den reien niht ensprngen.*

---

[84] Zu der Tanz-Bezeichnung *gimpel - gampel* darf auch hingewiesen werden auf die Zeitwörter *gumpen* und *gompeln*, die SCHEFFEL in der Anmerkung 276 zu seinem Roman „Ekkehard" in der Bedeutung „hüpfen, mutwillig springen" belegt.

Die älteren Erklärer (LEXER, SCHMELLER, FROMMANN) dachten bei dem Wort an mittelhochd. troie, treie : Wams, – aber was ist damit erklärt? Eine Variante zu *treiros* begegnet in einer der Handschriften in der Form von *treierleis*, womit *noch* deutlicher ausgedrückt wird, daß es sich um ein Tanz - L i e d handelt.

Ich kann nicht umhin, an dieser Stelle meiner Vermutung Ausdruck zu geben, die uns über manche Schwierigkeiten der Tanzforschung hinweg helfen könnte, nämlich, daß der vielumstrittene Name der
                    T r o j a b u r g e n
auf diesem *trei, troi* beruht.

So wie es bekanntlich volks-etymologische Bildungen gibt, in denen ein Wort durch Anklang an ein anderes, mit ihm gar nicht verwandtes, umgebildet werden kann, so könnte angenommen werden, daß der dem Mittelalter geläufige Name des antiken TROJA[85] für das allmählich verschwindende *troi, trei* eingesetzt worden sei. Eine TROJABURG bedeutete dann, rein appellativisch, soviel als „Tanzburg", „Tanzberg", „eingehegter Tanzplatz" (denn „burg") gehört zu „bergen") und das Appellativum „Trojaburg" wird erst nachher in bezug auf das antike Troja zum Eigennamen. Mit dieser Ursprungsbedeutung der *troi - burc* aber läßt sich vollkommen in Einklang bringen, was über die eigentliche und älteste Bestimmung dieser, noch immer rätselhaften „Trojaburgen" aus den Denkmälern vergangener Zeiten abgeleitet werden kann. Es ist klar, daß hiermit nicht allein Fragen der Tanzforschung oder der Sprachwissenschaft berührt werden, sondern auch solche der Kulturgeschichte im allgemeinen, denen hier eine Aufklärung ermöglicht werden kann.

Was zunächst die sprachliche Form betrifft, so wechselt in den mittelhochdeutschen Tanznamen *oi* mit *ei* ganz vermischt, wobei immerhin die Formen: *troientay* und *troyerleis* nebst *troialday* wegen des Anklanges an „Troja" Beachtung verdienen.

Das Wort mit unserem mhd. *trei, troi* in Verbindung zu bringen, macht lautgesetzlich keine Schwierigkeiten: das anlautende germanische *tr* hat sich ja der hochdeutschen Lautverschiebung entzogen, wie etwa in unserem „treten" (gotisch „trudan", altnordisch „treda") oder in „treu" (got. „triggws", altnord. „tryggr") und das *-ei-* stellt den altgermanischen Diphtong dar, wie in „eins, zwei" (got. ains, twai). Rätselhaft bleibt nur das Verhältnis zu dem etruskisch-lateinischen *truia*, das durch

---

[85] Vgl. die Dichtungen vom Trojanerkrieg, Anspielungen im Parzival, Meier Helmbrecht usf.

sein Vorkommen auf dem, dem 7. oder 6. vorchristlichen Jahrhundert angehörigen Krug von Tragliatella so hohe Gewähr besitzt und dessen Bedeutung ebenfalls „Tanzplatz" ist. (Ich komme hierauf später zurück.) Trotz des nahen Anklangs ist dieses *truia* lautgesetzlich schwer mit dem germanischen *trei, Trojaburg* in Verwandtschaft zu bringen, obwohl es, wie gesagt, sich in der Sache damit vollkommen deckt. Aber wenn man berechtigt ist, unser „*treten*" (got. „*trudan*") zu lateinisch „*trudo*" zu stellen, wie es das Mittelhochdeutsche Wörterbuch (III 95) tut (und vielleicht auch unser „*trecken*" : ziehen zu lat. *trahere*) – so dürfte man auch die Gleichung: *trei, troi : truia* gelten lassen. Der germanische Diphtong *oi* entspräche dann dem lat.-etruskischen *u* ebenso, wie in „*eins*" gegenüber lateinisch *unus*. (Vorlateinisch *oinos* !)

Im übrigen will ich dies hier nicht entscheiden. Wesentlich für die Verwandtschaft bleibt, daß sich die mit den Worten bezeichneten Sachen im nordisch-germanischen Kulturkreis ebenso wie im etruskisch-römischen vollkommen decken.

Daß sich das indogermanische *tr* im Germanischen unverschoben erhalten haben könne, dafür könnte ein Beleg aus griech. *botrys*: „Traube" gesehen werden, wenn Jan OTREBSKI (Indogermanische Forschung in den „ROZPRAW i materjaly wydzzialu" der Gesellschaft der Wissenschaften in Wilna, X. Band, Heft 3) Recht hat, indem er auch diese Gleichung als Beispiel für die von ihm behauptete Silbenumstellung (bzw. für das Auftreten des „wortbildenden Elements im Präfix oder auch im Suffix") anführt.

Wie steht es mit dem Verhältnis von germanisch *triu* (Baum) zu lateinisch *trab*, eskisch *tribum* (OTREBSKI, a.a.O., S. 99)? Der aus dem Norden nach dem Süden gewanderte Holzbalkenbau legt mit der sachlichen auch die sprachliche Analogie nahe. Im übrigen scheint das auf den Verschlußlaut angeheftete *r* auf ihn diese konservierende Wirkung ausgeübt zu haben. Eine ähnliche Erscheinung zeigt in der Gruppe der Labialen der Anlaut des Ortsnamens PRAG: normalerweise müßte auch hierin die idg Tenuis im Germanischen P als F resp. *Pf* erscheinen (vgl. etwa Pforzheim zu Porta), aber freilich hat das *r* hier die Verschiebung im allgemeinen nicht aufhalten können, wohl aber in den Eigennamen: vorgermanisch PRAHA – zu PRAG, genau wie in TROIA - TREI, die beide sich als „Ausnahmen" von der sprachlichen Regel kundgeben.

So starken Klang aber hatte der Name des klassischen ILION in Europa, daß – wie wir annehmen müssen – zweimal in der Kulturgeschichte unseres Erdteils sich die Bezeichnung für das alte Kultspiel assimilierte, denn auch das etruskische *truia*, die älteste ins 7. oder 6. Jahrh. zurückdatierte Form für den Namen, wurde von den Römern in späterer Zeit mit Troja in Verbindung gebracht und erscheint in den römischen Quellen hinfort als „lusus Troiae": „Spiel von Troja" und die tanzenden Jünglinge heißen die Trojaner,[86] allerdings nicht vor dem Jahre 400 nach der Zeitwende.

Die erste Beschreibung des Trujatanzes findet sich bei dem Panegyriker CLAUDIANUS,[87] der um 395 von Kaiser Honorius nach Rom berufen wurde und hier sein schriftstellerisches Talent betätigte. Die Anknüpfung des alten Namens an den der Stadt TROJA muß also gar nicht älter sein. Dagegen hat die Bezeichnung der TROJABURGEN im nördlichen Europa – in Gegenden wohin niemals römischer Einfluß gelangt war – die Gewähr eines sehr hohen Alters für sich. Der an Troja anklingende Name findet sich in Skandinavien als *Trojeborg, Trojenborg* und *Trojin*, in England als *Troytown* und *walls of Troy*, dazu das walisische *Caer Droia* (: Burg Troja) und *Caer y Troian* (was KRAUSE als „Stadt der Windungen" deutet). Diese im Norden Europas nachgewiesenen und in prähistorische Zeit zurückverlegten TROJABURGEN bezeichnen ursprünglich, wie schon Ernst KRAUSE, der vielbekämpfte, mit genialem Scharfblick erkannt hatte, nichts anderes als den Tanzplatz für einen uralten Kulttanz. Das Vorkommen dieses labyrinthisch gewundenen Lokals in Finnland und dem nördlichen Rußland erhöht auch die Wichtigkeit des Zeugnisses und da diese Steinsetzungen nach dem finnischen Prähistoriker E. ASPELIN in das Bronzezeitalter zu verlegen sind, so kommt ihnen selbst gegenüber dem „Trojaspiel" der römischen Jünglinge höhere Bedeutung zu.

Durch die Tanzwissenschaft scheint sich demnach eine wiederholt und vielfach erörterte, aber bisher im wesentlichen noch nicht gelöste Frage, die die klassische Archäologie und in gleicher Weise die Kultur- und Sittengeschichte, sowie die Literatur- und Kunstgeschichte in Atem gehalten hat, beantworten zu lassen: ich meine die Frage nach dem

---

86) SERVIUS im Kommentar zu VERGIL Aen., S. 602 ff.
  „*Lusus ipse, quam vulge pyrrhicham vocant, Troia vocantur*"; das Reiterspiel nennt er (ebenda) „*agmen Troianum*", wobei er sicherlich an die Vaterstadt des Aeneas dachte. Servius schrieb Anfang des 5. Jahrh. nach Christi.
87) In der Schrift: „de VI. consultatu Honorii", V. 621.

Ursprung und der ältesten Bedeutung des L a b y r i n t h s.[88]
Noch die 1929 erschienene Arbeit von WINTER, die sich dem eigentlichen Grundproblem am meisten nähert, konnte (S. 715) die Behauptung aufstellen, es fehle allen Versuchen, das Wesen der Trojaburgen Nordeuropas zu erklären, jede wissenschaftliche Grundlage. Das ist natürlich, solange man nur von den literarischen Zeugnissen, von historischen Berichten, archäologischen und kunsthistorischen Denkmälern ausging und dabei die Hauptfrage, die nach dem Tanz selbst, gar nicht stellte.

Es heißt das Wesen der Sprache gründlich verkennen, wenn WINTER (S. 719) das Trojaspiel als eine „bedeutungslose Sache" bezeichnet und den Gedanken, sie sei etwa aus dem Norden nach dem Süden gewandert, ganz ablehnte. Weil WINTER in dem Gedanken befangen ist, daß das Bauwerk, der Labyrinth-Grundriß, d.h. also der Tanzplatz, das Primäre und Bedeutungsvollere ist, als der Tanz selbst. Es hängt mit der völligen Verkennung des Wertes und der Bedeutung des Tanzes als Kulturerscheinung zusammen, daß den Gelehrten, die sich bisher mit der Frage der Trojaburgen und des Labyrinths beschäftigt haben, ein Gedanke gar nicht gekommen ist: ob nicht eben der Tanz, der in den Labyrinthen und in den Trojaburgen ausgeführt worden ist, das Ursprüngliche und für die Ausgestaltung des Tanzplatzes Richtunggebende gewesen sein mag. Daher bemüht sich noch WINTER, die Übertragung des antiken Labyrinthgrundrisses nach dem Norden mit der Handelsausfuhr italischer Bronzegefäße nach Nordeuropa, die seit dem 8. vorchristlichen Jahrhundert stattfand, in Verbindung zu bringen: italische Kaufmannsknechte mögen sich auf ihren Handelsreisen „durch ihr heimisches Troja- oder Labyrinthusspiel die Zeit vertrieben und die Nordgermanen so mit ihrem eigenartigen Spiel mitsamt dem Namen bekannt gemacht haben".[88a]

---

88) Aus der umfangreichen Literatur hierüber wären besonders hervorzuheben: Ernst von BAER, Über labyrinthförmige Steinsetzungen im russischen Norden (in: *Bulletin de la classe historico-philologique der Petersburger Academie*, I, 1844). Anton *Goebel*, De Trojae ludo (Gymnasialprogramm Düren 1852). Wilhelm MEYER, Ein Labyrinth in Versen (in: *Sitzungsberichte der Münchner Akademie*, 1882, Band II, S. 267). Max BÜDINGER, Die Bedeutung des Trojaspiels (in: *Sitzungsberichte der Wiener Akademie der Wissenschaften*, 1890, Band 123, 3. Abhandlung). Otto BENNDORF, Kunsthistorische Ergänzungen zum Troja-Spiele (in der oben genannten Abhandlung von BÜDINGER). Ernst KRAUSE, Die Trojaburgen Nordeuropas und Die nordische Herkunft der Trojasage, Glogau 1893. Hermann DIELS, Das Labyrinth (in: *Festgabe für HARNACK*, Tübingen 1921, S. 61). O. ALMGREN, Sveriges fasta fornlämningar fran hednatiden, Stockholm 1923. Richard WINTER, Das Labyrinth in Tanz und Spiel (in: *Neue Jahrbücher für Wissenschaft und Jugendbildung*, 5. Jahrg., Berlin 1929).
88a) WINTER, a.a.O., S. 719.

Schwieriger ist ja nur die Frage: wie kommen diese Steinsetzungen, wenn sie so uralt und autochton sind (wie wir es behaupten und wie es die vorliegende Untersuchung erweisen soll), zu der Namensverbindung mit Troja – Ilion? Nun dieses, aber auch nur dieses allein kann möglicherweise auf Kulturübertragung beruhen: der antike Name kann einen älteren, heimischen Namen verdrängt haben. Und solche heimischen Namen, denen in den Augen eines Tanzforschers mindestens ebensoviel Ehrfurcht erzwingende Altertümlichkeit zukommt, sind uns ja auch noch überliefert: im schwedischen Finnland heißen jene Steinsetzungen-Labyrinthe bekanntlich „*jongfrudanser*", heben also schon im Namen das Wesentliche, den Tanz, hervor!

DIELS hat vollkommen recht, wenn er sagt: die moderne Religionsgeschichte „muß das Wesen und das wirklich Historische in dem hinter den Sagen und Namen verborgenen Kulte zu erkennen suchen. Es handelt sich darum, den religiösen Brauch vom poetischen Sagengespinste und der quasi-historischen Einkleidung zu befreien und den eigentlichen Sinn des Vorgangs bloßzulegen."[88b] Dies gilt aber auch von dem Sinn eines so merkwürdigen Bauwerks, als welches das Labyrinth immer dargestellt wird. Auch hier muß die „quasi-historische Einkleidung", d.h. das Hilfsmittel des geschilderten Bauwerks, zurücktreten, damit dahinter dessen eigentliche Bestimmung hervorkomme. Ich weiß nicht, ob die antike Münzgeschichte Beispiele dafür hat, daß man Bauwerke auf Münzen abbildete (wie man es im Falle der bekannten Knossos-Münzen mit den Labyrinth-Darstellungen annehmen müßte). Eher glaube ich, daß diese Labyrinthe deshalb für würdig befunden wurden, auf Münzen verewigt zu werden, weil sie eine sakrale Grundvorstellung wachriefen.[89]

Dazu kommt noch eines. Nach der übereinstimmenden Ansicht der Altertumsforscher, wie HÖCK und PRELLER,[90] hat das kretische Labyrinth überhaupt nie existiert! Was uns auf den knossischen Münzen entgegentritt sind Trojaburgen ganz von der Art, wie wir sie aus den nordischen Steinsetzungen kennen, und auch die Abbildungen auf dem Krug von Tragliatella läßt uns durchaus *kein Bauwerk* sehen, sondern nur die Schlangenwindungen des Situationsplanes eines Tanzbodens, dem wir

---

88b) DIELS, a.a.O., S. 62.
89) Als Analogie dazu könnten die Gedenkmünzen angesehen werden, die man auch heutzutage von berühmten Wallfahrtsorten, mit der Abbildung der Gnadenkirche also auch dem, als heilig verehrten Lokals herstellt.
90) Vgl. KRAUSE, Die Trojaburgen Mitteleuropas, Glogau 1893, S. 8.

ebenso die englischen labyrinthischen Rasenausschnitte oder Steinsetzungen an die Seite stellen können. Nicht den Grundriß eines Bauwerks deuten die Labyrinthzeichnungen auf den knossischen Münzen an, vielmehr eher ein besonderes „Heilszeichen". Auch auf einem Steinkrug von 1492 aus Dänemark ist eine Trojaburg eingeritzt, die fast genau der von Wisby entspricht.

Der Ursprung der isländischen Labyrinthdarstellungen ist auch nicht, wie Wilhelm MEYER meinte, in der gelehrten mittelalterlichen lateinischen Literatur zu suchen. Wie wäre damit das Vorkommen der labyrinthischen Steinsetzungen im russischen Lappland, auf Wier u.s.f. zu erklären? Ebenso ist es unhaltbar, wenn MEYER die Möglichkeit aufstellt, daß die finnischen und russischen Labyrinthe „durch die byzantinisch-griechische Miniaturmalerei vermittelt" wurden.

Bei allen diesen irrigen Vermutungen wirkt die Vorstellung mit, daß es sich um den bloßen Grundriß eines interessanten und zur Nachahmung reizenden Baudenkmals handeln könnte oder etwa um des Nachmalen oder Nachbilden einer merkwürdigen und auffallenden geometrischen Fantasiefigur. Nach der eigentlichen Veranlassung hierzu wurde gar nicht gefragt, und doch muß eine solche zwingend gewesen sein!

Wieso – so dürfen wir fragen – käme denn auch gerade das kretische Labyrinth dazu, in ganz Europa nachgeahmt zu werden und dort als volkstümliche Vorstellung ein so dauerhaftes Leben zu führen? Warum nicht auch die Akropolis? Oder die Pyramiden von Gizeh? Da muß doch eine starke Volkskraft wirksam gewesen sein, eine geistige Vorstellung, die der Fantasie des Volkes immer wieder dieses Bild vor Augen hielt und zur Nachformung reizte. Wir gehen gewiß nicht fehl, wenn wir ein sakrales Moment als das treibende ansehen, das sich dieses Hilfsmittels zur Erfüllung des religiösen Bedürfnisses bediente, und zwar in einer den Völkern des europäischen Kulturkreises gemeinsamen Vorstellung.

Auf dem richtigen Wege einer Deutung der Primärfunktion der Trojaburg als Tanzplatz war schon Ernst KRAUSE in seinem reichhaltigen und ideenreichen Buch über die Trojaburgen Nordeuropas – das von Forschern wie etwa Leopold von SCHROEDER auch wirklich ernst genommen wurde – nur kannte er die Tänze zu wenig, um die letzte, entscheidende Schlußfolgerung zu ziehen. Er hat die Bestimmung der „Trojaburgen als heilige Tanzplätze der Urzeit" erkannt und deutlich genug bezeichnet. Daß aber auch die Labyrinthe ursprünglich sakrale Tanzplätze und nichts anderes waren, war von den Vertretern der klassischen Archäologie niemals ohne weiteres zugegeben worden: immer spielte die Vorstellung herein, daß es sich hierbei um ein antikes Bauwerk, bzw. um den Grundriß zu einem solchen handelt. Gewiß geht die Entwicklung des Motivs je nach Völkern und Zeiten verschiedene Wege, aber der Fruchtbarkeitskult und Sonnenkult kommen doch von derselben kultischen Wurzel her. Wäre die Trojaburg ursprünglich wirklich nichts anderes gewesen als das charakteristische Lokal für den Initiationsritus, wie wären dann andere altehrwürdige Züge wie eben das Vorhandensein der Jungfrau im Mittelpunkt und der gewiß ebenso alte Name „Jungfrudanser" für dieses Lokal zu verstehen? Wie alt diese Bezeichnung der Trojaburg zum Sonnenkult ist, geht doch schon aus den ältesten Zeugnissen, nämlich jenen spanischen und irischen vorgeschichtlichen Felsritzungen hervor, die unmittelbar neben der spiralischen „Trojaburg" ausgesprochene Sonnensymbole aufweisen.

Nach meiner Meinung behält auch hier KRAUSE Recht, indem er Zweck und Sinn der Trojaburgen im Sonnenkult der männlichen Jugend erblickt. Ergänzend und erläuternd könnte dazu die Annahme treten, daß die Durchführung dieser Kulthandlung eben den Männerbünden oblag, wobei aber doch die „zu befreiende" Sonnenjungfrau durch das in der Mitte der Trojaburg sitzende Mädchen symbolisiert wurde, zu dem nur auf dieser schwierigen gewundenen spiralischen Tanzbahn zu gelangen war.

Diese Aufgabe war erschwert durch eine weitere, ganz besondere Geduldsprobe, eine sich Nähern und wieder Entfernen vortäuschende, beirrende Bahn durch ganz besondere, schwierige T a n z s c h r i t t e zu durcheilen. Hierfür lassen sich mehrere Zeugnisse anführen. Mit solchen ermüdenden Tanzschritten, nämlich mit dem sogenannten „Kibitzschritt", wurde ein wichtiges deutsches Denkmal, die „Windelbahn" von Stelp durchtanzt. Eine besondere Tanzart, das „Treten" (*to tread*) ist bezeugt bei SHAKESPEARE im „Sommernachtstraum" II/1, ferner im „Sturm" III/3 und V/1. Wir wissen ferner aus Surrey, daß dort vor den Civil Wars viele *mazes* vorhanden waren und daß die jungen Leute dort zu „treten" pflegten („*to tread them*").[91] Wir erinnern uns, daß auch das „Stampfen" bei gewissen Schwerttanzformen ein Zug aus dem Fruchtbarkeitskult ist, der den Tanzschritt erschwert.[92] Endlich waren schwierige Schritte sicherlich auch bei der altbayerischen Moriske (Maruska)

---

91) John AUBREY, History of Surrey, V, p. 80, zitiert nach Trollope.
92) Vgl. Richard WOLFRAM, Schwerttanz und Männerbund...

mit ihrem Taktwechsel gegeben – und auch diese war ursprünglich ein Tanz um die Maikönigin, beziehungsweise um die Sonnenjungfrau.[93] Den Ausgangspunkt für die Identifzierung des *Labyrinth-Tanzes* bildet nach wie vor die berühmte Schilderung, die HOMER im XVIII. Gesange der Ilias Vers 590ff. davon gibt. Hephaistos hat auf dem Schild des Achilles unter anderem einen *choros* abgebildet, jenem gleich, den einst Daidalos für die lieblich gelockte Ariadne in dem weiten Knossos hergestellt hatte. Es kann heute wohl kein Zweifel mehr darüber sein, daß *choros* an dieser Stelle zunächst den Tanzplatz bedeute, und nicht den Tanz: schon der Vergleich mit dem Bauwerke des Daidalos zwingt hierzu, daß das Wort ebenfalls etwas Aufgebautes, also den Tanzplatz bedeute.[94] Daß der Tanzplatz Kreisform hatte, lehrt der Vergleich Homers mit der kreisrunden und sich kreisförmig drehenden Scheibe des Töpfers. Aber hier ist es besonders wichtig festzuhalten, daß dieser Vergleich mit der Töpferscheibe nicht nur die Form des Tanzplatzes, sondern – wie auch schon WINTER[95] betont – auch den Verlauf des Tanzes selber, die Bewegungen der Tanzenden veranschaulichen soll. Der Vergleich ist – wir müssen es zugestehen – ungemein treffend und eines großen Dichters würdig! Es ist dies eine unvergleichliche Stelle, denn wo wäre sonst, etwa in einer modernen Tanzbeschreibung, in ähnlich anschaulicher Weise mit künstlerischen Worten die Wirkung eines künstlerischen Vorganges wiedergegeben worden? Wir kommen auf die geschilderten Tanzbewegungen noch ausführlich zu sprechen.

Was Hephaistos bei Homer tut, ist im Grunde nichts anderes, als was die Völker Nordeuropas taten, wenn sie für den offenbar uralt überkommenen Frühlingsreigen mit seinen kunstvoll verschlungenen Bewegungen und Figuren den Tanzplatz durch die labyrinthförmig gesetzten Steine oder durch die Rasenausschnitte herrichteten, und was die spielenden Knaben auf Roms Straßen taten und auf unseren Straßen noch heute tun, wenn sie etwa mit der Kreide auf dem Straßenpflaster der Städte sich das Lokal für ihre Tänze oder Sprünge vorzeichnen: es wird eben zuerst der Tanzplatz hergerichtet, auf dem der Tanz dann stattfindet.

---

93) Vgl. JUNK, Das Lied vom Prinz Eugen, a.a.O., S. 344ff.
94) s.a. Richard WINTER, Das Labyrinth in Tanz und Spiel (in: *Neue Jahrbücher für Wissenschaft und Jugendbildung*, V, 1929, S. 707f.).
95) Ebd., S. 709.

Was sagen uns die Denkmäler über den T a n z p l a t z?
Der kostbar bemalte, in Tragliatella gefundene Tonkrug des 7. oder 6. Jahrhunderts vor Christo zeigt eingeritzte primitive Zeichnungen und etruskische Inschriften (deren Buchstaben sich dem uritalischen Alphabet nähern), und zwar 7 Krieger im Tanzschritt und 2 unbärtige bewaffnete Reiter, die aus einer Labyrinthfigur zu kommen scheinen, die in einer ihrer Windungen als *truia* bezeichnet wird: die die labyrinthischen Windungen andeutende Skizze des Tanzplatzes also ist es, der dieser Name zukommt. Schon Otto BENNDORF[96] hatte beobachtet, daß auf diesem Denkmal der Zug der bewaffneten Reiter n e b e n der Labyrinthfigur des S p i e l p l a t z e s dargestellt ist, und diese merkwürdigen primitiven Windungen, die den labyrinthischen Weg des Tanzplatzes kennzeichnen, sind es, die auf der alten Vase mit *truia* bezeichnet werden.

Dem entspricht es vollkommen, wenn die nordeuropäischen labyrinthischen Steinsetzungen, die „Trojaburgen", eben wiederum uralte Tanzplätze bezeichnen. Nach dem Berichte von J.R. ASPELIN[97] über die finnländischen Labyrinthe herrscht dort beim Volk der Glaube, daß diese Labyrinthe Spielplätze besonderer Art waren: „Eine Jungfrau habe in der Mitte Platz genommen und junge Männer haben, die Gänge herumlaufend, sie erreichen wollen". Auf Åland und auf den finnischen Schären werden in den labyrinthischen Steinsetzungen Spiele veranstaltet, bei denen ein Mädchen in der Mitte sitzt und Jünglinge durch die Gänge laufen, bis sie es erreichen, zitiert auch WINTER[98] nach ALMGREN, Fornlämningar, S. 102. Die Sage von einer darin eingeschlossenen und zu erlösenden Jungfrau haftet desgleichen an den labyrinthischen Steinsetzungen in Skandinavien und England. Noch in den Tagen der Königin Elisabeth wurden die englischen Rasen-Labyrinthe durchtanzt, worauf sich bekanntlich die Anspielung SHAKESPEARE's im „Sommernachtstraum" II/2 bezieht, wonach die Labyrinthe „vom Schlamm überlaufen sind", so daß die frohen Maifestspiele nicht beginnen können; auch in den märkischen Trojaburgen wurden bis in die neuere Zeit Frühlingsfeste gefeiert: so in den märkischen „Wunderkreisen" und „Wunderbergen" bei Eberswalde, Fürstenwalde, Lichterfelde und auf Rügen. Für diese Steinkreise in der Mark Brandenburg ist bezeichnend, daß sie den Namen „Jekken-

---

96) Otto BENNDORF, a.a.O., S. 54.
97) J. R. ASPELIN (in: *Zeitschrift für Ethnologie*, IX. Band, 1877, 2. Abt.), S. 439ff.
98) WINTER, a.a.O., S. 720.

danz"[99] oder „Wunderberg" tragen, daß also hier Tanz = Berg gesetzt erscheint. Eine ähnliche Paarung in der Benennung zeigen die Namen „Adamsdanz" und „Steindanz", in derselben Gegend, bei dem Dorfe Virchow in der Neumark. Ganz nahe hieran gehören die Bezeichnungen *jungfrudans* bei den schwedischen Bauern zwischen Alt-Karleby und Christianstadt, ferner *nunnantarha* (= „Nonnenhage") zwischen Christianstadt und Åbo, *Trojenborg* und *Rundborg* (= „Kreisburg") in dem schwedischen Archipel von Åbo.[100] Auch die mittelalterlichen „Wurmlagen" scheinen labyrinthische Anlagen gewesen zu sein. Sie werden erwähnt in deutschen Dichtungen des 12. und 13. Jahrhunderts und zwar als der Kampf- und Festplatz, auf dem der *buhurt* geritten wurde, jenes in der ritterlichen Welt des Mittelalters beliebten Spiels,[101] das in einem kreisförmigen Reiten bestand; wir haben eine Nachricht über das Mainzer Pfingstfest des Kaisers Friedrich vom Jahre 1184, an dem 20.000 unbewaffnete Reiter teilnahmen. Das Wort *wurmlâge* ist zu übersetzen mit „lauernde Gefahr, Hinterhalt in Schlagenform" und paßt somit sehr gut für die Vorstellung vom Labyrinth, in dem eine Jungfrau eingeschlossen ist, die nur durch gefährliche Schlangenwege erreicht werden kann.[102]

Wenn man bedenkt, daß die nordische Steinsetzung in Labyrinthform oft aus so schweren Blöcken bestehen, daß ein Bau nach dem Berichte BAER's „nicht ohne Vereinigung von vielen kräftigen Männern und mit einiger Ausdauer ausgeführt werden konnte"[103], so kann man sich eine Vorstellung von dem hohen Alter dieser im Norden weitverbreiteten Anlagen machen. Karl Ernst von BAER, der speziell die russischen Labyrinthe studierte, weist zur Bestätigung ihres hohen Alters darauf hin, daß die Steine der Labyrinthe von Ponoi und auf der Insel

99) Nach dem Bericht des Joh. Christ. BECKMANN 1751 (in: *Zeitschrift für Ethnologie*, IX. Band 1877, 2. Abt.), S. 441ff.
100) KRAUSE, a.a.O., S. 19, S. 76ff.
101) Nach Alwin SCHULTZ, Das höfische Leben, II., Leipzig 1889, S. 113.
102) An die „Wurmlagen" und „Wurmhügel" (mit dem darin hausenden Lindwurm) erinnern noch die Namen derjenigen Geschlechter, die die Sage als Helden der Drachentötung und Jungfrauenbefreiung preist: die Grafen von Wurmlingen (bei Tübingen) und die Grafen von Wurmbrand (in Österreich). Vgl. dazu Ernst KRAUSE „Trojaburgen", S. 85, und L. v. SCHROEDER, S. 68. Der „Wurm" aber deutet klar auf den Drachen, aus dessen Gewalt eben die Sonnenjungfrau, die im Mittelpunkt des Labyrinths, der „Wurmlage" gefangen sitzend vorgestellt wird, durch den Labyrinthtanz befreit werden soll.
103) S. BAER, a.a.O.

Wier von Flechten überzogen sind, die ja sehr langsam vegetieren und sich sogar schon auf das Geröll der Unterlage ausgedehnt haben; sie werden von der Bevölkerung geschont und auch von den in der Nähe spielenden Knaben nicht etwa zerstört. Die schweren Blöcke von Ponoi seien schon tief in die Erdkruste eingesunken.[104] Auf die gleiche Achtung vor dem ehrwürdigen Denkmal deutet die Mitteilung, daß auf der Trojabahn zu Steigra an der Unstrut alljährlich das nachgewachsene Gras durch die konfirmierten jungen Menschen ausgestochen wurde.

Für das hohe Alter der Trojaburgen spricht aber am deutlichsten die religiöse Wurzel des in ihnen ausgeführten Tanzes. Und damit kommen wir zur wichtigsten Frage, zum S i n n und G e g e n s t a n d des L a b y r i n t h t a n z e s.

Der kultische Charakter der in den Trojaburgen und Labyrinthen ausgeführten Tänze wird heute von niemandem mehr bezweifelt. Schon die Form des Kreistanzes deutet darauf hin, ebenso aber die Anwendung der darin ausgeführten Tänze zum Frühlingsfest. Der Labyrinthreigen wurde bei den kretischen Götterfesten getanzt, das italienische Trojaspiel war sakraler Staatsakt bei gottesdienstlichen Handlungen zur Frühlingsfeier (als ein Vorrecht der adeligen Jugend), Plutarch nennt den *ludus Troiae* ein heiliges Spiel „*hiera hippodromia*" und „der etwa nach 198 n. Chr. schreibende Arzt, dessen Schrift 'pros pisona peri theriakes' unter die Galen'schen Bücher geraten ist, rechnet dies Trojaspiel der Knaben zu den M y s t e r i e n".[105]

In Schweden stehen die Labyrinthe stets auf alten Kultplätzen (véar). In Norwegen und auf Island wurden noch bis vor kurzem Labyrinthe von Fischern hergestellt, aus dem Rasen geschnitten, oder durch Steine ausgelegt und ihre Bestimmung ist, nach ihrer Angabe, als Spielplätze zu dienen. Hierzu darf an den deutschen Brauch des „Hafer-Aussschneidens" erinnert werden. Er heißt auch das „Sonne-Herausmähen". Bei dem „Tanzelfest" in Kaufbeuren wird ein aus dem Rasen herausgeschnittenes Labyrinth durchtanzt. Als ältesten Beleg auf deutschem Boden habe ich das kultische Tanzspiel, das Umkreisen des von einem wilden Knaben umworbenen Mädchens gefunden, wie es in dem, aus dem Anfang des 11. Jahrhunderts stammenden, in lateinischer Sprache, aber in Bayern geschriebenen Roman RUDLIEB wahrscheinlich geschildert ist. Das sich hier anbietende uralte Motiv der „Maikönigin" hat noch

---

104) Zitiert bei KRAUSE, a.a.O., S. 15.
105) Hermann DIELS, Das Labyrinth 1921 (in: *Festschrift für Harnack*, S. 70).

Jahrhunderte später einen beliebten Anlaß zu Abbildungen abgegeben, die die Moriske zum Gegenstand haben.

Eine deutliche Beziehung zur Sonne ergibt sich aus der bronzezeitlichen Felszeichnung von Ekenberg bie Norrköping (die bei STUMPFL auf S. 1 abgebildet ist): ein Mann hält in hoch erhobenen Händen eine „Sonnenscheibe", auf der innerhalb von drei äußeren, geschlossenen Kreisgängen spiegelbildartig nach rechts und links führende labyrinthische Gänge zu sehen sind.

In den englischen und märkischen Trojaburgen wurden bis in die Neuzeit Frühlingsfeste gefeiert. Andererseits ist schon das Umtanzen des Mädchens durch die Burschen ein kultisches Symbol.[106] Und damit kommen wir auf die Zentralfigur der antiken Labyrinthsagen, auf Ariadne und die Befreiung aus dem Labyrinth. Die griechische Sage kennt eine große Zahl von Metastasien der mythischen Sonnengöttin, der Frühlingsjungfrauen, die gefangen (entführt) und aus den Banden des Winterdämons aus dem Labyrinth befreit wird: Helena (aus der Trojaburg befreit),[107] dann aber auch Aphrodite, Athene, in der römischen Sage Venus und die Frühlingsgöttin Frutis, in der Edda: Freya, Vanadis und Fru Disa. Nicht bei allen ist vom Labyrinth und vom Labyrinthtanz die Rede, aber sie gehören alle zu der mythischen Grundvorstellung von der zeitweiligen Entführung und Einsperrung der Sonne in einem winterlichen Gefängnis und ihrer Wiederkehr. Die unmittelbarste Beziehung des Tanzes respektive des Tanzplatzes zu seinem Zweck gibt wohl der schwedische *jungfrudans* : ein Mädchen sitzt im Zentrum des Labyrinthes und die Jünglinge laufen zu ihr hin.

Nach Hermann DIELS[108] gehört das Trojaspiel zu den Armilustria (19.

---

106) V. JUNK, Das Lied vom Prinzen Eugen – eine bayerische Schöpfung. Ein Beitrag zur Geschichte des Süddeutschen Volkstanzes (in: *Mitteilungen der Deutschen Akademie München*, Heft 3, 1934).

107) Hier liegt die Verbindung mit der Helena-Sage (der Sage vom Trojanischen Krieg) klar erkennbar vor: ursprünglich eine mythische Gestalt und keine bloß historische, verband sie sich mit der Erzählung vom Heldenkampf um die Stadt, die nichts anderes bedeutet, „als die alte Kultsage von der Herausführung der Fruchtbarkeitsgöttin aus der Unterwelt". Und gerade Theseus gilt in der griechischen Sage auch als der, der Helena entführt und der Persephone aus der Unterwelt geraubt hat! Dies allein schon macht es erklärlich, warum der Kulttanz „troia" nach der Stadt „lusus Troia" benannt wurde: infolge des Namensanklanges wurde die Stadt Troja als „der Ursprungsort des Kultes" angesehen, nachdem der etymologische Zusammen mit „*truare*" verblasst war.

108) Hermann DIELS, a.a.O., S. 70ff.

März und 19. Oktober) des Saliertanzes und sein Ritual ist wie das aller anderen Lustrationszeremonien nach griechischem wie römischem Ritus „wesentlich auf die Besänftigung der chthonischen Mächte zugeschnitten." So hängen vielleicht die labyrinthischen Tänze auch mit der Vorstellung von den irrenden, noch nicht besänftigten Seelen zusammen, die in die Mysterien den dramatischen Akt der „plana" (Irrfahrt) eingefügt hat. Auch verweist DIELS auf die Irrgänge der durch Opfer gereinigten Knaben in der Sühnezeremonie der delphischen Septerien. Auf den Zusammenhang mit dem Seelenglauben und Ahnenkult läßt sich auch der Name der „Walburgen" beziehen, dessen erster Bestandteil (wie in „Walstatt", „Walhall", „Walküre") auf den seligen Aufenthalt gefallener Kämpfer, das Jenseits, das Totenreich hinweist, dessen Bewohner im Volksglauben als Vegetationsdämonen angesehen werden und als solche, im Wind und Sturm daherbrausend und schwärmend gedacht, auch an sich schon kultische Verehrung im Tanz heischen und erhalten. Die Vorstellungen berühren sich hier eng miteinander, liefert doch auch die „Walpurgisnacht", die Nacht vor dem 1. Mai, dem eigentlichen Tag des Frühlings-Einzuges, mit dem sonnensymbolischen Mai-Feuer auf den Bergen und den schwärmenden Seelenheeren beider Geschlechter einen neuen deutlichen Hinweis auf die uns beschäftigenden „Walburgen".

Der ursprüngliche religiöse Sinn der nordischen Labyrinthtänze spiegelt sich endlich auch darin, daß die nordeuropäischen Steinsetzungen mit biblischen Namen wie Jericho, Babylon, versehen wurden, auch wohl darin, daß das Christentum gern in der Nähe dieser alten Kultstätten seine Kirchen erbaute, um dort den neuen Glauben leichter Wurzel fassen zu lassen.

Alle diese Umstände deuten klar darauf hin, daß es sich im Labyrinth ursprünglich um den geheiligten Tanzplatz für die Feste zu Ehren einer Vegetationsgottheit handelt: Im beginnenden Frühjahr wird das Wiedererwachen der Vegetation als die Rückkehr des Vegetationsdämons, künstlerisch geformt als Befreiung der gefangen gehaltenen Sonnenjungfrau, in diesen Festen mit Opfern, Gesang und Tanz gefeiert. Dies wird auch bestätigt dadurch, daß die im kretischen Labyrinth gefangen gehaltene Ariadne, die erst durch das Durchtanzen der Labyrinthgänge befreit werden kann, nach NILSSON[109] ursprünglich eine Vegetationsgöt-

---

109) Martin P. NILSSON, The Mycenean Origin of Greek Mythology, Berkeley (Calif.) 1932, S. 172.

tin aus Minoischer Zeit gewesen sein soll, die insbesondere auf den Inseln des Ägäischen Meeres verehrt wurde, und zwar eben durch solche fröhlichen Festfeiern („*a joyous festival*"). Ihr Kult wurde später mit dem des Dionysos verbunden und endlich von diesem verdrängt. Dionysos aber ist ja ebenfalls längst als Mond- und Vegetationsgott bekannt.[110]

Die Form des Tanzes

Das Wesentliche für unsere Betrachtung ist, daß wir die Identität der Tanzform für das ganze in Frage kommende Gebiet feststellen können.

Diese uralten sakralen Tänze verliefen alle in labyrinthisch verschlungenen Bahnen. Dies ist uns bezeugt: in der Antike durch literarische Denkmäler und Abbildungen, in Nordeuropa durch die labyrinthische Gestalt des Tanzplatzes.

Im römischen ludus Troiae wurden die Bewegungen in labyrinthischen Windungen zu Pferde zurückgelegt. Dies wird deutlich aus VERGIL's Schilderung, Aeneis V., 545–603:

Dreifach gesondert in Chör', und auf abermaligen Zuruf
Wenden im Laufe sie um und sprengen mit feindlicher Wehr an.
Anderen Lauf nun nehmen sie *vor* und *anderen Rücklauf*,
In den begegnenden Räumen und *wechselnd* mit *Kreisen* die *Kreise*,
Kreuzen sie sich ......

Bei CLAUDIAN in seinem Gedicht auf das 6. Konsulat des Honorius (im Jahre 404 n. Chr.) heißt es:

... Dann wiederum teilen sich Rotten,
Durcheinander geschickt in buntesten *Kreisen verschlungen*...
......
Jeder verschieden im Schritt, durchfahren der lockeren Züge
Kreise sich ...

(übers. v. WEDEKIND)

Eine wichtige Nachricht in bezug auf den Tanzschritt gibt uns POLLUX im Onomastikon, IV, 101 (2. Jahrhundert n.Chr.): Die Tanzenden bildeten einen langen Reigen, indem sie sich am R ü c k e n oder an den H ä n d e n g e f a ß t hielten und so die l a b y r i n t h i s c h e n Wege d u r c h h ü p f t e n .

---

110) Vgl. Leopold von SCHROEDER, Arische Religion, I. Band, Leipzig 1914, S. 464.

Für den Tanz bei den Etruskern, den Bewohnern der alten Landschaft Toskana, die unter den Völkern des Altertums zu den tanzfreudigsten zählten, ist uns der früher besprochene Tonkrug von Tragliatella mit der deutlichen Beziehung der zu Pferde und zu Fuß heranschreitenden Krieger zu dem daneben abgebildeten labyrinthischen Tanzplatz Beweis genug, daß sich die Anspielung auf einen Tanz in labyrinthischen Bahnen bezieht.

Ein klares Bild des griechischen Labyrinthtanzes verdanken wir, wie schon erwähnt, HOMER, Ilias, XVIII 590ff. Die Beziehung auf das Labyrinth mit seinen Irrgängen ist deutlich durch die Bemerkung Homers, daß der von Hephaistos auf dem Schild des Achill abgebildeten „choros", d.h. = der Tanzplatz, dem gleiche, den einst Daidalos in Knossos für Ariadne hergestellt hatte; Homer spielt also hier ganz deutlich auf die volkstümliche Vorstellung von der kreisrunden Gestalt des Labyrinths an. Noch deutlicher wird es durch den von ihm gebrauchten Vergleich mit der Töpferscheibe. Auf diesem labyrinthischen Tanzplatz findet der von Homer geschilderte Reigen von Jünglingen und Jungfrauen statt, die in verschlungenen Windungen springend hintereinanderher tanzen. Der von Homer gebrauchte Vergleich mit der sich wirbelnd im Kreise drehenden Scheibe des Töpfers gibt uns aber nicht allein die Vorstellung von der kreisrunden Anlage des Tanzplatzes, sondern, wie WINTER[111] ausführt, auch vom Verlauf des Tanzes: So wie der Töpfer die Scheibe hin- und herpendeln, mehrfach im Kreise vor- und zurücklaufen läßt, so pendelt auch die Tänzerkette „ständig um den Mittelpunkt des kreisrunden Tanzplatzes hin und wieder. Dabei ergeben sich nebeneinander scheinbar Vor- und Rückwärtsbewegungen der Tanzenden im Verlauf des Tanzes, obwohl diese immer vorwärts gehen." WINTER verweist hierbei auf PLUTARCH's Biographie des Theseus 21, wo er ganz deutlich von diesen Bewegungen als „perielixeis kai aneilixeis" spricht. Homer aber läßt uns auch wissen, daß der Tanz aus zwei verschiedenen Teilen bestand: dem eigentlichen Labyrinthsreigen, als dem schwierigen Ringelreigen durch die labyrinthischen Gänge mit den sich daraus ergebenden Verkettungen, und einem Kontertanz im Quadrat, dessen Gegenseiten in Reih und Glied „epi stichas" sich wiederholt „au" (wieder) aufeinander zu bewegen. „threxaskon epi stichas alleloisin".[112]

111) WINTER, a.a.O., S. 709.
112) Der erste Teil des Tanzes ist aber kein „Rundtanz", wie es DIELS (a.a.O., S. 66) auffaßt. Denn der Vergleich mit der hin und her kreisenden Töpferscheibe bezieht sich offenbar auf die Bewegungsrichtungen der ganzen Reihe, der geschlossenen Kette, nicht auf einzelne „Paare".

Danach können wir uns vom antiken Labyrinthtanz ein ziemlich klares Bild machen: Die Bewegungen der die labyrinthischen Gänge Durchschreitenden, bzw. Durchhüpfenden waren ein beständiges Hin- und Herlaufen in den parallel verschlungenen, aber entgegengesetzt gerichteten Gängen; hatte man das Innere erreicht, so mußte man umbiegend in der gleichen Weise wieder herausgelangen. Die Bewegungen erfolgten also reihenweise gegeneinander (= „epi stichas alleloisin").

Diese Tanzfigur wurde schon im Altertum auch für Knabenspiele benutzt und erhielt sich durch das Mittelalter hindurch für gleiche Zwecke bis in die neueste Zeit. Den wichtigsten Beleg hierfür bringt PLINIUS in der Naturalis Historia 36,85, wo er anknüpfend an das sagenhafte kretische Labyrinth die Laufspiele der italienischen Knaben in Labyrinthform zum Vergleich heranzieht: *Daedalus fecit labyrinthum in Creta, qui itinerum ambages occursusque ac recursus inexplicabiles continet* (= das die rätselhaften Umwege, das Entgegen- und Zurücklaufen enthält, darstellt) *non ut in pavimentis puerorumve ludicris campestribus videmus* (= wie wir es auch bei den Rasenpsielen der Knaben auf dem Erdboden sehen) *brevi lacinia milia passuum plura ambulationis continemtem* (= wobei auf einem kleinen Fleck mehrere tausend Schritte gemacht werden können). WINTER spricht hier mit Recht von „Spielplätzen in Labyrinthform auf Feldern und Wiesen vor der Stadt", in denen Knaben ein harmloses Vergnügen daran fanden, die Gänge des Labyrinths auszulaufen".[113] Wir erinnern uns hierbei sofort der englischen Rasenlabyrinthe, die, wie das Zeugnis SHAKESPEARE's lehrt, ebenfalls der Jugend als Tanzplätze für Frühlingsfeste dienten. Einen zeitgenössischen Nachklang des alten griechischen Kulttanzes können wir in den Ostertänzen von Megara erkennen, und zwar ist es besonders der Tanz der Burschen und Mädchen in dem Dorf Phichtia (bei Mykene), der genau den Schilderungen des labyrinthischen Tanzes in der homerischen Schildbeschreibung entspricht. „Ich sah", so erzählt Hermann DIELS,[114] „leibhaftig die 'paralexeis' und die 'anelixeis' der plutarchischen Beschreibung verkörpert und war überzeugt, daß sich der alte hellenische Kultbrauch der Delien in die christliche Sitte hinübergerettet ... hat". An anderer Stelle betont DIELS das Quirlende dieser Tanzbewegungen.[115]

---

113) WINTER, a.a.O., S. 715.
114) Hermann DIELS, a.a.O., S. 69.
115) Ebd., S. 70.

Für den germanischen Kulturkreis sind die labyrinthischen Anlagen der nordischen Steinsetzungen und Rasenausschnitte Beweis genug, um auch hier die Bewegungen der Tanzkette deutlich werden zu lassen. Und über die altgermanischen Kettentänze brauche ich mich hier nicht zu verbreiten. Auch hier gibt der Vergleich mit der Tanzausführung mannigfache Parallelen. DIELS erzählt in seiner angeführten Beschreibung des neuzeitlichen Tanzes von Megara, daß die Teilnehmer einen an einer Seite offenen Kreis bildeten, der sich beständig während des Tanzes verschob, „die Tänzer und Tänzerinnen fassten sich an der Hand und gingen ... bald vor, bald rückwärts, ... indem der Vortänzer ... bald rechts, bald links ausbiegend und sich gewandt um sich selbst drehend vorausschritt; dieser Exarchos konnte natürlich diese Drehung nicht ausführen, wenn er seine Nachbarin fest an der Hand gehalten hätte. Daher war hier die Verbindung durch ein Taschentuch hergestellt."

Die Kette war ja am einfachsten gebildet, indem jeder die Hände am Rücken des Vordermannes festhielt, wie es für den griechischen Kranichtanz (Geranos) POLLUX (IV, 101) ausdrücklich bezeugt, oder, indem abwechselnd ein Jüngling und ein Mädchen aufeinander folgten und der Vorangehende die Hand des Folgenden faßte – wie wir es auf der François-Vase sehen. STEPHANUS (im Thes. gr.l. II 581) erklärt der Name des „Geranos" damit, daß die Kraniche beim Fliegen den Schnabel auf den Rücken des voranfliegenden Vogels legen. DIELS dagegen[116] hält den Namen daher entlehnt, daß der Kranich auf dem Boden possierliche Tänze aufführt, indem er von einem auf das andere Bein springt.

Im deutschen Volkstanz entsprechen dem verwendeten Taschentuch die Bänder zwischen den Paaren, unter denen durchgeschlüpft wird; vgl. die Form des „Tortanzes" einer Kette oder das die Tänzer verbindende Anfassen der Schwerter in der Kette des Schwerttanzes. Richard WOLFRAM hat (in einem in Wien gehaltenen Vortrag) als sehr wahrscheinlich dargestellt, daß das Wirbelnde des Tanzes[117] gegeben war in

---

116) DIELS, a.a.O., S. 67, Anm. 2.
117) Der griechische Labyrinthtanz erscheint als ein quirlender Tanz; daher auch die Versuche, das Wort *truia* etymologisch (in der von WINTER geforderten Sprachform *trua* = „der Rührlöffel, Quirl") mit altlateinisch *truare* (in *antruare* und *redantruare* das vom Tanz der Salier gebraucht wird und „sich bewegen, sich umtummeln" bedeutet) zusammenzubringen (zuerst von KLAUSEN, dann von MARQUAEDT, zuletzt von WINTER). *Troja* bedeutet demnach zuerst „Tummelplatz". Zu den alt-etruskischen *truia* gehört als Deminutiv *trulla* = althochdeutsch *dwiril* = „Quirl". Damit aber haben

dem Durchschlüpfen des die Schlange anführenden Vortänzers unter den erhobenen Armen der Nachfolgenden.

Auf die Form des Tanzes, beziehungsweise auf die Richtung der von der Kette eingeschlagenen Tanzbewegung deutet nicht bloß das sinnfällig mit dem „Quirlen" verglichene Hin -und Herlaufen der am Tanz Beteiligten, sondern auch schon die verschiedenen Benennungen des Tanzlokals und die darin deutlich gekennzeichnete Bewegung als ein Durchwandeln mit Wendungen und durch Windungen, ein sich hin und her drehendes Hindurchwinden, der Vergleich mit den Schlangenwegen, die Anspielung auf die Bewegungen eines Wurms – also Namen wie „Wandelburg" und „Wendeburg" (bekannt als Namen für die „Walburgen" = Sonnentanzplätze!), die nicht etwa, wie KYNAST meint[118] Hinweise auf die Slawen (Wenden) zu beziehen sind, sondern eben ganz charakteristischen Bezug auf die zu durchwandelnden Windungen des Labyrinthplatzes anzeigen, oder vielleicht sogar von dem quirlartigen Hin- und Herwenden der Tanzbewegung genommen sind.

Ich darf hier, freilich ohne eine Gewähr für die Quelle zu übernehmen, auch an die Schilderung des mit den Bewegungen der Töpferscheibe zu vergleichenden Kults erinnern, die Kurt PASTENACI[119] von den Tänzen bei der Sonnwendfeier auf dem Siling gibt: M ä d c h e n g r u p p e n tanzen mit wiegenden Schritten zur Ehren der Alken (= des auch von TACITUS in der „Germania" erwähnten göttlichen Brüderpaares bei den Naharnavalen = Silingen) und der Sonne. Der Reigen „schwingt sich h i n u n d h e r (!) ... Hier und da beginnt eine Schar j u n g e r M ä n n e r ... sich die Hände gebend einen K r e i s u m d i e t a n z e n d e n M ä d c h e n zu fügen. Nun bewegen sie sich g e g e n d i e T a n z r i c h t u n g, stampfen mit den Füssen und singen eine alte Weise..."

Für den germanischen Kulturkreis dürfen wir hier aber auch nochmals an das Kreisreiten des mittelalterlichen *buhurt* erinnern, der ebenfalls auf Bewegungen in entgegengesetzten Richtungen beruhte. Und auch die italienischen Knabenspiele haben ihre deutsche Parallele: so berichtete FRIEDEL von dem Wunder- oder Zauberkreis auf dem Wunder-

---

wir wieder die Vorstellung von der zentrischen Hin- und Herbewegung, wie sie die Töpferscheibe bei HOMER als bildhafter Vergleich andeutet: also wiederum ein beiderseitiges Ausschwingen kreisförmiger Bewegung um einen bestimmten Mittelpunkt – das Wesentliche der Bewegungsform des Labyrinthtanzes.
118) KYNAST, S. 50, Anmerkung 2.
119) Kurt PASTENACI, „König Ra, der Wandale", Berlin o.J., [1937], S. 46.

berg bei Eberswalde, daß dorthin am 2. Osterfeiertag die Schuljugend zog, um den Kreis zu durchlaufen oder vielmehr zu d u r c h h ü p f e n. Wer sich herausfand, ohne überzutreten, und sich zu verwirren, bekam ein Ei zur Belohnung.[120] (Der Schriftsteller Hans Friedrich BLUNCK spielt in seiner Erzählung „Die Weibsmühle" auf die Irrgärten an, „in die man auf dem Jahrmarkt lief und aus denen man nicht zurückfand.") Noch heute zeichnen sich die Kinder verschlungene Gänge und Fächer („Himmel und Hölle" u.s.f.) auf das Straßenpflaster, die dann ohne Fehltritte durchhüpft werden müssen. Labyrinthe auf Schiefertafeln zu zeichnen, wird von BAER als eine bei den russischen und deutschen Kindern Livlands beliebte Unterhaltung bezeichnet. Knabenspiele in Labyrinthform erwähnt MEYER von der isländischen Jugend.[121]

Wenn wir aus PLUTARCH erfahren, daß bei den von ihm angeführten Tänzen das meiste die Füße zu tun hatten und vom Tripudium der Salier wissen, daß sein Tanzschritt in einem dreimaligen Auftreten bestand, so dürften wir sogar in den Tanzschritten, also im letzten Detail der Kultübung Parallelen suchen. Der griechische Geranos-(Kranich-) Tanz soll seinen Namen und Charakter daher haben, daß der Tänzer, so wie es der Kranich tut, auf einem Beine hüpft. (So wie unsere Kinder bei „Himmel und Hölle", siehe oben.) Eine bestimmte, nicht einfache Schrittart war es gewiß auch, die von den alten Labyrinthtänzern verlangt wurde. KRAUSE[122], wie vor ihm FRIEDEL (1877) hatte also wohl Recht, in solchem Zusammenhang auf die merkwürdigen Tanzschritte, bzw. Schrittkompositionen hinzuweisen, wie sie uns aus späterer, aber gewiß auch recht alter Zeit etwa in dem eigentümlichen Sprungschritt der Springprozessionen bis in unsere Zeit erhalten ist: 2 Schritte vor und 1 schräg zurück (oder auch 5 Schritte vor und 3 zurück) führen die (gleichfalls durch festgehaltene Tücher miteinander verbundenen) Tänzer und Tänzerinnen der Echternacher Springprozession aus: 3 geschwinde Schritte nach links und ein langsamer nach rechts machen die, einen Kreis bildenden slawischen Kolo-Tänzer am Johannistag zu Ehren ihres Sonnengottes Swantewit um das Johannisfeuer. ANTON[123] beschreibt eine Modifikation: Wenn die Männer allein tanzen, bleiben sie nach den links-Schritten etwas stehen und schleudern rechte Bein gegen den Mittelpunkt des

---

120) In: *Zeitschrift für Ethnologie*, Jahrg. 1877, S. 470.
121) BAER, a.a.O., S. 78, 79 und MEYER, a.a.O., S. 291.
122) KRAUSE, a.a.O., S. 218.
123) KRAUSE, a.a.O., S. 218.

Zirkels. Schließlich sei noch an den Kiebitzschritt durch die geschlängelte Bahn beim „Schusterjungentanz" in Pommern erinnert. Aus alldem scheint doch hervorzugehen, daß diese, vom höchsten Norden Europas bis nach Italien und Griechenland nachgewiesenen Tänze in labyrinthisch genau vorgezeichneten Bahnen einen gemeineuropäischen Frühlingskult darstellen, dessen sichtbare Zeugnisse die durch Steinsetzungen, Rasenausschnitte und Rasenerhöhungen oder sonstige Zeichnungen festgelegten heiligen Stätten darstellen, die unter dem Namen Trojaburgen oder Labyrinth bekannt sind.[124] Daraus aber ergibt sich, daß die Beziehung des Namens auf das antike Troja-Ilion etwas ganz Nebensächliches ist, jedenfalls nicht das Wesentliche berührt, daß vielmehr der, mit einem ähnlich klingenden Appellativum von der Sprache (Wurzel und troi) benannte gemein-europäische Tanzbrauch das Primäre war. Damit aber werden alle Versuche hinfällig, das Entstehen der Trojaburgen Nordeuropas auf Einflüsse der Antike zurückzuführen, und es gewinnt die Ansicht von der nordischen Herkunft der Labyrinthvorstellung an Wahrscheinlichkeit: daß nämlich diese labyrinthisch verlaufenden Frühlingsfeiertänze als ein Teil des nordeuropäischen Götterkultes sich bei den Germanen und den Völkern der Antike als den höchst entwickelten Kulturträgern Europas in gleicher Weise ausgeprägt habe.

Wenn WINTER[125] es für unmöglich erklärt, daß die beiden, einander genau entsprechenden Grundrisse der Trojaburg von Wisby und des Labyrinths auf dem Krug von Tragliatella unabhängig voneinander

---

124) Hermann GÜNTERT, Labyrinth (in: *Sitzungsberichte der Heidelberger Akademie d. Wiss.*, 1932/33) führt aus, daß der Name Labyrinth ursprünglich rein appellativisch die Bezeichnung für Steinbruch, Bergwelt mit Gängen, Grotten und Höhlen war und dann auf die Ruinen des Königspalastes des Minos bei Knossos übertragen wurde. Um verlassene Steinbauten rankten sich Sagen, die an unterirdische Gänge anknüpften und Beziehungen zum Totenreich haben. Mit dem mit dem Namen zugrundeliegenden Stamm *labur* hängt (nach GÜNTERT) auch der Name des Zwergenkönigs Laurin zusammen, dessen Rosengarten (wegen der märchenhaften Rotfärbung des Dolomitengesteins bei Sonnenauf- und untergang) auf der Sage von der Versteinerung der Zwerge bei Sonnenlicht beruht. Auch die Entführung der Kunihild durch LAURIN in den Berg ist weitverbreitetes Motiv. Der seidene Faden, der das elbische Reich umgibt, erinnert wieder an den Ariadnefaden. – Ruht die Benennung Labyrinth auf dem von GÜNTERT angenommenen Grundwort *labur*, so erscheint auch die Weiterbildung des Wortes auf *-inth* als Umbildung zum Eigennamen glaubhaft, wie andere Ortsnamen auf -inth (z.B. Korinth) nahelegen.

125) WINTER, a.a.O., S. 718.

entstanden seien, so wäre demgegenüber festzustellen, daß eine so ehrwürdige Sache, wie es dieser Kulttanz gewesen sein muß, wenn er sich in solcher Ausdehnung über den Lebensraum Europas – der Griechen, Italiker, Germanen, Kelten und Slawen – ausgebreitet hat, auch die dazu nötige Raumgestaltung, d.h. den Grundriß an jeder Stelle, wo er in der ursprünglichen Form ausgeführt werden sollte, selbst wieder geschaffen haben kann. Eine Nachbildung des Labyrinths der griechischen Mythologie sind die nordischen Trojaburgen auf keinen Fall, am allerwenigsten können sie eine Nachbildung der sagenhaften Burg von Knossos sein, von der man ja gezweifelt hat, ob sie überhaupt je existiert hat.[126] Es ist doch kein einziges antikes Bauwerk von labyrinthischem Grundriß nachgewiesen, sondern nur die Hilfsornamente zur Führung der Tanzbewegungen auf der etruskischen Vase und einigen knossischen Münzen. Gegenüber diesen primitiven Symbolen eines Situationsplanes sind die nordeuropäischen Steinsetzungen viel exaktere und vor allem zum unmittelbaren Tanzgebrauch geeignete Darstellungen, denen man schon deshalb die Priorität zuerkennen müßte.

Man könnte deshalb wohl die Behauptung aufstellen, daß die griechischen Labyrinthzeichnungen eine Skizze oder Nachzeichnung der im Norden erblickten, rätselhaften und Staunen erregenden steinernen Gänge sind. Logischerweise wird man doch die Heimat, den Ursprung dort suchen, wo die besten und zahlreichsten Reste davon vorhanden waren und sind. Daß ein enger Zusammenhang zwischen den Trojaburgen des Nordens und den Labyrinthdarstellungen im Süden besteht, duldet keinen Zweifel. Nur haben sich die Reste des Tanzkults, oder die Zeugnisse dafür, nicht überall in der gleichen Vollständigkeit erhalten, so daß wir das Bild völlig abrunden könnten. Alle einzelnen Momente aber, aus denen sich das Bild des Labyrinthreigens ergibt, treffen wir in Nordeuropa an.

---

126) Ludwig Preller, Griechische Mythologie, 2. Aufl. Berlin 1845, Bd. II, S. 124. Daß das Labyrinth kein Bauwerk war, sondern ein Tanzplatz, läßt sich auch aus der Definition erschließen, die der Grammatiker Hesychios (Ende des 4. Jahrh. n. Chr.) gibt: er nennt es einen „gestalteten Platz".

SCHEMA des dreimaligen Umkreisens nach links und rechts nach der Trojaburg von Visby. (Die Bewegung beginnt am Mittelpunkt und endet im äußeren Ring. Sie kann ebensogut mit diesem begonnen und im Zentrum geendet haben.)

Die nachstehende Übersicht über die drei wichtigsten Bestandteile des Kultbrauchs (Tanzplatz – Tanzgegenstand – Tanzname) macht dies deutlich:

Tanzplatz	Tanzgegenstand	Tanzname
Griechische Sage		
labyrinthische Anlage angedeutet bei Homer	Befreiung der geraubten Jungfrau	fehlt
Münzen von Knossos		
Labyrinthzeichnung	fehlt	fehlt
Etruskisch		
Labyrinthzeichnung	fehlt	truia

Tanzplatz	Tanzgegenstand	Tanzname
	R ö m i s c h	
fehlt	fehlt	ludus Troiae
	D e u t s c h e s M i t t e l a l t e r (Neidhart)	
fehlt	Frühlingsreigen	troi, trei
	D e u t s c h e S p ä t z e i t	
Labyrinthische Wandelburg vorhanden	Jugendspiele	fehlt
	N o r d e u r o p ä i s c h	
Labyrinthische Anlage vorhanden	Tanz um die Jungfrau	Trojaburg

Der Weg bildet sich naturgemäß um einen ganz bestimmten Mittelpunkt: dieser wird zunächst in der einen Richtung („mitsonnen") durchlaufen, sodann in der entgegengesetzten („gegensonnen"), also genau so wie die homerische Töpferscheibe einmal links herum, dann rechts herum kreist. Dieser Doppellauf wird dreimal aufgeführt. Die Belege hierfür fand man in erhaltenen Bräuchen unseres Kulturgebietes. Der Mittelpunkt des Spirallaufs ist in Denkmälern der neuesten Zeit höchst bezeichnenderweise ein B a u m, zumeist eine blühende Linde. So sehen wir es in der Windelburg von Stolp in Pommern auf einem Stich von 1784, ferner in dem sogenannten Rad in der Eilenriede bei Hannover von 1736; die dreimalige Bewegung ist gegeben durch die Bemerkung: „sodann tanzen sie drei Stücke", nur hat sich die Dreizahl auf die angefügten Walzer, Schottisch usf. verschoben, aber sie ist ebenso vorhanden wie der Bezug auf den umkreisten Baum. Auch der Tanz der Salzsieder in Schwäbisch-Hall erfolgte um die Linde, an der Musikanten sitzen, in Schlangenwindungen.[127] Das gleiche finden wir belegt durch Darstellungen in der Bildenden Kunst. So auf dem „Frühlingsbild" des Lucas von VALCKENBORCH vom Jahre 1587, ferner auf dem „Frühling" des Hans BOL aus ungefähr derselben Zeit. Hier ist es geradezu der Mai-

---

127) Franz Magnus BÖHME, Geschichte des Tanzes in Deutschland, I. Band, Leipzig 1886, S. 147.

baum, um den diese spiralförmige Anlage des Tanzplatzes gezogen ist. Wir finden also überall, mehr oder weniger deutlich, das Umkreisen des Baumes als Mittelpunkt in längerer Reihe in Spiralform, aus der sich beim Richtungswechsel die Nierenform ergibt, wie sie uns die alten Denkmäler aufzeigen.

Es ist klar, daß diesem Mittelpunkt des Kultbrauchs die höchste Bedeutung zukommt: denn umkreist wird einerseits die Sonnenjungfrau, die Maibraut, andererseits ein Baum, das blühende Sinnbild der durch die Sonne bewirkten Fruchtbarkeit – es ist eben der alte Kultbaum, der durch das dreimalige Umkreisen verehrt wird. Der Stein im Mittelpunkt der Trojaburg von Visby oder die Rasenerhöhung an anderen solchen Steinsetzungen bilden den Platz, auf dem die umtanzte Jungfrau ihren zentralen Sitz hat. Und nun begreifen wir auch, wie es dazu kam, daß das kretische Labyrinth auf einer Münze von Knossos abgebildet wurde. Ein Seitenstück dazu bietet das Wappen des Bürgermeisters von Graitschen auf der Höhe (Kreisabteilung Camburg), auf dem der Windelgang des Labyrinths als Wappensymbol der Stadt erscheint. Es läßt sich vermuten, daß damit in beiden Fällen die stolze Erinnerung an einen solchen, in der Nähe befindlichen heiligen labyrinthischen Kultplatz lokalpatriotisch festgehalten werden sollte.

Ein in unvordenklichen Zeiten über ganz Europa verbreitet gewesener kultischer Tanzbrauch also ist es, dessen ehrwürdige Zeugen uns in all diesen Denkmälern: in den Trojaburgen des Nordens, in den Labyrinthdarstellungen des Südens, verändert in den Wurmlagen und Kirchenlabyrinthen des Mittelalters, und endlich in Spuren selbst noch im heutigen deutschen Volkstanz entgegentreten. Ziel und Sinn des Kultbrauches war die auf Gewährung der Fruchtbarkeit gerichtete Verehrung der Sonne, personifiziert in der Gestalt der Sonnenjungfrau (Maibraut) oder dargestellt in dem erflehten Ziel als blühender Baum. Die durch den uralten gemeineuropäischen Kult der Sonnenverehrung im Tanz festgelegten Tanzbewegung hat jene ganz bestimmte Form für den Raum der heiligen Zeremonie geschaffen.

An diesem einen Beispiel, das zu längerer Abschweifung genötigt hat, und dessen Wichtigkeit man gewiß nicht unterschätzen wird, läßt sich erkennen, von welch großem Nutzen die Tanzforschung für die Erkenntnis kultureller Erscheinungen und Zusammenhänge sein kann.

Und was das hohe Alter des kultischen Tanzes anlangt, sei daran erinnert, daß die Spirale, die im Tanz, noch dazu nach beiden Seiten hin „mitsonnen" und „gegensonnen" durchlaufen, gleichsam entrollt wird,

ein altes Sinnbild von kultischer Bestimmung ist, das als Zierweise, als Dekor auch im Norden, nicht nur im Mykenäkreis erscheint und zwar schon in der Bronzezeit.[128]

Was an *außereuropäischen* sogenannten *Labyrinthen* bekannt geworden ist, verdient zumeist nicht diesen Namen. Ich meine die von John LAYARD zuerst in einem Vortrag am kgl. Anthropologischen Institut in London 1934 vorgetragenen und später ergänzt veröffentlichten Mitteilungen über angebliche Labyrinthe auf den Neuen Hebriden und speziell auf der Insel Malekula im melanesischen Archipel.[129] Hier gibt es Steinkreise einer Megalithkultur bei den Tanzplätzen; die Tänze stehen im Zusammenhang mit den Männerbünden und der Initiation, die Tanzenden identifizieren sich mit den Seelen der Verstorbenen und der Sinn ihres Tanzes ist der, daß dem Geist des Toten der Pfad gewiesen wird in das überirdische Reich; daher heißen diese Steindenkmäler auch geradezu „The Path" (= „Der Pfad"). Aber diese von den englischen Forschern „Labyrinthe" genannten Steindenkmäler sind, wie LAYARD selbst in seiner 1. Arbeit (S. 131) zugibt, gar keine Labyrinthe, sondern sie beruhen auf ganz anderen geometrischen Zeichnungen. Wie schon ein Blick auf die beigebrachten Abbildungen lehrt, sind es Gebilde aus parallelen Geraden oder konzentrischen Kreisen, denen allen das Wesentliche der Labyrinthfigur – ein deutlicher Mittelpunkt als das Ziel der

---

128) Vgl. hans HAHNE, Deutsche Vorzeit, 6. Aufl. Bielefeld u. Leipzig 1938, S. 18.
129) Die hierher gehörige Literatur ist die folgende (bis 1937 erfaßt): W.F. KNIGHT, Maze Symbolism and the Trojan Game (in: *Antiquity*, Band VI, 1932, S. 457ff.); C. N. DEEDES, The Labyrinth, edited by S. H. HOOKE, London 1935; John LAYARD, Maze-dances and the Ritual of the Labyrinth in Malekula (in: *Folk-Lore*, 47. Band, London 1936, S. 123ff.); Ders., Labyrinth Ritual in South India (in: *Folk-Lore*, 48. Band, London 1937, S. 115ff.).

Verschlingungen – fehlt. Von einem Hineinwandern zu diesem Mittelpunkt und dem parallelen Rückwandern vom Zentrum weg nach außen kann keine Rede sein. Auch sind es bloß die vorbereitenden Tanzbewegungen (Fig. 22 in Layards erster Abhandlung), die in Zirkelform geschehen; durch sie wird eine Art Konteraufstellung der Reihen bewirkt, von einem Zurückwandern in derselben Zirkelbewegung ist keine Rede, vielmehr ist der Effekt der, daß sich die Reihen nun gegenüberstehen und die Zuschauer bilden für die nun folgenden Tänze der Solisten, etwa die Verfolgung der „Habichte" durch die „Jäger" und ähnliches. Diese Sitte ist, wie die Eingeborenen von Malekula berichten, zu ihnen gebracht worden von fremden Männern mit weißer Hautfarbe, die über die See kamen – sie ist also importiert und nicht autochthon.

Auch das meiste, was LAYARD an sogenannten Labyrinthen aus dem südlichen Indien, dem Dekhan, beibringt, gehört nicht zu den Labyrinthen. Was er (in den Figuren 1–35 seiner Abhandlung) von dort beibringt, sind entweder Zeichnungen, die die Frauen der Eingeborenen im Herbst zur Erntezeit auf die Türschwellen machen, oder Muster für Tätowierungen. Sie gehören in die gleiche Kategorie wie die aus Malekula beigebrachten geometrischen Figuren und haben uns hier nicht weiter zu beschäftigen. Dagegen konnte LAYARD tatsächlich 4 wirkliche Labyrinthe in Südindien feststellen, und zwar eines, das F. J. RICHARDS von einer Türschwellenzeichnung und ein zweites, das er als Tätowierungsmuster in Südindien kopiert hatte. Diese beiden Zeichnungen (= Fig. 36 bei Layard) entsprechen wirklich den bekannten Labyrinthen auf den knossischen Münzen. Ein 3. Labyrinth findet sich im Dekhan (im Südwesten von Maisur) auf einer Steinmauer vor einem Hause des Kota-Stammes eingemeißelt. Die Zeichnung unterscheidet sich aber von den bekannten Darstellungen des Labyrinths dadurch, daß nicht die Wände dargestellt sind, innerhalb deren man ins Innere schreitet, sondern der Weg selbst ist durch eine einfache Linie markiert. Die Zeichnung dient einem Geschicklichkeitsspiel, dessen Aufgabe darin besteht, in das Zentrum zu gelangen. Alle diese südindischen Labyrinthe werden als *kôte* = d.i. „Festung" bezeichnet. Noch überraschender ist das ganz sporadische Vorhandensein einer wirklichen Steinsetzung in Labyrinthform, die als das 4. Beispiel dieses Vorkommens in Südindien gewertet werden muß. Sie besteht aus kleinen Steinen und befindet sich nahe bei den Ruinen der Stadt Kundani im Distrikt Salem (Madras). Der Zwischenraum zwischen den Linien (den „Wänden") des Labyrinths beträgt ungefähr 2 Fuß Breite, und die Spiralen sind mit besonderer Regelmäßigkeit ausgelegt. In unmittelbarer Nähe befinden sich mehrere Tempel der Pandava, der bekannten Helden aus dem Mahâbharata, ein Name, der, wie LAYARD (nach RICHARDS) bemerkt, allen Resten der megalithischen Kultur in Indien gegeben wird.

Stellen wir fest, daß die beiden ersten Labyrinthzeichnungen aus Südindien Augenblickszeichnungen sind, daß die dritte bloß sozusagen die Labyrinthidee darstellt, so ist die Feststellung von Layards Gewährsmann F. J. RICHARDS umso wichtiger, daß auch diesem vierten südindischen Labyrinth kein Anzeichen hohen Alters zukommen, und er vermutet ausdrücklich, daß auch dieses erst kürzlich gemacht worden sei. Wenn also LAYARD selbst aus dem Vorkommen dieser vier sporadischen Labyrinthe im südlichen Indien den Schluß zieht, sie seien Reste einer megalithischen Kultur, so können wir nur mit der Frage antworten, auf welchem Wege sie nach Südindien gewandert sein mögen. Dazu könnte vielleicht eine Mitteilung J. H. HUTTON über die Tänze der Nagas in Assam[130] herangezogen werden, der von labyrinthischen Figuren in diesen Tänzen redet, wobei eine lange Kette von Tänzern sich spiralförmig aufrollt, dann wieder abrollt und sich dann in zwei Teile spaltet, die sich wiederum in einer engen Spirale ein- und ausrollen. Eine Zeichnung hiervon ist leider nicht beigegeben. Da wir wissen, daß die Jünglinge von Assam beim jährlichen Totenfest Tänze innerhalb eines auf Steinen aufgeführten großen Kreisringes veranstalten, so sollte der Hinweis von HUTTON Anlaß zu genauerer Untersuchung geben.

Die nordeuropäische Herkunft des Labyrinthtanzes und der Labyrinthfigur kann jedenfalls auch durch die erwähnten sporadischen Funde aus Südindien nicht als widerlegt angesehen werden.

Nach all dem hier ausführlich Dargelegten darf ich meine (auf S. 162 ausgesprochene) Vermutung als sachlich erhärtet ansehen, daß sich nämlich in dem mhd. *trei, troi* die, freilich in den Tagen NEIDHARTS nicht mehr verstandene, ursprüngliche Benennung für jenen mysteriösen, in gewundenen Bewegungen ausgeführten besonderen Kulttanz erhalten hat, die dann sehr bald in den dem Mittelalter wohlbekannten Eigennamen des antiken *Troja*-Ilion umgedeutet und geändert worden ist. Eine Bestätigung könnte diese meine Vermutung auch noch in der keltischen Bezeichnung *Caer y troian*, d.h. „Stadt (Burg) der Windungen" finden, die in einem keltischen Geschichtsbuch vom Jahre 1740 dem „Drych y Prif Oeseed" vorkommt und auf Rasenlabyrinth der Walliser Schäfer bezo-

---

130) Zitiert bei John LAYARD, Labyrinth-Ritual in South India (in: *Folk-lore*, London 1937).

gen wird. Auch darin darf ich eine Erhärtung meiner Vermutung erblicken, daß nach TROLLOPE der Name *Troja* nicht die älteste Bezeichnung für diese Labyrinthe gewesen sei, sondern daß der Name „*Troja*-burg" für die Stelle älterer Namen, wie „Jerusalemsweg" und „Himmelspfad" gesetzt worden sei – die aber, wie wir hinzufügen müssen, selbst wieder sekundäre Bildungen, d.h. christliche Umbildungen sind und an die Stelle einer älteren, als heidnische empfundene Namensform – eben jenes *trei, troi* getreten sein dürften.

Jedenfalls ist dieses *troi* auch im Norden sehr bald mit dem Namen der historischen Stadt *Troja* in Verbindung gebracht worden. Gewiß schon im Mittelalter, wo ja die Sage von dem homerischen Troja-Ilion sehr beliebt und verbreitet war. Man denke nur an die trojanischen Stammessagen bei den germanischen Stämmen, wie den Franken, Sachsen, Dänen, aber auch bei den Briten usf. Berührungspunkte gab es ja auch genug: einmal die vielen Gänge der nordischen Kultstätten, die als „ein vielfaches Wall- und Mauernsystem aufgefasst" worden sein mochten, sodann die Schwierigkeiten, die sich dem Eindringen in die Stadt Troja entgegengesetzt hatten – siehe die Sage von dem „trojanischen Pferd", endlich das Spiel selbst: Noch im 19. Jahrhundert erzählten die Bauern in Finnland von den Spielen in diesen Trojaburgen, daß eine Jungfrau in der Mitte Platz nahm und die jungen Männer sie erreichen mußten, indem sie die Gänge durchliefen – vgl. dazu die griechische Trojasage.

Nach meiner Ansicht steckt hinter den beiden alten Tanznamen nicht der Eigenname des homerischen *Troja*, sondern das Appellativum *troi, trei* für den labyrinthischen Tanz. Es gibt auch die Annahme, daß im Norden vielleicht ein besonderer Name zur Bezeichnung des Tanzplatzes vorhanden war, die aber die Ableitung von dem Zeitwort schwed. *dreja*, dänische *dreie*, die HAMKENS versucht hat,[131] ablehnt, weil dieses Verbum aus dem niederdeutschen *dreien* entlehnt ist.

Nach der zum Wort t r e i nötig gewordenen Abschweifung kehren wir zum Hauptgegenstand dieses Kapitels zurück und untersuchen die attributiven Bezeichnungen des mhd. r e i e n.

Die auffallendste ist die Benennung: d e r k r u m b e r e i. Das mhd. *krump* („gekrümmt") kann sich auf die Lage und Richtung der Tanzkette

---

131) F. H. HAMKENS, Das nordische Jahr und seine Sinnbilder, Berlin 1936, S. 25.

beziehen („gebogen"), aber auch auf die Haltung des Tänzers („verdreht"). Für das Letztere scheinen die NEIDHART-Stellen zu sprechen, in denen überall von der besonderen Wildheit dieses Tanzes gesprochen wird. In dem Gedicht 60,29 macht es die Wildheit des Tanzes möglich, daß einer der bäuerischen Tänzer der Geliebten des Dichters den Ring vom Finger reißt und ihr dabei die Hand verrenkt. 90,19 reißt ein anderer Tänzer dem Mädchen mit dem Schwertgriff ein Stück vom Ärmel ab. In einem Pseudo-NEIDHART-Gedicht[132] rufen die Teilnehmer nach dem Spielmann: *„mach uns den krumben reien den man dar hinken sol!"* Deutet das „hinken" etwa auf eine besonders erschwerte Bewegung, wie das Durchhüpfen des Labyrinths im Kinderspiel? Löchlin, der den Tanz anführt, ruft dem Spielmann zu:

ô, dû vrecher spilman mach uns den reien lanc
jû heiâ ! wie er spranc!
herze, milze lunge und lebere sich in ime umbe swanc.

Von seinen wilden Sprüngen fällt der Löchlin ins Gras und blutet aus Ohr, Nase und Maul.

Trotz dieser Stelle, die den Tänzer in recht verdrehter (krumber) Stellung denken lassen, möchte ich die erste Art der Deutung des *krump* für die wahrscheinlichere halten. Denn als Krümmungen und Verschlingungen des *reien* werden sie uns in anderen Gedichten der Zeit ausdrücklich bezeugt. Hierfür ist eine Stelle aus Konrad von WÜRZBURGS „Trojanerkrieg" (28200) bedeutsam, wo es heißt:

es wart nie schoener reige
gemachet von de keiner schar
sie w u n d e n sich dan unde dar
und b r â c h e n sich her unde hin.

Neben den Verschlingungen und Windungen der Kette ist hier also auch deren wechselweises Durchbrechen in der Vor- und Rückwärtsrichtung gekennzeichnet.

Zu beobachten ist auch, daß dieser *rei hinken* soll. Dies weist auf eine auffallende und ungewöhnliche Gang- oder Schrittart. Man vergleiche die mhd. Ausdrücke: ein Schiff kann „hinken" – aus der Fahrtrichtung kommen – nach WALTHER VON DER VOGELWEIDE. Im Gedicht 29,36 bewirkt der Wein, daß die Zunge hinket. Mut, Freude, Lob, ja sogar ein Gedicht kann „hinken", d.h. nicht in Ordnung sein. (Vgl. die Belege in den

---

132) Abgedruckt in Friedrich Heinrich VON DER HAGEN, Minnesinger, deutsche Liederdichter des 12., 13. und 14. Jh.'s, 1838, Bd. 3, Bl. 311.

Wörterbüchern.)

Hierher gehört ferner die Erwähnung der *knoten*, die die Tanzkette bildet, in der Pseudo-NEIDHART'schen Strophe (HAUPT, 22,8,17). Die Stelle ist in den Handschriften arg verderbt wiedergegeben und ich halte die Emendation für richtig, die HAUPT gibt: *springen nâch des reien knoten.* Es leuchtet ein, daß dieses Verknoten der Tanzkette den Bauern des Tullnerfeldes, die NEIDHART und seine Nachahmer zum Gegenstand ihrer spöttischen Satire machten, Anlaß zu Übertreibungen und Ausschweifungen gegeben haben mochte, die, weil der ursprüngliche Sinn des Tanzes nicht mehr lebendig war, die Drastik der stets mit besonderer Vorliebe geschilderten Bauernszenen nur erhöhten. Und darauf beziehen sich die vorhergehenden „schmückenden" Beiworte, die dem Künzlein, dem Vortänzer, zugeschrieben werden: er *zispet* – macht schleifende Schritte, geht mit schleifenden Schritten daher (vgl. „zaspen", das vom Scharren der Henne gebraucht wird):

gevueclich er zispet,
mit dem fuoze er schupfet unde ribet.

Das Schupfen mit dem Fuß kann bedeuten „schaukeln" aber auch „vorschleudern", stoßen". (Noch drastischer in der Handschrift C: *mit dem fuoze erz walket unde ribet*: wobei „*ez walken*" bedeutet: „drauf los hauen"), *riben* ist: am Boden reiben.

Das Gedicht spricht also nicht allein von den Verschlingungen des alten *reien*, sondern scheint auch von der besonderen Schrittart eine Vorstellung geben zu wollen: Es werden Schleifschritte gemacht (*zispen* und *riben*), und es wird gelegentlich ein Fuß vorgeschleudert, wobei wir uns des Vorschleuderns im slawischen Frühlings-Kolo erinnern.

Wichtig ist, daß in derselben Strophe auch die beiden Ausdrücke *ahselroten* und *houbetschoten* vorkommen. Ob damit besondere Tänze gemeint sind, ist fraglich. Vielleicht sind es bloß Tanzfiguren, charakteristische Bewegungen; das *ahselroten* bedeutet offenbar ein Rütteln mit den Achseln und *houbetschoten* ein Schütteln des Kopfes, wofür BÖHME (I.36) zum Vergleich „den mit Gebärdenspiel ausgeführten Schuhplattlertanz" heranzieht, bei dem „das Haupt geschüttelt und die Achsel gerüttelt" wird, und auch an die russische Kasatscha erinnert, den kleinrussischen Paartanz, der mit eigentümlichem Achselzucken und Kopfwerfen getanzt wird und wobei der männliche Tänzer beständig den Nacken hin und her bewegt und mit den Schultern zuckt.[133] Für uns

---

133) SACHS, a.a.O., S. 188, vergleicht zu dem *houbenschoten* die „Tour dou chief" des

aber ist bedeutsam, daß diese eigentümlichen Bewegungen eben zu den *knoten des reien* ausgeführt werden, denn so ist doch wohl die Stelle zu lesen:

> *Jârajâ! den ahselroten*
> *kan er wol ze prîse,*
> *meisterlich den houbetschoten*
> *springen nâch des reien knoten:*
> *hoher sprünge ist er ein angerwîse.*

Und diese hohen Sprünge gehören also auch noch dazu. Und da er, der vorerwähnte Künzlein, dies alles, das Rütteln der Achsel und das Kopfwerfen mit hohen Sprüngen ausführt, gebührt ihm die Bezeichnung eines *angerwisen* d.i. eines Anger-Feld-Künstlers.

Das zweite Gedicht in dem das *achselroten* erwähnt wird, könnte, wenn die Lesung von HAUPT richtig ist, ebenfalls von den gekräuselten, gewundenen Kettentänzen sprechen, die hier allerdings als *swenze* angesprochen werden. Dann muß man die Stelle (NEIDHART-Ausgabe 19.3-6)

> *gewzinglichen balde*
> *rispent unde rifelnt iuwer swenze*

übersetzen: „Gar rasch und drängelnd kräuseln und durchhecheln sich eure Tänze", was gezwungen genug klingt und in dem Nachsatz:

> *die wir tâlanc lougen*
> *ûf dem wasen slîzen*

die eigentümliche Deutung des *slîzen* als: die Tanzkette zerreißen notwendig macht. Viel ungezwungener ergibt sich der Sinn der Strophe mit VON DER HAGEN, wenn wir lesen:

> *gezwiclîchen balde*
> *rispet unde rifelt iuwer swenze*
> *die wir tâlanc sunder lougen*
> *ûf dem wasen slîzen!*

Dies fügt sich viel besser in die Rede des Mädchens: Jetzt grünt an allen Ecken das Laub im Walde, auf dem Anger fangen die Tänze an, laut rührt der Schläger seine Trommel. Mit beiden Händen rafft und faltet eure

---

ADAM DE LA HALE in seinem Gilus de Robin et de Marion (um 1285), und zu dem *ahselroten*, die süditalienische Spallata (d.i. Achselzucken) und die neapolitanische Repoluna. Dazu bemerkt er, daß sich noch im Jahre 1598 der Fürst Ludwig von Anhalt-Köthen auf seiner Reise nach Florenz darüber wunderte, daß Tänzer dort nicht wie in Deutschland „bald her, bald dar die Achseln thut wenden."

Schleppen zusammen, die wir (sonst) auf dem Rasen ohne Zweifel zerreißen.[134] Somit hat „swanz" hier die ursprüngliche Bedeutung von „Schleppe" auf die das „slizen" sinnvoller bezogen werden kann als auf die Tanzkette.

Zur Rede des Mädchens gehört auch das Vorhergehende, das nach HAUPT's Lesung den Sinn ergibt, daß das Mädchen selbst, diesen wilden Tanz langsamer, vorsichtiger (niht ze swinde) ausführt.

Wenn wir aber im wesentlichen der hs. c folgen, so ergibt sich gerade der entgegengesetzte und, wie mir scheint, viel passendere Sinn: XVIII.18.

wol spring ich den reien lise
auch des ahselroten wise
tritt ich nach der gigen gar geswinde.

Damit wäre der *ahselroten* als wilder, schneller Tanz geradezu dem *reien* entgegengesetzt, oder innerhalb des *reien* als eine besondere, wilde Figur kontrastierend verwendet.

Unsicher bleibt die Bedeutung vom *rifelieren* der Tänze. Es findet sich in dem unechten NEIDHART-Liede XXVI,6 (mit der handschriftlichen Variante *rifieren*):

da man sach die tenze rifelieren.

HAUPT in seinen Anmerkungen hält das Wort für entstellt aus *ridieren, ritieren* „fälteln, kräuseln", das wiederum vom französischen „ride" (kräuseln) kommt (dieses selbst wieder aus dem mhd. *riden* entlehnt). Dann haben wir in dem Wort einen weiteren Beleg für die „gekräuselten, verschlungenen Reigen. Da dieses *rifieren* aber nicht weniger als siebenmal in dieser Form belegt ist, bleibt es wohl zweifelhaft, ob man der Änderung in *ridieren* wird folgen müssen. Freilich bleibt die Form *rifieren* damit noch immer unerklärt. Bei *rifelieren* könnte man an eine modische, französierende Umbildung aus dem gutdeutschen *rifeln* denken, das durchkämmen bedeutet – könnte dies etwa auf das Durchziehen der Kette im Tortanz anspielen? Auch *rimpfen* bedeutet „falten, runzeln", aber auch „krallen, ritzen", so daß das Substantiv *rimpfen-rampf* (eine Bildung, die uns hier besonders auffallen muß) geradezu „Riß, Wunde" bedeutet.

r i m p f e n - r e i
ist demnach die Übertragung von Tanz auf Balgerei und bestätigt

---

134) *gezwiclich en* – „zweispaltig", oder *gezwiselichen* – „gabelförmig, zwei fach". *rispen* – „kräuseln". Vielleicht sogar *respet* einzusetzen –, *den swanz respen* (die Schleppe raffen), *rifeln* – eigentlich „durchkämmen, durchhecheln".

wiederum die wilde ungezügelte Art des *reien*. BÖHME (I,36) deutet den Namen wohl mit Recht „auf die Bewegungen beim Reigen, auf Krümmen und Zusammenziehen", doch ist die Stelle, die das Wort belegt, nur im übertragenen Sinne zu verstehen:

> *dâ er niune zende vlôs*
> *einhalp ûz dem wange*
> *dô im mîn her Enzeman*
> *streich den rimpfenrei.* (von der HAGEN, Minnesinger, III,252)

r i e m e l r e i

hängt vielleicht zusammen mit *riemen* „ein Fahrzeug (mittels der Riemen oder Ruder) von der Stelle bewegen". Vielleicht aber ist das Subst. *riemel* dasselbe wie *rimpel* (GRIMM, DWB VIII,957) „die Runzel, Falte", so daß *riemenrei – rimpfenrei* wäre.

r i p p e l r e i

kommt im DWB nicht vor. Das Verb *rippeln* wäre zu deuten als Iterativum zu *riben* und bedeutete dann „in Bewegung setzen, sich regen sich rühren", auch, wie GRIMM dort (DWB VIII,1032) bemerkt, in dem Sinne von „sich mucksen", der Bedeutung von „sich sträuben, widerspenstig sein" nahekommend. Es ließe sich wohl ein Tanz denken, der solchen Charakter hat. Der rippelreiger, der in einer Straßburger Stadtchronik erwähnt wird, bedeutet den „Hurer".[135] Auch an „Rüpel", grober Flegel, könnte man denken.[136]

r ü c k e l r e i

ist (nach DWB VIII, 1346) „ein Tanz, besonders niederdeutsch" auch in der Form *rückerei*" mit Anlehnung an *riemelrei*, *rippelrei* aus *rücken* und *reigen*". Nach CZERWINSKI[137] gehörte der *r*. zu den altertümlichen Tänzen, die noch zu seiner Zeit in Mecklenburg bei Hochzeiten getanzt wurden. Er hatte dort den Sinn des alten „Braut-austanzens" und erinnerte, nach BÖHME, an die alte Sitte der Entführung der Braut, ein ausgelassener Tanz mit Kreischen und Jauchzen, also ein echter *rei*.

Bezeichnend bleibt für diese, hier im Zusammenhang besprochene Kategorie des *reien* die Assonanz im Namensanfang: sie beginnen alle mit *r*, wie auch die allbekannte *ringelreih*.

---

135) Nach Johann Christoph von SCHMID, Schwäbisches Wörterbuch, 4 Bde., Stuttgart 1827–37, S. 435.
136) In diesem Sinne wäre die Gleichsetzung von *rippelrei* in „Rüpeltanz" wohl zu vertreten.
137) A. CZERWINSKI, Geschichte der Tanzkunst, Leipzig 1862, S. 206.

Das lautspielerische Element hatte ja bei allen diesen Namensbildungen Einfluß. So ist z.B. *firlefanz*, wie *rimpfen-rampf* eine ablautende scherzhafte Bildung nach Art der bekannten „Schnick-schnack, Gripsgraps, zick-zack" usf.

Zu unserem Vorstellungskreis gehört auch noch der Name
g i m p e l - g a m p e l
der ursprünglich einen „mutwilligen Hüpfer" bedeutet.[138] In NEIDHART's Zeit aber wurde er nur mehr in übertragenem Sinn („Minnespiel") verwendet. Das dazugehörige Zeitwort begegnet uns gar in drei ablautenden Formen als *gimpen, gampen* und *gumpen* und bedeutet stets „hüpfen, springen". Gampel ist in WOLFRAM's Parzival einer, mit dem man sein Spiel treibt, auch ein Possenreißer. (Vgl. auch den Hinweis S. 161, Anm. 84 auf die Verwendung von *gumpen* und *gompeln* in SCHEFFEL's Ekkehard.)

Eine ähnliche lautklangliche Erklärung dürfte wohl auch der Name des *Hautitry* oder *Rumpuff* erfordern, indem hier der Anklang an „hauen" und „puffen" formbildend mit eingewirkt hat. Nicht minder der des *Hupfauf*, den schon OSWALD VON WOLKENSTEIN in seinem versifizierten Kalender 56,58 als das Tanzvergnügen des Monats Oktober anführt:

October, hupf auff Franz
mit deiner kutten an den tanz.

Also am 4. Oktober, dem Franzenstag.

Die vorstehende Auseinandersetzung mußte etwas ausführlich sein, weil zu zeigen war, wie wichtig die Namensform eines Tanzes für die Erklärung seines Sinnes und seiner Form sein kann. Diese Erkenntnis sollte zu gründlicheren Untersuchungen der Namen aller, nicht nur der späteren europäischen Tänze, sondern vorrangig aller noch im Gebrauch stehenden und noch original aufzunehmenden Tänze führen. Eine vorzügliche Arbeit in dieser Hinsicht hat vor dem Krieg noch Hans VON DER AU[139] für das Rhein-Main-Gebiet erbracht. Solche Untersuchun-

---

138) nach Matthias LEXER, Mittelhochdeutsches Handwörterbuch, 3 Bde., 1872–78, I. S. 1018.

139) Hans VON DER AU, in den Hessischen Blättern für Volkskunde, 1939. Er betrachtet hier gesondert Tanznamen nach Ländern und Ortschaften, Benennungen nach den Tanzenden (Bauerntanz, Männerwalzer, Altweibertanz), nach der besonderen Örtlichkeit (Lindentanz, Plantanz), nach der Zeit (Maitanz), nach der Aufstellung (Kreuztanz, Langaus), nach dem Zeitmaß, nach Bewegung und Haltung der Tanzenden und endlich auch die vielen Einzelnamen nach dem Tanzlied. Auch die beim Tanz verwendeten Gegenstände können ihm den Namen geben (Besen, Stuhl), oder der Preis, um den der Tanz geht.

gen müßten für den ganzen europäischen Raum und das außereuropäische Kulturgebiet angestellt werden.

Der Name des WALZER's, und der Tanz selbst hat wohl seinen Vorfahr in der Bezeichnung „Weller", die sich um 1525 in einem tadelnden Liede des Nürnberger Meistersingers Kunz HAS findet:
Wo man Yetzund ein hochzeit macht,
thun sie nit, als die vor jaren
die an tentzen züchtig waren
....
Ytzund tantzt man den wüsten weller
den spinner oder wie sies nennen.
Curt SACHS[140] hat wohl recht, wenn er diesen „Weller", einen wilden Drehtanz, als einen ersten literarischen Beleg für den Walzer ansieht. Auch die Zusammenstellung mit „Spinner" geht wohl auf die damals noch neue Drehbewegung. Das Wort „wellen" bedeutet: runden, rollen, wälzen (nach M. LEXER, MHD. Handbuch).

---

140) Curt SACHS, der die Stelle zitiert, lehnt die Herleitung des Wortes von „wälscher Tanz" ab.

8. Kapitel

Tanz und Mythologie

Auch die Beziehungen des Tanzes zur Mythologie sind höchst bemerkenswert. Nicht allein deshalb, weil der Tanz aller Völker bei Gegenständen der Mythologie reichliche Anleihen gemacht hat. Ich brauche dabei nur an mythologische Tänze zu erinnern, die schon die alten Griechen kannten, so bei den Septerien, beim Hyakinthosfest und den Eleusinien, ferner an die pantomimischen Darstellungen der Mythen von Osiris und Isis bei den Ägyptern, an die Bedeutung der mythologischen Pantomimen im Rom der Kaiserzeit, und insbesondere dann an die große Rolle, die Stoffe aus der antiken Mythologie in der neuzeitlichen Pantomime, namentlich am Hof von Versailles (seit der „Circe" von 1581) spielten, die dann derart beliebt wurden, daß sie die Operntheater von ganz Europa überschwemmten und erst zur Zeit des Konsulats von der Gattung des komischen Balletts (durch Gardel's „Dansomanie") verdrängt wurde.

Ungleich wichtiger ist die umgekehrte Relation, bei der der Tanz zu den Ausgangspunkten der Mythologie gehört.

So wie dem Tanz nach dem mythischen Glauben aller Völker göttlicher Ursprung zuerkannt wird (vgl. das Kapitel Religionswissenschaft), so sind es vor allem auch die Götter selbst, welche diese edle Kunst pflegen, ja in ihrer Pflege eine ihrer Hauptbeschäftigungen erblicken. Dabei ist nicht einmal die (an sich interessante) Tatsache ausschlaggebend, daß viele Völker ihre besonderen Tanzgottheiten besaßen und besitzen: die Ägypter den Tanzgott BES, die alten Mexikaner den Macuilxohitl, die Chibcha-Indianer den Nencatacoa, u.s.f. Viel bedeutsamer ist der große Anteil, der dem Tanz im Kultus zugestanden wird, so daß bestimmte Tanzformen und Tanzbräuche zum Ritual ursprünglicher Gottesverehrung gehören. Dies eben beruht auf dem Glauben, daß der Tanz den Göttern wohlgefällig, daß er ihnen erwünscht sei.

Und so bietet z.B. die griechische Mythologie einen ganzen Kranz von Göttergestalten, denen das Tanzen Lieblingsbeschäftigung ist: Artemis, Athene, Eos, Eros, Dionysos, die Dioskuren, Ares und Pan, selbst Zeus und Hera werden so geschildert, ebenso tanzen die Grazien, die Horen, Musen und Nymphen; bei den Römern Mars und die Laren (ludentes

Lari). Bei den alten Indern gelten Götter und Dämonen als leidenschaftliche Tänzer: Wischnu, Schiwa und Indra, die Liebesgöttin Kali, ferner Uschas (die griechische Eos), die beiden Aschwinen (die griechischen Dioskuren), die Asparen, die Maruts, desgleichen die junge Sonne und der Mond.

In den Gesichtskreis des Mythologen fallen naturgemäß auch die Vorstellungen von Sonnen- und Mondtänzen anderer Völker. Für die Letten hat Leopold von SCHROEDER[1] die betreffenden Belege gesammelt und behandelt, so über den Tanz des nach lettischer Mythe im Frühling aufsteigenden jungen Sonnengottes Uhsing, der nichts anderes ist als die Uschas der Inder und die Eos der Griechen. Eine besondere Beachtung werden dabei die vielfachen auf den Südsee-Inseln üblichen zeremoniellen Mondtänze beanspruchen dürfen, da sie ja nichts anderes sind, als das irdische Gegenstück zu den Vorstellungen göttlicher Tänze, ausgeführt mit bestimmten magischen Zauberabsichten. Hierher gehört z.B. der großartige „Lang-Manu" bei den Malagan-Festen auf Neu-Mecklenburg (Bismarck-Archipel), den PEEKEL[2] ausführlich beschrieben und behandelt hat. Eng mit dieser Vorstellung von dem tanzenden Mondgott berührt sich die von den (nach vielverbreitetem Glauben) auf dem Mond heimischen Seelen. Denn auch von diesen wird berichtet, daß ihre Beschäftigung das Tanzen sei. So glauben die Sipaia-Indianer in Brasilien, daß, wenn der Mond einen Hof hat, dies der Tanzplatz der Seelen der Verstorbenen sei.[3] Zu Ehren des Mondgottes tanzen alle Naturvölker, selbst die afrikanischen Hottentotten.[4]

Diese mannigfaltige Rolle, die der Tanz in den verschiedenen Mythologien spielt, müßte gründlich untersucht werden. Ich kann hier, an Hand des spärlich vorliegenden Materials nur einiges andeuten. So besagt die altmexikanische Mythe, daß Teteoinnan, die Göttinmutter und Fruchtbarkeitsgöttin, tanze; dasselbe wird berichtet von den beiden Vegetationsdämonen Chocimecoatl und Xochiquetzal, ebenso tanze Tezcatlipeca nach mexikanischem Glauben an dem ihm geweihten Tex-

---

1) Leopold von SCHROEDER LIHGO (in: *Mitteilungen der Anthropoligischen Gesellschaft*, Wien, Band 32).
2) Pater Georg PEEKEL, Lang-Manu (in: *Festschrift für Wilhelm SCHMIDT*, St.Gabriel, Mödling bei Wien 1928) und Religiöse Tänze auf Neu-Irland, Neu-Mecklenburg (in: *Anthropos*, 1931, Bd. 26).
3) Curt NIMUENDAJU, Bruchstücke aus Religion und Überlieferung der Sipaia-Indianer, 4. (in: *Anthropos* 1921–22, Bd. 16–17, S. 363ff.).
4) W. SCHNEIDER, Die Religion der afrikanischen Naturvölker, Münster 1891.

coatl-Fest u.s.f. Man sieht, die vergleichende Mythologie findet hier Material genug.

Ein Nachklang heidnisch-antiker Vorstellungen vom Tanz der Götter ist schließlich noch in dem Gedanken der ersten Christen zu finden, der besagt, daß der Tanz und der Gesang die Lieblingsbeschäftigung der Engel im Himmel sei.

Welch überragende Rolle dem Tanz zugewiesen wird, zeigt am besten die indische Kosmogonie. Hier ist sogar die Vorstellung von der Weltentstehung, die Ordnung des Kosmos aus dem Chaos, mit dem Tanz verknüpft: Nach einem Liede des Rigveda über den Ursprung der Götter und die Entstehung der Welt standen die Götter im Urmeere, in der Urmaterie (dem Chaos der biblischen Auffassung), faßten sich an den Händen und führten so einen stürmischen, wilden Rundreigen auf, „daß der Staub nur so davon flog". Die Zauberkraft dieses Tanzes bewirkte nicht allein, daß dadurch die Welt sich gestaltete, sondern auch, daß die Sonne, die bis dahin verborgen war, hervortrat. Die Götter tun hier in der Mythe also nichts anderes als das, was die asketischen Zauberpriester Asiens, die Yati, die Schamanen u.dgl. bei ihren energetischen Zaubertänzen zu erzielen trachten: Nämlich das Freiwerden der Sonne und die Belebung der Vegetation.[5]

---

5) Vgl. Leopold von SCHROEDER (in: *Wiener Zeitschrift für Kunde des Morgenlandes*, Bd. 23). HAMBLY teilt eine Legende mit über den Ursprung des Tanzes bei den Haida-Indianern der Königin Charlotte-Insel, der für die Kosmologie der Indianer aufschlußreich ist.

9. Kapitel

Urgeschichte und Tanz

Schon auf den ältesten Denkmälern der Menschheitsgeschichte begegnen uns Darstellungen des Tanzes: Die steinzeitlichen Wandzeichnungen der Höhlenfunde in Spanien legen Zeugnis ab von dem nicht zu berechnenden Alter des Tanzes und werfen sogleich viele Fragen nach Zweck und Ausführung, also nach Inhalt und Form der ältesten nachweisbaren Tanzübung auf.

Seit Urzeiten steht die Kunst des Menschen in nächster Verbindung mit seiner Religion und in hervorragendem Maße ist es die Tanzkunst, in der diese nahe Zusammengehörigkeit sich manifestiert. Rhythmische Reigen sind auch für die jüngere Steinzeit sicher bezeugt durch Funde, wie jene Trommel aus Ton aus Hohensömmern in Sachsen, die mit Sinnbildern verziert ist, in denen Hans HAHNE[1] eine Art Musiknoten erblicken will, aber auch mit Zeichen der Planeten, wozu HAHNE bemerkt: „Auch die stammverwandten Griechen schrieben den Planeten Beziehung zu den Noten zu". Solche musizierte Reigen, wie wir sie aus dem prähistorischen Fund für Urzeiten Europas erschließen dürfen, seien, so meint HAHNE, bei der Totenehrung angestimmt und getanzt worden.

Ähnliche indirekte Zeugen urzeitlichen Tanzbrauches bilden auch jene aus Tierknochen gefertigten Pfeifen, die in den prähistorischen Fundstätten zu Tage traten und offenbar zur musikalischen Begleitung des Tanzes dienten. Sie sind deshalb besonders wichtig, weil sie schon einen höheren Kulturzustand voraussetzen, als ihn jene primitiven Völker haben, die sich mit dem bloßen Markieren des Rhythmus durch Klappern und dergleichen einfache Schlaginstrumente zufrieden gaben.

HAMBLY[2] sieht die steinzeitlichen Tanzdarstellungen aus den spanischen Höhlen in Parallele mit den bei den Buschmännern der Kalahari gefundenen Bildern und wirft die Frage auf, ob nicht vielleicht hier ein Zusammenhang in der Weise vorliegen kann, daß jene Zeichnungen der Buschmänner von einem ausgewanderten Zweig der Nachkommen

---

1) Hans HAHNE, Deutsche Vorzeit, 6. Aufl. Bielefeld und Leipzig 1937, S. 13.
2) W. D. HAMBLY, Tribal Dancing and Social Development, London 1926.

jener steinzeitlichen Aurignac-Menschen herrühren. Eine Stütze dieser Ansicht würde HAMBLY in der Möglichkeit sehen, daß die zum Ritus gehörigen magischen Zeremonien und Tänze eben in jenen düsteren und schwer zugänglichen Höhlen abgehalten wurden. Denn auch die Zeichnungen der Buschmänner haben sich in Höhlen oder unter Felsdächern gefunden und zwar in den Bergen von Biggardsburg. Sie stellen tanzende Männer dar, halb Mensch, halb Insekt, oder Männer mit Tierköpfen, offenbar so verkleidet zum Zwecke eines mimetischen Zaubers im Ritual ihres Tier (-Toten)kults. Das eine darf wohl als sicher gelten, daß die heutigen mimischen Tänze, die vielverbreiteten tiernachahmenden Tänze, Überreste desselben Brauches sind, dessen Alter uns in jenen primitiven Zeichnungen verbürgt wird.

Nach Ansicht französischer Prähistoriker haben schon die Bilder aus der Steinzeit, die also etwa 3000 Jahre vor der Zeitwende entstanden sind, vor allem magische Bedeutung als Sympathiezauber (als Jagd- oder Fruchtbarkeitszauber), oder auch apotropäisch, als Schutzzauber zur Abwehr eines Übels.

Hatte dies also auf der primitivsten Kulturstufe zu den tiernachahmenden Tänzen geführt, die sich mit Sicherheit bis ins Paläolithikum zurückverfolgen lassen, so brachte die nächsthöhere Stufe, die des Ackerbaues, mit dem Wunsch nach Fruchtbarkeit des Bodens zugleich den Tanz als magisches Mittel in die Erscheinung und in bestimmten Gebräuchen und Riten zur Ausbildung. Hierbei spielte neben bestimmten Opfern (auch Menschenopfern) sicherlich der Tanz eine herausragende, wenn nicht die Hauptrolle. Da sich mit diesen Zeremonien, die die Erdmutter um Fruchtbarkeit für die Natur anflehen, naturgemäß auch die Fruchtbarkeit in der menschlichen Natur verband, mögen diese Tänze oft genug in eine – wenigstens für uns so erscheinende – Indeszenz ausgeartet sein, wofür ja auch noch neuzeitliche Beispiele vorhanden sind. Jene Beziehung zur Generation ist aber sicherlich auch schon uralt. Drücken doch die Steinzeichnungen oft mit übertriebener Drastik die geschlechtlichen Unterschiede aus, etwa dort, wo ein Mann von tanzenden Frauen umgeben ist, wie auf der ältesten uns überlieferten Darstellung eines Tanzes, nämlich auf der Zeichnung in der Pyrenäenhöhle, deren Alter auf etwa 50.000 Jahre geschätzt wird (Eiszeit des Quartärs).

Ob solchen Tänzen sakrale oder auch nur magische Bedeutung zukam oder nicht, das ist die Frage, die am Ende der hier behandelten Probleme steht.

Die Spur eines Initiationstanzes erblickt man wohl mit Recht in einem prähistorischen Denkmalfund in der Höhle Tuc d'Audubert im französischen Department Arriège aus der Altsteinzeit: hier sind im Boden die Fersenspuren junger Menschen zu sehen, die einen Kreis ziehen; fünf abgehende Fußspuren führen zu tönernen phallischen Symbolen, während an den Wänden der Höhle Bisons im Bespringen abgebildet sind. Die Andeutung geschlechtlicher Paarung deutet darauf hin, daß damit ein Initiationsritus zur Zeit der Reife angedeutet ist, wobei die Novizen, menschliche „Bewegung verlassend, im Hackengang die Spur des Bisons nachahmen".[3]

Für die germanische Bronzezeit des Nordens kommen die Steinzeichnungen und Felsritzungen in Betracht, auf denen Tanzdenkmäler verhältnismäßig zahlreich vertreten sind.[4] Nicht nur Aufzüge (Prozessionen), auch Reigenbilder, primitive Darstellungen des Maibaumes und dergleichen, treten uns hier entgegen und harren der Erklärung.

Daß die Germanen der Bronzezeit schon Tanz und Musik gekannt haben, schließt die Forschung aus den kulturellen Verhältnissen der übrigen indogermanischen Völker. Sie findet diese Annahme bestätigt durch die Tänze und Aufführungen, wie sie die vorgeschichtlichen Felsritzungen als eine Art zauberhaft-kultischem Dramas andeuten. Es ist aus der Natur der Sache zu verstehen, und deshalb eigentlich selbstverständlich, daß solche Aufführungen eines gewissen Rhythmus der Bewegungen nicht entraten können; daraus aber ergibt sich dann von selbst schon die Form der Bewegung und das Zeitmaß der begleitenden Musik.

Aus den urgeschichtlichen Denkmälern scheint aber auch eine Jahrhunderte, ja Jahrtausende alte Tradition sakraler, volkstümlicher Gebräuche zu folgen. Auf einer Felsritzung können wir einen Aufzug von 16 Männern in bestimmter, zahlenmäßig wohl kaum zufälliger Folge erblicken: 4 Männer schreiten voran, der 1. der folgenden 12 Männer trägt oder lenkt eine riesige Puppe, die die Mannshöhe um mehr als das Doppelte überragt. Wer denkt da nicht an die bei den Volksfesten unserer Alpenbewohner üblichen, auf uralten Dämonenkult weisenden Umzüge mit ähnlichen riesigen Puppen, an das Schemenlaufen u.a.m. Auch die übrigen Figuren der Felszeichnungen könnten aus ihrem zau-

---

3) SACHS, a.a.O., S. 57.
4) Oscar ALMGREN, Hällristningar och Kultbruk, Stockholm 1927 (Nordische Feldzeichnungen als religiöse Urkunden, deutsch von Sigrid VRANKKEN, Frankfurt a.M., 1934).

berischen Sinn erklärt werden: Den „Schildschwinger", der die heilige Handlung zauberisch unterstützt" und „über ihm die Doppel-Spirale, ein Sinnbild des aufsteigenden und sinkenden Lebens."

Als Stätten urzeitlichen Tanzes haben wir wohl auch die sogenannten Steinringe (Cromlechs) anzusehen. Sie tragen ja auch bezeichnenderweise den Namen „Adamstanz", womit diese Steinsetzungen selber, offenbar in Hinblick auf ihren uralten Zweck benannt sind. (Vgl. die Ausführungen über die Labyrinthe in Kapitel Sprachwissenschaft, S. 131ff.)

Curt SACHS ergänzt die immerhin spärlichen Zeugnisse, die uns die Frühgeschichte hauptsächlich in jenen Felszeichnungen des Paläolithikums auf dem Boden des heutigen Frankreich gibt, durch Vergleiche mit dem Tanz der heutigen Naturvölker. Er geht dabei von der Annahme aus, daß die Kulturstufen der europäischen Vorzeit ihre genauen Entsprechungen bei den heutigen Naturvölkern (etwa in Süd-Ost-Australien und Tasmanien) haben, die es nicht vermochten „einen jahrtausende oder zehntausende alten Stand zu überwinden".[5]

Ob dieser Standpunkt zu Recht besteht, und zu der darauffolgenden Schlußfolgerung führen darf, wird vielleicht die Tanzwissenschaft mit entscheiden helfen, sobald wir einmal über die Aufeinanderfolge der Entwicklungsepochen des Tanzes Bestimmteres wissen werden und darauf unsere Vergleiche mit den Kulturepochen der Naturvölker und der zivilisierten werden gründen dürfen.

Hier sei noch zurückverwiesen auf die Aufdeckung der durch Gesteinsablagerungen im Industal verschüttet gewesenen kostbaren Tanzfiguren aus Bronze und Stein, die das hohe Alter der gegenseitigen Beziehungen zwischen Urgeschichte und Tanz erkennen lassen und ein bedeutsames Licht darauf werfen dürften.

Gestützt auf die mannigfachen Tanzgegenstände auf den vorgeschichtlichen Denkmälern will Curt SACHS jenen frühen Zeiten der Menschheitskultur nicht nur das Vorkommen und die Pflege der weitestgehenden Tanzbräuche zusprechen, sondern sogar die mehrfachen Entwicklungsstadien, die hierin durchlaufen werden mußten, schon in jener Frühzeit vollzogen wissen. Der ganze Reichtum an Tanzformen, den uns die Kulturgeschichte der Menschheit aufweist, habe sich, nach SACHS' Meinung, schon in den vorgeschichtlichen Jahrtausenden herausgebildet: „Seit der Steinzeit hat der Tanz ebenso wenig neue Formen wie

---

5) SACHS, a.a.O., S. 142.

Inhalte aufgenommen. Die Geschichte des schöpferischen Tanzes spielt sich in der Vorgeschichte ab."⁶

So absurd dies klingt, so gibt es doch zu denken und ernstlich zu überlegen. Denn sogar Maskentänze erblickt man heute in prähistorischen Zeichnungen von Menschen mit Tierköpfen auf den Felsbildern der mittleren Steinzeit, die als Erscheinungen eines Fruchtbarkeitszaubers gewertet werden.⁷ SACHS unternimmt sogar den Versuch, eine tabellarische Übersicht über die Tanzformen von der frühen Steinzeit bis in die Metallzeit zu geben, ausgehend von der Überzeugung, daß schon in diesen frühen Kulturepochen die Entwicklung und endgültige Formung der Tanztypen geschaffen war.⁸ Ist doch SACHS sogar der Ansicht, daß der Tanz schon in prähistorischer Zeit auch allmählich seiner religiösen Bestimmung entrückt und nach und nach ein Gegenstand künstlerischen Genusses und geselligen Vergnügens geworden sei.⁹ Es bedarf aber hier wohl noch sehr eingehender Spezialstudien und Untersuchungen, um nachzuweisen, ob SACHS recht hat, wenn er apodiktisch eine so weittragende Behauptung ausspricht.

---

6) SACHS, a.a.O., S. 42.
7) Ebd., S. 144.
8) Ebd., S. 148.
9) Ebd., S. 42.

10. Kapitel

Sittengeschichte und Tanz

Aus den Fragen der Psychologie und Ästhetik des Tanzes wird auch die Sittengeschichte nutzen ziehen können. Vor allem durch den Umstand, daß das Verhältnis der Geschlechter ja im Tanz zu einem besondern Ausdruck kommt. Schon VISCHER[1] führt aus: „Mit gutem Recht ist ein Hauptthema einer schönen Kunst der schönen Bewegung die Liebe der Geschlechter, aber der Übergang von dem Bilde der Lust, das in allem Feuer rein bleibt, zum gemeinen und stoffartigen Kitzel liegt nahe, und schon die Griechen hatten ihren Cancan, das pantomimische Theater der Römer seine üppigen und üppigeren Darstellungen, als die orientalische Tanzbühne noch heute sie aufweist", und fügt hinzu: „Dem Tanze selbst, um dieser Verirrung willen zu zürnen, muß man aber jenen überlassen, die nur eine hässliche Sinnlichkeit kennen".

In der Tat ist aus Gründen der Sittlichkeit im Laufe der europäischen Kulturentwicklung wiederholt in schärfster Form gegen das Tanzen Sturm gelaufen worden, und die vergleichende Kultur- und Sittengeschichte kann aus diesem Verhalten allein schon lehrreichen Nutzen ziehen. Eine zusammenhängende Beleuchtung dieser Frage würde sich also wohl empfehlen. Sie müßte allerdings von der Antike ausgehen, oder von noch älteren Zeiten. HAMBLY behandelt im 4. Kapitel seines Buches das Thema „Sex and Society"[2]. Er geht aus von dem gewaltigen Unterschied, der in bezug auf das Verhältnis der Geschlechter, wie es sich im Tanz bekundet, die Vergangenheit von der Gegenwart trennt. Das Verhalten primitiver Menschen zeigt hier kaum etwas Gemeinsames mit dem der orientalischen Völker oder der klassischen Antike. Ein guter Tänzer fand jederzeit Anwert und Gunst bei den Frauen, ja sogar zur Wahl des Lebensgefährten dient der Tanz bei Naturvölkern, da durch ihn die körperlichen Vorzüge, Geschicklichkeit, Ausdauer und Kraft des Mannes am deutlichsten sichtbar werden.

Keine Gegnerschaft irgendeiner Art fand der Tanz im alten Hellas,

---

1) VISCHER, a.a.O., S. 833.
2) HAMBLY, a.a.O., S. 106ff.

auch aus Ägypten ist nichts dergleichen berichtet. Dagegen finden wir direkte Tanzverbote zuerst bei den, dem Tanz innerlich immer fremd gebliebenen Römern. Bekannt und oft zitiert ist der beißende Ausspruch CICERO's in der Rede Pro Murena VI,13: „Niemand tanze, wenn er nüchtern sei, ausgenommen Wahnsinnige", wozu der boshafte ARBEAU[3], der die Stelle zum erstenmal zitiert, hinzufügt: CICERO sei ein Gegner des Tanzes geworden, seit ihm eine Krampfader hierzu unfähig gemacht habe. Im Grunde war aber im alten Rom jeder Gebildete ein Gegner des Tanzes, weil man es allgemein als etwas Unschickliches empfand. Unter Kaiser Tiberius war es nötig geworden, gegen die allzu schamlos betriebenen Tänze in Rom amtlich einzuschreiten.

Stärkste, ja leidenschaftliche Gegnerschaft fand der Tanz dann bei den Kirchenvätern. AUGUSTINUS (dessen Definition des Tanzes als einer kreisförmigen Bewegung, in deren Mittelpunkt der Teufel stehe, in der folgenden geistlichen Literatur immer wiederkehrt), AMBROSIUS, CHRYSOSTOMUS, BASILIUS, EPHRAEM, eiferten gegen den Tanz nicht minder als etwa der Historiker AMMIANUS MARCELLINUS („Man sieht nichts mehr, als überall Weiber springen und Tanzen"). Das Konzil des Jahres 692 verbot den Christen die Feier der Kalenden (des römischen Neujahrs) und der Bromalien (der Reste des heidnischen Dionysoskultes) und tadelte besonders die anstößigen Tänze der Weiber dabei, durch die die Kirchen entehrt und geschändet würden. Zugleich wurde das Tanzen an Feiertagen untersagt. AMBROSIUS hatte es in seiner Diözese Mailand überhaupt verboten, BONIFAZIUS untersagt den Deutschen die alten Tänze, offenbar da in ihnen noch viel vom heidnischen Kultus verborgen lag. Gegen die von der ersten Kirche geduldeten, ja gepflegten heiligen Kirchentänze eiferten, da sie immer mehr verweltlichten, die Päpste GREGOR III. und ZACHARIAS II., und ihre Verbote wurden in der Folgezeit wiederholt erneuert und insbesonders von den Predigern aufgegriffen. So in Deutschland von dem Bruder BERTHOLD von Regensburg (1272) und von dem Straßburger Sittenprediger GEILER von Kaisersberg (1510). Eine anonyme Predigt „Was Schaden tantzen bringt" aus dem 15. Jahrhundert hat BÖHME abgedruckt.[4]

Einen neuen und sehr begründeten Anlaß zur Gegnerschaft bot der

---

3) Thoinet ARBEAU, Orchésographie, Langres 1588. Reprint Hildesheim 1989.
4) Franz Magnus BÖHME, Geschichte des Tanzes in Deutschland, I, S. 94ff. (Nach dem Erstabdruck in HAUPT und HOFMANN's Altdeutschen Blättern, I, 1935). Reprint Hildesheim 1973.

Kirche die allmählich aufkommende und sich rasch verbreitende Sitte des Paartanzes. Die Geschichte des Paartanzes, des Einzeltanzens sich umschlungen-haltender Paare, wird der Sittengeschichte Material für ein besonders aufschlußreiches Kapitel liefern können. – Nur muß sie erst geschrieben werden.

In der Antike und auch im alten Orient war der Paartanz eines Tänzers mit einer Tänzerin sehr selten und kam nur bei mimischen Tänzen vor. Athenäus berichtet es als etwas ganz Ungewöhnliches, daß bei den Tänzen der Arkader sich beide Geschlechter vereinigten.

In Zentraleuropa scheint die Sitte um das Jahr 1400 aufgekommen zu sein und damit beginnt der Prozeß der Verdrängung des allgemeinen Reigens, bei dem sich Männer und Frauen in einer langen Kette an den Händen hielten. Wir berühren damit ein wichtiges Problem aus der Geschichte des Tanzes, das zugleich am deutlichsten zeigt, wie eng er mit der allgemeinen Kulturgeschichte zusammenhängt: den Übergang vom Reigen zum Paartanz, vom Kettentanz zum Rundtanz. Hier ist noch durchaus nicht alles erforscht. An sich ist es wahrscheinlich, daß wir es mit einer dörperlichen Sitte zu tun haben, die von den Zeremonien der Frühlingsfeiern übernommen, also wohl kultischen Ursprungs ist: In diesem Tanzen eng umschlungener Paare wirken offenbar noch stark jene altheidnischen Generationsbräuche nach, die speziell in der Johannisnacht, durch die Annäherung der Geschlechter, die Fruchtbarkeit in der Natur günstig beeinflussen sollten. Diese Annäherung in Tanzform geschehen zu lassen, also die Sache gewissermaßen als künstlerische Form zu vergeistigen, lag ja nahe genug, da doch die Liebe der Geschlechter ein Hauptthema und ein Hauptanlaß des Tanzes seit je her war.[5] Als Erscheinung der allgemeinen Kultur, als geltend werdende gebräuchliche Sitte war es neu. In Zeiten gesunkener Moralbegriffe und größerer sittlicher Bewegungsfreiheit war es leicht möglich, daß wenigstens die Geste jenes Kultbrauches, das Tanzen mit gegenseitiger Umschlingung, auch zur geselligen Unterhaltung geübt wurde, namentlich, da der Sinn des heidnischen Brauchs ja bald in Vergessenheit geriet und die Freude am neuen Spiel an seine Stelle trat.

Die Zeugnisse, die um die Mitte des 16. Jahrhunderts aus allen Gegenden Deutschlands auftauchen, deuten darauf hin, daß eben um

---

5) Nach anderer Richtung mögen sich daraus die vielen volkstümlichen „Liebes-Werbetänze" entwickelt haben. Vgl. hierzu mein Handbuch des Tanzes, a.a.O., unter diesem Schlagwort, S. 140.

diese Zeit die neue Sitte aufging, in die gesellschaftlichen Tanzvergnügungen der Bürger und Zünfte einzudringen und sich festzusetzen. Als Verfehlungen dieser „schändlichen und unziemlichen neuen Tänze" wurden gerügt: Das Umschlingen (der Paare) und das Verdrehen (zum Rundtanz). Sie wurden in den Polizeiordnungen, Ratsbeschlüssen und Stadtbüchern der Zeit namentlich und übereinstimmend gebrandmarkt.⁶ Die wenigen von BÖHME angeführten Zeugnisse zeigen das Überhandnehmen der neuen Sitte seit der Mitte des 16. Jahrhunderts. Dies aber war, wie schon angedeutet, nicht der Anfang. Schon 1404 wurde das Paartanzen vom Rat der Stadt Ulm verboten und mit Strafe belegt, während die Obrigkeit selbst gleichzeitig den gewiß vergeblichen Versuch machte, die alte Form des Reigentanzes offiziell wieder einzuführen. Ein ähnliches Verbot sprach auch eine Nürnberger Polizeiordnung aus. Man sieht: die Richtung, in der die neue Sitte vordrang geht deutlich vom südlichen Deutschland nach Norden. Hinzu kommt, daß einerseits im hohen Norden, auf den Faröern, sich die alten Kettentänze am längsten, ja bis in unsere Zeit hinein, erhalten haben und andererseits, daß der Süden Deutschlands die Heimat des eigentlichen ländlichen „Dreher"'s ist. BÖHME, der diese Fragen zuerst aufgeworfen hat, hält das Ende des 14. Jahrhunderts für den Zeitpunkt, in dem die neue Sitte in Süddeutschland aufkam. Sie kann noch viel älter sein, und zwar nicht nur in bäuerlichen Kreisen. Vielleicht ist es erlaubt, die Klage Heinrich des TEICHNER's, des 1375 verstorbenen österreichischen Spruchdichters über die Verrohung der Sitten beim höfischen Tanz, auf das Aufkommen des Paartanzes zu beziehen. Das würde voraussetzen, daß die Sitte damals auch schon die adeligen Kreise ergriffen hätte. Übrigens hatte ja schon mehr als hundert Jahre vorher kein geringerer als WOLFRAM VON ESCHENBACH ähnliche Klagen über neu eindringende Tänze erhoben.

Mit dem Paartanzen war die neue Manier des Verdrehens und Umschwingens der Tänzerin gegeben, und dagegen, gegen das „Laufen und Springen, Umlaufen, Drehen, Greifen und M a u l l e c k e n" sowie gegen das „Aufwerfen des Mädchens" richten sich die Angriffe der konservativen Moralprediger.

Vom formalen Gesichtspunkt aus läßt die neue Sitte aber noch eine weitere Begründung zu: in der uralten Form des „Tanzpaares", der Verbindung von einem ruhig gemessen geschrittenen Vortanz mit einem

---

6) BÖHME, a.a.O., I, S. 83–120.
7) S. dazu die Daten der Verbote und die Ortsnamen bei BÖHME, a.a.O.

lebhaft gesprungenen Nachtanz, einer Form, die gewiß auch auf volkstümlicher Grundlage ruht und jedenfalls viel älter ist, als es die Mode des Gesellschaftstanzes zeigt – in dieser eigentümlichen Doppelform mag sich das Herumtummeln aus der Wildheit des Nachtanzes (im Gegensatz zur Gravität des Vortanzes) herausgebildet haben.

Das spricht Johannes von MÜNSTER in seinem „Gottseligen Traktat vom ungottseligen Tanz", 1594 ganz deutlich aus: „Darnach, wenn es zum Tanz selbst gekommen ist, halten sie erstlich den Vortanz, derselbe geht mit ziemlicher Gravität ab. Denn in diesem nicht viel ungebührlichen Tummelns zu widerfahren pflegt ... in diesem (dem Nachtanz) gehet es was unordentlicher zu, als in dem vorigen. Denn allhier des Laufens, Tummelns, Handdrückens, heimlichen Anstossens, Springens und bäurischen Rufens und anderer ungebührlicher Dinge, die ich Ehren halber verschweige nicht verscheuet wird, bis daß der Pfeifer die Leute, die wohl gern, wenn sie könnten einen ganzen Tag also tollerweise zusammen liefen, durch sein Stillschweigen geschieden hat." Nach der vorher erwähnten anonymen Predigt aus dem 15. Jahrhundert „Was Schaden tantzen bringt", wird freilich auch schon der „umgehende tantz" und nicht erst der „springende tantz" für sündlich erklärt: der letztere mit seinem „Umlaufen, Auf- und Niederspringen" gibt natürlicherweise noch mehr Gelegenheit zu sündhaftem Tun.

Cyriakus SPANGENBERG (1528–1604) stellt in seinem „Ehespiegel" (Straßburg 1570) fest, daß „jetzt alle Tänze also geartet sind". Danach scheint dort die alte Reigenform des umgehenden Tanzes damals endgültig erledigt gewesen zu sein.

Ein Beispiel dafür, wie auch bei uns noch aus Sitte und Tanzbrauch die Auswirkungen, sozusagen die letzten Ausläufer des alten magischen Sinnes eines Generationszaubers gelegentlich durchscheinen mögen, ist wohl die Art, wie noch vor Jahren der alte „Marskertanz", der zu der großen Gruppe der Liebeswerbetänze gehört, diesen Tanzinhalt auf eine möglichst drastische Art und Weise sichtbar werden ließ und veranschaulichte, indem schließlich den Mädeln von den Burschen die Röcke aufgehoben und über dem Kopf zusammengeschlagen wurden: „Dann aber fielen die Tanzenden alle in einen Haufen zusammen, wodurch die Eroberung und der Sieg des Mannes über das umworbene Weib symbolisiert wurde. Dabei kam es zu ganz derben Handgreiflichkeiten, bei denen sich auch die Tänzerinnen keine Zurückhaltung aufzuerlegen pflegten, ja selbst zur geschlechtlichen Vereinigung soll es hierbei manchmal gekommen sein". Bei solchen Anlässen wären die strengen

Worte Melchior AMBACH's wohl auch heute noch am Platze gewesen, und es war mir bei meinen Nachforschungen über die Art, wie dieser „Marskertanz" ausgeführt wurde, nur sehr schwierig, genaueres zu erfahren: Mein Gewährsmann hatte sich heftig gesträubt, mir darüber etwas zu sagen oder gar zu schreiben, weil der Tanz eben so unzüchtig getanzt wurde, und nur auf Umwegen konnte ich jene Einzelheiten der Tanzsitte in Erfahrung bringen.[8]

Dem Verhältnis des Tanzes zum ländlichen Brauchtum bzw. der Verwendung des Tanzes innerhalb des bäuerlichen Lebens wäre mehr Aufmerksamkeit zu schenken. Auf ein lehrreiches Beispiel machte mich Raimund ZODER aufmerksam, nämlich das sogenannte „Tenntreppeln": Das Feststampfen des Lehmbodens einer neu angelegten Tenne durch Tanzen. Kurt RICHTER hat diesen Brauch im Tullnerfeld in Niederösterreich gesehen und beschrieben[9] und Leopold SCHMIDT verwies auf genau dieselbe Sitte – in der Bretagne![10] Mit Recht betont der letztere, daß wir damit „mitten im Bereich des brauchmäßig gebundenen Lebens stehen" und daß die dabei verwendeten Tänze, obwohl sie an sich vielleicht unbedeutend sind oder geradezu enttäuschend, doch nicht übersehen werden dürfen, weil sie „nur durch ihre Stellung im Brauchtum für das Volkskulturleben von Bedeutung sind."

Rudolf SONNER hat[11] auf dem Zusammenhang von Tanz und M o d e aufmerksam gemacht, der auch einer gründlichen Untersuchung wert wäre.

Eines der augenfälligsten Beispiele, wie stark sich ein gesellschaftlicher und geistiger Umbruch im Gesellschaftstanz manifestiert, zeigt das Beispiel des W a l z e r s. Er, der aus dem „Dreher" und dem geruhsamen „Ländler" hervorging, schlug nicht nur ein ungleich rascheres Tempo an, sondern nahm eine Wildheit an, die ihn anfangs geradezu sittengefährlich erscheinen ließ. Zeitlich fiel dieses Eindringen des „neuen" Tanzes in die Periode des „Sturm und Drang", die in unserer Literatur durch Leidenschaft und Gefühlswärme die Gemüter gleichfalls heftig ergriff und sogar auch in der Kleidung mächtig gegen alles Konventionelle aufbegehrte, Fesseln der Gewohnheit als unerträglich abstreifte.

8) Näheres s. meine Arbeit „Das Lied vom Prinzen Eugen – eine bayerische Schöpfung", a.a.O.
9) Kurt RITTER (in: *Das deutsche Volkslied*, Wien 1936, Bd. 38).
10) Leopold SCHMIDT, Das deutsche Volkslied, Wien 1937, Bd. 39.
11) Rudolf SONNER, Musik und Tanz (in: *Wissenschaft und Bildung*, Leipzig 1930).

Wenn man bedenkt, daß gleichzeitig durch HERDER und den jungen GOETHE das Volkslied herangezogen und als naives Naturphänomen einer überfeinerten sentimentalen Kunstdichtung entgegengehalten wurde, so erscheint auch die hohe Bedeutung des Volkstanzes in jenen Zeiten innerhalb der Gesellschaft in einem sittengeschichtlich bedeutsamen Licht, als Zeiterscheinung.

11. Kapitel

Tanzforschung und Soziologie

Eng mit dem vorher behandelten Kapitel berührt sich die Frage nach dem Einfluß des Tanzes auf die Gesellschaft und nach den verschiedenen Arten der Teilnahme am Tanz bei den Gesellschaftsschichten. Auch hierin aber genügt es nicht, die europäischen Verhältnisse allein zu betrachten. Auch hier bietet die vergleichende Kulturgeschichte mannigfache Anregungen und Problemstellungen.

Den Kulturvölkern ist ja die soziale Bedeutung des Tanzes fast gänzlich verlorengegangen. Anders war es und ist es noch bei den Primitiven: Bei vielen von ihnen bildet der Tanz sozusagen den Mittelpunkt und das hervorstechendste Merkmal ihres sozialen Lebens überhaupt.[1] Alle Stationen und wichtigen Ereignisse ihres Stammeslebens sind mit dem Tanz unlösbar verbunden: Die Feier der Geburt, der Reife (Initiation), der Hochzeit und des Todes; sie alle werden vom Tanz begleitet, weil der Tanz der unmittelbarste Ausdruck der dabei obwaltenden Empfindungen ist. In Neu-Guinea wird z.B. sogar die Eintreibung einer Buße durch Tanzzeremonien durchgeführt. Die Australier kennen besondere Tänze zur Bewillkommnung von Besuchen[2], bei ihnen wird auch die Rache in Tänzen ausgeführt; die jungen nordamerikanischen Indianer von edler Abkunft sammeln tanzend Almosen für die Witwen ihrer Stammesbrüder u.s.f.

Der Tanz dient auch als Hilfsmittel bei der Auswahl des Lebensgefährten, des Gatten oder der Gattin. Die Parallele mit der verwandten Erscheinung aus der Tierwelt, speziell bei den Vögeln, liegt nahe, wie dies auch HAMBLY im Zusammenhang behandelt hat.[3] Hier ist auch an jene Tänze zu erinnern, bei denen, wie im „Geisslertanz" der Jüngling durch besondere Anstrengungen und Überwindung körperlicher Schmerzen in den Augen des Mädchens Gefallen finden soll.

Wie weit davon sind wir Kulturvölker entfernt geraten mit unserer Auffassung vom Tanz! Wenn wir etwa die eifernden Schmähworte be-

---

1) Hierzu Rev. J. WEEKS, Among Congo Cannibald, London 1913, S. 119.
2) Über diese und ihre, die Gemeinschaft fördernde Kraft, s. S. 216
3) HAMBLY, a.a.O., S. 106 im Kapitel Sex and Society.

denken, in die der Frankfurter Prediger Melchior AMBACH in seinem Pamphlet „Von Tantzen, Urtheil aus Heiliger Schrift" (1545) ausbricht: „Was ist doch Tantzen anders, denn eine Begebung zur Geilheit, Gefallen des Lasters, Bewegung zur Unkeuschheit..." Sind diese Dinge für Deutschland durch BÖHME's reiche Belegsammlung weitgehend klargelegt,[4] so fehlen (z.Zt.) für das übrige Europa überhaupt jedwede Andeutungen.[5] Es ist sehr interessant zu sehen, wie selbst bei primitiven Völkerschaften sich der Übergang anbahnt, oder schon vollzogen hat, mit dem der alte magische oder rituelle Sinn des Tanzes verloren geht und ihn zum vorbereitenden Mittel im Dienste der geschlechtlichen Vereinigung werden läßt. So ist der Paartanz bei den afrikanischen Dinkas rein erotischer Natur: Den Abschluß des großen Tanzfestes bildet oft ein Paartanz, bei dem jeder Mann seine eigene Frau umschlungen hält, um sich alsbald mit ihr in den Busch zurückzuziehen.[6] Derselbe Stamm kennt aber auch einen von aller erotischen Absicht freien „künstlerischen" Paartanz, welcher schon dadurch charakterisiert ist, daß ihn nur ganz alte Männer tanzen, und zwar jeder mit einem jungen Mädchen, die sie untereinander beständig wechseln. Vor Freude und Tanzlust stoßen sie, ebenso wie die Zusehenden lang gezogene juchzerartige Schreie aus.

Die Rolle, die der Tanz im Leben der Gesellschaft, des Staates, der Völker führt, zu untersuchen, ist eine lohnende und umfangreiche Arbeit und Aufgabe. Für die Naturvölker ist das Werk von HAMBLY, hier schon oft zitiert, besonders wertvoll durch die umfangreiche Literatur von Reiseberichten, unter denen die englischen überwiegen. Leider zog er viele französische und deutsche Berichte nicht hinzu. Doch behandelt er die Frage für die Naturvölker systematisch: Daß der Tanz bei den Naturvölkern nicht nur die wichtigsten Lebensstadien, von der Geburt bis zur Beerdigung begleitet, sondern auch für die Beschaffung des zum Leben Nötigen: Jagd, Fischfang, Ackerbau besondere Formen hervorbringt. Ebenso soll durch den Tanz eine gute Beute bewirkt und Gefahren beschworen werden. Auch Totenbestattung und Ahnenkult sind ohne ihn nicht zu denken.

Mit dem Eindringen der Zivilisation hört der Tanz auf, Ausdruck des Stammesgefühls und der sozialen Zusammengehörigkeit zu sein.

4) BÖHME, a.a.O., S. 83–120.
5) Geschrieben 1946.
6) Hugo BERNATZIK, Zwischen weissem Nil und Belgisch-Kongo, Wien 1929.

Aber auch innerhalb der Gemeinschaft werden Unterschiede der sozialen Schichtung gerade durch den Tanz bestätigt: In bezug auf die Teilnahme am Tanz wird streng geschieden: In Ägypten tanzte der König selbst – in Babylon wurden für Tanz und Musik Sklaven gehalten und Gefangene verwendet. In unserer zivilisierten Hochkultur galt lange Zeit der Beruf des Tänzers oder der Tänzerin als sozial minderwertig, ja wurde geradezu verachtet, wie die Spielleute und Gaukler des Mittelalters.[7]

Viele Anhaltspunkte für soziologische Betrachtungen werden auch die europäischen Tanzverhältnisse bieten. Die strenge Exklusivität, mit der das französische *Ballet de cour* gepflegt wurde (wovon wir auf S. 5 sprachen), das allmähliche Übergreifen der feudalen Übung auf die Adelspaläste und in die reichen Bürgerhäuser, was auch Veränderungen in der Form der Tanzübung selbst im Gefolge hatte, gehört auf dieses Blatt. Auch der Sieg des Walzers (etwa von 1770 an zu verfolgen) war ein soziologisch zu wertendes Ereignis, das mit der gesellschaftlichen Revolutionierung gegen Ende des 18. Jahrhunderts aufs engste zusammenhing. Ihre gesellschaft-aufwühlende Rolle spielte auch die Tanzwut bei der Erscheinung der französischen Revolution. (Auch hier in engstem Zusammenhang mit der Kleidertracht.)

Die gemeinschaftsbildende Wirkung des Tanzes hängt auch mit seinen psychologischen Grundlagen zusammen. Hier ist es vor allem die einigende Kraft des Rhythmus, die aus der Vielheit der am Tanz Teilnehmenden eine geschlossene Einheit macht. Es ist dieselbe suggestive Wirkung des Rhythmus, die wir Heutigen nur noch bei den Klängen eines Marsches an uns erfahren, nicht umsonst ließ und läßt man die in den Krieg marschierenden Soldaten heute noch mit „klingendem Spiel" anfeuern. Bei den Primitiven ist die Wirkung des immer gleichbleibenden, und daher so suggestiv wirkenden Rhythmus ungleich stärker. Für sie ist daher auch schon die Trommel ein heiliges Musikinstrument, d.h. ein Kultinstrument. Der Gedanke an die „heiligen" Instrumente im indisch-tibetisch-javanischen Raum – Trommel, Gong und einfache Blasinstrumente – ist naheliegend.

Ich erinnere hier noch an die, schon zur Psychologie des Tanzes (gehörenden) Bemerkungen von A. BROWN über den Einfluß des Tanzes

---

[7] Aus meiner eigenen Erfahrung möchte ich hier hinzusetzen, daß auch ich hinter meinem Rücken bedauert wurde, weil mein Sohn, „der Sohn eines Universitätsprofessors", als „Tänzer" durch die Welt zog.

auf das Bewußtwerden der Zusammengehörigkeit eines Volkes durch den Tanz.[8]

Daß die versöhnende Macht des Tanzes eine freundschaftliche Vergesellschaftung sogar zwischen Feindstämmen bewirken kann, dafür bietet Australien mit den dort beliebten und (S. 215) schon erwähnten Besuchstänzen, ein Beispiel: Sie werden zu Ehren eines zum Besuch eingeladenen Stammes abgehalten und mit besonderer Präzision ausgeführt: „Da gibt es keine Verwirrung, keine Unregelmässigkeit, keinen Fehler ... Während des Festes gibt es keine Äusserung der Gegnerschaft." Die primitive Kunst also bringt schon spielend zustande, was sonst keiner anderen Macht gelingen würde; so ist sie ganz und unbewußt und absichtslos die edelste und wirksamste Quelle moralischer Regungen."[9]

Jenny DIECKMANN[10] hat in ihrer Dissertation über die in den Lautentabulaturen überlieferten Tänze auf die Bedingungen verwiesen, die sich für den Tanzbrauch aus der allgemeinen Kulturlage einer Nation ergeben. Hierzu gehören in erster Linie auch die sozialen Verschiedenheiten. In Deutschland z.B. waren Volks- und Adelstanz scharf voneinander getrennt, in Italien dagegen nicht, weil in der italienischen Gesellschaft der Renaissance eine Art Ausgleichung der Stände stattfand, aus der sich das gemeinschaftliche Leben mit seinen Festen, Aufführungen, Tänzen im Gegensatz zum Norden (nach Burckhardt) durch eine allgemeine Bildung und Kunst zu einer gemeinsamen Höhe entwickelte.

Die niederländische Volkskultur, mit der gesamtdeutschen in ursprünglichem Zusammenhang, mußte sich von dieser schließlich abtrennen, zumal seit dem Westfälischen Frieden 1648 das Land auch politisch vom Reich losgelöst war. Wesentlich hat zur kulturellen Spaltung beigetragen, daß die gesellschaftliche Oberschicht und mit ihr die geistigen Führer, vor allem die Dichter, durch die Nacheiferung französischer Vorbilder ihre Kunst dem Volk entfremdeten. In der „Republik der 7 vereinigten Niederlande" war eine Aristokratie entstanden, die sich durch ihre vermeintliche höhere Kultur bewußt vom niederen Volk zu unterscheiden strebte. Durch die Zeit und die kapitalistische Hochblüte in der Wirtschaft und noch bestärkt durch den materialistischen

---

8) A. R. BROWN, The Adaman Islanders, London 1922, S. 249ff.
9) Richard WALLASCHEK, Anfänge der Tonkunst, Leipzig 1903, S. 218.
10) Jenny DIECKMANN, Die in deutscher Lautentabulatur überlieferten Tänze des 16. Jahrhunderts, Kassel, Diss. 1931.

Calvinismus, vollzog sich die vollständige Trennung der neuen Kultur eines Pseudo-Klassizismus vom alten volkstümlichen Erbgut auch in Tanz und Lied. So kommt es, daß heute nur noch wenig erhalten ist von den alten Tanzbräuchen, so die Tänze zum Pfingstumzug und vereinzelte Bauern- oder Geschicklichkeitstänze, wie der Eiertanz und der Pfeifentanz. Dagegen ist z.B. der Tanz um den Maibaum in den Niederlanden seit Anfang des 19. Jahrhunderts vollkommen verschwunden.

Welche sozial-verbindende Kraft im Tanz liegt, hat Ernst Grosse erkannt und mit den Worten ausgesprochen, der Tanz „zwingt und gewöhnt eine Anzahl von Menschen, die in ihren losen unsteten Verhältnissen von verschiedenartigen individuellen Bedürfnissen und Begierden regellos hin und her getrieben werden, unter einem Impulse, in einem Sinne, zu einem Zwecke zu handeln. Er ist, neben dem Kriege vielleicht der einzige Faktor, der den Angehörigen eines primitiven Stammes ihre Z u s a m m e n g e h ö r i g k e i t lebendig fühlbar macht; und er ist zugleich eine der besten Vorübungen für den Krieg."[11]

Die s o z i a l e Seite des Tanzes zeigt sich vielfach auch in den Zusammenhängen der Tänze und Tanzformen mit den Lebensnotwendigkeiten eines Volkes. Sie bedingen sich gegenseitig. Wir müssen da nicht bei den tiernachahmenden Tänzen der alten Griechen stehen bleiben, die offenbar schon mehr ästhetisches Interesse als kultische Bedeutung hatten, sondern über der zahlreichen, und überall belegbaren Fülle von Maskentänzen zu Ehren und um die Gunst der Vegetationsdämonen hinausgehen. Hierher gehören die zahllosen, in Tiermasken ausgeführten Tänze primitiver Völker, die den Zweck haben, die als Nahrung gesuchten Tiere durch die, sie nachahmenden Tänze magisch anzulokken. So die Hirsch- und Truthahntänze der mexikanischen Tarahumara, die Büffeltänze der Indianer, die Mamak-, Tapir- und Tukantänze in Südamerika, der Bärentanz der Ostjaken und Kamtschadalen, die Nilpferdtänze der Hottentotten, die Affentänze der afrikanischen Neger, die Känguruh- und Emutänze der Westaustralier u.s.f. Hierher gehören auch die Tänze der Weiber, die den im Kriege befindlichen Männern Kraft, Mut und Glück auf magische Weise durch ihre unausgesetzten, gemeinsamen Tänze gewinnen wollen. Oder die Bestellung der Felder durch Mädchen und Frauen im Tanzschritt, wie es ebenso aus Madagaskar, wie aus der Gegend von Saalfelden im Salzburgischen bekannt ist, die Tänze zur Regengewinnung (der Kimbatanz im Kongogebiet), Tänze

---

11) Ernst Grosse, Die Anfänge der Kunst, 1894.

zur Abwehr feindlicher Einflüsse von Stürmen u.s.f.[12] Auch an den altspanischen Tanz der „Nyacras" ist zu erinnern, mit dem die Frauen am Golf von Rosas vor Alters den vom Fischfang heimkehrenden Fischern entgegentanzten.

Der soziale Sinn des Tanzes zeigt sich endlich auch in den totemistisch organisierten Clans der Naturvölker: Weil diese, nach ihrem Glauben von einem Ahnentier (Totemtier) herstammen, wird dieses durch Tänze geehrt. Hierher gehört z.B. die bei den Ganguela in Südafrika übliche Sitte, daß an den hohen Festtagen der Häuptling vor seinem Volk, seinem Stamm, die sakralen pantomimischen Tiertänze ausführt, ebenso die merkwürdige Tatsache, daß Primitivstämme durch Kulttänze den Fortbestand ihrer Geschlechterreihe zu sichern bestrebt sind: Dadurch erlangen auch die Initiationsriten ihre eigentliche Bedeutung und ihren letzten Sinn.[13]

Im Tanz findet auch ein sozialer Ausgleich statt; dies zeigt sich nicht allein bei den europäischen Salontänzen, die – im Gegensatz zu der sozialen Kluft, die ehemals die „Geschlechtertänze" und die Tänze des Adels von den Vergnügungen des Volkes trennte – von Stadt und Land schließlich fast in gleicher Weise verwendet und ausgeführt wurden, sondern auch bei anderen Völkern, so z.B. in Bengalen, wo nur bei den Herbstfeiertänzen kein Unterschied zwischen Herren und Sklaven gemacht wird. Andererseits wieder war der Tanz im indisch-javanischen Raum ein Vorrecht des Adels und in Japan schon einem Berufsstand, den Geishas, vorbehalten.

---

12) Vgl. JUNK, Handbuch des Tanzes, a.a.O., unter „Zaubertänze", S. 261, 262.
13) Vgl. hierzu Rudolf SONNER, Musik und Tanz (in: *Wissenschaft und Bildung*, Leipzig 1930), S. 46.

12. Kapitel

Tanz und Medizin

Die medizinische Fachgruppe der Wissenschaft dürfte dem Tanz wertvolle Studienobjekte verdanken. Die Nachwirkungen großer Volkskrankheiten wie der Pest auf das Kulturleben der Völker hat oft mit sich gebracht, daß in den Zeiten solcher Epidemien die Lustbarkeiten ins Zügellose stiegen, daß eine wahre T a n z w u t die Menschen ergriff und diese fanatische Tanzlust die Grenzen des künstlerisch Bewertbaren weit überstieg, so daß die auf krankhafter Erregung des Nervensystems beruhende rhythmische Bewegung ins Gebiet des Pathologischen fällt.

Für die Psychopathologie kommt das weite Gebiet der ekstatischen Tänze, der Korybanten, Bacchanten, Galli, der Derwische und Schamanen, der Veitstänzer, aber auch neuzeitlich auftretender Sekten, wie der methodistischen „Jumpers" in England und Nordamerika, der „Skakuni" und „Skopzen" in Rußland in Betracht, worüber eine ausführliche Spezialliteratur vorhanden ist, die sich mit den Formen der orgiastischen Ekstase, mit den Halluzinationen, mit Empfindungslosigkeit gegen Schmerzen, mit der Umkehrung von Schmerz- in Lustgefühle, endlich auch mit dem Hellsehen und dem vermeintlichen Verkehr mit Geistern beschäftigt.

Vor allem sind es die Beziehungen der Erotik zum Tanz, die dem Psychiater wie dem Biologen Grund zu wissenschaftlicher Beobachtung geben.

Wir werden nicht fehlgehen, wenn wir den SCHOPENHAUER'schen Gedanken über die biologischen Voraussetzungen der „Liebe" bei den beiden Geschlechtern zum Ausgangspunkt nehmen, daß nämlich der uns unbewußte Drang der Natur, möglichst gute und tüchtige Nachkommenschaft zu erzielen, bestimmend ist für die Gattenauslese, d.h. für das Erwachen des Liebesgefühles zwischen zwei, füreinander bestimmten Individuen; in ihnen wirkt der Wunsch der Gattung, in einem solchen Menschenbilde fortleben zu können.

Zur Steigerung der körperlichen Vorzüge und zur Erfüllung der Voraussetzungen für eine solche glückliche Wahl des komplementären Geschlechtsobjektes dient auch der Tanz in seinem besonderen Formteil als rhythmische Gymnastik.

Bei den Naturvölkern dient der Tanz als Werbemittel der Jünglinge: Der gute Tänzer hat mehr Anwert bei den Mädchen.[1]

Wie wichtig die Volkstänze als Hilfsmittel einer vernünftigen Sexualpädagogik vor allem nach beendeter Reife sind, hat schon Erich HARTE in einem sehr beachtenswerten Artikel dargelegt, der gleich in der ersten Nummer der Zeitschrift „Der Volkstanz" erschien.[2]

Was den Physiologen beim Tanz angeht, sind vor allem die Fragen der speziellen *Lage- und Bewegungsempfindungen*,[3] ebenso die Frage des *Gleichgewichts*. Eine systematische Untersuchung der hierfür geltenden Bedingungen ist mir nicht bekannt geworden, und doch sind dies Dinge, die vor allem in Hinblick auf die körperliche Kultur den Hygieniker interessieren.

Auch die Tanzforschung hat Grund, den frühen Tod des Wiener Arztes Dr. Max Graf THUN-HOHENSTEIN zu beklagen, der eine moderne Bewegungslehre schuf, indem er auf geometrischer Grundlage und unter Beobachtung der physiologischen Vorgänge den Zusammenhang zwischen der natürlichen Bewegung von Mensch und Tier mit den Bewegungen bei gymnastischen Übungen oder gar beim Tanz studierte und für sich aufzeichnete. Und eben aus der genauen Beobachtung der drei natürlichen Fortbewegungsarten, des Gehens, Laufens und Springens (beim Tier etwa beim Pferd: Schritt, Trab und Galopp) gewann Graf THUN-HOHENSTEIN nutzbringende Anregungen für die Ausbildung des menschlichen Körpers. Seine Gymnastikschule war auf diesen Beobachtungen aufgebaut. Aufgabe des Physiologen wird es auch weiterhin sein, die Grundlagen der Ausdrucksbewegungen des menschlichen Körpers zu erforschen; dadurch werden die unbewußten Vorgänge beim mimischen Spiel erklärt werden können, denen, insbesondere dem menschlichen Gesichtsausdruck, Professor Max de CRINIS von der Universität Berlin eine klinisch-diagnostische Studie gewidmet hat.[4] Die Aufgabe ist aber nicht auf den Gesichtsausdruck allein zu beschränken, sondern auf die Bewegungen des ganzen tanzenden Körpers auszudehnen.

1) Vgl. Havelock ELLIS, Das Geschlechtsgefühl, Würzburg 1903, und Robert MÜLLER, Sexualbiologie, 1907.
2) Erich HARTE, Einordnung der Volkstänze in eine biologisch aufgebaute Erziehung (in: *Der Volkstanz*, 1. Nov. 1925, April 1930).
3) Vgl. das Kapitel Philosophie und Ästhetik des Tanzes, S. 34, bei Theodor Ziehen.
4) Max de CRINIS, Der menschliche Gesichtsausdruck und seine klinische Bedeutung (in: *Forschungen und Fortschritte*, Berlin, 1. Nov. 1940).

Die physiologische Basis des Tanzes bildet der dem Menschen (und dem Tier) eingeborene rhythmische Sinn und die von ihm koordinierten *Muskelbewegungen*. Sie äußern sich im taktmäßigen Gehen, Laufen, Schwimmen u.s.f., im regelmäßigen Flug der Vögel u.s.f. Aus dem Studium der rein physiologisch zu bewertenden Reflexbewegung tritt die Erscheinung erst heraus mit dem Bewußtwerden dieses Rhythmus als einer Art künstlerischen Faktors und mit der Freude daran. So wenig aber der einzelne Mensch sagen kann, in welchem Zeitpunkt seines Lebens er sich dieses rhythmischen Gefühls bewußt wurde, ebenso wenig läßt es sich in der Entwicklungsgeschichte der Menschheit zeitlich feststellen.

Die Impulse zur rhythmischen Bewegung zu untersuchen, wird erst möglich sein, wenn die Art und der Ablauf dieser Bewegungen erklärt sein wird. Hierzu haben schon zwei französische Gelehrte, die Professoren MAREY und SORET ein brauchbares erstes Hilfsmittel dargeboten.[5] Eine tieferschürfende Untersuchung zur physiologischen Erklärung der Tanzbewegungen könnte von den Versuchen ausgehen, die MAREY durch seine photographischen Aufnahmen über die Bewegungen von Mensch und Tier im allgemeinen und dann SORET (1885 und 1886) speziell über die Grazie der Bewegungen der tanzenden Menschen angestellt hat. Meines Wissens haben diese Ansätze zur physiologischen Betrachtung der Bewegungsvorgänge keine weiteren Untersuchungen zur Folge gehabt.[6] Es wäre die Verfolgung dieser Untersuchungen umso wichtiger, als die Methode SORET dazu beitragen könnte, nicht nur dem Physiologen, sondern auch dem Psychologen das Studium der Tanzbewegungen zu erleichtern.

Die hygienische Bedeutung des Tanzes hat Ettie A. ROUT[7] (Mrs. HORNIBROOK) behandelt in ihrem Buch „Sex and Exercise". Sie hat darin auch festgestellt, daß bei den Frauen der Naturvölker die Muskeln des Unterleibes stärker entwickelt sind, als bei den Frauen zivilisierter Völker. Nach ihrer Meinung ist es der bei den Naturvölkern so energisch und konsequent gepflegte Tanz, der die Gesundheit der Frau so günstig beeinflußt und ihr die Funktionen der Niederkunft und der Verdauung so sehr erleichtert. „Too much ridicule and obloquy" führte sie aus, „have been thrown on such valuable exercises as the *danse du ventre*, and

---

5) Vgl. auch Näheres im Anhang des Buches über Tanzschrift.
6) Geschrieben 1942.
7) Ettie A. ROUT, Sex and Exercise, London 1925.

the *danse du derrière*, which are capable of imparting a very great amount of movement to the viscera."

HAMBLY verweist mit Recht auch noch auf andere Vorzüge dieser Art, wie sie der Tanz für das Wohl des Einzelnen, des Stammes, der Gesellschaft mit sich bringt. So wird bei den Naturvölkern im Sinne einer unbewußten Eugenik auch die Wahl des Gatten durch den Tanz bestimmt.[8]

Auch ist den Naturvölkern der große hygienische Wert des Tanzes bekannt. Selbst auf den Inseln der Torresstraße gilt er als diejenige Übung, bei der am meisten die körperliche Geschicklichkeit und Ausdauer gepflegt wird.

In Hellas, im alten Griechenland war bekanntlich dem künstlerisch ausgeführten Tanz völlig der Charakter erziehlicher Gymnastik eigen. Ebenso war dort die uralte Beziehung von Medizin und Tanz auch dadurch manifestiert, daß sie, die Griechen, zu Ehren des Apollon, des Gottes der Heilkunst die PÄANE tanzten, Chortänze, die ursprünglich Zaubertänze gegen Krankheit und Tod waren.

Es wird ein wichtiges Problem der Physiologie des Tanzes sein, den Vergleich zu ziehen zwischen dem rhythmischen Sinn des Orientalen und dem des Europäers. Bekanntlich hat DALCROZE ja den Europäern überhaupt als arhythmisch bezeichnet. Gewiß ist, daß dem Orientalen der rhythmische Sinn in hohem Maße zu eigen ist: Er äußert sich in schönen, unauffälligen, ruhigen und beherrschten Bewegungen und Gesten.

Nach LELYVELD[9] geht dem Abendland der ursprüngliche Rhythmus verloren infolge der ökonomischen Entwicklung der Arbeit und durch das unharmonische soziale Leben, und so kommt LELYVELD dazu, dem Europäer sogar die wahre Kunst des Tanzes überhaupt abzusprechen; darin freilich werden wir ihm nur insofern Recht lassen können, daß den Vergleich mit der religiösen Tanzkunst der Inder und Javaner kaum ein europäischer Tanzkünstler aushalten können wird.

Nicht nur die Tanzforschung wird durch diese physiologische Betrachtung gewinnen, auch für die Physiologie selbst dürften sich beachtenswerte Ergebnisse erzielen lassen, so über die Art der Muskelinanspruchnahme beim Tanz, über den Energieverbrauch im Körperhaushalt u.dgl.[10]

---

8) HAMBLY, a.a.O., S. 277.
9) LELYVELD, a.a.O., S. 153, Anm. 77.
10) Vgl. auch Heinrich HALSER, Geschichte der Medizin, Jena, 3. Aufl. 1882.

Zum Beschluß:

Aufstellung der Probleme

Aus dem bisher Gesagten wird deutlich, welche Fülle von Problemen sich für die künftige Tanzforschung ergibt. Es ist aber auch klar, daß ich als einzelner mich hier begnügen muß, Anregungen zu geben und auf Themen zu verweisen, deren Ausführung hoffentlich nicht mehr lange auf sich warten lassen wird. Heute, wo die Pflege des Tanzes wieder das geworden ist, was sie ursprünglich war – ein Teil der Freizeitgestaltung und künstlerische Ausgestaltung – wird unserem gelehrten Nachwuchs hier eine verlockende Aufgabe gestellt, die nach verschiedenen Seiten hin Bedeutung gewinnen könnte. Das haben wohl die im Hauptabschnitt meines Buches angedeuteten Beziehungen des Tanzes zu den meisten Belangen unserer Kultur gezeigt. Natürlich kann die vorliegende Arbeit nur die wichtigsten und vordringlichsten Probleme andeuten und durch Hinweise zur Behandlung der Fragen im einzelnen anregen. Damit soll eine Grundlegung der Tanzwissenschaft vorgenommen worden sein. Kein künftiger Lehrer für Tanzwissenschaft – wenn es erst einmal eine solche geben wird – wird um Themen für Dissertationen verlegen sein.

Der Physiker Gustav KIRCHHOFF bezeichnete es als die Aufgabe der Mechanik, „die in der Natur vor sich gehenden Bewegungen vollständig und auf die einfachste Weise zu beschreiben." Nun handelt es sich in der Mechanik, wie überhaupt in den Naturwissenschaften, um unabänderliche Naturgesetze. Die Forderung KIRCHHOFF's auf das Gebiet des Tanzes zu übertragen, würde, insofern der Tanz nicht nur Bewegung an sich, sondern Kunst, also auch Vergeistigung eines Vorgangs ist, nicht genügen, – aber sie wäre doch auch die allererste Forderung der Tanzwissenschaft: zu beschreiben – und die zweite Forderung: in das Wesen der Kunst des Tanzes, in die Vergeistigung des Bewegungsvorganges einzudringen, wäre ohne die erste gar nicht zu stellen.

An erster Stelle muß folglich die Beschreibung der Bewegung stehen, deren Grundvoraussetzung die Beobachtung und Sammlung von Daten ist.

Hier aber stocken wir schon. Auf welchem Gebiet der Tanzentwicklung und sei es selbst das Allerkleinste, gibt es eine Vollständigkeit der

Daten? Kleine historische Gebiete der Entwicklung sind umschrieben, die großen übersichtlichen Darstellungen, wie etwa die von Karl STORCK, Oskar BIE, Curt SACHS, müssen auf Details verzichten und so kann es heute auch noch keine umfassende Geschichte des Tanzes geben.

Die Tätigkeit des wissenschaftlichen Tanzforschers wird grundsätzlich zunächst in den folgenden drei Punkten zu suchen sein:
1. Vollständige und genaueste Choreographie. Der Tanz muß nach seinen Schritten und Bewegungen, nach Haltung und Gebärde, nach Musik und Kostüm festgelegt werden, so wie etwa der Philologe erst den zu untersuchenden Text festlegt.
2. Interpretation.
So wie der Philologe einen alten Text in eine heute lesbare Form umschreibt, so muß es möglich sein, den Tanz von einem lebenden Interpreten wiederholen, also lebendig vorführen zu lassen.
3. Wissenschaftliche Untersuchung.
Aufgrund von 1 und 2 beginnt nunmehr die eigentliche, „philologische" Arbeit des Tanzforschers: die Untersuchung des Tanzes als Kunstform, nach Aufbau, Dynamik, Charakter und Sinn (Zweck bei pantomimischen Tänzen), nach Rhythmik und Agogik, wobei die gleichfalls festzuhaltende Musikbegleitung wichtige Hilfsdienste leistet.

Bezüglich dieses 3. Punktes, der wissenschaftlichen Untersuchung, können wir uns nicht mit allgemeinen Wünschen zufrieden geben, sondern erheben für die exakte Behandlung des Gegenstandes folgende Forderungen:
Festlegung einer bestimmten, allen verständlichen T e r m i n o l o g i e , wobei ich auf die Anmerkung über die Erweiterung des Begriffs „Ballett" bei GREGOR zurückverweise.[1] Es ist höchste Zeit, daß wir innerhalb unserer Disziplin zu einheitlichen und sicheren Begriffsbestimmungen kommen.

I.) PHÄNOMENOLOGIE:
Die Lehre von den Bewegungen des menschlichen Körpers an sich und deren Ursachen (Physiologie des Tanzes).
1. Entstehung und Bedingtheit der Bewegungen durch die Muskeltätigkeit:

---

1) S. 1. Kapitel, Philosophie und Ästhetik des Tanzes, S. 21.

a) Bewegung der Beine (Schreiten, Hüpfen, Springen)
b) der Hände
c) Gebärdensprache, Mimik. Die beiden letzteren Elemente dienen besonders dazu, den seelischen Ausdruck zu steigern (Enge Zusammengehörigkeit mit der Musikwissenschaft. Psychologie des Tanzes).
2. Das Urelement des Rhythmus.
3. Auf diesen beiden beruhend, sich auf sie stützend: die schöne Bewegung (Ästhetik des Tanzes).

II.) FORMENLEHRE:
A) Von den Elementen des Tanzes:
1. Die Rhythmik des Tanzes.
2. Die Architektonik des Tanzes: Aufbau des Tanzes aus den einzelnen Bewegungen oder Bewegungsgruppen (Tanzthemen). Als Hilfsmittel kann die Zählung der Takte der Musik dienen.
3. Das Bild im Raum; Raumeinteilung.
4. Ästhetische oder zweckbestimmte Wertung des Tanzes: Inhalt, Bedeutung oder Zweck des Tanzes.
Aus der Verwendung und Verteilung dieser Elemente der tänzerischen Formenlehre ergibt sich die Verschiedenheit der Formen selbst. Man unterscheidet danach:
a. Einfache (Grund-) formen bei gleichmäßiger oder gleichbleibender Ausführung eines einfachen Elementarschrittes, wie z.B. bei Walzer, Polka u.s.f.
b. Höhere Formen: kompliziertere Schritte oder wechselnde Schritte; zusammengesetzte Tänze: Tanzserien wie z.B. die Quadrille.
c. Höchste Stufe der Formbildung in Ballett und Pantomime.
B) Unterscheidung nach dem zugrundeliegenden ursprünglichen Gestaltungsprinzip (Formen-Aufbau).
1. Zusammenfassung und Charakterisierung all jener Tänze, die nach dem Prinzip der stereotypen Wiederholung gebildet sind und durch bloße Wiederholung eines und desselben Rhythmus und dessen Figur entstanden sind: die alten Tänze Basses danses, Passacaglia, Ciacona usf.[2]

---

2) Dazu Robert Lach, Das Konstruktionsprinzip der Wiederholung in Musik, Sprache und Literatur (in: *Sitzungsberichte der Akademie d. Wiss.*, Wien 1925, S. 14.

2. Bildung und Prinzip der „dreiteiligen Liedform" (Bogenform) wie Ballata, Rondeau u.s.f.[3]

C) Einteilung nach der Zahl der Teilnehmenden.

Es ist für die Form des Tanzes nicht gleichgültig, ob er von einem einzelnen oder von einer Gruppe ausgeführt wird. Danach unterscheidet man:
1. Einzeltanz (Solotanz)
2. Paartanz
3. Gruppentanz und zwar dieser wieder als:
   a. Chortanz, wenn alle Tanzenden die gleichen Schritte und Bewegungen ausführen, etwa wie bei den Reigentänzen.
   b. Kontertanz, wenn die einander Gegenüberstehenden verschiedene Schritte und Bewegungen ausführen.
   c. Tänze, die von Solisten *und* Gruppentänzern ausgeführt werden.
4. Für die Frage der Form des Tanzes ist ferner die Richtigung der Tanzbewegung von Bedeutung: Kettentanz (Bewegung der Kette im Kreis, in der Spirale, Kreistanz (mit Aufstellung im Kreis), Tanz um einen vorhandenen (oder gedachten) Mittelpunkt.

D) Als wesentliche Begleiterscheinungen zum Tanz kommen in Betracht:
1. Die Mimik, die im engsten Zusammenhang mit dem ersten Grundelement, der Rhythmik des Tanzes steht.
2. Die Musikbegleitung, deren Zugehörigkeit sich aus der ursprünglichen Verbundenheit im ältesten Stadium der Entwicklung erklärt, die aber, infolge der verschiedenstufigen und ganz selbständigen Entwicklung der beiden Künste jetzt als ein akzessorischer Bestandteil der Gesamtwirkung eines Tanzes angesehen werden muß. (Schwesterdisziplin: die musikalische Formenlehre).
3. Das Kostüm. Hierher gehört auch das Kapitel „Nackttanz".
4. Szene und Dekoration.
5. Tages- und Jahreszeit des Tanzbrauches.
6. Begleitende Geräte (Waffen, Stäbe, Wedel, Fackeln, Bänder, Schleier, Blumen, Arbeitsattribute, Körbe, Gläser u.dgl.).

---

[3] Dazu: Dieses Prinzip, Copla und Refrain, tritt in der Musik von den Zeiten der Minnesinger bis zu den Wiener Klassikern auf und beherrscht ebenso die Lied- wie die Sonatenform.

Welche Methoden anzuwenden sind, wird sich natürlicherweise aus der besonderen Problemstellung ergeben. Mit der bloß deskriptiven Methodik, wie sie die beschreibenden Kunstwissenschaften lieben, wird man in den wenigsten Fällen auskommen. Auf die politische Geschichte eines Volkes, sein Schicksal und seine Kultur- und Sittengeschichte, auf das Vorwalten ästhetischer Richtungen, bestimmter künsterlischer Epochen wird Rücksicht genommen werden müssen. Wer sich mit Kindertänzen beschäftigt, wird ohne psychologische Schulung nicht auskommen.

Einige Desiderata der Tanzwissenschaft seien hier noch vorgebracht.

Wir kennen wohl bis ins kleinste die Geschichte des Schauspiels und der Oper, aber nicht die des Balletts und der Pantomime. Sie müßte, um eine allgemeine Übersicht zu erlangen, zuerst für jede größere Bühne gesondert geschrieben werden, ehe an eine übersichtliche Darstellung der inneren historischen und morphologischen Zusammenhänge gedacht werden kann. Für Wien z.B. sind in den Arbeiten von Robert HAAS[4] zu ANGIOLINI und NOVERRE wichtige Grundlagen erbracht: Man bedenke aber, daß von hier aus, wo sich eine wahre Hochburg der Tanzkunst gebildet hatte, in alle Welt die Schüler Noverre's ausgingen, nach Stuttgart und Venedig, an den Hof Friedrichs II. und der großen Katharina, und man wird erkennen, wie wichtig die Erforschung der Grundlagen dieser Schule ist. Den Ausgangspunkt aller Forschungen wird immer eine lokalhistorische Betrachtung bilden müssen. Ballettmeister HILVERDING brachte am Kärntnertortheater das Ballett zu solchem Ansehen, daß selbst die Schauspieler in seine Vorstellungen eilten, um von seiner pantomimischen Kunst zu lernen. Da konnte man mit Recht von einer Hochblüte der Ballett-Pantomime sprechen, und eine ihrer Früchte war jenes Werk ANGIOLINI's, die tragische Ballett-Pantomime Don Juan, von GLUCK vertont. Zur gleichen Zeit wird auch vom Divertissement, vom komischen Ballett berichtet: So schreibt Justinus KERNER an Ludwig UHLAND: „Die komischen Balletts sind auch einzig – gänzlich einzig, es ist unmöglich, sich etwas komischeres zu denken, als die Stellungen und die Teufelsstreiche dieser Kerls. Wir sahen letzthin einen Läufer, der

---

4) Robert HAAS, Die Wiener Ballett-Pantomime im 18. Jahrhundert und Glucks Don Juan (in: *Sutdien zur Musikwissenschaft*, Wien 1932). Ders., Der Wiener Bühnentanz von 1740–1767 (in: *Jahrbuch der Musikbibliothek Peters* 1937) und Gluck und Durazzo, Wien 1925.

ganz ungeheuer schnell sprang und – nicht auf dem Punkt, auf den er seinen Fuß zuerst setzte, kam ..."⁵ Also eben die Tricks schon damals vollführte, die auch heute die Pantomime zeigt.

Als Quellen für die Lokalgeschichte des Balletts an jedem Ort kommen zunächst die alten Spielpläne und Repertoireverzeichnisse in Betracht, weil aus ihnen eine Übersicht über das Material zu gewinnen ist. Für Ballett und Pantomime erhöhen sich die Schwierigkeiten aber insofern, als zumeist im besten Fall der Name des Komponisten genannt ist, kaum jemals der des Choreographen.

Wichtigstes Erfordernis zur Erfassung der Geschichte des Balletts ist, meiner Meinung nach, neben der örtlichen Grundlagenforschung, die Einbeziehung der Einflüsse, die
1. durch die Revolution des russischen Balletts in das gesamte Theater-Balett eingebrochen ist (Musik, Dekoration, Choreographie...),
2. der moderne „Ausdruckstanz": Isadora Duncam, Mary Wigman, Grete Wiesenthal, Rudolf Laban, der durch die „Bewegungschöre" namentlich in den Balletteinlagen der Opern, den Tanz bereichert und verändert hat,
3. der neuerliche Einbruch der Volkstänze, die schon im romantischen Ballett so beliebt waren (Cachucha der Fanny Elßler!), nicht nur in den Opern-Einlagen, sondern durch ganz auf Volksmusik und -tanz eingestelltes Ballett,
4. die Behandlung der Frage nach der Loslösung von Ballett und Oper aus der Urform der Ballettoper – dem Singspiel mit Ballett, wie es in Berlin hieß. Dieser Prozeß hat sich ja an den einzelnen Fürstentheatern um das Jahr 1700 ziemlich allgemein vollzogen, wie in Berlin, so z.B. in Turin.

Weitere Forschungsthemen wären:
5. Die Geschichte des Kunsttanzes überhaupt, als Schautanz sowohl wie auch als Ballett. Diese muß fürs erste r e g i o n a l dargestellt werden. Von Wert (weil sie auf streng wissenschaftlicher Basis, sachlich aufgebaut und in historischem Ablauf vorgeführt) sind die kurzen Kapitel bei Curt SACHS über die Entwicklung im alten Griechenland und im alten Rom. Sie können als verläßliche, übersichtliche Skizzen der betreffenden Entwicklungsstufe gelten.

---

5) Zitiert in Leopold SCHMIDT, Zwischen Bastei und Linienwall, Wien 1946.

6. Der Volkstanz war in Europa, gesondert nach Ländern und Zeiten, in Übersee historisch gesondert nach kulturell hochentwickelten Völkern im asiatischen Raum und den Naturvölkern in Amerika und Afrika,
7. der Gesellschaftstanz (siehe weiter unten),
8. weitere biographische Werke.

Nur ganz wenige der großen Tanzkünstler und Choreographen, deren Wirken ja auch mit der Entwickung ihrer Kunst zusammenhängt, sind bisher einer erschöpfenden biographischen Würdigung teilhaftig geworden. Ebenso dürftig ist auch die Erwähnung der Ballette in den Musik-Lexika; da heißt es noch oft „er schrieb auch Ballette" oder „er schrieb gegen 200 Ballette".

Was nun den kulturgeschichtlich so wichtigen G e s e l l s c h a f t s t a n z anbelangt, so gibt es für diesen bisher auch nur Darstellungen kleinerer, meist örtlich begrenzter Entwicklungsphasen. Arbeiten wie die von Robert LACH „Zur Geschichte des Gesellschaftstanzes im 18. Jahrhundert" (Wien 1920) bilden eine Ausnahme. Wenngleich auch in dieser Arbeit das Interesse für die musikalischen Formen überwiegt, so ist doch durch den Abdruck eines alten Figurenbüchleins mit den naiv einfachen Versuchen einer Tanzschrift die choreographische Seite mit berücksichtigt. Für die zusammenhängende Geschichte des europäischen Gesellschaftstanzes hat Curt SACHS wertvolle Übersichtlichkeit geschaffen, indem er, von den vier großen Tanzschriften des 16. Jahrhunderts ausgehend, die ins Ungemessene wachsende Zunahme an Tänzen registriert, die eine Fülle der verschiedenartigsten Bewegungsformen mit sich brachte.

Als Quellen für die Geschichte der gesellschaftlichen Tanzvergnügungen kommen besonders in Betracht die Ratsbücher und die Zunft-Archivalien, nicht minder die Personalakten der verschiedenen Archive. Eine wichtige Quelle indirekter Art bieten die „Tanzverbote" der Obrigkeiten. Hier müßten noch Einzelheiten untersucht und auf ihren besonderen Anlaß geprüft werden. Es ist auch nicht gleichgültig, welchen sprachlichen Ausdruck die Obrigkeit gebrauchte, es hat sich gezeigt, daß „saltationes et ballationes" eine sachliche Verschiedenheit bedeuten.

Eine der auffallendsten Erscheinungen des älteren Gesellschaftstanzes, das sogenannte „TANZPAAR" – die Zusammenstellung zweier, in Rhythmus, Takt und Charakter kontrastierender Tänze – eine Eigentümlichkeit, die uns literarisch seit der Mitte des 15. Jahrhunderts bezeugt ist,[6] hat sicher einen viel älteren Ursprung. In der Zurückverfolgung dieses Phänomens hat sich die musikhistorische Betrachtungsweise allein als nicht ausreichend erwiesen. Ein älterer literarischer Beleg ist jenes aus dem Ende des 14. Jahrhunderts stammende Minnelied des „Mönchs von Salzburg"[7]. Ich habe schon in meinem „Handbuch des Tanzes" darauf verwiesen, daß dieses Taglied in der Tanzform auf die gleiche Kunstübung zurückweist, indem es im zweiten Teil einen deutlichen Nachtanz im Tripeltakt zeigt. Im 16. Jahrhundert ist die Form des TANZPAAR's dann bekanntlich auch sonst in Europa nachweisbar. Und sie liegt noch heute vielen alpenländischen Volkstänzen zugrunde, bei denen auf eine Einleitungsperiode im geraden Takt ein Walzer folgt.[8]

In diesem Zusammenhang ist die vielzitierte Stelle des NEOCORUS (Johann Köster, Pfarrer von Busum) interessant. Erstens, weil sie das genaue Datum angibt, in welchem der Paartanz, der Tanz zu zweien (in Dithmarschen) eingeführt wurde (1559) und damit zum Verschwinden des alten volkstümlichen Reigens geführt hat. Zweitens aber, weil wir daraus erfahren, daß dieser alte Reigen der „Lange Dantz" offenbar auch aus Vor- und Nachtanz bestand. Es ist nicht so, wie Böhme glaubt, daß die beiden, von NEOCORUS genannten Arten des „Langen Dantz" der sogenannte „Trymmekendantz" und der Sprungtanz, zwei voneinander getrennte selbständige Tänze darstellten, sondern sie gehören als untrennbare Folge, als Vor- und Nachtanz zusammen. Die Etymologie des Wortes „Trymmekendantz" – ich *trim*, Infintiv *tremen*, bedeutet „sich schwankend hin und herbewegen", dieses stimmt genau bei den kleinen Schritten der Kette – jedenfalls kommen wir auch von dieser Seite zum Begriff „Schreittanz". Wenn NEOCORUS die besonderen „Handgebärden" beim Trymmekendantz hervorhebt, so deutet auch dies auf die Eigentümlichkeit des Vornehm-tuenden Vortanzes, wie es das „Pavoneggiare" des alten italienischen Tanzes bezeichnet (vgl. pavo – der Pfau – Pavane), die dieser charakteristischen Haltung ja den Namen verdankt. Übrigens sind jene „Trimmekengebärden" und das „Pavoneggiare" genau das, was Cadovius MÜLLER bei der Beschreibung des ostfriesischen Tanzes die „vornehmen Posituren" nennt. Daß auch dieser „einzige und eigene" Tanz der Ostfriesen zum Typus des Tanzpaares gehör-

---

6) Im Manuskript der MARGARETE von Österreich in Brüssel, der „Basses danses".
7) Ludwig ERK und Franz Magnus BÖHME, Deutscher Liederhort, Leipzig 1893–94, Band II. Nr. 927. Reprint: Hildesheim 1988.
8) S. „Polsterltanz", „Schwabentanz", die sogenannten „Bunten Tänze".

te, dafür spricht schon die Bemerkung von MÜLLER, daß man „die Hurtigkeit der Friesen sehen kann, die ihre Glieder nach *dem geschwinden und langsamen Takt* meisterlich bewegten." Das Wichtigste an der Feststellung bleibt jedoch, daß das „Tanzpaar" nicht nur höfischer Gesellschaftstanz war, sondern seine Wurzeln in volkstümlichem und offenbar viel älterem Brauch zu suchen sind.

Auch später hat ja der Tanz der Gesellschaft immer wieder volkstümliche Quellen in sich aufgenommen. Um nur ein Beispiel zu nennen: Die Eröffnung unserer Bälle durch die feierlich geschrittene Polonaise hat ihre Parallele nicht allein in der Intrada früherer Jahrhunderte, sondern vor allem in den festlich geschrittenen Auf- und Einzügen, den sogenannten „Stets" der Volkstänze, die, wie der Name besagt, beständig, dialektal auch als vornehm, behäbig, das gleiche würdevolle Einherschreiten zu Beginn des Tanzfestes bezeugen. Nicht unerwähnt soll bleiben, daß auch heute noch auf die Polonaise unserer großen Bälle der Walzer folgt!

Zu Punkt 5 und 6: Das Erforschen der Entwicklung des Kunsttanzes überhaupt stellt in den Vordergrund die Frage nach einem wirklichen Kunsttrieb in der tänzerischen Bewegung. Auch hier wird man von den Tänzen der Naturvölker ausgehen müssen. Ich denke dabei nicht so sehr an die *Ior* – Tänze der Gunantuna, die tatsächlich bloß zum Vergnügen der Zuschauer ausgeführt werden, oder an den *Soratra* auf Madagaskar, oder an die berühmten *binga-binga*-Tänze der Papua auf Neu-Guinea, die von VORMANN als „wirklich künstlerische Leistungen" bezeichnet – sondern vielmehr an die Tänze der alten Ägypter mit den weichen, wohlstudierten und graziösen Positionen der Frauen beim Tanz; oder es wäre zu erinnern an die berühmten pantomimischen Darstellungen auf den altägyptischen Wandbildern, z.B. der Darstellung des „Windes" durch Nachahmung des vom Wind bewegten Grases und an die Bewegungen mit nach rückwärts gewundenem Körper, wobei die Hände über dem Kopf den Boden berühren. Hohen künstlerischen Wert beanspruchen auch die Entrechats beim Kriegstanz (einem Solotanz!) der Nagas in Assam u.s.f., ebenso der „Hinkende Tanz" der Baalspriester, wozu wirklich künstlerische Veranlagung, aber auch künstlerische Tradition die Voraussetzung bilden.

Diese Frage nach der künstlerischen Natur des Tanzes hängt ganz wesentlich mit der nach dem U r s p r u n g des Tanzes überhaupt zusammen. Man wird sicherlich mehrfache Ursprünge, sozusagen als Anlässe des Tanzens gelten lassen müssen, zu denen dann ein anderes, rätselhaftes kunstbildendes Element hinzutritt, das der entstandenen Bewegung erst die Weihe einer Kunstübung verleiht.

Solche Anlässe hat der menschliche Tanztrieb mehrere:
- Der Nahrungserwerb führt bei den Naturvölkern zu den pantomimischen, tiernachahmenden Tänzen.
- Der sexuelle Impuls, die geschlechtliche „Wahl", führt zu der nicht minder umfangreichen Gruppe der Liebeswerbetänze.
- Geisterglaube und Ahnenkult führen zum sakralen Tanz.
- Zu diesen unmittelbar triebhaften Anlässen kommt aber dann sicher auch der Spieltrieb als mächtiger physiologischer und psychologischer Anreiz hinzu – wenn er nicht überhaupt schon auch an den drei genannten Anlässen als wesentlicher Faktor mit zur Ausbildung der künstlerischen Form beigetragen hat. Die Nachahmung eines Tieres, das ich anlocken und einfangen will, muß ebensowenig in geregelten Tanzschritten erfolgen, wie der Ausdruck der Liebesempfindung: d a ß er aber in künstlerischer Formung auftritt, beweist, daß neben dem unmittelbaren realen Anlaß noch ein anderes, höher einzuschätzendes, formbildendes Element mittätig ist, das der eingeschlagenen Bewegung erst die Höhe und den Wert einer künstlerischen Äußerung verleiht.

Die Rätsel beginnen bei der Betrachtung primitiver Völker. Wenn wirklich, wie manchmal behauptet wird, der unbewußte Spieltrieb allein der Anlaß zur Entstehung des Tanzes wäre, so müßten wir erwarten, dies bei den heutigen Naturvölkern, die im niederen Kulturzustand verblieben sind, bestätigt zu finden. – Aber gerade das Gegenteil ist der Fall! Gerade bei den Naturvölkern wird der Tanz auch weiterhin viel ernster aufgefaßt und hat ungleich reicheren Inhalt, als selbst bei uns Zivilisierten. Er gilt auch nicht vordringlich als gymnastische Übung, Zeitvertreib oder Spiel, sondern im ursprünglichen Anlaß als Gottesdienst. Dieses Stadium des sakralen Tanzes war einmal auch bei uns Europäern vorhanden gewesen, aber wir sind darüber hinweggeraten: Der Tanz wurde profaniert.

Wenn wir heute oftmals wieder zu Spiel und Tanz im Volksbrauch greifen, um uns sozusagen wieder in der Volkspsyche wiederzufinden, so ist dies oft eine Folge intellektueller Überlegung und nur zum Teil naturhafter Urtrieb. Der Beweis läßt sich leicht erbringen: Wir tanzen zu frohen Anlässen, nicht aber aus Trauer und Gottesfurcht.

Als Ziel meines Buches schwebt mir die Errichtung eines Lehrstuhles für Tanzwissenschaft vor. Vielleicht wäre dahin schon ein großer Schritt getan, wenn sich sowohl die Leitungen der großen Tanzsammlungen als auch die kleineren und die Archive bereit fänden, in Kontakt miteinander und im Einzelfall auch in Schriftentausch zu treten.

Durch systematische Forschung und Austausch der neuen Erkenntnisse könnte so dem Tanz der ihm in den Geisteswissenschaften gebührende Platz eingeräumt werden.

Nachtrag

Das Problem der Tanzschrift

Der Mangel einer zuverlässigen Tanzschrift hat der Tanzkunst ungeheuren Schaden gebracht, mehr jedenfalls, als man gemeinhin annehmen möchte. Denn, wie man aus der Wichtigkeit der Notenschrift für die Tradition und Entwicklungsgeschichte der Musik, oder der Buchstabenschrift für die Poesie im weitesten Sinne ersehen kann, wäre uns durch das Vorhandensein einer gleich brauchbaren Tanzschrift nicht allein die Vorstellung von dem Stand der Entwicklung dauernd bewahrt worden, sondern es wäre eben auch durch dieses Mittel die feste und ununterbrochene Tadition der Entwicklung zu begründen gewesen, so etwas wie die Poesie und die Musik an Hand ihrer Literatur dem schöpferischen Künstler den Faden reicht, an den er anknüpfen kann, oder die Grundlage gibt, auf der er weiterbauen kann. So aber, da alles, was die Tanzkünstler vergangener Epochen geschaffen haben, im Augenblick ihrer Produktion auch schon wieder vergangen ist, und zwar auf immer dahin war, mußte die Tanzkunst dieses wichtigen förderlichen Hilfsmittels entraten. Wir sind daher, wollen wir uns über die Entwicklung und die erreichten Höhepunkte unserer Kunst orientieren, auf sekundäre Quellen angewiesen, auf historische Berichte mit keineswegs zureichenden Erklärungen und Beschreibungen, die uns immer nur zu einer kümmerlichen Vorstellung verhelfen. Auch von der antiken Musik wissen wir ja darum so wenig, weil damals die Notenschrift in ihrer heutigen Vollendung noch nicht erfunden war.

Der Philosoph Max SCHASLER, der fast als einziger der Tanzkunst den ihr gebührenden Platz und Rang unter den Künsten anweist, wirft sogar die Frage auf, ob nicht der Mangel eines künstlerischen Fixierungsmittels allein den niederen Entwicklungsstandpunkt dieser Kunst erklärt und bewirkt hat und nicht auch für die Ästheten und Kunstphilosophen, die sich mit der Tanzkunst beschäftigen der Anlaß gewesen sei, „die Untersuchung ihrer künstlerischen Leistungsfähigkeit, im Verhältnis zu den anderen Künsten, gänzlich abzulehnen, d.h. sie lediglich nach ihrem tatsächlichen Entwicklungsstadium abzuschätzen und sie in der Folge dessen aus der Reihe der echten Künste zu streichen, statt ihr vielmehr durch eine, in ihr substantielles Wesen eindringende Untersuchung zu ihrem Recht zu verhelfen und dadurch möglicherweise zu ihrer Regeneration mitzuwirken."[1] Nun ist hier gleich etwas Grundsätzliches hervorzuheben: Alle die bisherigen Versuche einer Tanzschrift v e r s a g e n ohne Ausnahme, wenn es um die Aufzeichnung der zur Tanzkunst als höchster mimischer Ausdruckskraft g e h ö r i g e n G e b ä r d e geht. Durch diesen Mangel einer Fixierungsmöglichkeit aber war die Mimik seit je auf Improvisation und auf persönliche Tradition angewiesen. SCHASLER[2] wirft mit recht die Frage auf, was unter gleich prekären Umständen aus Musik und Poesie geworden wäre? „Nur aus dem Gewordenen, als Muster und Vorbild Bleibenden, entwickelt sich erst die höhere Stufe des Schaffens; wo aber solche Entwicklung gänzlich abgeschnitten ist, da ist überhaupt der Lebenspuls unterbunden: es tritt notwendig Stagnation, ja schließlich Entartung und Verderbnis ein. Dies ist der unverdiente Fluch gewesen, welcher auf der Entwicklung der edlen und so ausdrucksfähigen Kunst der Mimik geruht hat." Wenn SCHASLER fortsetzt „und wohl stets ruhen wird", so setzt uns die neuzeitliche Erfindung des Films in die glückliche Lage, ihm widersprechen zu dürfen.

Die Jahrhunderte alten Versuche einer graphischen Fixierung der Tänze und der Schaffung einer allgemein verwendbaren Tanzschrift bedürfen selbst einer zusammenfassenden Darstellung und einer Erklärung aus ihrer Zeit heraus. Eine solche Untersuchung wird umso lehrreicher sein, je stärker jene Versuche in den Tanzformen und im Tanzstil der betreffenden Zeitepoche verwurzelt sind – waren doch ihre Schöpfer fast durchweg ausübende Tanzkünstler – so daß auch für die Kenntnis von Stil und Form manches dabei abfallen dürfte.

Wenn wir von den Nachrichten absehen wollen, die bei den alten Ägyptern und bei den Römern über Versuche zur Aufzeichnung von Tänzen berichten, so fällt der älteste uns bekannte Versuch der neueren Zeit in das 15. Jahrhundert und zwar in der berühmten Brüsseler Handschrift der „Basses danses" der MARGARETE von Österreich, wo bekanntlich über den Musiknoten Siglen für die dabei auszuführenden Bewegungen verzeichnet sind. Diese Methode übernahmen ARENA (1536) und ARBEAU (1588). Indes hatte schon CAROSO (1581) auch bildliche Tanzdarstellungen gebracht und außerdem führte er als erster Schlagworte für Schrittverbindungen ein, die er neben die Musikzeile schreibt. Ähnlich

---

1) Max SCHASLER, Das System der Künste, Leipzig 1882, Anmerkung.
2) Ebd., S. 112ff.

verfährt dann noch NEGRI (1602). BEAUCHAMPS (1636–1705) gilt als der eigentliche Erfinder einer Tanzschrift, die aber erst sein Schüler LEFEUILLET (1700) und die nach ihm folgenden (PEMBERTON, TOMLINSON, DUFORT, DUPRÉ, WINTERSCHMID, MAGNY, FELDSTEIN, MAGRY, MALPIED, GUILLEMIN und PETERSEN) weiter ausbildeten: nämlich durch Verwendung bestimmter neuer Zeichen. Sie alle halten zeichnerisch auch die Figuren fest, die die Füße auf dem Boden beschreiben und auch die Körperhaltung wird angedeutet. An Lefeuillet's System hatte schon Rameau Vereinfachungen vorgenommen. Die Tanzschrift MALPIED's geht darin noch weiter. BLASIS zeichnete die Gestalt des Tänzers selbst in Umrissen auf, ließ aber die Zeichnung der Füße auf dem Boden unklar. SAINT-LEON (1852) erfand eine Tanzkurzschrift, die von ZORN übernommen und ausgebaut worde. KLEMM (1855) hat eines der brauchbarsten Systeme der Tanzschrift geschaffen, indem er unter der Musikzeile kleine Zeichen für den Rhythmus verwendet und außerdem Siglen für die Schritte, nebst ausführlicher Beschreibung der Tänze. ZORN, der, wie erwähnt, das System SAINT-LEON weiterbildete, gibt außer einer Tanz- und Schritt-Beschreibung Abbildungen des Tanzenden gleichsam im Grundriß und Aufriß durch skelettartige Schemata. Auf ähnlichen Prinzipien beruht auch die Tanzkurzschrift von FREISING (1894).

Neuere Versuche, wie die „Rhythmographik" von Olga DESMOND und die „Bewegungsschrift" von Jo VISCHER konnten sich praktisch nicht durchsetzen. Anders die Tanzschrift von Rudolf von LABAN. Er verwendet hier Keile, Schraffen und Punkte, sowie einige Zeichen für die Drehung einzelner Körperteile, ferner dynamische Zeichen für Weite, Enge, Kraft und Schwäche, welche durch die Lage auf, über oder unter einem Notenliniensystem angebracht, angeben, von welchem Körperteil die Bewegungen ausgeführt werden.

Da es, wie bei der Erfindung und Ausgestaltung aller Arten von Schrift auf die Konvention ankommt, auf das, worin man schließlich übereinkommt, so scheint die LABAN'sche Tanzschrift, die sich durch besondere Exaktheit auszeichnet, die besten Aussichten für die Zukunft zu haben. Sie nennt sich „Kinetographie" und ist natürlich zeitgebunden, wie jede bisherige Tanzschrift. Soll das erstrebte Ziel – die vollständige Fixierung eines Tanzes – erreicht werden, so müßten noch weitere Voraussetzungen geschaffen werden. Erst wenn es gelänge, z.B. den javanischen KLONO-Tanz so aufzuzeichnen, daß dadurch die mündliche Unterweisung überflüssig würde, könnte das Problem als gelöst gelten.

Erwähnung verdient in diesem Zusammenhang das merkwürdige

photographische Verfahren, das der Genfer Professor Louis SORET in den Jahren 1885–86 anwendete, um die Bewegungskurven eines Tanzes festzuhalten. Er befestigte an einzelnen Teilen des Körpers des Tanzenden elektrische Glühlampen, die, im dunklen Aufnahmeraum den zurückgelegten Weg des Körpers als Linien, Spiralen etc. erkennen lassen. Diese Platten bieten also die Bewegungskurven der einzelnen Körperteile. Die Bibliothek der Großen Oper in Paris besitzt ein solches Album der Aufnahmen SORET's, von denen die Solotänzerin Antonine MEUNIER in ihrem Buch[3] eine Probetafel reproduziert hat. SORET selbst hatte nichts weniger als ein neues choreographisches Hilfsmittel im Sinn. Seine Versuche sind für die Frage der Tanzschrift zumindest lehrreich. Der besondere Wert seiner Methode liegt darin, daß sie alle Bewegungen graphisch aufscheinen läßt.[4]

Gegenüber allen diesen Versuchen, die mehr oder weniger nur in unzulängliche Form ihren Zweck erfüllen, besitzen wir heute im Film d a s Mittel, das treueste Bild eines Tanzes wiederzugeben und an kommende Zeiten zu überliefern. Wobei gewisse seltene und schwierigere Bewegungsmomente durch die Zeitlupe in jeder Einzelheit ermöglicht werden.

Der erste, der den Film als bestes Mittel zur Aufzeichnung von Tänzen empfahl, war Karl STORCK (1903). Aber es brauchte lange, bis sich die Praxis durchsetzte. Einer der ersten, der selbst Tanzaufnahmen der nordamerikanischen Indianer machte, war der Kurator des Landesmuseums in Brünn, Professor Frantisek POSPISIL, der sich sogar 1929 an das vom „Völkerbund" geförderte „Institut für instruktive Kinematographie" in Rom wandte, um noch erhaltene Volkstänze festzuhalten.

Vielleicht kann man sich noch eine Steigerung des Eindrucks von einer Kombination der Filmaufnahme eines Tanzes mit der Methode SORET denken. Stellt doch seine äußerst exakte und genaue, weil mechanische Methode gleichsam das Gerippe, das Skelett des Tanzes dar. Jedenfalls trägt die Methode SORET einiges Interessante für den Physiologen und auch für den Psychologen zum Studium der Tanzbewegung bei, was für die Tanzwissenschaft wichtig sein könnte.

---

3) Antonine MEUNIER, La danse classique, école française, Paris o.J. [1931].
4) LOUIS Soret, Sur la determination photographique de la trajectoire d'un point du corps humain... (Academie des sciences, Paris 1885) und Genf, Société Helvétique des sciences naturelles (11. August 1885).

Literaturverzeichnis

A

ADAM DE LA HALE (HALLE), Jev de Robin et de Marion, um 1285.
AEPPLI, Fritz, Die wichtigsten Ausdrücke für das Tanzen in den romanischen Sprachen (in: *Beihefte zur Zeitschrift für romanische Philologie*, Nr. 75, Halle 1925.)
ALMGREN, Oscar, Hällristningar och Kultbruk, Stockholm 1927. Deutsch von Sigrid Vranken: Nordische Felszeichnungen als religiöse Urkunden, Frankfurt a.M. 1934.
ANKERMANN, B., Die Religionen der Naturvölker (in BERTHELOT-LEHMANN, Lehrbuch der Religionsgeschichte.)
ARBEAU, Thoinet, Orchesographie, Lengres 1588.
ARELAT, Caesar, (im Thesaurus linguae latinae)
ARENA, Antonius de, Provencalis de bragardissima villa de Soleriis. Avignon 1536.
ARTEGA, Stefano, Rivoluzioni del Teatro musicale Italiano, 1785.
ARTEGA, Stefano, Geschichte der italienischen Oper, übersetzt von Nikolaus FORKEL, Leipzig 1789.
ASPELIN, R.J., Labyrinthe (in: *Zeitschrift für Ethnologie*, 1877, Band 9).
AUBREY, John, The Natural History and Antiq. of the County of Surrey, 1719. 5 Bände.

B

BAER, Ernst von, Über labyrinthische Steinsetzungen im russischen Norden (in: *Bulletin de la classe des sciences historiques, philologiques...* de l'Acad. Imp. des sciences de St.-Pétersbourg, 1844).
BAIST, Gottfried (in: *Zeitschrift romanische Philologie*, Bd. 32).
BARTSCH, Gustav, Deutsche Liederdichter, Leipzig 1864.
BEAUCHAMP, Charles Louis, Recherches sur les théâtres de France.
BEAUMONT, Cyril, Bibliography of Dancing, London 1929.
BEAUMONT, Cyril, A Bibliography of Dancing, a List of Books... compiled by Paul D. Magriel, New York 1936, Suppl 1939.
BECKMANN, Joh. Christ., Trojaburgen (in: *Zeitschrift für Ethnologie*, 9. Bd., 1877).
BENDAVID, Lazarus, Versuch einer Geschmackslehre, Berlin 1799.
BENNDORF, Otto, Kunsthistorische Ergänzungen zum Troja-Spiel (in der Abhandlung von BÜDINGER).
BERNATZIK, Hugo, Zwischen weißem Nil und Belgisch-Kongo, Wien 1929.
BIE, Oskar, Der Tanz, 2. Aufl. Berlin 1919.
BLASIS, Charles, Traité élémentaire, théorique et pratique..., Mailand 1820.

BLASIS, Charles, The code of Terpsichore (engl., erweiterte Ausgabe des vorigen), London 1925.
BLASIS, Charles, Code complet de la danse, Paris 1830. (engl. als Art of Dancing) London 1830.
BLASIS, Charles, Manuel complet de la danse (erweiterte Ausgabe des „Traité").
BLASIS, Charles, Notes upon dancing... London 1847. (Russisch „Tanz im Allgemeinen, Ballettberühmtheiten und Nationaltänze"), Moskau 1864.
BLUNCK, Hans Friedrich, Die Weibsmühle, Novelle.
BÖHM, Max, Volkslied, Volkstanz und Kinderlied in Mainfranken, Nürnberg 1929.
BÖHME, Franz Magnus, Geschichte des Tanzes in Deutschland, Leipzig 1886.
BÖHME, Fritz, Maßstäbe zu einer Geschichte der Tanzkunst, Breslau 1927.
BÖHN, Max von, Der Tanz, Berlin 1925.
BONWICK, James, Daily Life and Origin of Tasmanians, London 1870.
BONNET-BOURDALOT, Giovanni Battista, Histoire Générale de la danse sacrée et profane..., Paris 1724.
BRANDENBURG, Hans, Der moderne Tanz, München 1921.
BRAUN, Neudrucke zur deutschen Literatur.
BRÖMEL, Ch. H., Von den Tänzen und Gebräuchen der Heiden und ersten Christen, Jena 1701.
BRÖMEL, Ch. H., Festtänze der ersten Christen, Jena 1705.
BROWN, A. R., The Adaman Islanders, London 1922.
BRÜCH, Josef, Die wichtigsten Ausdrücke für das Tanzen in den romanischen Sprachen (in: *Wörter und Sachen*, Heidelberg 1924).
BÜCHER, Karl, Arbeit und Rhythmus (in: *Abhandlungen der kgl. sächsischen Gesellschaft der Wissenschaften phil.-hist. Klasse*, Leipzig 1896).
BUCHOR, Ernst, Satyrtänze und frühes Drama (in: *Sitzungsberichte der bayr. Akademie der Wissenschaften*, München 1943).
BÜDINGER, Max, Die Bedeutung des Trojaspiels (in: *Sitzungsberichte der Wiener Akademie der Wissenschaften* 1890, Band 123).
BURCHENAL, Elizabeth, Folk Dancing as a Popular Recreation, New York 1922.

C

CAHUSAC, Louis de, La danse ancienne et moderne, Den Haag 1754.
CAPMANY, Aurelio, El Baile y la danza (im 2. Band der „Folklore y costumbras de España", Barcelona 1931).
CARAVAGLIOS, Cesare, Il Folklore musicale in Italia, Neapel 1936.
CAROSO da, Fabritio Sermoneta, Il Ballerino, Venedig 1581.
CASELLA, Alfredo, Due canzoni populari italiano, 1929.

CERVANTES, Miguel de, Don Quichote, 1605, 1616 (übersetzt v. L. Tieck).
CHAMBERLAIN, Houston St., Die Grundlagen des 19. Jahrhunderts, 1899.
CHESKIS, J. (in: *Modern Philology*, Vol. 14, 1917, Nr. 11).
CLAUDIANUS, De VI. consulatu Honorii, 1706.
COMMENDA, Hans, Oberösterreichische Volkstänze (in: *Deutsche Volkstänze*, Kassel 1928).
CONRAD, Leopold, Mozarts Dramaturgie in der Oper, Würzburg 1943.
CRAWLEY, s. HASTING
CRINIS, Max de, Der menschliche Gesichtsausdruck und seine klinische Bedeutung (in: *Forschungen und Fortschritte*, Berlin 1940).
CZERWINSKI, Albert, Geschichte des Tanzes, Leipzig 1862.

D

DAVIES, E., Welsh Folk Dances, 1929.
DE BRY, Joh. Theod., Grands Voyages, Francfort 1590.
DEEDES, C. N., The Labyrinth, edited by S. H. Hooke, London 1935.
DESMOND, Olga, Rhythmographik, u. Antonio CHIESA, Ritmografia, Mailand 1933.
DIECKMANN, Jenny, Die in deutscher Lautentabulatur überlieferten Tänze des 16. Jahrh.'s, Diss., Kassel 1931.
DIELS, Hermann, Das Labyrinth (in: *Festschrift für HARNACK*, Tübingen 1921).
DIEZ, Friedrich, Etymologisches Wörterbuch der romanischen Sprachen, 5. Aufl. Bonn 1887.
DURKHEIM, E., Les formes élémentaires de la vie religieuse, Paris 1912.

E

EHLERT, Louis, Briefe über Musik an eine Freundin, Berlin 1. Aufl. 1959.
EHRENREICH, N., Aufsätze in der *Zeitschrift für Ethnologie*, 1887.
EITNER, Robert, Tänze des 15. bis 17. Jahrhunderts, 1875.
ELLIS, Havelock, Das Geschlechtsgefühl, Würzburg 1903.
EMMANUEL, Maurice, La danse grecque antique, Paris 1895.
EMMANUEL, Maurice, De saltationis disciplina apud Grecos, Dissert., Paris 1896.
ERK, Ludwig und Franz Magnus BÖHME, Deutscher Liederhort, 3 Bände, Leipzig 1893–94. Altdeutsches Liederbuch.
ERMAN, Adolf und Hermann RANKE, Ägypten und ägyptisches Leben im Altertum, Tübingen 1923.

F

FEUILLET, Raoul Auger, Choréographie, ou l'art de décrire la danse par caractères, figures et signes démonstratifs, Paris 1699, übersetzt in Taubert's Tanzmeister, Leipzig 1717.
FISCHART, Johann, genannt MENTNER (Mainzer), Gargantua (nach Rabelais), 1575.
FRANCK, Melchior, Musikalischer Grillenvertreiber.
FRAZER, James George, The Golden Bough. A Study in Comparative Religion. 2 vols. 1890, The Dying God, 1911.
FREISING, A., Der Tanz, Berlin 1882.
FREISING, A., Tanzkurzschrift als Anhang zum Leitfaden für den Tanzunterricht, Berlin 1894.
FRENSSEN, Gustav, Die drei Getreuen, Berlin 1908.
FRIEDLÄNDER, Ludwig, Darstellungen aus der Sittengeschichte Roms, Leipzig 5. Aufl. 1881.

G

GARDINER, Rolf, The English Folk Dance Tradition, Hellerau 1923.
GARSTRANG, The Land of Hittites, London 1910.
GIESE, Fr., Körperseele, München 1924.
GOEBEL, Anton, De Trojae ludo (Gymnasialprogramm, Düren 1852).
GOETHE, Johann Wolfgang von, Dichtung und Wahrheit, Wilhelm Meister, Italienische Reise, Werthers Leiden.
GRAFF, Eberhard Gottlieb, Althochdeutscher Sprachschatz, Berlin 1836–46. Mittelhochdeutsches Wörterbuch.
GRASSERIE, P. de la, De la classification objective et subjective des arts, Paris 1893.
GREGOR, Joseph, Kulturgeschichte des Balletts, Wien 1944.
GRILLPARZER, Franz, Sprachliche Studien.
GRIMM, Wilhelm und Jakob GRIMM, Deutsches Wörterbuch, Berlin u. Gütersloh 1870–98, Deutsche Grammatik, Göttingen 1819–37.
GROSLIER, George, Die Kunst der kambodschanischen Tänzerin, (in: *Atlantis 1. Heft*, Wien-Berlin-Zürich 1929).
GROSS, Karl, Spiele der Menschen, 1899.
GROSSE, Ernst, Die Anfänge der Kunst, 1894.
GRÜNER-NIELSEN, H., s. THUREN.
GÜNTERT, Hermann, Labyrinth (in: *Sitzungsberichte der Heidelberger Akad. d. Wissenschaften* 1932/33).
GURDON, C., The Khasis, London 1914.

H

HAAS, Robert, Gluck und Durazzo, Wien 1925.
HAAS, Robert, Die Wiener Ballett-Pantomime im 18. Jahrhundert und Gluck's Don Juan (in: *Studien zur Musikwissenschaft*, Wien 1932).
HAAS, Robert, Der Wiener Bühnentanz von 1740–1767 (in: *Jahrbuch der Musikbibliothek Peters*, 1937).
HAGEMANN, Carl, Spiele der Völker, Berlin 1919.
HAGEN, Friedrich Heinrich von der, Minnesinger, deutsche Liederdichter des 12., 13. u. 14. Jh.'s, 4 Bände, 1838.
HAHL, Mitteilungen über Sitten und Verhältnisse auf Penape (in: *Ethnologisches Notizblatt*, 1901).
HAHNE, Hans, Deutsche Vorzeit, 6. Aufl. Bielefeld u. Leipzig 1937.
HALM, Phillipp M., Erasmus Grasser, Augsburg 1928.
HALSEN, Heinrich, Geschichte der Medizin, 3. Aufl. Jena 1882.
HAMBLY, W. H., Tribal Dancing and Social Development, London 1926.
HAMKENS, F. H., Das nordische Jahr und seine Sinnbilder, Berlin 1926.
HARRISON, J.E., Ancient Art and Ritual, 1913.
HARTE, Erich, Einordnung der Volkstänze in eine biologisch aufgebaute Erziehung (in: *Der Volkstanz*, 1.11.1925 und 1.4.1930).
HASSE, Karl, Max Reger, Leipzig o.J.
HASTING, James, ed., Encyclopaedia of Religion and Ethics (darin Artikel von CRAWLEY)
HAUPT, Moritz, Neidhart von Reuental, 1858 (2. Aufl. v. Eduard Wiessner).
HEINITZ, Wilhelm, Musikalisch-dynamische Textauslese in faröischen und faröischdänischen Reigentänzen, Hamburg 1925.
HEINITZ, Wilhelm, Organologische Studie zu den Varianten eines Drottning Dagmarliedes (in: *Mitteilungen der Internationalen Gesellschaft für Musikwissenschaft*, 3. Jahrg. Heft 4).
HEUSLER, Andreas, Die altgermanische Dichtung, 6 Hefte 1924.
HILLEBRANDT, Arthur, Vedische Mythologie, 1. Band, Breslau 1891.
HODSON, T. C., The Nagas of Manipur, London 1902.
HÖFLER, Otto, Kultische Geheimbünde der Germanen, 1934.
HOLT, George Edmond, The two great Moorish religious Dances (in: *National geographical Magazine*, August 1911).
HÖLTKER, P. Georg, (in seiner Anzeige des Buches von K. Th. PREUSS, Der Unterbau des Dramas, Vorträge der Bibliothek Warburg VII, Leipzig 1930, in: *Anthropos*, Bd. 26, 1931).
HORAK, Karl, Der Tanz in der schwäbischen Türkei (in: *Deutsches Archiv für Landes- und Volksforschung*, 1938).
HORNIBROOK, s. Ettie A. ROUT
HUCH, Ricarda, Alte und neue Gedichte, Leipzig 1920.

J

JEANROY, A., Origines de la poésie lyrique en France, vgl. Gaston PARIS, 1892.
JEREMIAS, A., Das alte Testament im Lichte des alten Orients, Leipzig 1904.
JETTÉ, P. Julius, On the Superstitions of the Ten'a Indians (in: *Anthropos*, 1911).
JOYCE, T. A., Mexican Archaeology, London 1912.
JOYCE, T. A., South American Archaeology, London 1912.
JUNK, Victor, Handbuch des Tanzes, Wien u. Stuttgart 1930, Hildesheim, Olms 1977.
JUNK, Victor, Das Lied vom Prinzen Eugen – eine bayerische Schöpfung. Ein Beitrag zur Geschichte des süddeutschen Volkstanzes (in: *Mitteilungen der Deutschen Akademie München*, Heft 3. München 1934).
JUNK, Victor, Der altbayerische Marskertanz als Urtypus der Melodie des Prinz-Eugen-Liedes (in: *Anzeiger der Akad. d. Wiss. Wien, Heft 18–26*) Separatdruck 1934.
JUNK, Victor, Die taktwechselnden Volkstänze, deutsches oder tschechisches Volksgut, Berlin u. Leipzig 1938.
JUNK, Victor, Mozart als Tanzkomponist (in: *Mozart-Almanach* 1940).
JUNKER, Hermann, Vorläufiger Bericht über die 6. Grabung bei den Pyramiden (in: *Anzeiger der Akad. d. Wissenschaften, Wien 1928*).

K

KAISER, Karl, ed., Atlas der Pommerschen Volkskunde, Greifswald 1936.
KANT, Immanuel, Kritik der Urteilskraft, 1790.
KIDSON, Frank mit Mary NEAL, English Folk Song and Dance, Cambridge 1915.
KINNEY, Troy und Margaret WEST, The Dance, its Place in Art and Life, London 1914, 2. Aufl. 1924.
KLEBS, Luise, Die Reliefs des alten Reiches, Heidelberg 1915.
KLEINENBERG, Gestaltenkünste und Vorgangskünste (in: *Philosoph. Monatshefte*, Berlin 1894, Band 30).
KLEMM, Bernhard, Katechismus der Tanzkunst, Leipzig 1855, 2. Aufl. 1863.
KLIER, Karl Magnus (Hrsg.), Herausgeber der Zeitschrift *Das deutsche Volkslied*.
KLUGE, Friedrich, Etymologisches Wörterbuch der deutschen Sprache, 10. Aufl. Berlin 1924.
KLUGE, Friedrich, Deutsche Sprachgeschichte, 2. Aufl. Leipzig 1925.
KNIGHT, W. F., Maza Symbolism and Troyan Game, (in: *Antiquity*, 1932).
KOLINSKI, M., Die Musik der Primitivstämme auf Malakka und ihre Beziehungen zur samoanischen Musik, (in: *Anthropos*, 1930).
KÖSTER, Albert, Ziele der Theaterforschung, (in: *Euphorion*, 1923).

KRAUSE, Ernst, Die Trojaburgen Nordeuropas, Glogau 1893.
KRAUSE, Ernst, Die nordische Herkunft der Trojasage, Glogau 1893.
KRUG, Wilhelm Traugott, Geschmackslehre oder Ästhetik, Wien 1818.

L

LABAN, Rudolf von, Choreographie, Jena 1926, Kinetographie.
LACH, Robert, Zur Geschichte des Gesellschaftstanzes im 18. Jahrhundert, Wien 1920.
LACH, Robert, Die vergleichende Musikwissenschaft, ihre Methoden und Probleme (in: *Sitzungsberichte der Akad. d. Wissenschaften* Wien, 1924).
LAMBOOY, P. J., Het mutileeren der tanden bij de Soembameezen, (in: *De Macdonier*, 1926).
LAMEL, Adelheid, Das Tanzspiel in Raimunds Dramen (Diss. Wien 1940).
LAYARD, John, Maze-dances and the Ritual of the Labyrinth in Malekula (in: *Folk-Lore*, London 1936).
LAYARD, John, Labyrinth-Ritual in South India (in: *Folk-Lore*, London 1937).
LEDEN, Christian, Die Musik der Urvölker (in: *Forschungen und Fortschritte*, Berlin 1934).
LEFEUILLET s. Feuillet
LELYVELD, Theodore van, De Javanske Danskunst, Einleitung von N. J. KROM, Amsterdam 1931. Mit Vorwort von S. Levi, La danse dans le théâtre Javanais, Paris 1931.
LEVI, Silvaim, s. LELYVELD.
LEXER, Matthias, Mittelhochdeutsches Handwörterbuch, 3 Bände, 1872–78.
LIST, Alfons, Auf dem Hallerauer Tanzboden (Münchner Staatsbibliothek).
LOGAU, Friedrich Freiherr von, Die Fuhrmannsprache.
LONG, Stephen H., Account of an Expedition to the Rocky Mountains, Philadelphia 1823.
LORENZ, Alfred, Der musikalische Aufbau von Richard Wagners Tristan und Isolde, Berlin 1926.
LOSSNITZER, Max, Hans Leinsberger (in: *18. Veröffentlichung der graphischen Gesellschaft Berlin*, 1913).
LUTHER, Martin, Kirchenpostille auf den 22. Sonntag nach Epiphanias, 1530.

M

MALPIED, N., Traité sur l'art de la danse, Paris, um 1770.
MANNHARDT, Wilhelm, Wald- und Feldkulte, 2. Band, 2. Aufl. Berlin 1904/5.

MARCELLO, Benedetto, Il Teatro alla Moda, 1917.
MARETT, Robert Ranulph, The Threshold of Religion, 1909.
MARGARETE von Österreich, Manuskript der Basses danses, Brüssel.
MARSHALL, John, Mohenjo-Daro and the Indus Civilisation. Being an official account of the archeologic excavations at Mohenjo-Daro carried out by the Government of India between the years 1922 and 1931, 2 Bände, London 1931.
MEIER, John, Deutsches Volkstum, 3 Bände, Berlin 1938.
MENÉSTRIER, Claude Francois, Les balletts anciens et modernes selon les règles du théâtre, Paris 1682.
MERIAN, Wilhelm, Der Tanz in den deutschen Tabulaturbüchern, Leipzig 1927.
MESCHKE, Kurt, Schwerttanz.
MESSERSCHMIDT, Ernst-August, Die Hettiter (in: *Der alte Orient*, Bd. 4).
MEYER, Theodor A., Ästhetik, Stuttgart 1923.
MEYER, Wilhelm, Ein Labyrinth in Versen (in: *Sitzungsberichte der Akad. der Wissenschaften München*, 1882).
MEYER-LÜBKE, Wilhelm, Einführung in das Studium der romanischen Sprachwissenschaft, 3. Auflage, Heidelberg 1920.
MEYER-LÜBKE, Wilhelm, Romanisches etymologisches Wörterbuch, Heidelberg 1916–20.
MÜLLER, Robert, Sexualbiologie, 1907.
MÜLLER-FREIENFELS, Richard, Psychologie der Kunst, 2. Aufl. München 1938.

N

NEGRI, Cesare, Le grazie d'amore, Mailand 1602.
NEGRI, Cesare, Nuove invenzioni di Balli, Mailand 1604.
NEIDHART von REUENTAL, s. HAUPT.
NEUNIER, Antoine, La danse classqieu école française, Paris 1931.
NILSSON, P. Martin, The Mycenaen origin of Greek Mythology, Berkeley 1932, und Veröffentlichungen in den religionsgeschichtlichen Volksbüchern, Tübingen 1914.
NIMUENDAJU, Curt, Bruchstücke aus Religion und Überlieferung der Sipaia-Indianer. (in: *Anthropos* 1921–22).
NORDFELDT, A., Origine du mot danser (in: den *Studier i modern sprakvetenskap*, Uppsala 1931).
NOREEN, Adolf, Altnordische Grammatik, Halle 1903.
NORLIND, Tobias, Svärddans ock Bägdans (in: *Festschrift für Feilberg*, Stockholm 1911).

O

OESTERLEY, William, The Sacred Dance, a Study in Comparative Folklore, Cambridge 1923.

OHNEFALSCH-RICHTER, Xaver, Kypros, die Bibel und Homer, Berlin 1893.

OSTERRIEDER, Franz Xaver, Sammlung bayrischer Zwiefacher (in der Staatsbibliothek München).

OTREBSKI, Jan, Indogermanische Forschungen, Wilna.

P

PARIS, Gaston, Rezension über A. Jeanroy's „Origine de la poésie lyrique en France" (in: *Journal des Savants*, 1892).

PASQUALI, Giambattista, Del Teatro in Venezia, 1771.

PASTENACI, Kurt, König Ra, der Wandale, Berlin o.J.

PAUL, Hermann, Deutsche Grammatik, 5 Bände, Halle 1916–20.

PEEKEL, Pater Georg, Religiöse Tänze auf Neu-Irland (in: *Anthropos*, 1931).

PEEKEL, Pater Georg, Lang-Manu (in: *Zeitschrift für Wilhelm Schmidt, St. Gabriel*, Mödling bei Wien 1928).

PLANELLI, Antonio, Dell'Opera in Musica, Neapel 1772.

PÖCH, Rudolf, Beobachtungen über Sprache, Gesänge und Tänze der Monumbo, anlässlich phonographischer Aufnahmen in Deutsch-Neuguinea, 1904 (in: *Mitteilungen der Anthropologischen Gesellschaft*, Wien 1905).

POSPIŠIL, Frantisek, Etnologicke materialie zjihozapadu U.S.A., Brno 1932–33.

POSPIŠIL, Frantisek, Le problème des „Nastinari« bulgares dans l'ethnographie et l'ethnologie, Sofia 1936.

PRELLER, Ludwig, Griechische Mythologie, 2 Bände, Berlin 1845.

PREUSS, Karl Theodor, Phallische Fruchtbarkeitsdämonie als Träger des altmexikanischen Drama (in: *Archiv für Anthropologie*, Neue Folge, Band 1, Braunschweig 1904).

PREUSS, Karl Theodor, Forschungsreise zu den Kágaba-Indianern der Sierra Nevada de Santa Marta in Kolumbien (in: *Anthropos* 1919–1920).

PREUSS, Karl Theodor, Mitote-Tanz der Cora-Indianer (in: *Globus*, 1906).

R

RAHBEK, K.L., Briefe eines alten Schauspielers an seinen Sohn, Kopenhagen 1785 (übersetzt von Ch. R. Reichel).
RÉVILLE, Pater Albert, Les religions des peuples non-civilisés, 1883.
RÉVILLE, Pater Albert, Lectures on the Origin and Growth of Religion and illustrated by the Native Religions of Mexico and Peru, 1895.
RIDGEWAY, William, The Dramas and Dramatic Dances of non-European Races in special references on the Origin of Greek Tragedy, with Appendix on the Origin of Greek Comedy, Cambridge 1915.
RITTER, Kurt, Das deutsche Volkslied, Band 38, Wien 1936.
RÖHR, Erich, Zur Tanzforschung und Volkskunde (in: *Mitteldeutsche Blätter zur Volkskunde*, Leipzig 1934).
ROTH, Ernst, Die Grenzen der Künste, Stuttgart 1925.
ROUGIER, Pater Emanuel, Danses et jeux aux Fijis, Iles de l'Océanie (in: *Anthropos*, 1911).
ROUSSEAU, Jean Jacques, Dictionnaire de Musique, 1767 (wiederholt neu aufgelegt).
ROUT, Ettie A., Sex and Exercise, London 1925.

S

SACHS, Curt, Eine Weltgeschichte des Tanzes, Berlin 1933.
SAINT-LEON, Arthur, Sténo-Choréographie ou art d'écrire promtement la Danse, Paris 1852.
SCHASLER, Max, Das System der Künste, Leipzig 1882.
SCHEFFEL, Viktor, Ekkehard, Frankfurt 1855.
SCHMARSOW, August, Zeitschrift für Ästhetik und Allgemeine Kunstwissenschaft, Bd. 2, 1936.
SCHMELLER, Johann Andreas, Bayerisches Wörterbuch, 4 Bände, Stuttgart 1827–37.
SCHMID, Johann Christoph von, Schwäbisches Wörterbuch, Stuttgart 1831.
SCHMIDT, Leopold, Das deutsche Volkslied, Band 39, 1937.
SCHMIDT, Leopold, Zwischen Bastei und Linienwall, Wien 1946.
SCHNEIDER, W., Die Religion der afrikanischen Naturvölker, Münster 1891.
SCHÖNBACH, Anton E., Studien zur Geschichte der altdeutschen Predigt (in: *Sitzungsberichte der Akad. d. Wissenschaften Wien*, 1900).
SCHOPENHAUER, Artur, Die Welt als Wille und Vorstellung, 4 Bände, Leipzig 1819.
SCHRADER, Eberhard, Die Keilschriften und das alte Testament, Gießen 1883.
SCHROEDER, Leopold von, Mysterium und Mimus im Rigveda, Leipzig 1908.
SCHROEDER, Leopold von, Die Vollendung des arischen Mysteriums in Bayreuth, München 1911.

SCHROEDER, Leopold von, Arische Religion, Leipzig 1914.
SCHROEDER, Leopold von, LIHGO (in: *Mitteilungen der Anthropologischen Gesellschaft*, Wien, Band 32).
SCHRÖDER, Franz Rolf, (in seiner Anzeige des Buches von STUMPFL, R., in: *Deutsche Literaturzeitung*, 18. Oktober 1936).
SCHUBART, Christian Fr. Daniel, Gesammelte Schriften und Schicksale, Stuttgart 1839, 5. Band. Reprint: Hildesheim 1972.
SCHULIEN, P. Michael, Die Initiationszeremonien der Mädchen bei den Atxuabo (in: *Anthropos*, 1923–24, Band 18–19).
SCHULTZ, Alwin, Das höfische Leben der Minnesinger, Leipzig 1889.
SECHAN, L., in: Dictionnaire des anitquitées romaines.
SEYWALD, Georg, Aus der Geschichte des altbayerischen Volkstanzes (in: *Die ostbayerischen Grenzmarken*, Passau 1926).
SEYWALD, Georg, Die Zwiefachen (daselbst), Passau 1926.
SHARP, Cecil James, Morris Book, a History of Morris Dancing, London 1907.
SHARP, Cecil James, The Country Dance Book, London, 6 Bände, 1909–22.
SHARP, Cecil James, The Dance, a Historical Survey of Dancing in Europe, London 1924. (Beendet von A. P. OPPE.)
SMITH, John, General History, London 1624.
SÖDERBLOM, N., Das Werden des Gottesglaubens, Leipzig 1926.
SONNER, Rudolf, Musik und Tanz (in: *Wissenschaft und Bildung*, Leipzig 1930).
SORET, Louis, Sur la détermination photographique de la trajectoire d'un point du corps humain..., Paris 1885, Académie des sciences.
SORET, Louis, dasselbe, Genf Société Helvétique des sciences naturelles (11. August 1885).
SOURY-LAVERGNE, P. P. und DE LA DEVEZE, La fête de la circoncision en Imerina Madagascar autrefois et aujourd'hui (in: *Anthropos*, 1912).
SPECK, Franz G., Die Yuki-Indianer (in: *Philadelphia Anthropologic Publications*, 1909, 1911).
SPIER, Leslie, Klamath Ethnography, Berkely 1930.
STEGE, Fritz, Das Okkulte in der Musik, Münster 1925.
STEINMEYER, Elias und Eduard SIEVERS, Althochdeutsche Glossen, 5 Bände, Berlin 1879–1922.
STORCK, Karl, Der Tanz, Bielefeld u. Leipzig 1903.
STUMPFL, Robert, Kultspiele der Germanen als Ursprung des mittelalterlichen Dramas, Berlin 1936.

T

TAUBERT, Gottfried, Der Rechtschaffende Tanzmeister, 1717.
THIESS, Frank, Der Tanz als Kunstwerk, Studien zu einer Ästhetik der Tanzkunst, München o. J. [1920].
THROPE, Benjamin, Glossenausgabe, zitiert nach SCHÖNBACH.
THUN-HOHENSTEIN, Max Graf von, Bewegungskunst als Wissenschaft (in: *Alle Macht der Wissenschaft*, 1. Jahrg., Wien 1935).
THUREN, Hjalmar, Folkesangen paa Faroerne, Kopenhagen 1908.
THUREN, Hjalmar, Tanz und Tanzgesang im nordischen Mittelalter nach der dänischen Balladendichtung, Leipzig 1908.
THUREN, Hjalmar und H. GRÜNER-NIELSEN, Faröeske Melodier til Danske KAEMPEVISER, Kopenhagen 1923.
TIKKANEN, Jakob, Beinstellungen in der Kunstgeschichte (in: *Acta societatis scientiarum Formicae*, Helsingfors 1912).
TINTELNOT, Hans, Barocktheater und barocke Kunst, Berlin 1939.
TREND, John Brande, The Dance of the Seises (in: *Music and Letters*, 1921).

V

VISCHER, Friedrich Theodor, Ästhetik, oder Wissenschaft des Schönen, Reutlingen 1846–57.
VISCHER, Jo, Die Bewegungsschrift, Berlin 1932.
VON DER AU, Hans, Hessische Blätter für Volkskunde.
VON DER AU, Hans, Das Volkstanzgut im Rheinfränkischen, Darmstadt 1929.
VOLKELT, Johannes, System der Ästhetik, 2. Aufl. München 1927.
VORMANN, P. Franz, Tänze und Tanzfestlichkeiten der Monumbo-Papua, Deutsch-Neuguinea (in: *Anthropos*, 1911).
VOSS, Rudolf, Der Tanz und seine Geschichte. Eine kulturhistorisch-choreographische Studie. Mit einem Lexikon der Tänze, Berlin 1869 u. Erfurt 1881.
VROKLAGE, B., Artikel in der Anzeige des Buches von Lelyveld (in: *Anthropos*, 1933).

W

WACKERNAGEL, Wilhelm, Altdeutsche Predigten und Gebete, Basel 1876.
WAGNER, Richard, Gesammelte Schriften und Dichtungen, 10 Bände, Leipzig 1887.
WALK, P. Leopold, Südafrika (in: *Mitteilungen der Anthropologischen Gesellschaft*, Wien 1905).

WALK, P. Leopold, Initiationszeremonien und Pubertätsriten der südafrikanischen Stämme (in: *Anthropos*, 1928).
WALLASCHEK, Richard, Anfänge der Tonkunst, Leipzig 1903.
WALTHER, Johann Gottfried, Musikalisches Lexikon, 1732.
WEEGE, Fritz, Der Tanz in der Antike, Halle 1926.
WEEKS, Rev. J., Among Congo Cannibals, London 1913.
WEINHOLD, Karl, Die deutschen Frauen des Mittelalters, Wien 1851.
WEISE, Christian, Die dreu ärgsten Erznarren, Leipzig 1673. (Nachdruck bei BRAUN „Neudrucke zur deutschen Literatur" Nr. 12–14.)
WEISER-AAL, Lily, Altgermanische Jünglingsweihen und Männerbünde.
WERNER, Alice, Native Tribes of British Central Africa, London 1906.
WEULE, Karl, Negerleben in Ostafrika, Leipzig 1908 (Denkschrift, Abdruck bei Hans HAAS, König Friedrich-August-Stiftung für wiss. Forschung in Leipzig und in „Forschungsinstitute, ihre Geschichte, Organisation und Ziele", Hamburg 1930).
WHIFFEN, T., The North West Amazonas, London 1913.
WHITE (WYTH), John, s. DE BRY (Britisches Museum London).
WIEDEMANN, A., Das alte Ägypten, Heidelberg 1920.
WIELAND, Christoph Martin, Versuch über das deutsche Singspiel und einige einschlagende Gegenstände, 1775.
WIESSNER, Edmund, s. HAUPT-WIESSNER.
WINTER, Richard, Das Labyrinth in Tanz und Spiel (in: *Neues Jahrbuch zur Wissenschaft u. Jugendbildung*, Berlin 1929).
WOLFRAM, Richard, Schwerttanz und Schwerttanzspiel (in: *Wiener Zeitschrift für Volkskunde*, 1932).
WOLFRAM, Richard, Deutsche Volkstänze, Leipzig 1927.
WOLFRAM, Richard, Volkstanzforschung (in: *Germanische Monatshefte*, 19).
WOLFRAM, Richard, Die Volkstänze in Österreich und ihre europäischen Verwandten, Salzburg 1951.
WOLFRAM, Richard, Salzburger Volkstänze (in: *Zeitschrift für Volkskunde*, Wien 1933).
WOLKENSTEIN, Oswald von, Sprache und Wortschatz in Gedichten, Denkschrift der Akad. der Wiss. Wien, Band 60.

Z

ZEITLER, Julius (Hrsg.), in: *Goethe-Jahrbuch*, III, 1918.
ZIEHEN, Theodor, Vorlesungen über Ästhetik, Halle 1923.
ZODER, Raimund, Altösterreichische Volkstänze, 1922, 3 Hefte.
ZODER, Raimund, Altösterreichische Volkstänze, Wien 1928.

ZODER, Raimund, Beiträge in „Das deutsche Volkslied", Wien.
ZODER, Raimund, Der Spinnradltanz (in: *Sudetendeutsche Zeitung für Volkskunde*, Prag 1938).
ZODER, Raimund und Joachim MOSER, Deutsches Volkstum in Volkstanzspiel und Volkstanz, 1938.
ZODER, Raimund und Joachim MOSER, Volkstanz-Sonderhefte.
ZORN, Friedrich Albert, Grammatik der Tanzkunst. Theoretischer und praktischer Unterricht in der Tanzkunst und Tanzschreibkunst, oder Choreographie, Leipzig 1887.

Personenregister

A

ADAM Adolphe 62
ADAM DE LA HALE (HALLE) 192
AELFRIC (Homilien) 143
AEPPLI Fritz 134, 136, 138, 141
ADLER Leo 36, 37
AHLSTRÖM Nik 11
AISCHYLOS 72
ALDEGREVER Heinrich 88
ALMGREN Oskar 100, 165, 170, 203
AMBACH Melchior 212, 216
AMBROSIUS 208
AMMIANUS MARCELLINUS 208
ANKERMANN B. 116
ANGIOLINI Gasparo 40, 229
ANTON 180
APULEIUS 61
ARBEAU Thoinet 120, 208, 238
ARELAT Caesar s. Caesarius von Arles
ARENA Antonius de 238
ARISTOTELES 23, 61
ARTEGA Stefano 56
ASPELIN J.R. 164, 170
ATHENÄUS 61, 209
ATTAIGNANT Pierre 73, 74
AUBREY John 168
AUGUSTINUS 139, 140, 141, 208
AVENTINUS (TURMAIR) 148

B

BACH Johann Sebastian 47, 52
BAER Ernst von 165, 171, 180
BAIST Gottfried 134, 136
BARTOK Bela 57, 109
BARTSCH Gustav 150, 158

BASILIUS 208
BATY Gaston 42
BATHYLLUS 38
BAYER, Joseph 53
BEAUCHAMPS Charles Louis 239
BEAUMONT Cyril W. 16
BECKMANN Joh.Chr. 171
BEETHOVEN Ludwig van 39, 47, 53
BEHAM Hans Sebald 88
BENDAVID Lazarus 35
BENECKE Georg Friedrich 134
BENNDORF Otto 165, 170
BENSERADE Isaak de 65
BERNATZIK Hugo 216
BERTHOLD von REGENSBURG 142, 208
BIE Oskar 19, 47, 226
BLACHE Julius 11
BLASIS Charles 239
BLUNCK Hans Friedrich 180
BÖHM Max 13, 92, 93.
BÖHME Franz Magnus 3, 4, 5, 119, 120, 140, 147ff, 157, 184, 191, 194, 208, 210, 216
BÖHME Fritz 87
BOEHN, Max von 19
BOL Hans 184
BOLTE Johannes 14, 59
BOMAN Per Conrad 11
BONIFACIUS Bischof 120, 208
BONNET-BOURDALOT G. Battista 19
BONWICK James 106
BOPPE 150 (Minnesänger)
BORDIER 65
BOUHELIER Saint-George 42
BRANDENBURG Hans 47
BRAUER 94
BRAUN 153

BREUGHEL d.Ä. 86, 88
BRÖMEL Ch.H. 120
BROWN A.R. 217, 218
BRÜCH Josef 134, 139, 140
BÜCHER Karl 68
BUCHOR Ernst 72
BÜDINGER Max 165
BURCHENAL Elizabeth 17
BURCKHARDT Ludwig 13, 218
BURNACINI Ludovico 89

C

CAESARIUS von Arles 141
CAHUSAC Louis de 19
CAJETAN J. 89
CALLOT Jacques 88
CARAVAGLIOS Cesare 17
CAPMANY Aurelio 17, 18, 84, 91
CAROSO Fabritio 90, 144, 155, 238
CASELLA Alfredo 17
CASTIL-BLAZE 19
CERVANTES Miguel de 65, 66
CHAMBERLAIN Houston Stuart 46
CHAMISSO Adalbert von 126
CHIESA Antonio 222
CHESKIS J. 134
CHRESTIEN DE TROYES 136, 155
CHRODEGANG 120
CHRYSOSTOMUS 208
CLAUDIANUS 164, 175
COMFORT M.F. 68
COMMENDA Hans 12, 76
CONRAD Leopold 57, 73, 81
COOMARASWAMY 17
CORNELISSEN Thilo 14
CRAWLEY & HASTING 109
CRUX Anton 62
CZARNIAWSKI Cornelius 39
CZERWINSKI Albert 4, 19, 194

D

DALCROZE Jacques 47, 224
DAREMBERG 139
DAVIES E. 47
DE BRY Theodore 88, 96
DE CRINIS 222
DECKER Albert 89
DEEDES C.N. 186
DE FALLA Manuel 41
DEMIÉVILLE 105
DESMOND Olga mit A. CHIESA 239
DESSOIR 36
DEVEZE de la und SOURY-LAVERGNE 95
DIAGHILEW Sergej 53
DIECKMANN Jenny 13, 218
DIELS Hermann 165, 166, 172, 173, 176, 177, 178
DIETRICH A. 66
DIEZ Friedrich 133, 139
DOPPLER Franz 53
DUFORT Giambattista 239
DUNCAN Isadora 230
DUPRÉ 239
DÜRER Albrecht 88
DURKHEIM M. 116

E

ECKERMANN Johann Peter 24
EHLERT Louis 41
EHRENREICH N. 131
EITNER Robert 156
ELLIS Havelock 84, 222
ELSSLER Fanny 230
EMMANUEL Maurice 19, 82
ENGELHARDT Emil 11
EPHRAEM 208

ERK Ludwig und BÖHME F.M. 5, 119, 232
ERMANN Adolf und RANKE Hermann 83
ESTOILES (L') 65

F

FARNELL L.R. 66
FEIST S. 136
FELDSTEIN J. von 239
FEUILLET (LE) Raoul Auger 239
FISCHART Johann 146, 147, 149, 157
FOKIN Michael 53
FORCELLINI 138
FORKEL Nikolaus 56
FRAGONARD Honoré 88
FRANCK Melchior 148, 151
FRAZER James 67, 82
FREISING A. 239
FRENSSEN Gustav 158
FRIEDEL 179, 180
FRIEDLÄNDER Ludwig 65
FROMANN 162

G

GALEN 172
GALLIARD Johann Ernst 62
GARBORG Hulda 11
GARDEL Pierre Gabriel 197
GARDINER Rolf 17
GÄRICH Wenzel 53
GARSTRANG 83
GAUL Franz 89
GELLER von KAISERSBERG 157, 208
GIESE Fr. 47, 50

GLUCK Joh.Chr.W. 229
GOEBEL Anton 165
GOETHE Johann Wolfgang von 7, 24, 46, 62, 63, 64, 65, 155, 213
GOTTFRIED von NEIFFEN 74
GRAFF Eberhard Gottlieb 135
GRASSER Erasmus 10, 81, 86
GRASSERIE R.de la 50
GREGOR III. Papst 208
GREGOR Joseph 3, 40, 79, 82, 83, 226
GRILLPARZER Franz 65, 133
GRIMM Wilhelm & Jakob 134, 144, 145, 147, 150, 151, 154, 155, 157, 194
GROSLIER George 29
GROSS Karl 117
GROSSE Ernst 68, 98, 219
GRUNDTVIK Svend 11
GRÜNER-NIELSEN s. THUREN
GUERARD E. 89
GUILLEMIN 239
GÜNTERT Hermann 181
GURDON C. 33
GÜRRLICH Josef Augustin 53
GUSINDE Martin 111, 112
GYROWETZ Adalbert 53

H

HAAS Hans 93
HAAS Robert 229
HAGEN Friedrich Heinrich von der 147, 190, 192, 194
HAHL 124
HAHNE Hans 186, 201
HALM Phillip M. 10, 73, 81
HALSER Heinrich 224
HAMBLY W.H. 106, 124, 125, 199, 201, 202, 207, 215, 216, 224
HAMILTON Lady Emma 64

HAMKENS F.H. 189
HAMZA Ernst 12
HARRISON J.E. 68, 130
HARTE Erich 222
HARTMANN A. 62
HAS Kunz 196
HASSE Karl 47
HASTING James 109
HAUG 148
HAUPT Moritz (& WIESSNER) 147, 157, 159, 160, 191, 192, 193, 208
HEINE Heinrich 62, 65
HEINITZ Wilhelm 11, 58, 59
HEINRICH der TEICHNER 210
HEINRICH von NEUSTADT 154
HEINRICH von STRETLINGEN 158
HELLERAU-DALCROZE-Schule 47
HELLMESBERGER Joseph 53
HEPHAISTION 61
HERMANN Adolf 11, 14
HELMS Anna 11
HERDER Johann Gottfried 62, 63, 213
HERTEL Paul L.P. 53
HERODES 143, 144
HERODIAS 88
HERODOT 61
HESYCHIOS 61, 182
HESIOD 61
HEUSLER Andreas 102
HILLEBRANDT Arthur 70
HILVERDING van WEWEN 229
HÖCK 166
HÖFLER Otto 71
HÖLTKER P. Georg 70, 110, 112
HOFMANN (Haupt) 208
HOLT Georg Edmond 124
HONORIUS (Kaiser) 164, 175
HORAK Karl 12, 14, 108
HOMER 6, 168, 169, 176, 179
HOOKE H. 186
HORNBOSTEL Erich von 102

HORNIBROOK s. E.A. ROUT
HOSE Charles 106
HUCH Ricarda 128
HUDSON T.C. 33, 67
HUGO von MONTFORT 160
HUGO von TRIMBERG 148
HUMBOLDT W. von 23
HUTH Anna 142
HUTTON J.H. 188

I / J

ISIDOR Hlg. 155
ISRAEL von MECKENEM 81, 88
JEANROY A. 138
JEREMIAS A. 83
JETTE Pater Julius 127
JOHANNES von MÜNSTER 211
JOYCE T.A. 84
JUNK Victor 15, 66, 73, 74, 88, 92, 108, 120, 145, 169, 173, 220
JUNKER Hermann 83

K

KAISER Karl 108
KANT Immanuel 23, 25, 45
KELLER Gottfried 65
KERNER Justinus 229
KIDSON Frank 17
KINNEY Troy & Margaret WEST 82
KIRCHHOFF Gustav 225
KLAUSEN 178
KLEBS Luise 83
KLEINENBERG 50
KLEMM Bernhard 239
KLIER Karl Magnus 16, 107

KLUGE Friedrich 134, 136, 142, 143
KNIGHT W. F. 186
KODALY Zoltan 57, 109
KOLINSKI M. 97
KONRAD von WÜRZBURG 190
KOSA Georg 42
KÖSTER Albert 73
KÖSTER Johann s. Pseudonym NEOCORUS
KRAUSE Ernst 164, 165, 166, 167, 171, 172, 180
KROM J. 85
KRUG Wilhelm Traugott 26
KRUM August 65
KUHN Adalbert 67
KYNAST 179

L

LABAN Rudolf von 230, 239
LACH Robert 53, 54, 103, 227, 231
LAMBOY P.J. 115
LAMEL Adelheid 77
LANCRED Nicolas 89
LAPPENBERG 148
LASKE Oskar 89
LASSBERG 159
LAUG Joseph 17
LAYARD John 186, 187, 188
LEDEN Christian 101
LEFEUILLET Raoul A. s. FEUILLET
LELYVELD Theodore van 6, 17, 42, 84, 85, 94, 104, 116, 224
LEINBERGER Hans 81
LESSING G.E. 26
LEVI Silvain 6, 85, 104, 105
LEYDEN Lukas von 88
LEXER 136, 154, 155, 162, 195, 196
LIBANIOS 61

LILIENCRON 157
LINDEMANN L.M. 11
LIST (LISTL) Alfons 14
LIVIUS 61, 68
LÖCHLIN 190
LOGAU Friedrich 151, 152
LONG Stephan 131
LORENZ Alfred 36
LORENZETTI Pietro A. 88
LOSSNITZER Max 81
LUCAS von VALCKENBORCH 184
LUNOIS Alexandre 88
LUKIAN 61, 65
LUTHER Martin 120

M

MACKENZIE Donald Richard 17
MAHLER Gustav 39
MAGNY 239
MAGRI Gennaro 239
MANNHARDT Wilhelm 67, 114
MARCELLO Benedetto 56
MARETT Robert Ranulph 67, 130
MAREY Prof. 223
MARGARETE von Österreich 232, 238
MARQUARDT 178
MARSHALL John 84
MARTIAL 84
MATTHESON Johann 52
MECKENEM s. ISRAEL von M.
MEIER John 12
MENDELSSOHN-BARTHOLDY Felix 94
MENESTRIER Claude François 119, 121
MERIAN Wilhelm 13
MESCHKE Kurt 10, 87
MESSERSCHMIDT Ernst August 83
MEUNIER Antonine 240

MEYER Theodor A. 32, 33, 48, 49, 50
MEYER Wilhelm 94, 165, 167, 180
MEYER-LÜBKE Wilhelm 134
MICHL Artur 42
MICHEL R. 65
MOREAU Jean Michel d.J. 88, 89
MORRIS Max 65
MOSER Joachim 14. s. R. ZODER
MOZART Wolfgang Amadeus 43, 51, 53, 57, 81
MÜLLER Cadovius 232, 233
MÜLLER Max 67
MÜLLER Robert 222
MÜLLER Wilhelm 134
MÜLLER-FREIENFELS Richard 36
MÜLLER-BLATTAU Josef 36
MURRAY G.G. 66, 68

N

NEAL Mary 17
NEGRI Cesare 239
NEIDHART von REUENTAL (Haupt) 74, 145, 46, 147, 151, 154, 157, 158, 159, 160, 161, 188, 190, 191, 192, 195
NEIFEN. s. Gottfried von N.
NEOCORUS (Johann KÖSTER) 232
NEUNER 62
NIELSEN H.N. 11
NILIUS 61
NILSSON P. Martin 174
NIMUENDAJU Curt 198
NORDFELDT A. 134, 136
NOREEN Adolf 134
NORLIND Tobias 11
NOTKER 143
NOVERRE Jean Georges 38, 40, 229
NOWY Arthur 14

O

OSTERLEY William 21, 61, 82, 109, 116, 121, 128, 129, 130
OHNEFALSCH-RICHTER Xaver 83
OPPE A.P. 16
ORFF Carl 39
OSTERRIEDER Franz Xaver 108
OSWALD von WOLKENSTEIN 146, 148, 149, 153, 156, 195
OTREBSKI Jan 163

P

PARIS Gaston 138
PANIZZA M. Jacques 62
PASTENACI Kurt 179
PASQUALI Giambattista 56
PAUL Hermann 136
PAUL Jean 23
PAWLOWA Anna 53
PECHE Dagobert 89
PEEKEL Pater Georg 105, 106, 198
PEMBERTON 239
PERROT Jules Joseph 62
PETERSEN Th. Franz 239
PISCHEL 66
PLANELLI Antonio 56
PLATO 61, 63
PLINIUS 177
PLUTARCH 61, 172, 176, 180
PÖCH Rudolf 94
POLLUX 61, 175, 178
POSPIŠIL Frantisek 17, 240
PRÄTORIUS Michael 52
PRELLER L. 166, 182
PREUSS Karl Theodor 69, 70, 110, 122, 132
PROKLOS 61

PUGNI Cesare 53
PUGNO Raoul 53

Q

QUINTILLIAN 80

R

RAHBEK K.L. 73
RAMBERG Johann Heinrich 88
RAMEAU Jean Philippe 239
RANKE Hermann 83
REGER Max 47
RÉVILLE Pater Albert 111, 123, 129, 130
RICH John 62
RICHARDS F.J. 187, 188
RIDGEWAY William 16, 66, 67
RITTER Kurt 212
RITTER-CARIO Elfriede 11
RÖCK Friedrich 115
RODIN Auguste 86
RÖHR Erich 102, 107
ROTH Ernst 32, 44
ROUGIER Pater Emanuel 125
ROUSSEAU Jean Jacques 43
ROUT Ettie A. 223
RUBENS Peter Paul 86
RUTZ 38

S

SACHS Curt 3, 4, 5, 7, 8, 10, 19, 77, 87, 100, 103, 104, 109, 110, 117, 123, 145, 191, 196, 203, 204, 205, 226, 230, 231

SAGLIO 139
SAINT-AUBIN Gabriel de 89
SAINT-LEON Arthur 239
SAMARENDRANATH-GUPTA 86
SCHASLER Max 22, 23, 26, 27, 28, 30, 31, 38, 45, 237, 238
SCHATZ Josef 149, 156
SCHEFFEL Viktor von 161
SCHELLING Fr. W.J. 23
SCHIKOWSKI 19
SCHILLER Friedrich von 23
SCHLEGEL Friedrich 23
SCHLEIERMACHER Fr.E.D. 23, 25
SCHMARSOW August 50
SCHMELLER Johann Andreas 162
SCHMID Johann Christoph 194
SCHMIDT Leopold 212, 230
SCHMIDT Wilhelm 106
SCHNEIDER W. 198
SCHÖNBACH Anton 142, 143, 144
SCHOPENHAUER Arthur 23, 24, 25, 221
SCHRADER Eberhard 83
SCHRÖDER Leopold von 68, 69, 70, 113, 118, 167, 171, 175, 198, 199
SCHRÖDER Franz Rolf 71
SCHUBART Christian Fr. Daniel 55
SCHUBERT Franz 53
SCHUCHARDT Hugo 140
SCHULIEN P. Michael 132
SCHULTZ Alwin 171
SCHÜTZ Josef 89
SECHAN L. 139
SERVIUS 164
SEYWALD Georg 92
SHAKESPEARE William 169, 177
SHARP Cecil James 10, 16
SIEVERS Eduard (s. STEINMEYER) 38, 142, 144
SKINNER Constance L. 96
SKVOR Franz 62

SMITH John 97
SÖDERBLOM Nathan 117
SOLGER Karl Wilhelm Ferdinand 23
SONNER Rudolf 70, 99, 212, 220
SORET Louis 240
SOURY-LAVERGNE P.P. 95
SPANGENBERG Cyriakus 211
SPAUN A. Ritter von 13
SPECK Franz G. 75
SPIER Leslie 95
STARZER Josef 53
STEINMEYER Elias (& SIEVERS) 38, 142, 144
STEPHANIE d. Jüngere 73
STEPHANUS 178
STORCK Karl 226, 240
STRAUSS Johann
STRAUSS Richard 53
STRAWINSKY Igor 41, 42, 53
STRNAD Oskar 89
STUMPFL Robert 71, 72, 117, 118, 144
SUIDAS 61

T

TACITUS 40, 179
TANNHÄUSER 74
TAUBERT Gottfried 123
TENIERS 86, 88
THAUMATURGOS Gregorius 118
THIESS Frank 38, 47
THORPE 143
THUKYDIDES 61
THUN-HOHENSTEIN Dr. Max 222
THURÉN Hjalmar & H. GRÜNER-NIELSEN 11, 58, 59
THURMOND d.J. 62
THUST Werner 14
TIKKANEN Jakob 79
TINTELNOT Hans 80

TOMLINSON Kellon 239
TREND John Brande 120
TRICHTER Valentinus 91
TRIMBERG Hugo von 148
TROLLOPE 168, 189
TSCHAIKOWSKI Peter I. 53
TURMAIR (AVENTINUS) 148

U

UHLAND Ludwig 147, 148, 229
ULFILA 144
ULRICH von WINTERSTETTEN 74
UMLAUF Michael (auch Ignaz) 53
URRIES Y AZARA J.J. de 36

V

VALDERRABANO Enriques de 74
VALCKENBORCH Lucas von 184
VANADIS 173
VERESS Alexander 58
VERGIL 61, 142, 164, 175
VISCHER Friedrich Theodor 25, 26, 103, 118, 207
VISCHER Jo 239
VOLKELT Ernst 32
VOLKELT Johannes 32
VON DER AU Hans 12, 14, 195
VON DER HAGEN Friedrich Heinrich 147, 190, 192
VORMANN P. Franz 105, 233
VOSS Rudolf 4, 19
VRANCKEN Sigrid 203
VROKLAGE B. 116
VUILLIER Gaston 19

W

WACKERNAGEL Wilhelm 136, 140
WAGNER Richard 22, 41, 77
WALK P. Leopold 95, 117, 118, 122
WALLASCHEK Richard 51, 126, 218
WALTHER Johann Gottfried 40
WALTHER von der VOGELWEIDE 158, 160, 190
WATTEAU Jean A. 89
WECHSSLER Eduard 136
WEDEKIND Frank 175
WEEGE Fritz 19, 82
WEEKS Rev. J. 215
WEHRHAHN K.W. 14
WEIGL Joseph & Taddhäus d.J. 53
WEINHOLD Karl 150
WEISE Christian 153
WEISER-AAL Lily 71
WERNER Alice 132
WEST Margarete s. KINNEY
WEULE Karl 93
WHIFFEN T. 106
WHITE (WYTH) John DE BRY 96
WIEDEMANN A. 93
WIELAND Christoph Martin 56, 65
WIESSNER Edmund 160
WIESENTHAL Grete 230
WIGMAN Mary 230
WILAMOWITZ-MOELLENDORFF Ulrich von 69
WINTER Richard 165
WINTERSCHMID A.W. 239
WISSLER Clark 97

WÖLFEL Dr. Dominikus 132, 133
WOLF F. 89
WOLFRAM Richard 12, 14, 59, 71, 87, 100, 108, 115, 116, 168, 178
WOLFRAM von ESCHENBACH 195, 210
WOLKENSTEIN s. OSWALD v. W.
WOOD William 96

X

XENOPHON 61
XIMENES Kardinal 120

Y

YEATS William Butler 66

Z

ZACHARIAS Papst 208
ZARNCKE Friedrich 134
ZEITLER Julius 62
ZIEHEN Theodor 34, 35, 47, 50
ZODER Raimund 12, 14, 59, 76, 108, 137, 150, 151, 212
ZORN Friedrich Albert 239